인공지능 학습

Donald Clark 저

박인우 · 이시내 · 임다미 · 신형석 · 고유정 역

박영story

이 책에 관해

이 책은 학교와 기업의 현장에 AI가 가져오는 변화를 정확히 알기 위한 전문가를 위한 가이드북입니다. 각 장에는 교육, 인적자원개발, 평생학습 분야에 AI가 어떻게 적용되고 있는지 세계 각국의 생생한 사례와 설명을 담고 있습니다. 이 책은 AI를 교실과 일터에 도입해야 하는 교사, 교육행정가, 인적자원개발 담당자에게 확신과 자신감을 불어 넣어 줄 것입니다.

저자에 관해

　Donald Clark는 1956년 영국 Edinburgh에서 태어나 미국의 아이비리그 Dartmouth College를 졸업했다. 영국에 돌아와 동료와 함께 Epic Group을 설립하여 영국의 온라인 학습 시장을 선도하였다. 이후, 회사를 매각하고 다시 학업을 이어오던 중, 온라인 학습에서 AI가 가장 혁신적인 기술이 될 것을 확신했다. 당시 이사로 재직 중이던 회사에서 AI를 중심으로 적응학습과 콘텐츠 제작 및 큐레이션을 도입하여 Most Innovative New Product의 학습 부문 수상, Best Online Learning Project Award와 영국 고등교육 기술지원 조직(JISC)에서 선정하는 Best EdTech Award를 수상하였다.

　현재는 세계 최초로 AI를 이용한 콘텐츠 제작 도구를 개발한 Wildfire의 CEO이자 University of Derby의 겸임교수를 맡고 있다.

저자 서문

내가 태어난 1956년은 미국의 아이비리그 중 하나인 Dartmouth College에서 AI에 대한 획기적인 논의가 시작된 시기였다. John McCarthy가 '인공지능(artificial intelligence)'이라는 용어를 처음 만들고 이 분야의 기초를 닦았다. 나는 운이 좋게도 대학시절을 그곳에서 보냈다. 내가 컴퓨터를 처음 사용한 것도 바로 그 시점이다. 이전에 내 코딩 경험이라고는 학교에서 펀치카드를 입력하여 Edinburgh에 있는 컴퓨터 메인 프레임에 보내면 일주일이 지나서야 그 결과가 나오는 것이었다. 하지만 Dartmouth College에서는 메인프레임에 직접 접속할 수 있었고 Battleship 게임도 하며 코딩도 할 수 있었다. 고향인 Edinburgh에 돌아온 후, 나는 집에서 사용하는 컴퓨터를 한 대 사서 기초 러시아어를 배울 수 있는 프로그램을 개발하였다.

내가 처음 만든 제대로 된 인공지능 프로그램은 지능형 튜터링이었다. 1980년, 나와 동료인 Clive Shepherd는 British Telecom을 위한 인터뷰 훈련 프로그램을 개발했다. 이 과정에서 내가 깨달은 것은 첫째, 그 당시 우리는 현재 반증적 학습법을 시도했고 둘째, 우리가 사용한 컴퓨터는 우리가 원하는 만큼의 처리속도와 메모리 능력이 많이 부족했다. 셋째, 이 프로그램은 아주 효과적이었고 시의 적절했으며 큰 성과를 낼 수 있었다. 우리는 Epic plc.이라는 회사를 만들었고 주식시장에도 상장했으며 영국의 온라인 학습 산업에 일조하게 되었다.

이후, AI 기반의 Google 검색이 등장하여 연구와 학습의 효율성에 혁신을 가져왔고 교육에도 큰 변화를 가져왔다. 회사를 매각한 후 자유를 찾은 나는 좀 더 깊은 연구를 위해 수강한 Stanford University의 Sebastian Thrun 교수의 "알고리즘의 메커니즘에 대한 새로운 사실과 소개 및 효능"이라는 강의를 듣고 큰 영향을 받았다.

나는 AI가 온라인 학습의 핵심이 될 것이라 확신했고 세계 각지의 컨퍼런스에서 학습에 대한 AI의 가능성에 대해 강의했다. AI가 가장 혁신적인 기술이 될 것이라는 믿음으로 내가 이사로 재직하고 있는 회사에서 '적응형 학습'에 투자했다. AI를 중심으로 하는 콘텐츠 제작, 큐레이션 하는 일을 맡아 정식으로 서비스했다. 이 일로 Most Innovative New Product의 학습 부분 수상, Best Online Learning Project Award와 영국 고등교육 기술지원 조직(JISC)에서 선정하는 Best EdTech Award를 수상하였다.

AI가 학습에서 중요한 역할을 할 것이라는 나의 신념이 아주 의외의 순간에 증명된 적이 있다. 그 순간을 생각해보면 살짝 섬뜩하기도 했다. University of Philadelphia에서 AI에 대해 강의하던 어느 날 아침, 미국 대통령 선거기간에 AI가 Trump의 승리를 예측했다. 많은 사람들이 웃어넘겼지만 바로 다음 날 아침 섬뜩한 경험을 하게 되었다. 기존의 미디어와 여론조사가 전화 투표 방식에 갇혀있는 동안 세상은 SNS와 같은 여러 장소에서 데이터를 수집하고 있었다. 전통적인 미디어는 새로운 기술을 이해하지 못했고 새로운 기술은 Trump의 승리를 예측했다. 더 깊이 살펴보면 농업은 기계화되고 사람들은 공장으로 이동했다. 공장들은 자동화되고 사람들은 사무실로 이동했다. 사무실은 이제 AI에 의해 자동화된다. 이 변화의 결말이 무엇인지 확실히 알 수는 없지만, AI는 정치, 경제적 그리고 도덕적 문제를 새롭게 야기할 것이다.

나의 또 하나의 충격적인 경험은 내 친구 Paul McElvaney의 Tesla 자동차에 앉아있을 때였다. 조용히 가속하는 자동차는 나의 몸을 시트 안으로 깊이 밀어 넣었다. 계기판을 대신하는 커다란 태블릿 화면에는 우리 앞으로 두 대의 자동차가 있고 다른 자동차들도 주변에 많이 보였지만 나와 운전자의 시야에서는 보이지 않았다. Ireland의 Donegal의 좁은 골목 모퉁이를 도는 동안 Paul은 핸들에서 손을 대고만 있었다. 바로 그 순간 미래가 확실히 보였다. 자율주행 자동차는 이미 현실이 되었고 운전자에게 의존하던 것을 완벽히 대체하였다. Tesla는 인공지능 기업이다. 자동차는 이제 로봇이다. 여행하고 수행하며 더 나아가 학습한다. 세계의 도로, 이동 경로, 운전자 성향을 학습한다. 인터넷에 연결되어 학습하고 도로를 연결하고 아직 생산되지도 않은 자동차들과 학습한 것을 공유한다. AI 기반의 네트워크와 연결되지 않는다면 자동차는 단지 주변장치에 불과하다.

AI의 놀라운 성과에 관한 일화는 또 있다. Google이 가장 복잡한 게임이라고 인정한 바둑에 이어 포커 게임에서도 인간을 이긴 것이다. AI는 도전을 멈추지 않는다. 그동안 인간의 노력으로 이루어진 모든 영역에 AI를 적용하면 누구나 새로운 사업을 시작할 수도 있다.

Amazon의 Echo는 우리의 집 한가운데에 AI를 들여놓는 것과 같다. 간단한 질문에 대답하는 것은 물론 홈시어터와 스마트 TV, 로봇 청소기, 냉난방 그리고 조명을 통제할 수 있다. 발화 인식, 이해, 전달, 생성에 관한 자연어 처리의 발전은 눈부시다. 내 아내의 핸드폰에 Siri가 스며든 것보다 한 발 더 나아간 무엇이 있다. Echo는 챗봇에 불과하지만, 소비자의 눈높이에서 보면 Echo는 선생님이자 청소부이며 컨시어지, DJ이며 개인 비서이기도 하다.

Penn State University에 강의차 방문했을 때 살펴본 다수의 '−bot' 프로젝트는 나의 흥미를 끌 만했다. The Georgia Tech의 'bot'은 진짜 조교처럼 행동하여 모두를 속이기도 했다. 자연어를 처리하는 인터페이스의 발전은 사용자의 수준에서 AI에 접근하는 데 큰 영향을 주었다.
'AI가 교사의 역할을 대신할 수 있는지, 할 것인지, 해야 하는지'에 대한 논쟁이 Berlin에서 있었다. 언젠가는 AI가 변호사, 의사, 회계사와 같은 전문직을 대체하게 될 것이지만 '교사'의 역할은 대체할 수 없을 것이란 의견에 대해 생각해 볼 기회가 되었다. 이것은 자만한 생각이다. 학습 콘텐츠를 제작하고 맞춤형 피드백, 평가, 강화를 제공하는 데 이미 AI가 널리 사용되고 있다. 이러한 세계는 언젠가 올 것이 아니라 이미 우리 옆에 와 있다.

내 두 아들은 최신 기술을 매우 좋아하는 편이며 그중 한 아이는 AI 관련 학위를 가지고 있다. AI에 관한 열정적인 대화를 나누고 조언을 얻을 수 있다는 것은 나에겐 하늘이 준 선물과 같다. 내 아이들의 영웅은 정치인도 과학자도 연예인이나 음악가도 아닌 기술에 열광하는 사람이다. Steve Jobs나 Mark Zuckerberg가 아니라 Elon Musk와 같은 사람이다. 그는 단지 말만 하는 사람이 아니라 행동하는 사람이다. 화석연료의 고갈과 지구 온난화 문제, 자율주행 자동차, 태양에너지를 동력화하는 일, 화성 탐사와 같은 사회와 인류를 위한 일에 AI를 이용하는 새로운 세대의 선구자인 것이다. 그러나 AI는 새로운 무엇을 만들기도 하지만 동시에 파괴하기도 한다. 기술의 발달, 데이터의 홍수와 AI의 고도화와 같은 현상이 동시에 일어날 때, 예상하지 못한 일들이 다수 발생할 수 있다. 세계는 더 똑똑해졌고 여전히 똑똑해지는 중이다. 우리는 AI가 선한 영향력을 발휘하도록 고삐를 조여야 한다.

AI는 일의 본성을 매우 많이 바꾸어 놓았다. 우리가 왜 배워야 하는지, 무엇을 배워야 하는지 그리고 어떻게 배워야 하는지에 대한 의미를 변화시켰다. 온라인으로 하는 습관적인 행동 대부분에 AI가 이미 관여하고 있다. Facebook, Twitter, Instagram, Amazon, Netflix, 그리고 학습을 제외한 거의 모든 것에서.

AI와 인지심리학 분야의 선구자인 Roger Schank와 같은 학자들은 "기억하세요. AI는 소프트웨어일 뿐입니다"라고 이야기한다. 그러나 나의 세계에서는 AI는 현실이다. 내가 경영하는 WildFire는 세계 최초로 AI를 이용한 콘텐츠 제작 도구를 개발하였고, LXP(learning experience platform), 챗봇, LRS(learning record store)를 통해 현실 세계의 학습자에게 학습서비스를 제공한다. 또한, Cogbooks는 Arizona State University와 다른 여러 기관에서 실제 사용하는 최초의 적응형 학습 과정이다. 우리는 학습 분야에서도 이미 AI와 함께하고 있다.

이 책은 유럽, 미국, 아프리카, 러시아와 아시아 등 세계 각지의 다양한 청자들과 나누었던 AI에 관한 이야기와 수많은 프로젝트에 관한 내용을 다루고 있다. 이 책을 통해 나의 AI와 학습에 대한 신념을 독자들과 나누고자 하였다.

추천사

전 세계 학교와 일터는 불과 몇 년 안에 AI의 영향권 안에 완전히 들어갈 것이다. 이 책은 인류의 역사에서, 그리고 앞으로 기술이 어떤 변화와 기회를 가져왔는지 간결하고 명확하게 설명하고 있다.

Poul McElavaney, Learning Pool의 CEO

Donald Clark은 지난 30년간 영국 교육 산업의 최첨단 기술을 도입한 개척자이자 리더였다. 학습이론과 정확한 지식을 바탕으로 한 기술적 혜안은 AI에도 예외가 없다. 저자의 과감하고 모든 것을 꿰뚫는 통찰은 철저한 조사와 사례를 바탕으로 하여 더욱 빛난다.

Kirstie Donnelly, City &Guilds Group의 CEO

차례

PART 04　학습

PART 06   미래

PART

01

도입

Chapter 01

호모 테크누스

AI는 인간의 행동을 계속해서 변화시키고 있다. 우리가 온라인에서 하는 거의 모든 활동에 AI가 활용되고 있다. 예를 들면 Google 검색, Facebook, Instagram, Twitter와 같은 소셜미디어의 사용, Amazon 쇼핑, Netflix를 보며 즐거운 시간을 보내는 등의 모든 활동에 AI가 이용된다. AI는 전 세계 모든 온라인 서비스에 적용되고 있다. 하지만 AI가 활용되지 않는 유일한 온라인 부문은 아마 학습일 것이다.

일의 본질 또한 AI에 의해 재형성되고 있으며 제조업 및 창고 자동화뿐만 아니라 가정, 사무실, 서비스 부분도 AI의 영향을 받고 있다. 업무 현장의 이러한 변화는 그 자체로 우리가 무엇을 배우고, 왜 배우고, 어떻게 배우는가에 중대한 영향을 미칠 것이다. 사실 이는 이미 AI 기반의 온라인 학습을 통해 변화하고 있다.

기술 혁명

기술 혁명은 새로운 것이 아니다. 우리는 하나의 생물학적 종으로서 최초로 돌로 만든 손도끼를 사용한 것부터 시작해서 AI에 이르기까지 기술을 만들어가고, 또 기술에 의해 형성되었다. 이 발전은 끊임없는 리듬과 같이 이루어졌다.

이러한 기술적 발전을 설명하는 데 있어 대부분 문제는 물리적 기술 자체, 즉 석기(석기 시대, 신석기 시대), 금속(청동기 시대, 철기 시대), 증기 기관 시대, 철도, 대량 생산, 컴퓨터(산업혁명)에 초점을 맞추고 있다는 것이다. 이것은 학습용 AI가 '4차 산업 혁명'(Seldon and Abidoye, 2018)의 관점에서 표현된다는 점에서도 알 수 있는데, 이는 4차도 산업도 아니기 때문이다.

학습에서의 AI를 보는 관점은 산업혁명이 아닌 인지혁명의 관점에서 바라보는 것이 훨씬 더 낫다. 언어, 글쓰기, 알파벳 문자, 인쇄술, 인터넷 같이 학습공학혁명으로 AI를 보는 것이 더 명확할 것이다. 물리적인 기술은 개념화, 설계, 개발, 전달을 가능하게 하는 심리적인 기술에 의해 뒷받침되고 지원되며 만들어진다. 돌도끼는 인간이 상상하여 만들고 사용하였다. 동굴 벽화는 정교한 상상력의 산물이었다. 점토판, 파피루스, 필사본, 글쓰기 기술은 다른 사람들이 접근할 수 있도록 생각을 외부화하여 보관한 심리적 돌파구였다. 인쇄술은 과학 혁명과 개혁, 계몽주의를 일으켰다. 인터넷, 특히 웹은 우리가 전 세계의 지식에 접근할 수 있게 하였다. 이제 우리는 또 하나의 순수한 심리적 노력의 산물이자 차세대 공학적 도약을 가능하게 할 AI를 갖게 되었다.

학습을 가능하게 하는 공학은 공학의 역사를 쓸 때 종종 간과된다. 물리적인 물체에 집중하는 것은 쉽다. 그러나 학습공학이 없었다면 다른 기술은 개발되지 않았을 것이다. 우리는 다른 종들보다 더 빨리 '학습'한다. 지난 수백만 년 동안 종으로서 우리의 진화는 적응하는 법을 배우는 것이었다. 이것이 우리로 하여금 달 위를 걷고 태양계 너머로 날아갈 수 있게 해 줌으로써 지구에서의 지배력을 부여한 것이다.

석기를 만드는 능력이 없었다면 결코 포식자를 피할 수 없었을 것이고 먹이를 찾거나 지배적인 종이 될 수 없었을 것이다. 뾰족한 도끼와 같은 선사 시대의 도구를 통해 죽이고, 부수고, 긁어내고, 자를 수 있었다. 뼈바늘로 효율적으로 옷을 만들어 입고 냄비로 요리를 하고 도끼로 나무를 잘라 연료로 쓸 수 있었다.

우리는 호모 사피엔스라고 불리는데 여기서 '호모'는 호모 하빌리스(손재주꾼)의 등장으로부터 유래되었다. 석재 도구와의 연관성 때문에 이렇게 묘사되었지만, 최근의 증거에 따르면 도구는 이전 종에서부터 사용되었다. 더 정확히 말하자면 우리는 도구와 기술을 사용하는 종인 호모 테크누스(Homo technus)이다. 육체뿐 아니라 심리적으로도 말이다.

우리는 물리적 도구 외에 상징적 도구도 사용한다. 언어를 도구로 보기는 어렵지만, 공학으로 생각해 볼 수 있다. 공학이란 우리 외부에 존재하는, 우리를 심리적 및 육체적으로 발전시키기 위해 정신과 신체 외부에 존재하도록 만든 어떤 것으로 정의해보자. 우리는 우리와 별개로 존재하고 다른 사람들이 들을 수 있도록 멀리까지 전달되는 소리를 만든다. 그것은 전 세계에 전달되는 전신, 전화이자 이제는 온라인 의사소통의 중심이다. 음성은 다른 모든 형태의 기술을 뒷받침하며, 사물 인터넷을 제어하는 방식으로 우리 주머니와 집에 있는 개인용 모바일 장치에도 내장되어 있다.

Gutenberg부터 Zuckerberg에 이르기까지 언어, 글쓰기, 인쇄술, 배포, 의사소통, 공유는 World Wide Web의 형태로 인터넷 이전에 결합하였다. 전 세계적 규모와 누적 효과는 장기적으로 본다면 이전보다 더 획기적일 수 있다. 어떤 사람들은 지금을 1930년대와 비교하지만, 진정한 의미에서의 역사적 비교는 인쇄가 세계를 뒤흔든 15세기와 16세기가 될 것이다. 인터넷은 힘을 발휘하고 있고 우리는 이를 이해하기 위해 애쓰고 있다. 기술의 깊은 지각 변화는 아직 초기 단계이다. 이와 같은 창의적이고 파괴적인 힘이 발휘되고 있고 AI는 이를 위한 새로운 자극제가 되고 있다. 예전에 글쓰기와 인쇄가 그랬던 것처럼.

스마트 AI의 등장은 인간의 능력에 도전장을 내밀고 있으며 때로는 대체하기도 한다. 우리는 예측할 수 없는 또 다른 변화의 단계에 들어서고 있다. 일각에서는 이것이 실존적 위협이라고 말하기도 한다. 한 가지 확실한 것은 이러한 변화가 일의 본질을 바꾸고 있다는 것이다. 어떤 위험성이 뒤따르든 간에 AI는 결국 우리가 배우는 방식에 어떤 형태로든 영향을 미칠 것이다. 이는 말하기, 글쓰기, 인쇄술, 인터넷과는 달리 우리 인간에게 더 적합하며 때로는 그 이상의 소프트웨어가 될 수도 있다.

철학자이자 여러 방면에 뛰어난 Daniel Dennett은 그의 저서 From Bacteria to Bach and Back에서 인간 진화와 AI의 융합을 시도한다(Dennett, 2017). 거의 40억 년에 걸친 다윈주의적 생명의 진화는 보이지 않는 과정이었기에 '이해할 수 없는 능력'이었다. Dawkins는 이를 일명 '눈먼 시계공'이라고 부르며 문화적 진화와 AI 또한 종종 이해하지 못하는 능력이라고 하였다(Dawkins, 1996). 그는 뇌가 끊임없이 미래를 모델링하는 예측 기계라고 이야기하는데, 이는 인지과학 분야에서도 어느 정도 학문적 관심을 얻었다. 또한, 문화적 진화를 밈(meme)이 뇌에 침입하거나 감염되는 것으로 간주한다. 이러한 정보성 밈은 Darwin의 진화론처럼 이해할 수 없는 능력이지만 이롭다는 점에서 적합해 보이기도 한다.

Dennett의 희망은 기계가 '악명 높은 교육적 병목현상'을 넘어 '스스로 상상하는 인공기관'에 이르기까지 그 가능성을 열고 우리와 함께, 우리를 위해 일하며 거대한 문제를 해결할 수 있도록 하는 것이다. 미래는 대체로 우리의 제한된 통제 안에 있음을 인식해야 한다. '우리가 더 조심스럽게 AI에 의존하게 될지라도' AI가 우리에게 의존하게 해야 할 것이다.

과학기술은 파괴적인 영향을 미치는 혁명적인 물결과 함께 등장한다. 과거의 혁명을 기반으로 하는 결합적이고 누적되는 성격을 띤다. 따라서 우리와 분리된 것이 아니며 결과적으로 우리 인간과 기술 사이의 변증이나 순응의 과정을 거친다. 항상 감독과 통제가 필요한 양날의 검이라는 것을 인식함으로써 선을 위한 기술이 악을 위한 기술을 극복할 수 있다. 이러한 공학의 본질은 우리가 무엇을 배워야 하고 어떻게 배워야 하는지를 정의한다. 공학은 학습을 변화시킨다. 우리는 호모 테크누스이다.

문화

학습에서의 AI를 이해하기 위해서는 고고학처럼 우리의 문화 역사를 깊이 파고 들어가 AI가 탄생한 역사적 경로를 알아내야 한다. 이런 관점에서 Eliezer Yudkowsky는 'AI의 가장 큰 위험은 사람들이 그것을 이해한다고 너무 빨리 결론을 내리는 것'이라고 경고하였다(Yudkowsky, 2015). 이는 AI가 어디서 왔고 우리가 어떻게 지금의 상태에 도달했는지 이해하는 것을 의미한다.

AI는 그리스 철학과 수학에서 유래했다. 또한, 수 세기에 걸쳐 시와 연극, 소설과 같은 문화에 의해 해석되어 왔다. 이러한 고대 및 과거의 기원 외에도 최근의 예술형식으로는 영화를 꼽을 수 있는데, 영화는 현대인들이 AI에 대한 정의를 내리는 데 영향을 주었다.

문화는 빛을 발할 수도 있는 한편 오도할 수도 있는데, AI에 대해 다루는 그 어떤 문화적 형식보다 더 오해의 소지가 많다. 서구 문화에서 AI는 주로 디스토피아적인 연극과 영화를 통해 소개되었으며 프로메테우스(프랑켄슈타인) 신화를 끊임없이 반복하고 있다. 이로 인해 학습을 위한 AI에 관한 생각을 왜곡시켰지만,

우리는 문화, 특히 영화에서 표현된 AI에서 배울 것이 있다.

Aeschylus의 Prometheus Bound부터 Mary Shelley의 Frankenstein : The Modern Prometheus에 이르기까지 괴물 같은 힘의 창조는 가장 대중적인 상상력이었고, 이는 20세기 영화에 고스란히 반영되었다. Asimov는 그의 단편 소설 Runaround(1942)에서 유명한 로봇 공학의 세 가지 법칙을 제공했으며 이후, AI에 대한 많은 현대 소설이 등장하기 시작했다. 가장 일반적인 형태는 여전히 Mary Shelley의 프랑켄슈타인 신화에 갇혀 있는 Ian McEwan의 Machines Like Me(2019)로 Turing은 쓸모가 없는 프랑켄슈타인으로 등장한다.

영화 Metropolis(1927)를 시작으로 지난 100년 동안 영화를 통해 AI는 주로 디스토피아적이고 악한 것으로 묘사되었다. 영화에서의 AI에는 우리의 두려움이 종종 반영되어 있는데, 묘사되는 기술에 대한 두려움뿐 아니라 냉전, 범죄, 폭력, 무력감, 기업 탐욕, 기후 변화 등과 같이 당대의 '다른 것'에 대한 두려움이 나타난다. 인터넷을 통해 AI가 우리의 삶에 영향을 미치게 되면서 영화 Blade Runner 등 최근에 쏟아져 나오는 AI와 관련된 영화에서는 정교하고 미묘한 역학 관계를 엿볼 수 있다.

AI에 대한 일반적인 인식을 나타내는 영화 주제는 주로 로봇이다. 예를 들면 'AI는 우리를 공격하고 우리 모두를 죽이는 로봇이 될 것이다', 'AI는 인터넷을 장악하고 우리 모두를 죽일 것이다', 'AI는 우리가 AI가 사실 나쁘지만 좋다고 생각하도록 속일 것이다'와 같이 말이다. 이는 공포 영화에서의 어린이 캐릭터가 인기가 많은 것과 비슷하다. 우리가 낳은 아이들이 최악의 악몽이 되어버리는 것 말이다. 이는 프로메테우스 신화의 변형에 해당한다.

기술은 항상 문화적 논평보다 앞서 있다. 이는 항상 그럴 것이다. 지난 몇 년 동안 AI가 여러 영역에서 활용되고 있지만, 로봇에 대한 환상보다는 미미한 문화적 인정과 비평을 받고 있다.

철학과 수학

공학은 우리와 동떨어진 '블랙박스'가 아니다. 우리는 기술을 이용하여 진화하고 진보할 수 있게 했으며 우리의 생각을 형성하였고 우리의 미래를 만들어 갈 것이다. 우리 종과 공학 사이에는 단순히 '기술이 아닌 사람에 관한 것'이라는 말보다 훨씬 더 다면적인 변증이 있다.

Descartes(1641)는 몸을 기계로 보았다. Leibniz(1666)를 AI의 진정한 창시자로 보는 관점에서 그의 이론은, 언어는 생각을 반영하며 보편적 언어가 사용될 수 있다고 이야기한다. 여기서 보편적 언어는 추론을 촉진하기 위해 논리를 사용해서 개념과 아이디어를 나타내는 기호를 다루는 것을 의미한다. Descartes와 Leibniz는 순수 수학적인 방식으로 AI에 영향을 미쳤고 대수학, 기하학 및 미적분학 분야에 걸쳐 수학에 상당한 공헌을 하였다.

20세기에 Sartre는 Being and Nothingness(1956)에서, Heidegger는 The Question Concerning Technology(1954)에서 우리의 존재에서 공학의 의미를 탐구한다. 그러나 AI에 대해 생긴 추측들은 Searle(1980)과 Dennett 등이 변형한 Turing에 대한 추측이었다.

왜 AI가 학습에 있어 진정한 잠재력을 가졌는지 이해하기 위해서는 수학을 통한 지난 2천5백여 년의 잉태 기간을 먼저 파악해야 한다.

현대적인 AI 시대는 1956년 John McCarthy와 Marvin Minsky가 개최한 다트머스 학회에서 시작되었다. 여기서 '이론적으로 학습의 모든 측면 또는 지능의 다른 특징들을 아주 정확하게 묘사함으로써 기계가 이를 모방하게 만든다는 추측을 바탕으로 나아가는 것'을 목표로 삼았다.

학습에 대한 강조를 눈여겨볼 필요가 있다. 즉, 역량을 갖추기 위해 기계가 어린아이처럼 학습할 수 있다는 Turing의 비전을 현실화하는 것이다. Arthur Samuel의 체커 소프트웨어와 같은 성공도 일부 있었지만, 그 가능성은 실현되지 못한 채 1960년대에는 AI 분야의 첫 겨울이 도래하였다. 1980년대 초반에는 전문가 시스템에 관한 관심이 다시 떠올랐지만, 규칙 기반의 추론이라는 수렁에 빠지면서 두 번째 겨울이 왔다. 확률과 통계가 문자 그대로 방정식에 도입되어 딥러닝을 제공할 때에만 번역과 음성, 이미지 인식에 성공하였다. 처리 능력과 데이터, 강력한 장치가 기하급수적으로 성장하면서 이제야 AI는 초창기의 약속을 이행할 수 있게 되었다.

Euclid 이후로 수학과 알고리즘은 우리가 지금 '인공지능'이라고 부르는 시금석을 놓았다. 그러므로 AI는 갑자기 튀어나온 것이 아니다. 수학, 논리, 확률, 통계, 알고리즘의 발전, 기계학습의 2,500년이라는 긴 잉태 기간을 거쳐온 것이다.

우리는 AI가 스스로 학습할 뿐만 아니라 학습 속도를 높이기 위해 어떻게 사용될 수 있는지에 초점을 맞춰 1956년의 목표를 재검토하고 구현할 수 있다. AI는 사용자가 학습에 대해 재고하게 만든다. 이는 우리가 오래된 지식과 기술을 배울 필요가 없으며, AI가 새로운 지식과 기술을 배우고 학습 과정과 속도를 향상하는 데 도움이 될 수도 있다는 가능성을 내포한다. AI와 관련된 중요 인물인 Stuart Russell은 Human Compatible에서 'AI 튜터가 있다면 얼마나 가난한지와 상관없이 모든 어린이의 잠재력이 발휘될 수 있다. 어린이 1인당 비용은 미미할 것이며 그 어린이는 훨씬 더 풍요롭고 생산적인 삶을 살 것이다(Russell, 2019).'라고 주장하였다. 그의 주장이 일부만 옳다고 해도 이것은 나아가야 할 올바른 방향이다. AI가 학습을 도와주는 것보다 더 큰 사회적 이익이 어디에 있을까?

공학

끝으로 AI에 대한 마지막 관점은 학습공학 측면에서 AI의 역사와 발전을 살펴보는 것이다. 학습을 이해하는 데 기계장치들이 오랫동안 사용되었다. 특히 행동주의에서 그러한 노력이 많이 이루어졌다. Sidney Pressey(Petrina, 2004)는 1924년 미국 심리학회에서 '자동 교사(automatic teacher)'를 선보였고, Skinner의 교수기계(teaching machine)는 학습 원리로 정적 강화를 사용했다. 이러한 단순한 행동주의적 모델링의 문제는 학습자가 실제로 무엇을 생각하고 왜 생각하는지에 대한 데이터와 지식이 부족하다는 것이다. 적응형 AI는 GPS 또는 위성 내비게이션처럼 학습경험을 통해 사용자에게 안내를 제공하는 개별적, 적응형 데이터를 활용함으로써 한 발짝 더 나아간다. 그리고 경험 자체도 기계학습을 통해 적응할 수 있다.

이와 관련된 대표적인 논문은 강의, 형성적 피드백, 일대일 수업을 비교한 Benjamin Bloom의 'The 2 sigma problem'(1984)이다. 강의를 평균으로 한 교수(teaching)에 대한 형성적 접근 방식이 평균보다 숙달도가 84% 증가하였고, 일대일 수업은 더 놀랍게도 평균보다 숙달도가 98% 증가했다고 밝혔다.

지능형 튜터링(intelligent tutoring)은 수십 년 동안 시도되며 어느 정도 성공을 이루었는데, 가장 괄목할만한 것은 컴퓨터 기반 교육시스템인 PLATO였다. 이러한 시스템은 인터페이스 디자인, 하드웨어 기능, 정교한 교수법이 등장하면서 개선되기 시작했다. 이들은 1980년대와 1990년대의 전문가 시스템과 지식 관리에서의 발상에 크게 영향을 받았지만, 여전히 제한된 하드웨어와 소프트웨어 설계로 인해 벽에 부딪혔다. 이들은 단순한 '하드 코딩된' 조건부 응답 시스템 또는 '규칙'을 통해 학습자 옆에서 무엇을 가르칠지 결정하는 규칙 기반 시스템이었다.

실제적 진보가 대학 등 교육 분야에서 이루어졌다고 생각하는 경우가 많지만, 실은 학습과 개발 예산의 표준으로 컴퓨터 기반 교육(computer-based training: CBT)을 확립한 조직, 특히 기업에서의 학습에서였다. 기업은 시장의 실제 요구사항을 충족하기 위해 성장했으며 학습자와 학습 내용, 표준을 함께 관리하기 위해 학습관리시스템(learning management system : LMS)이 등장했다. 예를 들면 공유가능 교육객체 참조모형(sharable courseware object reference model : SCORM) 같이 학습경험의 데이터를 다시 데이터베이스로 전달하기 위해서였다. 빠르게 변화하는 조직의 실제적인 요구를 충족하는 데 집중하였기 때문에 인증에는 무관심했다.

이와 함께 멀티미디어 시대가 도래하여 하드웨어 및 소프트웨어 발전을 통해 사용 가능한 미디어(오디오, 이미지, 비디오)의 범위가 증가했다. 레이저 디스크는 수만 장의 이미지와 수만 시간의 오디오와 비디오를 저장할 수 있었다. 읽기 전용 장치였지만 이를 통해 학습에서 시각적 이미지를 훨씬 더 많이 사용하게 되었다. CD-I를 비롯한 다른 소비자 장치도 많이 시도되었지만 실패했다. 대체로 이러한 장치들의 메모리와 속도가 제한적이기 때문이었다. 하드웨어가 항상 발전 속도를 제한하는 요소였다.

1980년대와 1990년대에 시작된 멀티미디어, CBT, 학습관리시스템(LMS) 비즈니스는 오늘날에도 여전히 존재한다. 이 분야는 해마다 성장해 왔으며 이전에는 컴퓨터의 범위를 넘어선다고 생각했던 학습 과제를 꾸준히 수행하고 있다.

그리고 인터넷으로 인해 시장이 폭발적으로 성장했다. 처음에는 느린 전화 접속으로 얻을 수 있는 것이 거의 없었지만 대역폭과 소비자 사용이 증가함에 따라 네트워크화되고 보다 정교한 교육적 접근이 가능하게 되었다. 이를 통해 온라인에서 Google, YouTube, Wikipedia, 개방형 교육 자료(open educational resources), MOOC(massive open online courses), 클라우드 기반 서비스에 대한 접근이 가능해졌다.

온라인 학습의 발전은 적절하게 진행되었고, 이미 시작되었다. 하드웨어의 기하급수적인 성장으로 더 빠르고, 더 작고, 더 강력하고, 더 저렴한 시스템이 가능해졌다. 블렌디드 러닝, 거꾸로 교실, 시나리오 기반 학습, 시뮬레이션과 같은 발견적 교수법에서 인터랙티브 디자인을 활용한다. 인터넷은 우리에게 네트워크와 클라우드 컴퓨팅을 가능하게 했다. 항상 하드웨어 기능에 의존했던 인터페이스 디자인은 명령어와 메뉴부터 윈도우까지 발전하여 터치스크린은 물론 이제는 동작 및 음성에 이르기까지 개발되었다.

포스트 인터넷 생태계는 이러한 발전과 함께 온라인 학습 시장으로 변모했다. 온라인 학습 시장은 번창하고 있다. 대부분의 대규모 조직은 학습관리시스템을 갖추고 있고, 콘텐츠 안내서를 구입하고, 콘텐츠를 위탁하고, 웨비나를 사용하고, 사회적 학습을 장려한다. 최근에는 모바일 장치가 유비쿼터스화되고 모바일 학습 또는 m-러닝이 실행 가능해지면서 학습이 더욱 손쉬워졌다. 이제는 대부분의 온라인 학습 콘텐츠가 데스크톱, 노트북, 태블릿 및 모바일 장치에서 '반응'한다.

이외에도 증강현실(AR)을 통해 현실 세계의 경험이 향상되었다. 가상현실(VR)은 MOOC와 마찬가지로 경험의 민주화를 끌어냈다. 이 모든 것은 일정 부분 하드웨어와 소프트웨어에 내재한 알고리즘을 현명하게 사용함으로써 제공되고 있다. 이 모든 것들은 교육에서 AI의 역할이 더욱 명확해지고 이러한 학습 채널을 크게 향상시킬 수 있는 기회가 될 것이다.

장치가 더 강력해지고 데이터가 더 풍부해지면서 AI는 특히 자연어 처리(natual language processing : NLP)와 기계학습에서의 새로운 기술을 바탕으로 향상되었다. 이는 인터넷이 존재함으로 인해 성장하기 시작했는데 이후에는 오히려 인터넷을 구성하기 시작했다.

AI 주도 학습의 첫 번째 큰 성공은 다양한 형태의 검색, 즉 신속하고 정확하게 사물을 찾을 수 있는 능력이었다. AI가 학습 생태계의 중심이 되어 돌이킬 수 없는 교육적 변화의 미래를 열었다. Google이 궁금한 점에 대한 답 찾기, 학술 논문, 지도상의 장소, 이미지, 동영상 등을 포함하여 무언가를 찾는 방법이 되면서 생산성이 크게 향상되었다. 연구 측면에서만 보더라도 도서관을 오가는 몇 달, 책과 학술지 선반을 오르내리는 시간이 불과 몇 초로 단축되었다.

책을 구매하는 것은 AI 기반 추천 엔진에 의해 빠르고 쉬워졌다. 이것은 데이터 마이닝과 AI 기술이 콘텐츠와 광고를 보여주는 방식에 영향을 주었다. 소셜미디어는 세계적인 현상이 되었고 AI 매개 학습 및 지속적 전문성 개발(continuing professional development : CPD) 측면에서 소셜미디어가 매우 유용하다는 것을 알게 되었다. Facebook의 타임라인과 Twitter의 피드도 알고리즘에 의해 구동되기 시작했다.

AI 기반 얼굴 인식은 음성에서 텍스트로, 텍스트에서 음성으로 빠르게 발전했다. NLP는 검색, 번역 및 인터페이스 디자인의 새로운 발전을 가능하게 했다. AI는 표절 검사에도 등장했다. 대학에서 AI를 볼 수 있는 유일한 경우가 학생들의 부정행위를 확인하는 것이라는 점은 조금 이상할 수도 있다.

이러한 모든 발전에도 불구하고 온라인 학습은 여전히 완고하리만큼 원시적이며 접근 방식 측면에서 보면 행동주의에 가깝다. 심지어 콘텐츠의 게임화에서도 학습자에게 동기를 부여하기 위해 점수, 배지 및 리더 보드(leader board)와 같은 외부 자극을 사용하여 Pavlov의 행동주의처럼 만들 수 있다. 남은 문제는 AI 기반 학습이 실제 일대일 튜터를 얼마만큼 비슷하게 구현할 수 있느냐이다. 이를 방해하는 것은 하드웨어, 소프트웨어, 도구 그리고 데이터 부족이라는 한계 때문이었다. 실제와 같은 수업을 재현하려면 엄청난 양의 처리 능력과 메모리, 데이터가 있어야 했다. 데이터는 알고리즘이 더 효과적으로 작동할 수 있게 하는 연료와 같기 때문에 학습을 위한 AI 분야에서 일하는 사람들에게 데이터는 아주 중요한 것이다. 그러나 인터페이스, 콘텐츠 생성, 큐레이션, 개인화, 평가, 학습 통합에서 데이터를 덜 사용하는 다른 형태의 발전도 있을 수 있다.

조직 학습에서 학습경험 플랫폼(learning experience platforms : LXP)의 부상은 발전을 가능하게 한다. 학습관리시스템은 특히 엔터프라이즈 소프트웨어가 필요한 대규모 조직에서 사용된다. 그러나 개인화된 인터페이스 경험, 개인화된 학습경로, 콘텐츠 제공에 필요한 유연성과 학습에 대한 데이터 기반의 접근 방식에 대한 수요가 부족하기 때문에 AI를 사용하기 원하는 사람들에게는 오히려 어려운 상황이었다.

학습이 일방적인 전달이라는 고정된 틀에 갇혀 있는 동안 인터넷은 발전을 거듭했다. 온라인에서 수행하는 거의 모든 작업은 음성 인식과 고급 분석으로 빠르게 발전하는 AI 추천 엔진에 의해 조정되고 있지만, 학습은 아직 매우 정적인 상황이다.

경험 애플리케이션 프로그래밍 인터페이스(experience application programming itnerface : xAPI)와 같이 AI 친화적인 최신 기술은 기존의 SCORM 표준을 훨씬 뛰어넘는 추적과 데이터 생성이 가능하다. 학습 기록 저장소(learning record stores :

LRS)는 학습뿐 아니라 비즈니스 데이터를 사용하여 비즈니스를 성장시키는 의사결정에도 학습을 통합할 가능성을 열었다.

알고리즘과 빅데이터, 컴퓨팅 파워의 조합은 AI를 사용자 인터페이스 계층, 학습 계층, 데이터 계층을 아우르는 학습경험의 모든 계층(layer)에 적용할 가능성을 시사한다.

교육에서의 AI가 읽기, 쓰기, 산술과 같은 기본 기술을 포괄하는 학습에 대한 비용을 절감하고 이를 가속할 수 있다면, 과거 교육 분야에서의 개선을 그저 반올림 오류처럼 보이게 만들 것이다.

Global Learning XPRIZE는 2014년부터 개발도상국의 어린이들이 15개월 이내에 기본적인 읽기, 쓰기, 산수를 스스로 배울 수 있게 하는 소프트웨어에 1,500만 달러를 지원했다(XPRIZE, 2019). 이는 확장 가능한 오픈소스여야 했는데, 한국과 미국의 'Kitkit School', 케냐와 영국의 'onebillion' 이렇게 두 팀이 우승하였다.

결론

학습공학으로서 AI에 대해서는 알려진 바가 거의 없다. AI 교수법에 대해서도 거의 알려진 바가 없으며, 우리가 가르치고 배우는 데 도움이 되는 기존의 잠재적 응용 프로그램에 대해서도 거의 알려진 바가 없다. 이 책이 시도하는 바가 바로 그것이다. AI가 갑자기 세계적인 대중의 관심사로 떠올랐다. 왜 지금일까? 왜 역사 속에서 지금, 이 순간일까? 아마도 이 기술이 모바일 장치를 통해 우리 주머니에 넣을 수 있을 정도로 성숙해졌기 때문일 것이다. 또한, 인터넷은 클라우드에서 제공될 수 있다는 것, 데이터 쓰나미가 AI 솔루션에 연료를 공급하는 데 사용될 수 있음을 의미한다. 그뿐만 아니라 기계학습을 비롯하여 여러 영역에서 AI 기술의 놀라운 발전이 목도되었다. 동시에 온라인 학습 시장도 충분히 성장하여 AI 솔루션을 채택할 준비가 되었다. 스마트 소프트웨어를 사용하는 스마트 솔루션은 마침내 학생이나 회사원, 일반인 모두가 AI로 제공되는 교수학습을 통해 스마트 인재 육성에 기여할 수 있게 된 것이다.

참고문헌

Aeschylus and Vellacott, P (1961) Prometheus Bound and Other Plays: The Suppliants/Seven Against Thebes/The Persians, Penguin, London

Asimov, I (1942) Runaround, Astounding Science Fiction, 29 (1), pp 94–103

Bloom, BS (1984) The 2 sigma problem: The search for methods of group instruction

as effective as one−to−one tutoring, Educational Researcher, 13 (6), pp 4–16

Dawkins, R (1996) The Blind Watchmaker: Why the evidence of evolution reveals a universe without design, WW Norton & Company, New York

Dennett, DC (2017) From Bacteria to Bach and Back: The evolution of minds, W.W. Norton, New York

Descartes, R (1641/2013) René Descartes: Meditations on first philosophy: With selections from the objections and replies, Cambridge University Press, Cambridge

Heidegger, M (1954) The question concerning technology, Technology and Values: Essential Readings, 99, p 113

Leibniz, GW (1666/1989) Dissertation on the art of combinations, in Philosophical Papers and Letters, pp 73–84, Springer, Dordrecht

McCarthy, J, Minsky, ML, Rochester, N and Shannon, CE (2006) 'A proposal for the Dartmouth summer research project on artificial intelligence, August 31, 1955' AI Magazine, 27 (4), p 12

McEwan, I (2019) Machines Like Me, Jonathan Cape, London

Petrina, S (2004) Sidney Pressey and the automation of education, 1924–1934, Technology and Culture, April, Vol 45, pp 305–330. Available at https://www.academia.edu/5065516/Sidney_Pressey_and_the_Automation_of_Education_1924_1934 (archived at https://perma.cc/99AF−35VM)

Russell, S (2019) Human Compatible: AI and the problem of control, Penguin Books, London

Sartre, JP (1956/2001) Being and Nothingness: An essay in phenomenological ontology, Citadel Press, New York

Searle, JR (1980) Minds, brains, and programs, Behavioral and Brain Sciences, 3

(3), pp 417–424

Seldon, A and Abidoye, O (2018) The Fourth Education Revolution, Legend Press Ltd, London

Shelley, MW (2009) Frankenstein, or, The Modern Prometheus, 1818, Engage Books, AD Classic, San Francisco

XPRIZE (2019) Website. Available at https://www.xprize.org/prizes/global−learning (archived at https://perma.cc/CRK9−JZZP)

Yudkowsky, E (2015) Rationality: From AI to zombies, Machine Intelligence Research Institute, Berkeley

Chapter 02

AI란 무엇인가?

1899년, Jean－Marc Cote는 2000년의 집안 생활이 어떨지 상상했다(Public Domain Review). 그는 빗자루와 쓰레받기를 사용해서 인간만큼이나 키가 큰 기계 로봇을 그렸다. 그의 상상력은 당시의 기계적 패러다임에 의해 형성되었다. 이처럼 지나치게 기계적인 방식으로 AI를 규정하는 것은 로봇 교사와 같은 어설프고 오래된 개념을 과하게 강조할 수 있다. AI를 의인화된 어떤 것으로 규정해 버린다면 이해력, 인지적 능력, 일반 지능, 맥락 이해가 없는 상황에서 잘못된 귀인으로 이어질 수 있다. 우리는 미래를 생각할 때 과거의 틀에 갇히게 되는 경향이 있다.

AI는 백치천재

최초의 소비자용 로봇 중에는 방 주위를 무작위로 부딪히며 먼지를 빨아들이는 바닥 청소기가 있었다. 첫 번째 모형은 벽이나 가구와 같은 물체에 부딪히며 감지해서 바퀴를 돌려 다른 방향으로 향했다. 기본적으로는 여전히 기계적이지만 센서가 있었다.

최신의 청소기 로봇은 방을 파악하고 수학적으로 최적의 경로를 계산하여 바닥을 고르게 청소한다. 레이저 매핑과 360도 카메라를 통해 해당 방에 대한 수학적 모형을 만들고 실시간으로 물체를 감지한다. 계단 가장자리에 닿을 때를 알고 방마다 이동하며, 영리하게 가장자리를 청소할 줄 알고 모바일 앱을 통해서도 작동한다. 심지어 배터리가 부족해지면 자동으로 충전소로 돌아가 재충전하고 마지막으로 청소한 지점부터 다시 시작한다.

그러던 어느 날 당신은 돌아와서 현관문을 열고 끔찍한 냄새를 맡았다. 개가 똥을 싸놓은 것을 로봇 청소기가 카펫과 방 구석구석까지 수학적으로 골고루 흩뿌려놓은 것이다.

여기에서 얻을 수 있는 교훈은 바로 AI가 '백치천재'라는 것이다. 모든 종류의 정밀한 작업에서 인간을 대체할 수 있을 만큼 똑똑하지만, 정상적인 인간 지능이 가진 견제와 균형은 없다는 말이다. 말 그대로 똥이 똥인지를 모르는 것이다!

AI는 이동, 매핑, 청소와 같은 한 가지 또는 몇 가지 일에는 능숙하지만, 똥이 모터와 팬에 닿는 것은 알지 못한다. 인지적이거나 지능적이지 않은 것이다. 즉, 좁게는 똑똑하지만 멍청한 것이다. 또한, AI는 일을 하지만 왜 그렇게 하는지 알지 못한다는 것을 기억할 필요가 있다.

백가몬(backgammon), 체스, 바둑, 포커 및 컴퓨터 게임에서 인간을 이기는 놀라운 수준의 능력은 실제로 '제한된', 경계가 명확한 문제를 해결하는 것이다. 명확한 규칙이 있는 구체적이고 제한된 문제이며 달성 가능한 경우 AI 솔루션으로 해결할 수 있다. 또 다른 제한된 문제는 NLP 내에도 있다. 이러한 경계는 번역, 음성 인식, 텍스트에 대한 의미 해석과 같은 분야에서는 더 많고 빠르게 발전하고 있다. 그러나 제한이 있다고 해서 유용하지 않다는 의미는 아니다. 가르치고 배우는 데에는 제한적인 문제가 많이 있다. 교사와 학습자가 좌절감을 느끼는 일상적이고 반복적인 작업이 많다는 의미이다. 학습자 참여, 지원, 가르침 및 평가를 아우르는 학습 여정에서 AI를 사용하는 단기적 해결책이 있는 제한된 문제들이 많이 있다. 이러한 유형의 상황에 AI를 사용할 수 있다.

AI는 모든 것

AI는 정의하기 어렵다. AI에 대한 완벽한 정의는 없다. 이것은 기술의 전체 집합이다. 핵심 개념인 알고리즘에는 정확한 수학적 정의가 없으며 학계와 공학 분야에서 AI를 전체로 파악하려 하지 않는다. 이 혼란의 배후에는 기본적으로 AI가한 가지라는 생각이 존재한다. Euclid가 파피루스에 첫 번째 알고리즘을 적어 내려간 2,500년 전부터, AI를 근본적으로 다르게 접근하는 여러 학파가 존재했다. AI는 서로 다른 기술이 나열되어 있으며, 수학적으로 분리된 경우가 굉장히 많다.

AI를 바라보는 또 다른 방법은 검색과 번역을 위한 자연어 솔루션, 의료 솔루션이나 로봇 공학에서의 이미지 인식 등 실용적인 문제 해결 영역이 있다. AI라는 케이크를 자르는 방법에는 여러 가지가 있다. 교수학습 분야도 그러하다.

우리가 모든 메커니즘에 대해 너무 많이 걱정할 필요는 없지만, 그것이 교수학습 분야에 영향을 미치는 방식을 이해할 필요는 있다. AI는 온라인에서 수행하는 거의 모든 작업을 지원한다. AI 시대가 도래하는 것이 아니라 이미 여기에 존재하는 것이다.

AI와 지능

AI에서 '지능'이라는 단어는 오해의 소지가 있다. Thomas Malone(2018)은 평론가로, AI 분야의 한 단계 더 나아간 발전을 위한 촉매제로써 이 단어를 매우 강조했다. 즉, AI를 의인화된 관점에서 보기에는 근본적인 오류를 가질 수 있다는 것이다. AI가 인간이 가진 지능과 같은 의미에서 '지능적'임을 암시하고, 인간과 관련해서 사용하더라도 문제가 많은 의인화된 척도를 기준으로 하기 때문이다. AI를 지능이 아닌, 작업과 역량 측면에서 보는 것이 낫다. 지능이라는 단어는 인간의 선입견으로 가득 차 있으므로 사람들이 크게 기대하고 이어서 실망하게 되는 위험을 내포한다.

AI가 '지능적'이라는 상상의 원인은 AI가 온전히 우리의 연구와 지능적인 두뇌의 모방으로부터 파생된다는 생각 때문이다. 소위 '신경망(neural network)' 접근법조차도 뇌의 네트워크 구조를 느슨하게 모델링하였기 때문에 복제라기보다는 은유에 가깝다. 우리는 새의 날개가 펄럭거림을 모방함으로써 비행하는 법을 배운 것이 아니다. 비행기는 완전히 다른 형태의 공학이다. 또한, 바퀴의 발명은 치타의 다리를 모방한 것이 아니다. 이처럼 AI도 단순히 뇌를 모방하는 것이 유용할 수 있지만, 전반적으로는 아니다.

AI 분야에서 지능이라는 단어는 'Computing Machinery and Intelligence (Turing, 1950/2009)'의 튜링(Turing) 테스트에서 처음 선보였다. 이는 기계가 생각

할 수 있고 지능적일 수 있는지에 대한 기준을 설정한 지금까지도 놀라운 논문이다. 논문 자체에서는 이런 의미로 언급된 적이 없으므로 제목에 '지능'이라는 단어가 포함된 것은 안타까운 일이다. 또한, Dartmouth College의 John McCarthy가 발명한 AI라는 문구가 오해의 소지가 있는 것 또한 유감스러운 일이다.

지능은 오랫동안 학습에 있어 방해 요인으로 작용했다. IQ(지능지수) 테스트를 발명한 Binet은 IQ를 개인 지능에 대한 신뢰로운 척도로 간주하거나 '고정적'인 것으로 보아야 한다는 생각에 대해 경고하였다(Binet & Simon, 1916). 그러나 사람들은 그의 경고에 주의를 기울이지 않았다. 교육 자체가 이 단일 척도인 IQ를 찾고 정의하는 데 꽂혀있었기 때문이었는데, 관련된 주요 인물은 Eysenck이다. 이는 불행하게도 Cyril Burt(Eysenck, 1988)의 기만적인 연구에 힘입어 영국의 11＋와 같은 도움이 되지 않는 정책으로 이어졌다.

Stephen Jay Gould의 저서 The Mismeasure of Man(1996)은 인지가 실제로 복잡한 현상임에도 불구하고 IQ 연구가 추상적 개념을 구체적인 현실로 바꿀 수 있다고 착각하게 했음을 비판한 책이다. IQ 연구는 인과−상관관계를 지속해서 혼동한다는 비판을 받아 왔다. 이는 본성(nature)과 양육(nurture)같이 풀기 어려운 유전성 관련 문제뿐 아니라 시험 점수와 성취도를 비교할 때에도 해당하였다. 사회경제적 배경과 문화도 영향을 미칠 수 있지만, 시험은 보통 이러한 변수에 맞게 조정되지 않는다. IQ에 대한 이러한 초점, 즉 하나의 단일한 지능의 척도를 찾는 것은 이제 많은 이들에게 매우 협소하고 잘못된 생각으로 받아들여지고 있다. 인간 지능에 대한 현대 이론의 대부분은 지능이 서로 다르지만 상호 관련된 인지 능력이라는 보다 정교한 관점으로 옮겨갔다. 예를 들어 Gardner(1983)는 그 정의를 다중 지능으로 확장하려고 시도했지만, 이것은 약한 과학이며 실제적인 힘이 부족했다. 지능은 여전히 학문 본질주의로 인해 고통받고 있다.

우리는 인공지능에서 '지능'이라는 단어를 버리는 것이 좋다. 이것은 좋은 이론과 실천을 수반할 수 없기 때문이다. 실제로 AI는 더 광범위한 분야에 걸쳐 성공을 거두었기 때문에 이미 다중 지능이라는 용어를 초월하였다. 이는 특히 기계 학습의 도래와 함께 이루어졌으며, 인식, 번역, 검색, 자연어 처리, 음성, 정서 분석, 기억, 검색 및 기타 영역의 분야를 포괄한다.

AI는 이해할 수 없는 능력

1997년 Big Blue가 Kasparov를 이겼지만, 체스는 여전히 번창하고 있다. AI는 주인이 아닌 우리의 종으로 남아 있다. 그러나 AI를 언급하면 사람들은 큰 그림의 디스토피아적이고 과장된 인간형 로봇, 특이성, 인간에 대한 실존적 위협의 극단으로 치닫는다. 그러나 진실은 평범하다.

AI 분야의 사람들과 협력해보면 공상과학적 생각에서 실용적인 문제로 금방 돌아올 수 있다. AI는 '인지'능력이 없다는 주장에 대해 IBM, 컨설턴트, 미래학자를 비난할지도 모른다. 제한된 인지 작업을 수행하거나 모방할 수 있다는 의미라면 괜찮지만, 더 나아가서 여러 의미에서 '인지적'을 의미한다면, AI는 의식도 없고 일반적인 문제 해결 능력도 갖추고 있지 않으며 인간 지능만큼 다양한 인지적 자질도 없다. AI는 소프트웨어에 구현된 수학일 뿐이다. IBM의 Watson이 Jeopardy 챔피언을 이겼을 수도 있고, Google의 AlphaGO가 바둑 챔피언을 이겼을 수도 있다. AI의 초기 선구자이자 주요 인물인 Roger Schank는 'AI는 단순히 소프트웨어이며 실제로는 소프트웨어라고 불러야 한다'고 주장했다. 이것은 '인지적' 컴퓨팅이라는 신화에 대응하기 위한 것이다.

'의식'은 다른 의인화된 집착이다. Daniel Dennett은 Consciousness Explained (1993)에서 의식을 실제 역량과 행동을 설명하면서 필요하지 않은 부수적인 현상으로 보았다. 기계에 유령을 집어넣는다면 기계 자체는 의인화되지 않지만 역량을 지닌 것으로 보일 수 있다. Dennett의 다른 저서 From Bacteria to Bach and Back(2017)에서 인간과 AI가 융합되어 AI의 윤리에 영향을 미치는 것으로 본다. 그는 전체론적이고 관용적인 견해를 갖고 있다. 우리가 인간이 성장·발달하는 전체 프로세스를 이해하지 못한 채 아이를 낳는 것과 같이, 새로운 기술도 그렇다. 우리는 인간보다 훨씬 더 유능한 시스템을 신뢰한다면 그렇게 행동해야 한다. Dennett는 이를 '이해할 수 없는 능력'이라고 한다.

우리가 뇌에서 유기물 vs 무기물로, 더 나아가면 Harari가 Homo Deus(2016)에서 주장한 것처럼 기본 알고리즘인 지능으로, 인간과 의식으로부터 분리된 지능으로 나아갈 수 있다. 그의 주장은 자연 선택 자체가 알고리즘이고 우리의 종과 뇌를 낳았지만 이러한 알고리즘은 그들이 존재하는 물질과는 독립적이라는 것이다. 그러므로 지능에 관한 생각을 재조성하고 더 넓은 정의를 포함하도록 해야 한다.

이제 AI는 인간적이고 지능적이며 유능한 것에 도전하며, 생각하고 배우려 한다. 우리가 직면한 도전은 인간에 대한 모방이 아니라 우리가 생각하고 실행할 수 없는 것에 대한 해결책을 찾는 것이다. DeepMind는 Atari 게임을 할 때 블록의 가장자리를 쏘아서 위에서부터 공격하였다. 인간이 그동안 생각하지 못한 방법이다. AlphaGo가 바둑 챔피언을 이긴 방법은 너무 직관적이지 않아서 상대인 인간을 놀라게 하였다. 우리는 결함이 있는 능력을 원하지 않는다. 인간의 능력 이상의 성과를 원한다. 인간은 자동차와 항공기를 추락시키고 오진과 잘못된 처방으로 환자를 죽인다. 우리는 우리보다 더 나은 공학이 필요하다. 우리가 빨리 이동할 수 있는 것은 치타의 다리를 모방해서가 아니라 바퀴를 발명했기 때문이다.

Turing은 컴퓨터 성능의 급속한 발전을 분명히 예견했으며, 장기적으로는 잠재적인 능력을 이해하는 데 있어 선견지명을 보였다. 그는 컴퓨터가 2000년까지 1GB의 저장 공간을 갖게 될 것이라 한 예측은 놀라울 만큼 적중하였다. 그러나 튜링테스트 자체는 비판을 받았으며 여전히 논쟁의 여지가 있다(Turing, 2004). 그러나 사람들은 불가능하다고 여겨진 일을 가능하게 한 기술과 기계학습, 강화학습, 딥러닝에서의 최근의 발전을 과소평가하였다.

범주화의 오류는 인간의 성과 측면에서 모든 것을 측정하려 한다는 것이다. 이것이 바로 IBM의 '인지적' 컴퓨팅이 오해의 소지가 있는 이유이다. AI는 기계학습의 상당한 발전과 실질적 적용으로 훨씬 더 강해졌다. 일부 AI 기술의 발전과 관련하여 Turing이 예측한 기술 발전, 인터넷과 방대한 데이터 세트의 증가와도 관련이 있다. 작업 자동화뿐만 아니라 인지 영역으로 간주하는 영역에서 AI가 미치는 영향에 대해 이의를 제기하는 사람은 거의 없다. 기술의 발전에 인간의 인지 언어는 필요하지 않다.

AI와 집단 역량

인터넷과 같은 네트워크는 집단 역량을 발휘할 수 있는 새로운 기반을 제공하였다. 한 두뇌는 다른 두뇌로 직접 내려받을 수 없으며 지식과 기술을 순식간에 완벽하게 복제할 수 없다. 그러나 AI에서는 가능하다. '클라우드 로봇 공학'의 로봇은 경험 데이터에서 학습하지만, 네트워크로 연결되어 있으므로 서로에게서 배울 수도 있다. 경험과 학습은 네트워크로 연결된 로봇 간에 공유된다.

통합 학습 및 능력의 개념은 두뇌, 인간 기준점 또는 주제에 대한 아이디어를 저버리는 것과 같다. 인간의 능력과 우리가 독특하다고 생각하는 것에 관해서 우리는 종종 '직관'이나 '사고', '의식'과 같은 자질을 생각해낸다. Turing은 두뇌와 영혼, 의식과 같은 환원할 수 없는 특성에 의존하지 않고, 우리가 지능이나 학습이라고 부르는 상상할 수 있는 디지털 컴퓨터의 가능성을 열었다. 그리고 이는 현실이 되고 있다.

AI는 빠르게 변하고 있으며 특정 영역에서 연속적인 승리를 기록하고 있다. 그러나 AI의 주된 문제는 한 영역에서 다른 영역으로의 이동이다. 체스나 바둑, 또는 규칙 기반의 게임 중 하나인 포커를 하는 데는 훌륭할 수 있지만, 다른 문제에 관해서는 융통성이 없다. AI가 기술 측면에서 한 영역에서 배운 내용을 다른 영역에 적용하는 방법을 배우는 것은 아직 한계가 있다. 어쩌면 현재 AI가 지닌 가장 큰 한계일지도 모른다.

현재 로봇 공학의 AI 학습 문제에 대한 해결책은 로봇이 다른 로봇을 '가르칠' 수 있는 '클라우드 로봇 공학'이다. 가르친다는 것은 습득한 기술을 다른 로봇에 전달하고 공유한다는 의미이다. 연구원들은 몇 년 동안 클라우드 로봇 공학을 실험해 왔다. 로봇은 신경망과 시행착오에 기반한 강화학습을 통해 무언가를 수행하는 방법을 배우고, 해당 기술을 습득하면 원하는 만큼 다른 로봇에 업로드할 수 있다. 로봇은 문자 그대로 경험과 학습을 공유한다. 로봇의 학습 속도는 빠를 뿐만 아니라 학습을 네트워크에 있는 다른 로봇과 즉시 공유한다. AI가 집단의 공유된 경험으로부터 학습한다는 아이디어는 매력적이다.

Pierre Levy가 정의한 '집단 지성(collective intelligence)'은 더 큰 개념이다 (Levy and Bononno, 1997). 집단 지성은 '보편적으로 분산된 지능의 한 형태로, 지속해서 향상되고 실시간으로 조정되며, 그 결과 기술의 효과적인 동원을 가져오는 형태'이다. 그러나 Levy의 집단 지성 이론은 지금의 시대에는 뒤떨어지고 부적절하다. 집단 지성에서 '네트워크'의 성격과 역할에 더 많은 주의를 기울여야 한다.

어떤 사람들은 네트워크가 존재만으로 어느 정도 지능적일 것으로 생각한다. 우리의 두뇌는 실제로 우리가 아는 가장 복잡한 네트워크이며 AI는 같은 네트워크를 사용하여 두뇌와 상호작용한다. 우리는 비디오 녹화와 같은 선형 방식으로 배우지 않으며, 알파벳순이나 계층적으로 사물을 기억하지도 않는다. 우리의 두뇌는 이미 존재하는 지식과 지능으로 되어있는 네트워크이며, 이는 네트워크 내 나른 형태의 지식과 들어맞아야 한다.

　　George Siemens와 Stephen Downes(2008)가 제안한 연결주의 이론은 '지식이 네트워크를 통해 분산되어 있으므로 학습은 이러한 네트워크를 만들고 연결하는 능력으로 구성된다'고 가정한다. 이는 행동주의, 인지주의 그리고 구성주의의 대안이다. 연결주의는 네트워크로 연결된 의미나 구조가 아닌 연결 자체에 중점을 둔다. 이미 존재하고 습득한 지능은 교사와 학습자 모두의 실천으로 구성되어 다양성, 자율성, 개방성, 연결성과 같은 속성을 가진 효과적인 네트워크를 형성하고 사용하는 결과를 낳는다. 이는 네트워크 기술의 폭발적인 증가를 고려하지 않은 기존 패러다임에 도전할 뿐만 아니라 집단 활용 및 집단 지성에 대한 새로운 관점을 제시한다. 연결주의는 인공지능과 같은 새로운 기술의 발전과 새로운 에이전트를 도입하는 데에도 활용될 수 있다.

　　최근 집단 지성의 가능성을 여는 몇 가지 기술이 개발되었다. AI는 온라인 미디어 경험에 많이 포함되어 있다. Wikipedia와 소셜미디어와 같은 텍스트와 이미지로 된 텍스트 및 하이퍼링크 기반의 세계를 넘어 Levy의 집단 지성의 본래 아이디어에 근접한 미디어의 형태로 이끈다. 네트워크는 이미 지식을 저장하는 역할을 했지만, 온라인 AI의 출현으로 훨씬 더 유능해졌다고 볼 수 있다. AI는 네트워크에 상주하는 그 자체로 유능한 역량이지만 인간에 의해 사용될 때 집단 지성의 총합에 더해지는 역량인 것이다.

　　인간과 기계가 생성한 집단 데이터로 인해 기계학습은 더 유능해진다. 더 많이 사용할수록 지능이 높아지고 특정 영역에서는 인간의 지능을 능가하기도 한다. 이 장의 초반부에서 보았듯이 이제는 공유도 가능하다. 실시간이고 직접적이며 확장 가능한 새로운 종류의 공유 역량이다.

　　집단 역량은 인간 및 인공물, 유기적 및 비유기적 모든 네트워크에 존재하는 새로운 특징이라고 할 수 있다. 달리 말하면, 집단 지성의 주체는 그 능력의 본질과 그 사이의 상호작용과 같이 확장되어야 한다.

　　우리는 새로운 형태의 집단 역량을 목격하고 이를 실질적으로 탐구하며 구축하고 있다. 집단 역량은 교수학습이 기계에 의해 매우 빠르고 방대한 규모로 이루어지는 것으로 매우 짜릿하면서도 겁나는 일이다. 우리는 인간으로서 인간 교사, 인간 학습자, AI 교사, AI 학습자, 네트워크 지식, 네트워크 기술로 이루어진 네트워크 결합체의 일부가 되었다. 갑자기 세상이 훨씬 더 복잡해졌다.

AI가 예상보다 빠르게 발전했다고 주장하는 사람은 거의 없다. 어떤 경우에는 실제적 적용이 인간의 능력과 역량을 초월하기도 하지만 '지능'을 태양계의 중심으로 볼 필요는 없다. 코페르니쿠스적인 변화는 이 용어를 제거하는 것이며 이것을 역량으로 대체하여 해결할 수 있는 문제를 찾는 것이다. 끝을 내기 위한 수단은 항상 수단에 불과하다. 중요한 것은 끝이다. 더 나아가 선택 의지, 자율성, 도덕성 등과 같은 철학적 문제로 이어지며, 많은 사람이 예상하는 종에 대한 실존적 위험과는 거리가 멀지만, 생각해야 하는 단기적인 문제는 많다. 오래된 심리적 유물을 버리는 것도 그중 하나다. 인공적인 스마트함을 '지능'이라고 할 필요는 없다.

AI는 학습한다

호모 사피엔스는 바늘, 노끈, 옷, 도끼, 화살촉, 갈고리 등의 기술을 통해 세상에 적응했다는 점에서 지구상에서 가장 성공적인 종이다. 노동의 부담을 덜어주는 기계를 만들고, 기계는 농업, 운송 및 제조 분야에서의 산업혁명을 가져왔다. 더 흥미로운 기술은 쓰기, 알파벳, 필기구, 종이, 책과 같은 상징적인 것들이다. 우리는 읽고, 쓰고, 논쟁하고, 코딩하는 방법을 배웠다. 이러한 상징물은 우리가 지능의 문제를 해결할 수 있게 해주는 상징적인 글쓰기, 즉 코드를 기계에 입력하게 하였다. 우리는 이제 배우는 기계, 우리의 지능처럼 세상에 적응하는 기계를 가지게 되었다. 우리 종의 특징이 세상과 다른 사람과 지식을 배우고 적응하는 능력이라면 기계는 우리를 모방하기 시작한 것이다.

컴퓨터가 무언가 학습하도록 가르칠 때, 우리는 수천 년 동안 우리에게 했던 교육이라는 것을 컴퓨터에게 하는 것이다. 우리는 똑똑하지만, 더 중요한 것은 우리가 배운 것을 통해 똑똑해진다는 것이다. 하지만 이것은 더이상 우리의 고유한 영역이 아니다. 기계가 이 일부를 수행하고 있기 때문이다.

기계는 알고리즘을 사용하여 학습한다. Jeopardy!에서 승리하는 방법과 같이 정보와 지식이 되는 데이터에 접근하는 방법뿐 아니라 자동차 운전과 같은 여러 가지가 결합된 기술을 배운다. 그 결과는 엄청날 뿐 아니라 경제적이고 사회적이며 정치적이다. 기계가 학습하면 인간의 역할과 활동 일부를 대체할 가능성도 있다.

흥미롭게도 Turing은 AI의 기계학습을 예상하고 어린아이처럼 컴퓨터 또한 무언가를 배울 수 있다고 생각했다. 사람이 모든 분야의 기준이 될 수도 있다. 그러나 컴퓨터의 성능이 저장, 정확한 회상, 업로드, 다운로드, 수학적 계산, 체스, 자동차 운전 등의 일부 영역이 이미 우리의 두뇌를 초월한 것은 분명하다. Google 검색의 의미는 이것이 우리와 같지 않다는 것이다. 더 큰 메모리, 더 나은 검색, 더 빠른 회상 작업이 가능하다는 점에서 인간을 초월한다. 자율 주행 자동차는 우리처럼 운전하지 않는다. 오히려 많은 분야에서 인간보다 더 잘 운전한다. 인간은 운전하는 동안 연간 130만 명이 죽고 수천만 명의 부상자가 발생한다. 인간의 능력이라는 독재정치 같은 틀에서 벗어나 문제 해결로 나아간다면 문제는 더이상 문제가 되지 않는다.

이 아이디어를 더 자세히 살펴보자. 어떤 사람들은 모든 네트워크가 어느 정도 '지능적'이라고 주장한다. 시간이 지남에 따라 의식과 지능의 경계가 동물, 더 나아가 뉴런 네트워크가 있는 모든 것을 포함하도록 달라짐에 따라 지능은 이제 모든 통신 네트워크에 적용될 수 있는 속성으로 볼 수 있다. 지능이 두뇌이든 컴퓨터이든 간에 네트워크 활동과 관련이 있으니 지능이 네트워킹의 기능을 수행할 수 있을 것인가? 따라서 모든 네트워크 개체는 지능이 있다고 할 수 있는가?

The extended mind(1998)의 Clark과 Chalmers는 이러한 접근 방식에 철학적 기반을 제시하였다. 확장된 인식은 포용으로 확장되며 Clark과 Chalmers에 따르면 펜, 연필, 키보드와 같은 학습 도구를 포함한다. 이것은 인간의 능력이 기준으로 설정되지 않은 인지에 대해 정의할 수 있게 한다. 다른 형태의 화학 및 기질에 존재하는 능력에 대한 아이디어를 고려하고 알고리즘과 그 생산 능력이 발생하는 기본 물질과 무관하다고 생각한다면 '지능'이라는 단어와의 관계를 끊고 능력 또는 역량에 집중할 수 있다.

의식적 인지가 숨어 작동하고 있는 무의식적 과정에 의존하는 것과 같이 AI는 웹이라는 확장된 역량에서 숨겨져 있지만 작동하는 것이다. 우리의 지능이 사회 학습을 통해 수학, 언어 및 읽기, 쓰기와 같은 기술을 배우는 것 같이 AI는 수백만, 때로는 수십억 명의 인간에게 수집된 데이터로부터 집합적 입력을 사용한다. 우리는 모두 데이터, 정보, 지식 및 기술이 교환되는 하나의 결합, 하나의 거대한 글로벌 네트워크에 묶여 있다. 기본 시스템을 여러 개의 네트워크로 구성된 단일한 네트워크로 보면 집단 역량의 개념을 이해할 수 있다.

AI와 학습

AI는 인간의 학습을 모방한다. AI 분야는 '학습'에 대한 언급이 많으며 가장 일반적인 것은 기계학습, 딥러닝, 강화학습이다.

기계학습은 알고리즘과 통계 모형을 사용하고 패턴과 추론을 적용하여 경험을 통해 작업을 수행한다. 이것은 학습경험에 대한 노출을 통한 전통적인 학습과 유사하다. 딥러닝은 지도, 준지도, 비지도된 대규모 데이터 세트가 포함된 계층적 신경망을 사용하여 작업을 수행하는 기계학습이다. 이는 역량을 늘리고 실제 문제를 해결하기 위한 실세계에서의 배움과 매우 유사하다. 강화학습은 기존 지식에 노출되고 새로운 지식을 탐색하여 보상을 극대화하는 데 사용된다.

더 자세히 말하자면, 기계학습의 종류에는 의사결정트리 학습, 나태 및 강화학습, 지도 및 비지도 학습, 증분 및 개별학습, 연합 및 온톨로지 학습 등이 있다. 이 학습이라는 명사는 너무 많은 맥락에서, 너무 많은 기술에, 너무 자주 사용되는 바람에 진행될수록 더 좋아지는 소프트웨어에 대한 일반적인 용어가 되었다. 이것이 바로 AI가 학습 분야에서 즉각적인 관심을 끄는 주제인 이유다.

AI는 우리가 실제로 어떻게 배우는지에서 영감을 받아 향상되었다. 이것은 학습 관련 분야에 있는 사람들이 눈여겨봐야 할 것이다. AI는 무엇이 효과적인지, 비효과적인지 보여준다. 교육적 변화는 교육 연구에서 비롯되는 것이 아니며 인지과학의 통찰력에서 비롯한 기술 혁신을 통해 이루어진다. AI는 디지털 교육의 최신 표현이다.

Harvard's Graduate School of Education의 Center for Curriculum Redesign의 창립자이자 'Four-Dimensional Education(Fadel et al, 2015)'의 공동 저자인 Charles Fadel은 Bloom의 세 영역에서의 AI에 대해 추적하고 있다. 이제 AI 교육이 이 인지적, 정의적, 심동적 각각의 세 영역에서 얼마나 멀리까지 갈 수 있는지 살펴보고자 한다.

인지적 AI를 사용하면 웹에서 검색하고 Wikipedia의 지식 및 Youtube의 '방법' 비디오와 같은 교육 자료에 접근할 수 있다. 연결하고, 데이터를 분석하고, 데이터를 사용하여 예측, 처방, 번역, 기록을 할 수 있다. 장애와 학습 문제가 있는 사람들을 감지하고 도움을 준다. 어떤 이들은 AI가 새로운 음악과 그림, 조각을 만들고 작곡도 할 수 있다고 주장한다. 이는 텍스트가 학습에서 중요한 역할을 하고 모든 범위의 자연어 처리 기술에서 사용될 수 있으므로 학습에서 가장 중요한 영역이다. 그러나 아직은 더 유연하고 비판적인 사고, 문제 해결, 공간, 시간 및 맥락에 대한 이해를 습득하지 못했고, 복잡한 상황을 처리할 수도 없다.

정의적 AI는 텍스트, 음성, 몸짓, 신체 위치 및 얼굴에서 감정의 존재를 식별할 수 있다. 의견 및 정서 분석은 긍정적, 부정적, 기타 정서적이고 주관적인 견해를 감지할 수 있다. 얼굴 인식에서도 주의력, 놀라움, 당혹감, 방황하는 마음을 감지할 수 있다. 학습에서 이것은 학습자의 마음, 어려움, 오해, 심지어 중퇴 가능성에 대한 통찰력을 얻는 것을 의미할 수 있다. 그러나 다시 말하지만 실제로 공감, 연민을 느끼거나 상황에 잘 대처하지는 못한다.

심동적 AI는 첨단 로봇 공학 및 자율 주행 자동차에서 본 것처럼 환경을 인식하고, 3D 환경을 통해 이동하고, 복잡한 물리적 환경을 분석하고, 어려운 환경에 적응하고, 복잡한 반응에 대응하고, 기계적으로 걷거나 달리며 복잡한 조작을 할 수도 있다. 그러나 인지 제어 및 유연한 조작같이 조합이 필요한 매우 복잡한 작업을 수행할 수는 없다. 이것이 학습에 많이 적용되고 있는지는 분명하지 않다. 어린아이들을 위한 로봇과 같은 일부 틈새시장 외에 조만간 AI가 시뮬레이션, AR 및 VR을 통해 진입하는 것을 보게 될 것이다.

이렇듯 일부 영역에서는 진전이 빠르게 이루어지고 있지만, 기하급수적일지는 확실하지 않다. 많은 모형에 심각한 한계가 있으며 일부는 엄청난 처리 능력을 필요로 한다. AI는 여전히 유연성과 다양성이 부족한 실정이다. 현재로서는 개별적인 문제 해결 능력의 연속이지만, 기술이 결합하면서 유연성을 갖게 될 것이다. iPhone이 개별 기술을 통합했듯이 AI는 일련의 역량을 통합할 것이다. 우리는 소셜미디어에서 이에 대한 힌트를 얻는다. 여기서 경험은 개인화되고, 클릭 한 번으로 번역이 가능하며 필사도 가능하고, 텍스트 음성 변환, 음성 인식까지 가능하다.

학습 과정에서 교사와 학습자를 돕기 위해서는 이러한 역량의 조합이 필요하다. 예를 들면 챗봇 및 음성이 포함된 새로운 인터페이스 같은 기능과 시스템의 통합 경험을 개인화하는 적응형 학습, 다음 일을 제안하는 추천 엔진, 성과 분석을 포함하여 우리가 탐구하고, 실패하고, 배울 수 있는 시뮬레이션 환경 등을 들 수 있다. 교육에서 생산성은 정체되어 있고 비용은 여전히 상승하고 있다는 사실을 고려할 때 이는 현명한 방법으로 보인다. 현재보다 훨씬 저렴한 비용으로 확장가능한 기술, 지원, 분석, 교수학습을 제공할 수 있다면 우리 시대의 큰 문제 중 하나를 해결하게 될 것이다.

참고문헌

Binet, A and Simon, T (1916) The Development of Intelligence in Children (the Binet−Simon scale) (Vol 11), Williams & Wilkins, Philadelphia

Clark, A and Chalmers, D (1998) The extended mind, Analysis, 58 (1), pp 7-19

Dennett, DC (1993) Consciousness Explained, Penguin, London

Dennett, DC (2017) From Bacteria to Bach and Back: The evolution of minds, WW Norton & Company, New York

Eysenck, HJ (1988) The concept of 'intelligence': Useful or useless?, Intelligence, 12 (1), pp 1-16

Fadel, C, Bialik, M and Trilling, B (2015) Four−dimensional Education, CreateSpace Independent Publishing Platform, Scotts Valley, CA

Gardiner, H (1983) Frames of Mind: The theory of multiple intelligences, Basic Books, New York

Gould, SJ (1996) The Mismeasure of Man, WW Norton & Company, New York

Harari, YN (2016) Homo Deus: A brief history of tomorrow, Harvill Secker, Penguin Random House, London

Levy, P and Bononno, R (1997) Collective Intelligence: Mankind's emerging world in cyberspace, Perseus Books, New York

Malone, TW (2018) How human−computer 'superminds' are redefining the future of work, MIT Sloan Management Review, 59 (4), pp 34-41

Public Domain Review. A 19th−century vision of the year 2000. Website. Available at https://publicdomainreview.org/collections/france−in−the−year−2000−1899−1910/ (archived at https://perma.cc/Y8ZV−LUEX)

Siemens, G and Downes, S (2008) Connectivism and Connective Knowledge, University of Manitoba, Manitoba

Turing, AM (1950/2009) Computing machinery and intelligence. In Parsing the Turing Test, Springer, Dordrecht, pp 23-65

Turing, AM (2004) The Essential Turing, Oxford University Press, Oxford

PART

02

교수

Chapter 03

로봇 교사에 대한 착각

AI는 많은 사람이 생각하는 것만큼 좋지도 않지만 두려워하는 것만큼 나쁘지도 않다. 허상에 불과한 허수아비 하나를 세워놓고 마치 어린이 축제 때의 종이 인형처럼 방망이질하고 있는 모양이다. 특히 AI를 학습자와 과정에 대한 놀라운 통찰력을 가진 교사 또는 선견자로 보려 하는 경향이 학습 분야에서 일어나고 있다. 이러한 접근은 로봇 교사에 대한 부당한 주장과 과장된 윤리적 걱정으로 이어진다.

학습에서 AI의 역할, 직업의 미래, 자동화와 로봇 및 의료 등 윤리에 대해 논할 때 AI가 무엇인지 아는 것이 중요하다. 이전 장에서 언급했듯이 AI의 지속적인 의인화, 즉 공학에서 인간적 자질을 중요하게 생각하는 것이 문제가 될 수 있다. 대중이 상상하는 AI는 종종 현실보다는 영화에서 더 많이 가져온 허구의 이미지에 가깝다. 난해하고 다면적이며 복잡한 심층적인 접근 대신 영화나 언론이라는 지름길을 택하여 파악하는 일이 쉽기 때문이다.

AI가 어느 부분에서 교육을 지원하고 향상시킬 수 있는지 파악하기 전에 먼저 의인화 경향성에 대해 명확히 해야 한다. 이것은 로봇 교사에 대한 착각 그리고 교육과 공학 간의 인위적인 대치로 이어지기 때문이다. 교육과 공학은 상호배타적이기보다 앞뒤로 계속되는 복잡한 교환에 가깝다.

AI의 의인화

능력을 의인화한다는 것은 학습을 위한 추측적 AI 솔루션을 너무 많이 신뢰하려는 위험이 있음을 의미한다. AI는 여전히 대규모 데이터 세트의 통계적 패턴 매칭이다. 그러나 Gary Marcus와 Ernest Davis가 Rebooting AI: Building artificial intelligence we can trust(2019)에서 상기시켜 주듯, 현재 AI에서는 맥락이라는 것이 빠져있다. 소크라테스가 온라인 학습을 사용했는지 Google에서 검색해보라. 질문이 의미하는 바를 알지 못한 채 산파법을 사용하는 회사, 소크라테스와 온라인 학습에 관한 기사를 마구잡이로 쏟아낸다. 공간과 인과관계에서도 비슷하다. AI가 연필을 식별할 수는 있지만, 한쪽 끝에는 지우개가 있고 다른 쪽 끝은 날카로워 글쓰기가 가능한 물건의 실제적 기능을 '알지' 못한다. 상관관계만을 기초로 해서 작동할 뿐이다. 렘브란트가 들고 있는 연필을 골라낼 수는 있지만, 사진에 두 명의 렘브란트가 있다면 어느 쪽이 가짜 이미지라는 것은 알지 못한다. AI는 우리가 아는 것과 같은 방식으로 '알지' 못한다. 그런데도 우리는 AI가 우리와 비슷한 방식으로 안다고 생각하는 경향이 있다.

우리는 AI가 교사가 될 수 있다고 생각할 수 있지만, 그 능력은 좁고 제한적이며 일반인의 능력에 미치지 못하기 때문에 훈련된 교사만큼 유연하고 적응력이 뛰어날 수는 없다. 그렇다고 AI가 교육에 쓸모가 없다는 말은 아니다. 단지 도구로서 쓸모가 있음을 의미한다.

이해하는 능력을 의인화하는 것 또한 교육에서 AI를 다룰 때 일반적으로 보이는 현상이다. 학생을 등록하기 위해 얼굴을 인식하고, 이와 동시에 수업을 듣는 수십 명의 학생에 대해 주의력 및 정서적 분석과 같은 일도 할 수 있다. 그러나 개별 학생에 대해서는 '알지' 못한다. Daniel Dennett(2017)이 말했듯이 Jeopardy, 체스, 바둑, 포커 및 컴퓨터 게임에서 인간을 상대로 이겼다는 점에서 AI는 '이해할 수 없는 유능함'이다. 그러나 AI는 본인이 이겼다는 것을 모른다. 우리는 컴퓨터와 소프트웨어가 인간의 자질이 있다고 생각하곤 한다.

Reeves와 Nass(1996)는 현재와 같은 AI의 기능이 개발되기 훨씬 전에 The Media Equation의 35개 연구에서 이를 보여주었다. 우리는 Alexa, Siri 및 Cortana를 인간 대리인으로 여긴다. 학습 애플리케이션에서도 챗봇, 적응형 학습 및 기타 교육 소프트웨어 형태를 인간으로 보는 경향이 있다. AI를 주체성을 가진 것으로 보는 이러한 경향의 대부분은 의인화가 만든 인간의 편견이다.

지능을 의인화하는 것은 훨씬 더 위험한 경향이다. 1956년에 John McCarthy 가 '인공지능'이라는 문구를 만든 것은 유감스러운 일이다. 'AI'라는 단어에 대한 정확한 정의가 없기도 하거니와 모든 AI를 기계학습과 동일시하며 모든 통계 및 데이터 과학 그리고 그사이에 있는 모든 것을 포함하는 데 지나치게 좁게 사용되는 경향이 있기 때문이다. AI는 인공물이다. 우리는 종종 과장된 형태의 지능을 AI로 보고 공학에 너무 많이 의존하게 된다. 이는 범주화 오류의 한 유형이다.

교수학습에서 AI를 사용할 때 주의해야 할 것이다. 부적절한 언어의 사용은 허황한 약속으로 이어지며 이러한 의인화 사고방식에 빠지기 매우 쉽다. 기대치를 관리하고, AI를 사용하는 영역과 그렇지 않은 영역 또는 기능의 한계에 대해 인지해야 한다. 과도한 의인화는 AI를 초지능적 존재로 인식하거나 인간의 일자리를 빼앗으려는 악당으로 여기게 될 수 있다. 차라리 새로 개발된 의약품이 출시되는 것처럼 생각해야 한다. 치료하려는 학습 문제나 완화하려는 증상은 무엇인가? 그 한계는 무엇인가? 그것은 무엇을 하지 않는가? 의도하지 않았지만 초래할 수 있는 결과 또는 부작용은 무엇인가? 새로운 기술은 특정 교육 문제에 대한 강력한 해결책을 많이 제공한다. 그러나 이것이 일반적인 문제에 대한 해결책을 보장한다고 생각하며 속아서는 안된다. 인간의 자질을 수학으로만 보아서는 안된다.

인간형 로봇에 대한 오해

이미 로봇은 사회에서 중요한 역할을 하고 있다. 로봇에 의해 만들어진 무언가를 입고, 보고, 듣고, 먹고, 운전하고, 비행하고, 사용하고 있다. 로봇은 공장에서 만들어진 하인이다. 일부 작업에서 로봇은 정확성, 일관성, 지구력, 힘, 속도 면에서 인간을 능가한다. 합리적인 제조 비용과 사회적 수용 가능성을 고려하여 로봇이 인간보다 더 정확하고 일관되게, 뛰어난 내구성과 속도로 작업할 수 있을 때 로봇을 사용한다.

아침에 마시는 우유는 로봇에 의해 착유되었을 수도 있고, 달걀은 로봇이 선별하고 그에 따라 포장되었을 수도 있다. 또한, 달걀을 요리하는 가스는 유정(油井)에서 로봇의 도움으로 추출되었고, 먹고 난 후의 접시는 프로그래밍이 가능한 로봇이 만든 식기 세척기에 넣는다. 창고 선반에 정리해 둔 택배는 로봇 분류기를 거쳐 문 앞에 배달된다. 자동차는 로봇에 의해 조립 및 용접되고, 스프레이로 칠해진다. 상상할 수 있는 미래에는 자동차 자체가 로봇이 되어 스스로 운전한다. 사람들은 로봇이 이러한 직업을 빼앗은 것처럼 교사, 강사, 트레이너의 직업도 빼앗을 거라고 말한다. 그러나 그런 일은 발생하지 않을 것이다. 왜냐면 그런 일들은 일반적인 지능이 있어야 하는 작업이고 이는 AI에서 유일하게 부족한 부분이기 때문이다.

우리는 약한 AI와 강한 AI(GAI 또는 일반 AI라고도 함)의 차이를 명확히 해야 한다. 우리는 아직 GAI와 가깝지 않으며 AI가 인간이 하는 일반적인 작업을 수행하도록 할 수는 없다. AI는 교사, 강사, 트레이너와 같이 박학다식한 사람이 필요한 경우가 아니라 정확한 영역의 정확한 작업에 적합하다. 달리 말하면 AI는 단순히 소프트웨어일 뿐이며 대부분 통계적 패턴 매칭에 불과하다.

공장의 로봇이 모두 AI를 사용하는 것은 아니며 인간처럼 보이는 로봇도 거의 없다. 우리는 로봇에서 우리 자신을 본다. 그것은 우리의 희망과 꿈을 위한 거울이다. 문제는 우리의 희망과 꿈이 종종 기술이 실제 개발되고 구현되는 것과 다르다는 점이다. 인간 문화는 공학에 인간의 자질을 각인시키려는 경향이 있다. 인간의 자질 측면에서 AI를 휴머노이드 로봇쯤으로 생각하는 경향이다. 이것이 바로 '인간형 로봇에 대한 오해'이다. AI를 로봇과 동일시하는 의인화 경향과 로봇을 우리처럼 보이게 하고 인간의 방식대로 행동해야 한다는 생각이다. 특히 교수학습에서 유용한 기능을 수행하는 AI 기반의 기계는 인간처럼 생기지도 않았고, 대부분이 온라인상에 있기에 보이지도 않는다.

이러한 오해는 사람들이 타당한 이유 없이 로봇 교사의 등장 가능성을 설명할 때 특히 두드러진다. 물론, 어린아이들이나 자폐증과 같은 학습 장애가 있는 사람들을 위해 가르치는 장난감에 휴머노이드 기능을 넣기도 하지만, 교수학습에서 휴머노이드 로봇은 무의미하다. 인간 교사가 있다고 해서 인간형 로봇 교사가 필요한 것은 아니다. 실제로 Turing(1951)은 '인체 모형과 같이 인간의 특징을 지녔지만, 지적 특성이 없는 기계를 만드는 노력'에 대해 경고했다.

혁신은 지속 가능한 경우에만 혁신이다. 로봇 교사에 대한 대부분의 시도는 사소하거나 지속 불가능했다. 시골 학교에서 교사가 원격수업을 할 수 있게 하는 간단한 로봇이 있기는 했다. 그중 하나가 Columbia의 Nexus Academy에 있는데, 교사가 Skype에 접속하여 컴퓨터에서 로봇을 제어하고 학생들의 학습활동을 확인할 수 있도록 했다. 이는 새롭다는 점 말고는 별다른 의미가 없었다. 한국에서 사용하는 Robosem은 영어를 가르치는 로봇이었다. 이 로봇은 원격 회의를 통해 실제 교사를 사용하거나 음성 인식과 동작 추적을 사용하는 자율적인 적응형 수업이라는 하이브리드 접근 방식을 취한다. 이와 유사한 사례는 많이 있었지만 실패하기 마련이다. 또 다른 로봇 NAO는 인간이 NAO를 가르칠 수 있고 NAO가 인간을 가르칠 수도 있다. 물론 음성 인식 기능을 사용하면 NAO에서 이름만으로도 전화를 걸 수 있을 뿐 아니라 아이들에게 구구단 연습을 시키고, 모닝콜을 하고, 외출 시에는 집을 모니터링한다. 가족 구성원이나 친구를 인식할 수도 있지만, 교사로서는 기능할 수 없다.

가슴에 터치스크린이 있는 Pepper는 주변 환경으로부터 학습하고 클라우드 기반으로 업데이트되는 마스터 알고리즘을 사용한다. 감정 인식과 시각적 표현, 어조를 파악할 수 있다. 하지만 결국은 원시적인 플라스틱 장난감에 태블릿PC를 붙인 것뿐이다.

어린이를 대상으로 하는 로봇에게 '귀여운' 요소는 중요하며, 자폐증 또는 학습 격차를 겪는 어린이를 위해 실제 적용되고 있다. 자폐 아동은 로봇의 일관된 행동에 긍정적으로 반응하는 것으로 나타났다. 이는 아이를 다른 유형의 사회적 상호작용으로 옮겨가게 하는 데 사용된다. 로봇은 모방을 활용하여 자폐아가 신뢰를 구축하는 데에도 사용되었다. 이를 통해 틈새 응용 프로그램이 어떻게 이익을 볼 수 있을지 알 수 있다.

그러나 성인 학습에는 로봇 공학의 휴머노이드 기능이 특별히 유용하지는 않다. 대다수의 비동시적 온라인 교수학습은 교사나 의인화된 대리인 없이 수행된다. 이것은 온라인상에서 인간 교사 없이, 실시간 혹은 시뮬레이션에 의한 조정 없이 이루어진다.

AI는 Google, 소셜미디어, Amazon, Netflix 등을 사용한다는 의미에서 새로운 사용자 인터페이스(UI)이다. 여기에서 인터페이스는 강력한 알고리즘과 함께 개인 및 집산된 데이터를 사용하는 AI에 의해 구동된다. 학습을 비롯한 우리의 온라인 경험은 고도로 개인화되었다. Google 검색은 거대한 교육적 변화였다. 이는 순수한 AI이다. 아마존은 구매할 책을 추천하기 위해 강력한 AI를 사용한다. 이제 AI는 콘텐츠의 생성과 큐레이션, 협업, 피드백, 적응, 평가, 학습의 강화를 주도한다. 이러한 형태의 전달에는 어떤 형태로도 의인화된 매개물을 수반하지 않는다.

실제로 온라인 수학 프로그램이 처음 시작되었을 때의 첫 번째 교육적 발견 중 하나는 특히 수학, 물리학, 코딩 및 텍스트 분석과 같은 의미론적 주제를 가르칠 때 교사, 강사, 트레이너의 얼굴을 없애는 것이 효과적이라는 것이었다. 얼굴이 인지적 소음으로 판명되었기 때문에 칸 아카데미와 같은 일부 주요 제공 업체는 오히려 그래픽, 단어, 숫자, 방정식을 화면에 직접 그리는 손을 보여주기 시작했다. 이러한 유형의 지식과 기술은 일화적 기억과는 달리 의미 기억에 크게 의존하기 때문에 제거된 접근 방식이 도움이 된다. Sebastian Thrun과 Salman Khan은 얼굴이 오히려 수학이나 어떤 과목을 가르칠 때 주의를 분산시키는 소음으로 작용한다는 것을 교육학적 관점에서 이해했기 때문에 오디오 해설을 사용했다(Ng and Widom, 2014). Richard Mayer는 여러 해에 걸쳐 이 분야를 연구해왔고 그의 연구는 이러한 견해를 확인시켜준다. 즉, 서로 다른 매체는 오히려 불리하게 작용할 수 있으며 적은 것이 더 많다는 것이다(Clark & Mayer, 2016).

실제로 진정한 의미에서의 로봇 공학의 진전은 비(非)인간형 로봇 공학에서 이루어졌다. 비인간형 로봇은 제조, 포장 및 기타 예측할 수 있고 반복적인 작업을 수행하는 공장에서 엄청난 수의 일상적이고 반복적인 작업을 자동화할 수 있게 하였다. 심지어는 비행기의 자동 조종 및 자동 착륙을 통해 우리를 전 세계로 날아가게 할 수도 있다. 비인간형 로봇이 달과 화성에 갔으며 소행성에도 착륙하였다는 점은 놀랍다.

'휴머노이드' 로봇은 환상과 속임수에 불과할 뿐 이로 인해 달성된 업적은 거의 없다. 로봇이 인간처럼 보이고, 만졌을 때 인간처럼 느껴지게 하는 것은 쉬운 일이다. 어려운 일은 로봇이 인간처럼 말하고 행동하게 만드는 것이다. 다시 말하지만, 로봇 대부분은 실리콘이나 플라스틱 조각으로 된 조악한 챗봇이다.

공장에서 자동차를 용접하고 스프레이 작업을 하기 위해 인간 노동자가 필요하지는 않다. 이를 위해서는 관절식 레버와 기계가 발명되었다. 자동 조종 비행기에서 로봇 조종사를 사용하거나 자율 주행 자동차에서 로봇 운전자를 사용하지도 않는다. 작은 크기의 비(非) 휴머노이드 로봇이 더 유용한 상황에서, 진공청소기를 밀면서 걸어 다니는 로봇을 만드는 것은 말도 안 되는 일이기 때문이다. 인간의 역할은 이러한 로봇과 로봇 프로세스를 감독하고 제어하는 것이다. 따라서 대부분의 교육에서는 로봇이 거의 필요하지 않다. 휴머노이드 로봇은 인간의 외모나 속성이 필요할 때만 중요하다. 이는 육아, 조기 학습, 심각한 학습 장애 또는 노인 돌보기와 같은 인간 활동에 해당하는 이야기일 수 있다. 일반적인 교수 능력과 실제 사람이 제공하는 인간 상호작용까지의 틈새를 메우기에는 아직 갈 길이 멀다. 여전히 실용성, 비용, 효율성 측면에서 더 효과적인 경로는 직선적인 AI 기반의 온라인 학습이다.

Stanford의 Reeves와 Nass(1996)가 보여주었듯 우리는 적어도 친절하고 인내심 있고 효율적이며 예의 바르면서 적절하며 개인화되어 있으면서도 사회적이고 인간적인 것처럼 보이는 온라인 교수학습 서비스가 필요하다. 부모는 자녀를 위한 일대일 수업료로 수억 달러를 지출한다. 교사와 교육에는 훨씬 더 큰 비용이 투입된다. 그러나 교사나 부모조차 할 수 없는 방식으로 무한한 관심과 도움을 주는 것은 로봇이 아니라 온라인을 통한 지원과 개별화된 학습이다. 이러한 서비스는 연중무휴로 제공되며 인내심 있고 확장 가능할 뿐 아니라 일관적이다. 우리는 오래된 모형과 기존의 방법을 새로운 기술에 끼워 넣지 않도록 주의해야 할 것이다.

로봇은 교육 및 연수와 관련된 수많은 학회에서 기조연설자로 그리고 개별 세션에서는 학습에서의 AI를 주제로 등장하였다. Sophia라는 로봇이 Las Vegas의 DevLearn에서 기조연설자로 출연했다. 또, Pepper라는 로봇은 영국 의회 교육위원회의 질문에도 답변하였다. 이는 약간의 재미로 보일 수는 있지만 굉장한 오해의 소지가 있다. 로봇 교사는 실용적이지도 않거니와 현명한 선택도 아닐 것이다.

교육 vs 공학

우리는 AI가 인간을 대체할 것인지 걱정하지만 AI는 오히려 우리의 능력을 강화할 가능성이 더 크다. 특히 교사와 트레이너의 활동에 도움을 줄 것이다. 뒷부분에서 살펴보겠지만, 작업량을 줄이고, 교수학습의 관리 측면에서 지원을 제공하고, 교사에게 학습자에 대한 더 많은 데이터를 제공하고, 교사의 실질적인 한계를 넘어서는 세부적이고 개인화된 피드백을 줄 수 있다. 또한, 교육의 질을 향상할 수도 있을 것이다.

교육이 먼저이고 공학이 그다음인가? 아니면 공학 먼저 그리고 교육인가? 둘 다 틀린 말이다. 진실은 좀 더 평범하다. 교육과 공학의 관계는 복잡한 변증이기 때문이다. 교육과 관련된 기술의 가장 큰 혁명은 글쓰기, 알파벳, 필기구, 종이, 인쇄술, 책, 계산기, 컴퓨터, 인터넷이었고, 이제는 AI이다.

교육에 관심이 있는 사람들은 학습과 학습자의 요구에 민감하게 반응한다. 실제로 학습 이론과 학습자의 요구에 대한 이러한 민감성에서 나온 기술의 예는 많다. 모든 유형의 콘텐츠 생성 및 전달, 커뮤니케이션, 협업, 평가, 학습자 관리, 학습 관리, 시뮬레이션, 간격 연습 및 적용형 시스템은 교육자가 학습을 염두에 두고 개발한 것들이다. 모듈형 객체 지향 동적 학습 환경인 Moodle은 Dougimas가 학습관리시스템 아이디어를 교육자에게 아주 유용한 오픈소스 도구로 전환한 좋은 예이다.

양측이 서로의 편견을 고집하기만 하면 실패한다. 공학 전문가들이 도를 넘어 지나친 희망을 약속할 때, 교육 전문가들이 경청하지 않고 과도하게 반응할 때 말이다. 화이트보드, 태블릿, 휴대폰과 같은 '도구'에 집착하면 하루살이와 같은 프로젝트에만 주목할 수 있다. 우리에게는 수명이 긴 거북이와 같은 프로젝트가 필요하다. 실제 사용자에게 어필하는 프로젝트 말이다. 이것은 열성적인 하드웨어 공급 업체와 교사 및 교육행정가와 팀을 이루어 도구에 집착하는 현상에 빠질 때 발생한다. 실제 해결책은 AI와 같은 소프트웨어와 기술에 있는데도 말이다. 대부분의 EdTech 프로젝트는 계속 윙윙거리지만 어디에 있는지 찾기 어렵고 수명도 짧은 하루살이와 같다. 자금이 지원되지만, 지속 가능한 경우는 거의 없다. 수명이 긴 '거북이' 프로젝트가 필요하다. 거북이 프로젝트는 학교, 방송통신대학, Janet과 SuperJanet, Wikipedia, Khan Academy, YouTube, MOOC, Moodle의 대역폭을 개선하는 인프라 프로젝트이다. 소비자용 가전제품이 아닌 인지 인간공학에 중점을 두기 때문이다.

공학에 대한 교육적 논쟁은 문제의 잘못된 면에 초점을 맞추기 위해 태블릿, 모바일, 화이트보드, 마이크로비트, Raspberry Pi, 3D 프린터 등과 같은 도구에 집중되고 연구, 조달 관련 프로젝트와 결과에서 파괴적인 힘으로 작용했다.

학습 결과의 실제적 향상을 위한 세부 계획 없이 장치를 구매한다. 교사 또는 강사에 대한 지원은 생략되고 비용 효율성에 대한 분석은 빠져있다. 장치를 학습에 어떻게 연결해 활용할 수 있는지에 대한 상세한 분석은 거의 이루어지지 않는다. 유지 관리 비용은 과소평가되고, 보험은 문제시된다. 구매 의사결정 능력이 부족한 변화 관리 및 내부 커뮤니케이션 부서에서 계획이 이루어진다. 또한, 장치를 외부 자금, 보조금 또는 몇 번의 회의에 참석하여 '빛나는 빛을 본' 사람의 일시적인 기분에 따라 구매가 결정된다. 기업 환경에서도 통합된 기술의 학습생태계를 생각하는 편이 훨씬 더 유용하다. 이러한 학습생태계는 상호보완적이며, 인터페이스와 콘텐츠 전달 계층 및 데이터 계층에서 AI로 구동되는 유연성을 제공한다. 즉, 이는 하드웨어가 아니라 소프트웨어에 관한 것이다.

앞으로는 전략적으로 생각해야 한다. 규모와 효율성을 생각해야지 조종사인지 아닌지를 생각하는 것은 중요하지 않다. AI는 적응형 학습의 좋은 예이다. 2,500여 년에 걸친 수학적 발전 끝에 AI의 시대를 맞이하였다. 하드웨어가 개별적으로 AI를 제공할 수 있을 만큼 강력해짐에 따라 웹은 자연어 처리 및 기계학습이 가능한 엄청난 양의 데이터를 제공할 수 있다. 우리는 수학, 공학, 코딩 및 AI 분야의 사람들로부터 실제적 발전상을 본다. 이는 생산적이고 유용한 도구를 만들기 위해 노력하는 훌륭한 교사와 교육연구자에 의해서도 단련되고 있다.

교육과 공학의 대화가 결실을 보기 시작하였다. 새로운 공학이 도래할 때 교육 전문가들의 개입 없이 학습의 풍경이 변화하기도 하고, 교육 전문가들에 의해 변용되기도 한다. 단지 편리하다는 이유로 수억 명의 사람들에 의해 사용되기도 한다. 교육 vs 공학의 논쟁은 현실 세계가 복잡하다는 것을 인식하지 못하기 때문에 그런 듯하다. 그러나 이것이 바로 세상의 방식이다. '우리 vs 그들', '교육 vs 공학', '교사 vs 로봇'이 아닌 복잡한 인과관계라는 것이다. 우리에게 필요한 것은 통합이다.

AI 기반 교사는 분명 많은 교육 전문가와 교사를 분개하게 만들겠지만 AI 기반의 교육과 조교는 이미 온라인 서비스, 챗봇 또는 복잡한 적응형 학습 시스템의 소프트웨어로 우리 옆에 있다. 즉, 단기적으로는 교사를 대체하는 것이 아니라 교육 행정과 교육적 지원, 교수 활동의 일부를 이러한 기술로 대체하자는 것이다. 여기서 생각할 문제는 학습 결과이다. 어떤 사람들에게는 이단처럼 들릴지 모르겠지만 교수 활동은 항상 목적을 위한 수단이며 그 자체가 목적은 아니다. 학습이 일어나기 위해 항상 필요한 조건도 아니다. 뛰어난 AI와 사용자 경험(UX)을 갖춘 저렴한 소비자 기술은 온라인 학습이 성취도 향상에 도움이 된다는 당위성을 갖게 한다.

참고문헌

Clark, RC and Mayer, RE (2016) E−learning and the Science of Instruction: Proven guidelines for consumers and designers of multimedia learning, John Wiley & Sons, Hoboken, NJ

Dennett, DC (2017) From Bacteria to Bach and Back: The evolution of minds, WW Norton & Company, New York

Marcus, G and Davis, E (2019) Rebooting AI: Building artificial intelligence we can trust, Pantheon Books, New York

Ng, A and Widom, J (2014) Origins of the modern MOOC (xMOOC). Available at http://www.robotics.stanford.edu/~ang/papers/mooc14−OriginsOfModernMOOC.pdf (archived at https://perma.cc/4QZL−BPH5)

Reeves, B and Nass, CI (1996) The Media Equation: How people treat computers, television, and new media like real people and places, Cambridge University Press, Cambridge

Turing, A (1951, 15 May) Can digital machines think? BBC Third Programme. Typescript available at turingarchive.org (archived at https://perma.cc/3GZK−3S47)

Chapter 04

교수

교육을 위한 여러 가지 기술, 특히 AI는 로봇 교사를 의인화시키려는 어리석은 아이디어를 주의해야 한다. 그러나 AI는 교사가 직면한 몇몇 문제에 대해 구체적인 해결책을 제공하기도 한다.

다음과 같은 측면에서 AI를 살펴보자.

- 교육 행정
- 교수 활동
- 교수 역량 강화
- 교사 양성

교육에는 부담스러운 행정 업무, 교사 수의 부족, 역량 증진의 필요성 등 여러 문제가 있다. AI가 발전하면서 교사를 대체하는 것이 아니라 교사의 교수 활동을 도움으로써 이러한 문제의 일부가 완화될 것이다.

교육 행정 업무와 AI

교사가 할 수 없거나 원하지 않는 일 중 AI는 어떤 일을 할 수 있을 것인가?
다음을 살펴보자.

- 등록
- 행정 업무
- 시간표
- 수업 계획
- 학습자 참여
- 학습자 지원
- 평가
- 소논문 채점
- 교원연수

등록은 학교, 교실, 강의실에서 이루어지는 기계적인 업무이다. 중국에서는 등록을 자동화하기 위해 얼굴 인식을 사용하고 있다. 강의실에서 몇 초 만에 이루어지는 등록은 이제 중국에서 현실화하였다. 중국의 일부 학교에는 하루에 학생 수천 명의 얼굴과 신분증을 대조하는 자동 출국 심사와 같은 게이트가 있으며 학생들은 몇 분 만에 이를 통과하여 물밀듯이 들어온다(Connor, 2018). 데이터가 다른 목적으로 사용되지 않는 한 이는 개인 정보 침해처럼 보이지는 않는다. 오히려 교사와 학생 모두 교육적으로 유용한 일을 하는 데 더 많은 시간을 할애할 수 있게 한다. 중국에서처럼 학생들의 활동과 교실 내 행동을 파악하고 관리하는 데 얼굴 인식을 사용하도록 추진할 수도 있을 것이다. 얼굴 인식이 부주의한 행동을 감지하는 데 사용되어 교사에게 피드백으로 제공된 사례도 있다. 이는 일부 국가에서 윤리적으로 모호하게 보일 수도 있지만, 일부 국가에서는 이것이 해결책이 될 수 있다는 데에는 의심의 여지가 없다.

물론 큰 조직에서의 학습은 이미 학습관리시스템에서 관리될 가능성이 크므로 매일 등록이 이루어져야 하는 것과 같은 문제는 없다. 그러나 누가 언제 어디서 무엇을 필요로 하는지 알아야 한다는 복잡한 문제가 있다. 보통 학습관리시스템은 조직 내 모든 학습자에 대한 통합 기록을 포함하는 인재 관리 시스템의 일부이다. 학습경험 플랫폼은 이를 한 단계 더 발전시켜 누가 언제 어디서 무엇을 하는지 알 수 있을 뿐만 아니라 일의 흐름 가운데 필요한 지점에서 학습을 권장하고 이를 개별적으로 제공한다.

행정 업무는 부서, 학교, 대학, 검사 기관, 기업 등과 관계없이 교사와 트레이너의 시간에서 상당한 비율을 차지한다. 규정 준수, 내규, 검사 등이 늘어남에 따라 끊임없이 증가하는 행정 업무에서 벗어날 수 없다. 이 모든 추적과 측정, 기록, 보고에는 시간이 걸리는데, 이 시간은 당연히 교육 활동에 더 잘 사용될 수 있을 것이다. 출석 및 기타 행정 업무 관련 데이터를 추적할 수 있다면 데이터가 수집되고 분석과 보고가 이루어지기 때문에 AI를 사용하여 이러한 행정 업무를 가능한 많이 자동화할 수 있다. 학습관리시스템과 가상학습환경(VLE)은 행정 업무에 도움이 되었으며, 최신의 학습경험 플랫폼은 AI 기반의 인터페이스, 개인화된 교육 및 학습, 고급 분석을 도입하고 자동화하여 이를 더욱 발전시켰다. 이것은 실제 조직의 요구에 유연하고 민감하게 학습경험을 관리하고 제공할 수 있게 한다.

시간표와 관련하여

Boston은 MIT의 AI를 사용해 학교 버스가 지나는 경로를 최적화하여 500만 달러를 절약하였다(Grossman, 2019). 이로써 매년 1백만 마일을 절약할 수 있었으며, 탄소 배출량을 줄이고 수천 명의 학생을 위한 효율적인 운행을 할 수 있었다. 장애가 있는 11,000명을 포함하여 어떤 학생이 어디에 있어야 하는지에 대한 정보와 함께 Google 지도 및 교통 패턴의 데이터를 사용한다. 이전에는 일부 버스는 텅 비어 있지만, 다른 버스는 하루에도 수차례 운행하는 경우가 많았다. AI를 사용하여 경로를 최적화한 이후에는 50개의 노선이 폐지되었고 버스는 꽉 찬 상태로 운행되고 있다. 이전에는 계획하는 데 몇 주가 걸렸던 것이 이제는 30분이면 된다. 절약된 500만 달러는 교실 활동에 투입되었으며 이제는 학교 시간표를 기준으로 검토하고 있다.

시간표를 만드는 것은 학교에서도 굉장히 까다로운 일이다. 많은 변수를 모두 고려하여 머릿속에 넣거나 종이에 작성하거나 계획 작성에 사용되는 도구만을 가지고 만들어내야 하기 때문이다. AI를 사용하면 겹치는 일정을 해결하고 시간표를 최적화할 수 있다. 또한, AI를 활용한 챗봇을 통해 학생들이 시간표에 접근할 수 있어서 교사에게 이메일로 문의하지 않아도 된다. 학습에 대한 시간표는 오프라인 또는 온라인 교육과 관계없이 이제 학습경험 플랫폼을 통해 훨씬 더 정교하고 빠른 전달 형식을 요구하고 있다.

수업 계획은 교사와 강사에게 있어 시간이 오래 걸리는 작업이다. 기존의 수업 계획과 실제 수업 계획을 찾는 배아 프로젝트는 이미 AI를 사용하고 있다. IBM의 'Teacher Advisor'는 AI를 사용하여 수업을 계획하고 제공한다. 목표는 시간을 절약하는 것뿐만 아니라 수업을 향상하는 것이다. Watson 검색 및 자료 추천 도구를 사용하면 교육자들이 검증하고 큐레이팅 된 자료 모음에서 관련된 수학 수업, 활동, 비디오 등을 찾을 수 있다(Teacher Advisor, 2019). 기존의 수업계획서를 검색하고 맞춤화하여 개인의 수업 계획 포트폴리오에 저장할 수도 있다. 또한, 신뢰할 수 있는 출처에서 제공되는 개방형 교육 자료에 접근하고, 맥락, 개별화 지원 및 교정 활동에도 도움이 된다.

다국적 기업과 같은 대규모 조직에서는 시차와 관계없이 여러 교육 활동을 다국어로 계획하고 개개인에게 실행하는 것이 필요하다. 이를 위해서는 학습자 및 학습을 관리하는 학습관리시스템이나 스마트 인터페이스를 통해 이 복잡한 계획을 처리하는 학습경험 플랫폼이 필요할 뿐 아니라 자동화된 데이터 기반의 계획 및 실행도 필요하다. 이것이 바로 모든 개개인을 위해 계획을 만들어주는 추천 엔진을 통한 수업 계획이다.

학습자 참여는 교사에게 영원한 문제이다. 강사와 교사가 학생의 기대치를 모두 충족시키는 것은 불가능하다. 학습자는 초기 요구 사항과 학습경험 과정 전체에서 수집되는 질문에 AI 기반의 챗봇을 사용하여 답하고 있다. 이 챗봇은 학생 경험의 일상적인 부분이 되고 있다. Staffordshire University의 챗봇인 Beacon은 캠퍼스 내 시설과 지원 서비스에 대한 질문에 대답해준다. 학생 모집 및 명단 정리 외에도 수강과목 선택과 참여를 반영하는 데 사용되기도 한다. 과목 및 과정에 대한 학생들의 일반적인 질문과 과목별로 과제에 대한 도움을 지원하는 챗봇이 구현되었다. 독일 소프트웨어 회사인 SAP에서는 더 큰 규모로 AI 기반의 챗봇이 학습 관련 질문에 응답하고 과정에 대한 권장사항을 제공하는 데 사용하여 긍정적인 반응을 얻었다.

조직 학습에서는 학습자 동기부여와 강화를 돕는 학습경험 플랫폼을 통해 참여도가 향상되고 있다. 일의 흐름 속에서 주의를 환기하고, 알림 및 개별화된 전달을 통해 제공되는 콘텐츠의 관련성이 강화되고 필요한 시점에 전달되는 것이다. 이 시스템은 조직 수준에서의 참여뿐 아니라 AI 기술을 사용하여 개인 수준에서도 제공한다.

참여도 외에도 학생들의 수강과목과 과제 등 학습자 지원의 영역이 있다. 이외에도 AI는 개별화된 학습 경로를 추천에 사용하고 있다. 챗봇과 같은 AI 기반 서비스는 이러한 지원을 주도하고 자동화할 수 있다.

평가는 어렵고 시간과 비용이 많이 든다. AI를 사용하여 평가를 구축할 수 있다면 교사의 업무 부담이 줄어들 것이다. AI를 사용하여 구성한 자동화 평가 또는 적응형 평가의 형태가 가능하며 얼굴 및 문서 인식을 사용해 온라인 평가 시 디지털 식별을 돕는다. 온라인에서 소논문과 보고서를 얼마든지 구할 수 있는 시대에 부정행위를 감지하는 것은 심각한 싸움이 되고 있다. AI는 이미 자연어 처리 기술을 사용하여 부정행위를 감지하는 역할을 하고 있다. 실제로 텍스트 기반의 과제를 구성하는 데 AI의 도움을 받을 수 있도록 하는 기능이 개발되고 있다.

조직 학습의 평가는 객관식 문제은행에서 개방형 답변의 의미론적 평가로 옮겨가고 있다. 기존의 평가 방법에 의존하기보다 사람들이 실제로 무엇을 알고 있는지를 아는 것이 중요하다. AI는 정교한 평가의 생성과 평가 프로세스 모두에 도움이 될 수 있다. 평가는 분명 AI가 만든 영역 중 하나이며 앞으로도 계속 진행될 것이다. 교사가 과제와 시험을 만들고 평가할 필요가 없다면 교육 업무의 상당 부분이 자동화될 수 있을 것이다.

소논문 채점을 좋아하는 사람이 있을까? WildFire 등 소논문 채점 소프트웨어는 오랫동안 사용됐으며 기계학습과 더 정교한 AI 기술을 적용하여 더 나아질 수 있다. 지식 기반 채점의 경우 기계가 인간만큼 할 수 있을 뿐 아니라 적은 비용으로 더 빠르게 수행할 수 있다면 기계를 사용하는 게 낫지 않을까? 교사가 자신의 귀중한 시간을 써가며 모든 것을 스스로 하는 것보다 학생들을 위한 중요한 업무를 하는 것이 더 중요하다.

지속적인 전문성 개발(CPD)은 교사들에게 어렵고 훈련의 기회도 드물며 열악한 경우가 많다. 교사는 유용한 CPD 자료를 찾고, 함께 배울 수 있는 사람들과 연결되기 위해 소셜미디어와 온라인 자료를 사용하고 있다. Twitter에는 유명한 전문가들이 많이 있으며 그들은 지식과 실용적인 지혜를 자유롭게 공유한다. Twitter는 AI에 의해 매개되기 때문에 이것은 AI가 학습 전달에 영향을 미치는 또 다른 예에 해당한다.

교수 활동과 AI

이제 교수학습 활동 전에 이루어지는 지원이 아니라 교수 활동에 더 근접한 분야에서 AI가 어떻게 사용될 수 있는지 살펴보자. 교사의 목적은 학습자의 인지 능력 향상이다. 이 전제를 생각할 때 특정 교육 과제, 심지어 역할까지도 결국 AI 기술로 대체할 수 있을 것인가? 곧 실현되지 않을 수 있지만, 이것이 어디로 가고 있는지 그리고 어느 특정 방향으로 갈 수 있는지를 살펴보고자 한다.

분명한 점은 AI는 1년 365일 24시간 가능할 뿐 아니라 빠르고 확장 가능하므로 훨씬 저렴할 수 있다. 이는 유리한 시작을 제공한다. AI가 어떤 방식으로 가르칠 수 있을까? 첫째, 우리는 가르치고 배우는 기능을 세분화해야 한다. 다음과 같이 일반적인 고차원의 교사 훈련 스키마를 시작점으로 사용할 수 있다.

- 답변 제공
- 학습에 대한 학생 참여 및 지원
- 교과 내용 지식 전개
- 효과적인 학습경험 계획 및 가르침
- 학습자의 진전 및 결과 촉진
- 학생별 강점 및 필요사항에 대한 대응
- 평가 결과의 정확하고 생산적인 사용
- 효과적인 행동 관리
- 높은 수준의 개인적 및 직업적 행동

수천 년 동안 교사가 해 온 일은 답을 주는 것이었다. Google은 20년 동안 검색을 통해 눈에 띄는 교육적 변화를 가져왔다. Google 창립 이래 도서관 사서의 수는 꾸준히 줄어들었다. 지식 대부분이 온라인에 있어서 이제 도서 및 학술논문을 위한 창고는 많이 필요하지 않다. 그 외에도 Wikipedia, YouTube, Khan Academy 등 수천 개의 개방형 교육 자료가 학습 환경을 변화시켰다. 이 모든 것이 AI 검색을 통해 가능하다. 검색 외에도 Photomath(2019)와 같은 앱이 등장하였고, 이를 통해 스마트폰으로 수학 문제를 찍으면 답을 얻을 수 있다. 그리고 답뿐만 아니라 답에 이르기까지의 단계를 보여준다.

챗봇은 또한 문서, 파워포인트, 비디오 및 학습자료를 조사하여 필요한 것을 찾을 수 있는 정교한 검색 기능이 있는 자연어 AI 인터페이스 계층을 제공한다. 이를 통해 교육 분야와 조직 학습에서 AI가 얼마나 강력해지고 있는지 알 수 있다.

학습자 참여 및 학습 지원은 앞서 논의한 도서관이나 캠퍼스 서비스 등과 같은 시설과 관련된 지원과는 다르다. Georgia Tech의 Jill Watson은 로봇이 학생 지원에서 어떻게 사용될 수 있는지를 보여주는 좋은 예이다. 사전 응답을 기반으로 답변하도록 훈련된 이 AI 챗봇은 학생들이 알지 못하는 사이에 사용되었다. 학생들은 속은 것 이상으로 효율성과 속도 측면에서 챗봇을 칭찬했다. 교사 지원이 지능형 AI 지원으로 바뀐다는 점에서 우리는 더 많은 것을 기대할 수 있다.

리더십과 관련된 TUI 봇과 같은 도메인별 로봇은 학습경험에 사용되는 AI의 좋은 예이다. 그 성공은 연중무휴 24시간 근무할 수 있는 능력에서 비롯되었으며 학습자 질문에 응답하고 조직에 일관된 학습 방법을 제공할 수 있다.

교과 내용 지식을 보여주는 것은 훌륭한 교사의 특성이었다. 이 부분이 바로 AI가 발전하기 시작하는 곳이다. Google은 이미 모든 주제의 '지식'에 대한 접근을 자세히 제공한다. '지식'과 관련해서 Watson은 2011년에 Jeopardy Champions를 이기고 거대한 지식 기반과 AI에 접근할 수 있는 웹 기반 서비스가 되었으며 중요한 기술을 보여주는 토론에도 참여하였다. 기술 수준에서 YouTube는 이미 일 '하는' 방법을 배우기 위해 선택한 검색 엔진이다. 3D, 가상 세계를 통한 비행 시뮬레이션과 같이 저렴한 소비자 기술과 AI 기능을 통해 사용자가 체험하여 학습하는 것을 의미하는 Learning by Doing이 어떻게 확장될 수 있는지 알 수 있다. 그러나 AI는 깊은 지식을 주는 것처럼 보일 수 있지만, 깊은 가르침을 주는 것은 아니다. 행간의 의미를 파악하거나 다른 각도, 다른 문제에는 유연하게 반응할 수 없다.

효과적인 학습경험을 계획하고 가르치기 위해서는 개별화 및 학습자의 특별한 요구에 대해 민감해야 한다. 우리는 AI 도구가 수업 계획과 관리를 어떻게 지원할 수 있는지 살펴보았다. 수업이나 학습경험은 상이할 수 있으며 결함이 있을 수도 있다. AI는 최적의 수업 설계를 할 수 있을 뿐 아니라 수업에서 필요 없는 요소를 찾아 지속해서 개선할 수 있다. MOOC 등 많은 온라인 학습에서는 이미 이처럼 활용하고 있다. 콘텐츠의 오류, 잘못 설계된 질문, 지나치게 긴 비디오 및 프레젠테이션이 온라인 학습 시스템에서 포착되고 있다. 많은 사람이 어렵다고 생각하는 질문이나 오답이 많은 비정상적인 문항은 질문이 잘못 설계되었다는 신호이다. 여기에서 '구조화'는 흥미로운 개념이며 학습은 'one-size-fits-all'과 같은 수업 계획보다는 훨씬 더 구조화되어야 한다고 이야기할 수 있다. 개별화는 전통적인 교육이 할 수 없는 방식으로 AI에 의해 식별되고 처리될 수 있다. 개별 학습자를 대상으로 구성되며 기계학습을 통해 약점을 식별하고 이에 따라 처치하여 학습경험을 개선할 수 있다. 미래의 어느 시점에서는 AI가 수업과 콘텐츠를 자동으로 생성할 수도 있을 것이다.

기본 지식을 가르치는 것은 AI가 교사의 시간에 대한 부담을 덜어 줄 수 있는 첫 번째 영역이다. 교사와 트레이너는 기본을 가르치기보다는 고차원적 학습을 진행할 것이다. 교육 및 훈련의 모든 수준에서 기초 지식 및 과정은 단기 과정이나 마이크로 학습에서 AI에 의한 콘텐츠 전달을 통해, 장기 과정에서는 적응형 학습에 AI를 활용하여 부분적으로 자동화할 수 있다. 이미 기업과 Arizona State University와 같은 기관에서 성취도를 높이고 중퇴율을 낮추기 위해 다양한 적응형 기초 과정을 제공하는 데 사용하고 있다.

학습관리시스템 또는 학습경험 플랫폼을 통한 교육의 자동화는 대규모 조직에서 20년 넘게 사용됐다. 기업의 준법 교육의 필요성에 대해 의문시하기도 하는데, 이는 구성원의 발전을 위해서라기보다 직원들로부터 조직을 보호하는 방법이기 때문이다. 학습경험 플랫폼의 부상은 조직의 요구보다는 개인의 실제 요구를 반영한 개발에 중점을 둠으로써 이러한 경향을 바로잡을 수 있다.

학습 진도와 학습 결과를 향상시키는 것은 쉬운 일이 아니다. 가르치는 것이 무엇인지에 관한 것이다. 진도 추적은 많은 학습자의 실제 성과를 동시에 추적하기 쉽지 않다. 반면 AI는 교사가 전통적인 관찰과 테스트를 통해 수집할 수 없는 것을 얻기 때문에 여러 학습자에 걸쳐 실시간으로 이를 수행할 수 있다. 또한, 학습자의 발전을 방해하는 인간의 편견에서 벗어나도록 AI를 설계할 수 있다는 점에서 AI가 제공할 수 있는 것이 많다고 이야기할 수 있다. 우리는 교육에 있어 성별과 사회경제적 편견이 있지만, AI는 성별, 인종, 억양 및 배경에 대한 편견에서 벗어날 수 있다.

AI 기반 학습 솔루션이 학습경험 플랫폼, xAPI 및 학습 기록 저장소를 통해 세분된 데이터를 생성함에 따라 보다 미묘하고 동적이고 유연한 방식으로 최적의 전달, 기록 및 측정을 할 수 있다. 데이터는 잠재적으로 무슨 일이 일어나고 있는지 설명하고, 왜 일이 일어나고 있는지 분석하여 알려주고, 일어날 가능성이 있는 일을 예측하고, 일어나야 할 일을 규정하는 데 사용될 수 있다. 다시 말해 AI는 이 문제에 적용할 수 있는 솔루션을 제공함으로써 교사가 제공하는 시스템보다 더 나을 수 있다.

교실, 강의실, 훈련실과 같은 일대다 교육 환경에서 모든 학습자의 강점과 요구에 부응하도록 교육을 적용하는 것은 거의 불가능하다. 이 문제를 해결하기 위한 AI의 첫 번째 교육 방법은 적응형 시스템이다. 개별 학습자의 성과를 지속해서 모니터하고 다음에 수행해야 할 작업을 조정하는 범지구적 위성 항법 시스템 (Satellite navigation : satnav)처럼 작동한다. 콘텐츠는 선형 커리큘럼이 아니라 정확한 시간에 정확한 필요에 따라 개별 학습자에게 동적으로 제공될 수 있는 학습 경험 네트워크가 된다. 분석 및 예측에 대한 AI의 강점은 개인의 학습을 방해하거나 향상시키는 요인을 찾아내는 것이다.

또한, AI는 모든 학습자의 요구, 특히 높은 능력을 갖췄거나, 영어를 외국어로 사용하거나, 장애와 같은 특수한 교육에 대한 요구를 모니터하고 교육을 전달할 수 있다. AI 기술은 이미 특수교육적 요구 측면에서 큰 변화를 가져왔고, 더 큰 차이를 만들 것이다. 물론 AI는 시각 장애인을 위해 텍스트를 음성으로 바꾸는 기능을 지원하고, 언어 장애인을 위해 음성을 텍스트로 바꾸는 기능을 제공했다. 또, 난독증을 발견하는 데 사용되어 조기 지원을 제공할 수 있다. 이 모든 것은 교사가 대규모로 제공할 수 있는 능력을 넘어선다. 조직에서 학습경험 플랫폼은 모든 학습자의 요구를 고려하는 AI 동기부여, 추천, 개별화 학습을 제공할 수 있다.

평가는 형성평가와 총괄평가로 나뉜다. 형성평가는 학습을 돕기 위해 학습경험 중에 사용되며 총괄평가는 지식 역량 또는 능력에 대한 최종 확인을 위한 마무리 평가이다.

형성평가는 어렵고 일대다로 이루어진 교실에서는 질이 떨어지며 대규모 강의실에서는 거의 이루어지지 않는다. AI가 현재 교사의 전달보다 우수한 방식으로 형성평가를 개선할 수 있는 세 가지 방법이 있다. 첫째, 적응형 학습 시스템은 교사보다 더 많은 피드백을 제공할 수 있다. AI는 교사가 할 수 없는 방식으로 대규모의 학생들에게 확대 적용이 가능하며 수백만 명의 학습자에게 빠른 시간 안에 수백만 개의 피드백을 전달할 수 있다. 이것은 기본적인 수준이기는 하지만 이미 Google이 수행하는 작업이다. 둘째, AI는 더 높은 품질의 피드백을 제공하며 온라인 강의 과정이 끝나고 다음에 제공되는 내용을 결정하는 데에도 사용할 수 있다. 또한, AI 기반의 음성 인식과 전달이 보편화됨에 따라 음성과 문자로 전달되는 즉각적인 피드백을 점점 더 많이 보게 될 것이다. 음성 지원은 좋은 교육과 학습에 영향을 주는 것보다 사용자 인터페이스가 향상되는 것과 관계있다.

총괄평가에서 AI는 적응형 질문을 제공하고 항목 응답 이론을 사용하여 평가 중에 교사가 수집할 수 없는 기타 데이터와 학습자 신뢰도를 포함하는 평가를 제공할 수 있다. 또한, 법적 평가 요구 사항이 있는 경우에도 제공할 수 있다. 소논문 채점은 전문 평가자만큼 수행할 수 있는 수준에 도달하고 있으며 채점 자동화가 이루어지고 있다. 온라인 감독은 학습자가 시험을 치르는 동안 수험자 식별을 위해 키보드를 입력하는 패턴을 읽고 디지털 신원 확인과 실시간 얼굴 인식에 AI를 사용한다.

행동을 효과적으로 관리하려면 오프라인이든 온라인이든 청중에게 지시할 수 있어야 한다. 나쁜 행동을 모방한 로봇은 전문적인 시뮬레이션에 사용할 수 있다. 예를 들어 Penn State University에서 개발한 가상 소년 Eli는 교실에서 이상행동을 보이는 아이처럼 행동하며(Clark, 2017) 예비 교사가 실제 교단에 서기 전에 이러한 문제를 다루는 기술을 연습하는 데 사용할 수 있다. 이것은 AI 기반의 정교한 챗봇이 학교에서의 까다로운 상황을 처리할 수 있도록 예비 교사를 훈련하는 방법을 보여준다. 마찬가지로 AI 기반의 시뮬레이션을 통해 직장에서 갈등을 처리하는 방법을 배울 수 있다.

주의와 행동을 추적하는 AI 소프트웨어는 더 복잡한 예에 해당한다. 이미 중국에서 얼굴 인식과 신경 기술 헤드셋을 사용하고 있다(Connor, 2018). 이 길을 가고 싶지 않을 수도 있지만, AI가 교사가 문제를 처리하도록 돕는 데 혁신적인 방법을 제시하고 있다는 사실은 부정할 수 없다.

AI 혁신의 대부분이 부분적인 솔루션이라는 것은 분명하다. 교사는 교체되지 않는다. 오히려 교육은 AI에 의해 강화되고 향상될 가능성이 있다. 교사는 여전히 학생들에게 영감을 주고 동기를 부여하고 도전의식을 심어줄 수 있는 높은 기대치를 설정한다. 교사는 여전히 젊은이들의 역할 모형이 될 것이다. 교육은 AI로 인해 사라지는 직업이 아니다. 그러나 시간이 지나면 다른 직업과 마찬가지로 AI에 의해 크게 변화할 것이다.

교수 역량 강화와 AI

자율 주행 자동차가 도래하는 것을 본 사람은 거의 없었다. 그것은 AI 때문이었다. 스스로 공부하며 자율학습하는 학습자를 본 사람도 거의 없을 것이다. 성인 학습자의 경우 AI 자동화 또는 증강 교육을 통해 가능할 수 있다. 기계학습은 학습을 구현할 뿐만 아니라 학습자들이 배우는 동안에 학습자에 대해 학습한다. 이것은 속도가 빠른 학습 교사와 같다. 교사를 완전히 대체하지 않고 AI에 의해 교육이 어느 정도 자동화될 수 있다고 가정할 수 있는 이유가 있다. 이것이 가능하다면 학교, 대학, 직장 등 모든 수준의 교육이 엄청난 비용 절감을 경험할 것이므로 중대한 돌파구가 될 것이다. 교육의 질과 공급 측면에서 문제가 되는 개발도상국도 큰 도움을 받을 것이다. 우리가 자동화 공장 이전 시절을 되돌아보는 것처럼 어느 시점에서는 교사와 교실을 돌아볼지도 모른다. 이는 교사의 가치를 떨어뜨리는 것이 아니라, AI 기술이 교수 활동 영역에서 더 가치 있고 똑똑해질 수 있다는 것이다.

우리는 이제 '알고리즘의 시대'에 있으며 지금까지 가장 유망한 교육 및 학습은 AI를 활용한 것이다. 그러나 알고리즘은 얼굴이 없는 익명이며 보이지 않는다. 사용자로서 우리는 해당 AI를 운영하는 회사를 안다고 할지라도 AI가 우리 삶에서 어떤 역할을 하는지 거의 알지 못한다. 빙산과 마찬가지로 그 힘은 수면 위에 사용자 인터페이스에만 표시될 뿐 실상은 표면 아래에 숨겨져 있다. 그래서 지금부터 이에 대해 좀 더 살펴보고자 한다.

AI 솔루션이 편향되어 있다는 비난이 존재하지만 그런데도 알고리즘은 우리가 일반적으로 보는 사회적 편견(성별, 인종, 피부색, 나이, 민족성, 종교, 억양, 사회적 배경)에 대해 거의 알지 못한다. 이러한 사회적 편견은 성차별, 인종차별, 우월의식 등을 통해 사회뿐 아니라 교육에서도 드물지 않게 발견된다. 교육에서는 교사가 스스로 편견이 없다고 여기거나 자신의 편견을 인식하지 못할 수 있다는 점에서 미묘한 편견과 노골적인 편견을 구별하는 것이 유용하다. 예를 들면 성별에 대한 편견이 과목 선택에 강한 영향을 미치며 성별과 인종이 교사의 피드백에 영향을 미친다는 것을 우리는 알고 있다(Whitehead, 1996). 노력을 기울이면 AI 시스템은 이러한 사회적 편견에서 벗어날 수 있다.

능력 vs 노력에 대한 인지적 편견은 고정 vs 성장 사고방식에 대해 밝힌

Carol Deck(2017)의 연구에서, 편견이 교사와 학습자 행동에 영향을 미침으로써 학생의 성취도에 대한 자기 성취 예측으로 이어졌다. 채점과 성적도 상당한 편견이 있었다. 건전한 이론과 실습에 기반한 AI 기반 교육은 시간이 지남에 따라 실제 증거를 바탕으로 이러한 편견을 없앨 수 있다.

가르치는 것은 인간이고 교사의 성과는 다양하다. 이것은 교사에 대한 비판이 아니라 인간의 본성과 행동에 대한 관찰이다. 교육용 AI는 제한적이긴 하지만 연중무휴로 24시간 운영된다. 학습의 정의적, 감성적 측면이 AI 기반 학습에서 제공되는 것은 아니다. 좋은 설계는 교육내용의 전달을 특징으로 한다. 기계학습에 의한 정서 또는 감성 분석은 꾸준히 발전하기 때문에 사회적 학습 데이터의 해석, 얼굴 인식, 주의력과 감정에 대한 AI 기술이 연구 및 구축되고 있다.

AI는 두뇌가 할 수 없는 일을 할 수 있다. 이는 대담한 주장처럼 보이지만, 변수의 수와 알고리즘의 연계를 통한 수학적인 힘은 데이터 및 엄청난 처리 능력과 함께 뇌의 능력을 훨씬 뛰어넘는다. 또한, 데이터 피드 및 데이터 마이닝의 가능성 그리고 개인에게 필요한 시기에 적절한 콘텐츠를 일관되고 정확하게 전달하는 것은 교사의 능력을 뛰어넘는다. 문제는 대부분의 교육이 일대일이 아니므로 이러한 암묵적 기술이 교육과 훈련 기관의 수많은 학습자에게 적용하기 어렵다는 것이다. 현재로서는 AI가 포착하지 못한 교사의 많은 암묵적인 기술이 있다. 그 기술들이 인식되어야 하겠지만, 이것은 앞으로의 발전을 멈추는 이유가 아니라 더욱 전진하기 위한 이유일 뿐이다. 앞으로는 인지 행동에 대한 더욱 정교한 분석이 가능해질 것이다. 인지적 오해와 문제의 수를 교사가 식별할 수는 없지만, AI 분석을 통해서는 확인할 수 있다.

학습자 그룹은 분포 곡선으로 나타낼 수 있다. 분포 곡선의 한중간에 있는 다수의 학습자뿐만 아니라 왼쪽 및 오른쪽 꼬리에 있는 학습자들에게도 세심하게 반응하는 시스템이 있다고 가정해 보자. AI는 학습자를 개인으로 취급하고 학습자를 위한 학습 여정을 개별화할 수 있다. 한 번에 하나씩 학습 여정 내의 흐름으로 이동하게 된다. 이로 인해 각 개인은 능력에 따른 학습을 위해 올바른 경로를 안내받고, 학습의 과정을 더 빨리 지날 수 있게 된다. 우리는 Bloom의 유명한 2 시그마 논문을 통해 다른 형태의 교육에 비해 일대일 교육에 큰 장점이 있음을 알게 되었다(Bloom, 1984). 이제 우리는 이 연구결과를 이행할 기회를 얻었으며 이것이 대규모로 달성될 수 있다는 확신을 이미 가지고 있다.

배움이 느린 학습자는 기말 총괄평가를 망치게 되지만 적응형 AI 기반의 시스템에서는 뒤처지거나 치명적인 실패를 겪지 않는다. 시스템이 해당 학습자에게 적합한 속도로 제공하기 때문이다. 대학에서는 중퇴율이 높다. 상당수의 학생이 적정 수준의 성취도를 달성하지 못한다. 적응형 AI 기반의 이 접근 방식은 중퇴율을 낮출 수 있을 것이며, 이는 개인적, 재정적, 사회적으로 중요한 결과를 초래한다.

이러한 시스템은 학습자의 학습동기와 학습과정의 진행 상황을 알려주는 개인 피드백을 통해 개인의 성취도와 일치하는 보고서를 생성한다. 표준화된 피드백과 보충학습이 아니라 상세한 피드백과 개인의 필요에 맞게 조정된 학습 여정으로 인해 학습자는 과외를 받는 것처럼 느낄 수 있다. 교사는 또한 이러한 시스템이 제공하는 피드백을 통해 학습자를 지원하고 훌륭한 교사가 될 수 있다.

현재의 교사연수 일정, 서둘러 진행되는 교사연수, 교원 전문성 개발에 대한 모형의 부재 등과 관련하여 교사연수에 대한 의문을 제기하는 사람들이 많지만, 그럼에도 불구하고 교사는 배워야 한다. AI 시스템도 배운다. 해당 과정을 수강하는 학생이 많을수록 시스템이 향상된다는 것은 기계학습의 수학적 특징이다. 이 분야의 허위 주장에는 주의를 기울여야겠지만, 집중적인 연구 개발이 진행되는 분야임은 틀림없다. 점점 더 많은 학생이 시스템을 거치면서 적응형 시스템 자체가 적응하는 수준이 되었다. 끊임없이 배우고 개선하는 AI의 능력을 통해 궁극적으로 AI로 하여금 교사의 능력을 넘어 지속해서 적응하게 할 수 있다.

교과서에 관한 많은 연구는 교과서가 흩어져 있음을 보여주었다. 학교 시험과 부담이 많이 가는 시험도 마찬가지이다. 적응형 알고리즘 시스템은 학습 가능성 네트워크를 통해 잘못된 질문과 부족한 점, 좋은 자료, 최적의 경로를 자동으로 식별하도록 설계할 수 있다.

인간은 확장할 수 없지만, AI는 대규모로 확장할 수 있다. 이미 Google, Facebook, Amazon, Netflix와 소매업체 및 기타 여러 서비스에서 알고리즘 기능을 사용하여 더 나은 의사결정을 내리는 방법을 사용하고 있다. 이러한 서비스는 수십억 명의 사용자 수준에서 작동한다. 즉, 확장성에 실질적인 제한이 없다는 것이다. 학습의 개별화를 대규모로 적용할 수 있다면 교육은 막대한 비용 부담에서 벗어날 수 있을 것이다.

AI 기반의 적응형 학습 접근 방식은 실제 교사가 할 수 없는 것을 제공한다. 이 모든 것은 적응형 알고리즘 시스템을 구축한 CogBooks와 같은 조직을 통해 실현되고 있다. 대면 교육이 학습에 항상 필요한 조건이라고 주문처럼 되뇌는 것에 얽매이지 않아도 된다. 실제로는 그렇지 않기 때문이다. 단순히 교실에서 사용하는 도구의 시점에서 멈추어서는 안 된다. 공학은 교사에 의해 교실에서 사용될 수도 있지만, 실은 이보다 더 많은 것을 할 수 있다. 공학 기반 학습에 대한 이러한 접근 방식은 수백만 학습자의 학습 결과 측면에서 엄청난 돌파구가 될 수 있다. 그것은 이미 검색을 통해 학습 영역에서 작동하고 있다. 아마도 지난 세기에 나타난 것 중 가장 심오한 교육적 변화일 것이다.

결론적으로 여기서 중요한 점은 인간 교사는 교육 비용이 많이 들 뿐 아니라 은퇴 비용도 비싸다. 또한, 질적 측면에서 균일하지 않으며 무엇보다 중요한 것은 확장 불가능하다는 것이다. 이것이 교육 비용이 계속해서 비싸지는 이유이다. 현재의 공급이 합리적인 비용으로 미래의 수요를 충족시킬 방법은 없다. 이 문제에 대한 해결책은 확장 불가능한 솔루션에 돈을 투자하는 것이 아니다. 좋은 교수 활동의 일부 요소를 취하여 이를 소프트웨어에 복제하는 스마트한 온라인 솔루션을 고려해야 한다.

AI가 더 나은 교사를 만든다

온라인 학습에 진지하게 참여한 교사와 학자들은 그 경험으로부터 엄청난 성과를 얻었다. 분명한 이점은 온라인 학습이 교수 활동을 가시적으로 만든다는 것이다. 모든 교수 활동 및 학습 개발(L&D) 전문가는 자신의 수업기술과 수업활동에 대해 깊이 성찰해봄으로써 장점을 찾을 수 있다. AI 기반 온라인 경험의 설계와 개발, 제공에 참여하는 것은 성찰을 확장하고 심화한다. 온라인에서는 직업전문성과 수업과정 모두 증거 기반 접근 방식을 가능하게 했다. 학습자와 거리가 멀면 더 나은 교사가 되어야 하기 때문이다.

콘텐츠를 구성하기 위해 AI 시스템은 훌륭한 교사를 필요로 한다. 적응형 AI 시스템에는 교사가 코스를 쉽게 구축할 수 있도록 하는 저작 시스템이 있다. 이는 종종 온라인 학습에서의 특정 기술을 가진 숙련된 교육 디자이너와 함께 만들어지지만, 일부는 혼자서 진행하기도 한다.

온라인 학습은 화면에 나타나 있어 누구나 세밀하게 조사할 수 있다. 이는 교실이나 강의실에서는 거의 불가능한 방식이다. 교사는 명확하고 정확해야 좋은 교수 활동과 관련된 주의 집중, 의미 획득, 정교함, 의도적인 연습, 간격 연습, 기타 원칙 등을 고려하게 한다. AI 기반 온라인 콘텐츠의 설계, 개발 및 제공은 콘텐츠의 품질을 향상한다. 이제 적응형 시스템은 약하고 잘못된 평가 항목도 식별한다.

Coursera 과목에서 수천 명의 학생에게 대수 문제가 잘못 출제되었던 적이 있는데, 이 문제는 결국 수정되었다. 콘텐츠 제작을 통해 잘못된 학습 설계를 구체화하고 제거할 수 있다.

수년 동안 대학은 학생들이 교사나 다른 학생들을 만나지 않는 온라인 학위 과정을 운영했다. 해마다 온라인 학생들은 같은 학위를 취득하는 캠퍼스 학생들만큼의 성과를 낸다. 이는 온라인 구조 내 요소들을 사용할 수밖에 없는 온라인 튜터로부터 상세하며 구조화되고 보관 가능한 대화와 피드백을 자주 받기 때문이다. AI는 이러한 사회적 상호작용을 처리하는 데 도움이 될 수 있다.

또한, 온라인으로 제공되는 교육은 평가를 강제한다. 원시적이고 파괴적인 '아무에게나 손을 대는' 전략은 활용할 수 없다. 구체적인 전략으로 대응해야 하므로 학생의 일반적인 오해를 식별하고 해결해야 하는 경우가 많다. 이것은 지식의 종속성과 네트워크 구조를 명시해야 하는 적응형 코스에서 특히 그렇다. 또한, 온라인은 자동으로 데이터를 생성한다. 이러한 분석을 통해 교사로서 문제를 진단하고 조치를 하여 학습자의 동기와 성취도를 높일 수 있다.

온라인 교육 웨비나를 실행하면 곧 도구 사용에 관한 기술을 습득하고, 채팅 및 질문을 관찰하고, 프레젠테이션 및 교육 기술을 향상하는 방법을 배우게 된다. Arizona State University의 생물학 BIO100 과정에서 가장 경험이 풍부한 강사인 Susan Holechek은 적응형 학습 시스템을 사용하여 교수 활동을 강화함으로써 성취도가 봄 학기에 72%에서 가을 학기에는 92% 이상으로 증가하는 것을 확인했다. 좋은 시스템과 좋은 교사의 완벽한 조합이다. 숙련된 교사들에게도 진정한 차이를 만드는 것은 훌륭한 교사와 훌륭한 공학이 결합하는 것이다.

여기서 간과되는 점은 온라인 교사와 학자들이 교실과 강의실보다 더 많은 학생을 가르칠 수 있다는 것이다. 학교 교사, 강사, 트레이너는 평생 수천 명의 학생만 가르칠 것이다. 가르치는 것이 직업인 사람이라면, 수만, 수십만, 심지어 수백만의 젊은 지성인에게까지 영향을 미치는 것은 분명히 고귀한 목표일 것이다. 물론 교실에서의 친밀함과 대면 교육의 인간적인 측면이 있기는 하다. 그러나 온라인 강의는 교사가 닫힌 교실 문 뒤에 숨어있기보다 더 눈에 잘 띄고 더 나은 교사가 되도록 한다. 기존의 교수법을 연마하고 학생을 향상시키며 새로운 교수법을 배우며 교사를 전문가로 성장시킨다.

좋든 싫든, 인터넷은 매우 관련성이 높은 문화 현상이다. 교사가 온라인 세상을 무시하는 것은 교육 기관 밖의 세상 변화의 현실을 무시하는 것이다. 공학은 지난 2000년보다 지난 20년 동안 더 많은 교육적 변화를 가져왔다. 공학은 도구 그 이상으로 교사와 학생의 삶의 일부다.

참고문헌

Bloom, BS (1984) The 2 sigma problem: The search for methods of group instruction as effective as one－to－one tutoring, Educational Researcher, 13 (6), pp 4-16

Clark, D (2016) 10 ways online learning can make you a BETTER TEACHER, Donald Clark Plan B. Available at http://donaldclarkplanb.blogspot.com/2016/01/10－ways－online－learning－makes－you.html (archived at https://perma.cc/N5DW－YXSW)

Clark, D (2017) 10 uses for chatbots in learning (with examples), Donald Clark Plan B, 17 December. Available at https://donaldclarkplanb.blogspot.com/search?q＝Penn＋state＋chatbot (archived at https://perma.cc/2N99－LJHX)

Connor, N (2018) Chinese school uses facial recognition to monitor student attention in class, The Telegraph, 17 May. Available at https://www.telegraph.co.uk/news/2018/05/17/chinese－school－uses－facial－recognition－monitor－student－attention/ (archived at https://perma.cc/TS9R－7CC9)

Dweck, C (2017) Mindset: Changing the way you think to fulfil your potential, Hachette UK, London

Grossman, D (2019) How an algorithm made the buses in Boston better, Popular Mechanics. Available at https://www.popularmechanics.com/technology/infrastructure/a28689713/algorithm－boston－buses/ (archived at https://perma.cc/5RUY－ZDND)

Photomath (2019) Website. Available at https://www.photomath.net/en (archived at https://perma.cc/G8AG－B2TQ)

Teacher Advisor (2019) Website. Available at https://teacheradvisor.org (archived at https://perma.cc/F8UX−FV3Z)

Whitehead, JM (1996) Sex stereotypes, gender identity and subject choice at A−level, Educational Research, 38 (2), pp 147-60. Available at: https://www.tandfonline.com/doi/abs/10.1080/0013188960380203 (archived at https://perma.cc/7RR2−HQC3)

PART

03

챗봇

Chapter 05

새로운 UI로서의 AI

영화 2001 : A Space Odyssey에서 온보드 컴퓨터인 HAL은 우주선 안에서 대화하는 두 사람의 입술을 읽고 그들이 위험에 처했다고 판단한다. HAL은 자율적인 학습자이다. HAL은 'Heuristically programmed algorithmic computer'의 약자로, 이미 우리 주변에 실현되어 있다. 우리는 온라인에 접속할 때마다 수천 개의 HAL을 마주한다.

인터페이스 뒤에 있는 소프트웨어는 마치 수면 아래 감추어진 빙산의 방대한 부분과 같다. 보이지 않는 일을 하는 현대 컴퓨팅의 본질은 알고리즘과 AI다. 검색하고, 온라인 추천을 받고, 소셜미디어에 참여하고, 인터넷 쇼핑과 온라인 뱅킹을 하고, 온라인 데이트를 하고, 배너 광고를 볼 때마다 이 스마트 알고리즘이 관여하고 있다.

우리가 파일을 열고, 압축을 풀고, 저장하여 전송하는 모든 것은 글로벌 네트워크를 통해 관리된다. Skype, WebX, Snapchat, WhatsApp, Facetime을 위한 압축, 네트워크 및 압축 해제는 스마트 AI를 통해 가능하다. 여기에서 바탕이 되는 기술은 알고리즘이다. 무손실 및 손실 압축은 큰 파일을 작은 파일로 마술처럼 압축하여 전송할 수 있다. 여기에 음성, 사진, 비디오를 손실 없이 저장하고 검색할 수 있는데, 특히 이러한 알고리즘은 네트워크 진반에 걸쳐 있다. 간단한 검색,

소셜 네트워크 및 온라인 학습의 핵심 요소는 바로 알고리즘 기술 덕분이다.

공개 키 암호화 알고리즘은 암호가 작동하는 방식이며 물건을 구매할 때 신용카드 정보를 안전하게 보호한다. Amazon, ApplePay, eBay, PayPal, 신용카드 및 온라인 쇼핑 세계는 이 알고리즘 없이는 존재할 수 없다. 스팸 필터, 피싱, 수위가 높은 사이버 위협은 모두 AI에 의해 처리된다. 따라서 온라인 학습을 판매하고, 학습을 구매하고, 온라인 평가를 수행하는 능력은 AI에 의해 매개된다.

우리는 온라인에 접속할 때마다 AI를 사용하고 있다. Google 외에도 소셜미디어는 Facebook 타임라인, Twitter 피드 또는 Instagram 경험에서 알고리즘에 따라 항목을 선택하는 방식으로 매개된다. AI 스팸 필터가 이메일을 거르고 AI가 온라인 데이트 상대를 매칭한다. Amazon은 소비자가 책이나 상품을 구매하면 이와 관련된 다른 상품을 보여주고 구매하도록 유도한다. Netflix를 시청하면 AI가 추천하는 영화, 다큐멘터리와 드라마 시리즈 목록을 볼 수 있다.

온라인 혁명이 가속화됨에 따라 보이지 않는 AI와 알고리즘이 우리의 활동에 광범위하게 자리 잡음을 알 수 있다. 인터넷 액세스 기능을 갖춘 저렴하고 빠르며 강력한 온라인 하드웨어가 웹을 사용하는 모든 사람의 가정과 마음에 알고리즘을 적용하였다. 이제는 여권 확인, 범죄 감지, ATM, IoT 등의 현실 세계에도 깊이 관여되어 있다. 우리는 이미 생활의 동반자가 될 정도로 AI에 연결되어 있다. 이렇게 확장된 인식은 펜, 스마트폰 및 웹 등 우리가 사용하는 도구를 뛰어넘었다.

주식 시장의 최상위 종목이 온라인 접속과 서비스를 제공하는 기술 회사에 의해 어떻게 지배되는지 살펴보자. 또한, 이 대부분이 스스로 AI 회사로 변모했다는 점에도 주목해야 한다. Apple, Alphabet(Google), Microsoft, Amazon, Netflix, Facebook, IBM, Samsung, Baidai, Alibaba, Tencent와 같이 전 세계에서 가장 가치 있는 기업 중 상당수는 AI를 전략의 핵심에 둔다. Google, IBM 및 Microsoft와 같은 일부 기업들은 이 전략에 대해 명시했고 Apple, Samsung, Netflix, Facebook은 기술을 습득하고 AI에 관한 방대한 연구 자원을 보유하고 있다. Tesla는 자동차 회사이지만 실제로는 AI 회사이다. Tesla의 자동차는 '항상 켜져 있는' 학습 로봇이다. 우리는 유비쿼터스 AI를 향한 기술의 급속한 변화를 지켜보고 있다.

대규모 기업들은 이 게임에서 앞서 나갈 수 있는 현금, 인프라, 처리 능력 및 전문 지식을 보유하고 있다. 대기업들은 민첩하게 행동하기 힘든 반면에 소규모 기업은 혁신적인 결정과 행동에 자유로운 장점을 갖고 있다.

Google은 학습 과정 분야를 시작으로 줄곧 AI에 몰두해왔다. 지금은 AI를 기반으로 한 세계에서 가장 성공적인 회사 중 하나다. 단순한 검색 외에도 Google 학술 검색, Google 지도, Google 번역 및 기타 서비스를 통해 심화한 AI 기반 검색이 가능하다. 이를 통해 문서, 비디오, 이미지, 오디오, 지도에 상관없이 검색을 통해 접근할 수 있게 되었다. AI는 이와 같은 접근을 가능하게 한 진정한 원동력이다. 검색 엔진 인덱싱은 세계에서 가장 큰 건초 더미에서 바늘을 찾아낼 수 있다. 웹에서 무언가를 검색하면 수십억 개의 문서와 이미지가 '인덱싱' 된다. 이것은 사소한 작업이 아니며 아주 짧은 시간에 이를 수행하려면 스마트 알고리즘이 필요하다. PageRank는 Google을 세계에서 가장 큰 회사 중 하나로 만든 기술이다. 20년 전만 해도 극소수의 사람들만이 접근할 수 있었던 것들을 손가락 끝으로 조사하고 찾을 수 있는 능력을 갖추게 되었다. 학습에서 AI는 지식과 도구 및 서비스에 대한 즉각적인 검색을 제공함으로써 수십 년 동안에 가장 심오한 교육적 변화를 가능하게 하였다.

Amazon은 추천 엔진을 통해 사용자 경험에 초점을 맞춘 세계 최대의 온라인 판매 기업이다. Amazon의 AI 플랫폼인 Alexa는 다양한 서비스를 제공하는데, 처음에는 책을 추천하고 그다음에는 다른 상품을 추천하는 방식이다. 그러나 추천 엔진은 이제 대부분의 웹에서도 쉽게 볼 수 있다. 검색 결과를 보여주기보다 사용자가 미리 선택한 옵션을 보여주는 서비스를 더 많이 볼 수 있다. 대표적으로 Netflix는 사용자가 먼저 선택한 취향에 맞추어 콘텐츠를 타일 형식으로 보여준다. 소셜미디어 피드는 많은 온라인 서비스와 마찬가지로 AI를 기반으로 사용자에게 무엇을 보여줄지 결정한다. 이것은 적응형 학습 및 챗봇과 같은 AI 기반 학습에도 사용되고 있다.

Siri, Cortana, Google Assistant, Alexa 등 자연어 처리가 가능한 AI의 발전은 음성 인식을 통해 기술과 소통하는 방식을 변화시켰다. 인간의 자연스러운 의사소통 형태인 음성을 사용함으로써 인터페이스의 진보를 가져왔다. 이제 음성 인식이 연구 주제에서 실제 상용 응용 프로그램으로 이동하는 것을 볼 수 있는데, AI의 다양한 형태, 특히 딥러닝 및 대용량 데이터 세트를 통해 Apple, Amazon, Google, Microsoft, Samsung과 같은 세계 최대의 회사들이 서비스에 사용하고 있다.

지금 우리는 AI가 온라인 학습에서 알림, 환기하기, 동료 상호작용 및 간격 연습을 제공하는 것을 보고 있다. AI는 적응형, 맞춤형 학습에서 학습자가 실시간으로 과정을 진행하는 방법을 최적화하여 다음 화면에 표시될 내용을 결정한다. 이 외에도 교수와 학습을 향상할 수 있는 모든 종류의 기술을 포함할 수 있다.

끊김 없는 인터페이스

가장 인기 있는 온라인 애플리케이션의 공통점은 무엇일까? 필터링, 관련성, 편의성, 시간 및 장소 민감도 측면에서 개인화를 적용하기 어려운 항목에 AI 기반 인터페이스를 사용한다. 보이지 않는 손이 시스템을 일하게 하고 더 매력적으로 만든다. 중요한 것은 사용자 인터페이스가 아니라 사용자 경험이다.

아직 온라인 학습에서 AI를 사용한 UI는 드물다. Black과 Wiliam(2005)은 학습자가 앞으로 나아갈 수 있도록 도우며 명확하고 정확한 피드백이 학습에 도움이 된다고 주장한다. 모두에게 똑같이 제공되는 과정이 아니라 속도, 관련성 및 편의성 측면에서 학습자의 요구에 민감하게 반응하면 학습자는 발전할 수 있다.

학습에는 집중이 필요하며 기억은 지식과 기술을 습득하는 좁은 통로이기 때문에 인터페이스에 마찰이 없을수록 학습의 속도와 효율성이 높아진다. 학습자에게 인터페이스, 내비게이션, 외부 소음 등을 추가하여 제공하는 이유는 무엇일까? 우리는 기계적인 방해 현상을 피하려고 타자 속도를 늦추도록 설계된 QWERTY 키보드를 넘어서 마우스와 터치스크린으로의 꾸준한 발전은 AI를 통한 끊김 없는 인터페이스를 제공할 수 있게 되었다.

음성 인식은 이제 소비자 컴퓨터, Siri, Cortana 및 Google Assistant가 탑재된 스마트폰, Amazon Echo 및 Google Home과 같은 가정용 기기에서 사용할 수 있는 정도의 신뢰 수준에 도달하였다.

우리는 음성 인터페이스 시대의 시작에 있다. 과거에 키보드와 마우스가 그랬던 것처럼 '음성'은 인터페이스 디자인, 소비자 행동의 판도를 바꾸는 최고의 인터넷 흐름이 되었다. 음성 인터페이스는 학습에 어떤 영향을 줄 수 있을까? AI 성능 향상에 따라 개인화된 음성 인식과 음조 및 감정 인식이 가능하며 핸즈프리도 가능하다. 또한, 저렴한 비용으로 마이크와 스피커만 있으면 된다. 또한, IoT의 사물 인터넷의 확산과 함께 더 주목받고 있다. 음성 인식의 정확성, 지연 시간 및 사회적 어색함이 문제였지만 처음 두 가지가 해결됨에 따라 세 번째 문제는 사회적 이슈 정도로 볼 수 있게 되었다.

음성 인식은 정확하고 빨라야 한다. 잦은 인식 실패와 느린 속도는 사용자를 실망하게 한다. 한 가지 좋은 소식은 90%의 정확도 장벽을 통과해 빠르게 향상되고 있으며 95~99%의 정확도를 향해 가고 있다.

학습 분야에서는 음성 인식을 더 조심스럽게 다루어야 할 필요가 있다. 우리가 손으로 입력할 수 있는 것(40 wpm)보다 더 빠르게 말할 수 있고(150 wpm) 우리가 귀로 듣는 것보다 더 빨리 읽을 수도 있다. 공공장소뿐 아니라 사적인 공간에서도 인간이 아닌 대상과 대화하는 것이 어색하다는 이유로 자주 사용하지 않을 수도 있다. 음성 인식을 지원하는 가정용 기기의 판매가 늘고 있고, 핸즈프리가 중요한 자동차에서도 사용이 확대되고 있다. 하지만 여전히 대중교통이나 직장에서는 침묵을 금으로 여길 수도 있다.

공상과학 영화는 수십 년 동안 우리에게 음성으로 작동되는 세계를 보여주었으며, 이제 이것은 현실이 되었다. 그리고 Siri, Google Home 및 Amazon Echo를 통해 그 힘을 실감할 수 있다. AI의 혁신을 통해 가까운 미래를 위한 기술이 실현되고 특히, 기계학습으로 더 강력해진 음성 인식을 꼽을 수 있다.

Amazon의 Echo는 Alexa라는 플랫폼을 사용하는 가정용 음성 인식 개인 비서로 Siri의 경쟁자로 볼 수 있다. Alexa에는 고객에게 정기적으로 메일을 통해 업데이트를 안내하는 스킬 키트가 있다. 이것을 활용하여 음악이 재생될 때 먼 방에서도 음성 명령만을 사용하여 음악을 재생하고, Google 캘린더 작성, 오디오북 읽기, 뉴스 전달, 스포츠 결과, 날씨, 피자 주문, Uber 호출, 조명 제어, 스위치, 온도 조절 등을 할 수 있다.

이것은 언제라도 사용할 수 있는 클라우드 기반 AI 서비스로 사용자의 말하기, 어휘 및 선호도에 적응하며 상시 학습하고 있다. 여기가 흥미로워지는 포인트이다. 이 서비스의 목표는 '음성'을 통해 집에서 IoT를 활용하고 다른 장치를 작동하게 하는 것에 불과한 것으로, 여전히 우리는 요청사항을 입력해야 한다. 그러나 음성 인식이 발전하면 단순히 구두로 물어보는 것이 더 빠르고 쉬워질 것이다. Google Home, Amazon Echo, Siri, Cortana 등이 가정, 자동차 및 기타 장소에서 사물 인터넷을 가능하게 하면 우리는 음성으로 활동을 지시하고, 도움을 받고, 답변을 찾고, 생활을 관리하기 쉬워진다.

자동차는 움직이는 집이다. 집은 네트워크로 연결된 학습 공간이다. 자동차와 집에서 핸즈프리는 더없이 필수적이며 유용하다.

학습 인터페이스

AI가 실제적이고 균형 잡힌 형태의 교육과 학습을 만들 수 있다. 키보드를 두드리는 것은 어색한 인터페이스이다. 타자는 배우기 어렵고 오류가 발생하기 쉬우며 물리적 입력 장치가 필요하다.

읽기를 완벽하게 하는 데에는 몇 년이 걸릴 수도 있지만 듣기는 배울 필요가 없는 기술이다. 우리는 세 살 때 이미 문법 천재이다. 말하기가 가능함은 평범한 수준이며 최근에는 읽기와 쓰기가 가능한 아이들도 많다. 따라서 학습과 관련하여 음성 인식은 마찰 없는 대화를 가능하게 하여 더욱 자연스러운 형태의 교육과 학습을 촉진할 수 있다.

이로 인해 '문자'에 의해 과도하게 점령되어온 교육과 학습이 크게 향상될 수 있다. 학교 교육은 문자에 점점 더 집착하고 있으며, 교육서비스를 더 의미 있게 하는 끝이 없는 글쓰기 과제를 내고 있다. 음성 인식은 이러한 현상을 변화시킬 수 있을 것이다.

교사들은 학습자에게서 등을 돌리고 칠판에 무언가를 계속 쓰면서 문자로 매개로 하는 수업을 했다. 글씨로 가득한 PowerPoint를 사용하는 경우에는 교사의 목소리가 길을 잃기 시작했다. 칠판이 중시되고 '강의'에 깊이 관여된 고등교육에서 이러한 현상이 더 분명하게 나타난다. 오늘날까지, 특히 수학과 과학 강사는 무언가를 가득 쓰기 위해 학습자로부터 등을 돌린다. 이것은 글쓰기일 뿐이며 가르침이 아니다.

또한, 학교 교육은 문자 기반 과목으로 서서히 이동했다. 학생들은 소논문 평가가 몇 주가 걸릴 것이며 제대로 된 피드백을 받지 못한다는 것을 알고 있다. 그래서 손쉽게 공유하고, 표절하고, 심지어 온라인에서 사기도 한다. 비판적 사고를 위한 글쓰기 평가를 포기하자는 것이 아니라 객관식과 같이 모두에게 같게 적용되는 일반화된 유형의 평가에 대한 의존도가 적다는 것이다.

우리가 가지고 있는 대부분의 평가는 문서로 되어있다. 교육에서 구두 및 사회적 기술은 소외되고 있다. 실용적인 기술은 저 멀리 밀려나고 비효율적이고 값비싼 문서를 쌓으면서 대학에 진학한다.

고등교육은 논문과 같은 문서 결과물이 기하급수적으로 확대되는 글로벌 종이 농장과 같다. 연구는 종이에서 시작해서 종이로 끝나는 것처럼 잘못 인식되고 있다. 고등교육은 마치 제지 공장의 부가적인 라인으로 여겨지는, 웃지 못하는 현실이다.

직업, 특히 기관은 단순히 '보고서'를 생성하는 관료적 시스템이다. 보고서는 쓰이고 덮어쓰고, 훑어본 다음 버려진다. 보고서 작성, 계획 및 수사법은 행동을 대체한다. 보고서에서 '…에 더 많은 연구가 필요하다.'라는 결론은 이것을 분명하게 나타낸다. 보고서는 또 다른 보고서를 부른다.

문자에 대한 역사적이고 교육적인 집착은 인터넷에 의해 더 폭발하였다. 젊은 이들은 메시지, 포스트, 트윗 및 블로그에 악마처럼 글을 작성했다. 이것은 마치 이미지와 비디오로 보완된 다양한 형태의 커뮤니케이션을 반영하는 글쓰기의 르네상스이다.

음성 인터페이스

그렇다면 음성은 학습에서 어떻게 나타날까?

학습자가 학교 또는 대학을 졸업하면 직장 동료와 대화, 회의에서의 상호작용, 효과적인 전화 통화, 고객 응대하기 등의 구두로 된 기술이 필요하다. 우리는 대부분의 시간을 말하기와 듣기에 할애하며, 이것이 주요 활동과 기술이 될 것이다. 하지만 이것은 교육 기관에서 가르치는 기술은 아니다. 음성 기반 학습이 실현되면 학교와 직장의 온도차를 줄일 수 있다.

하나의 주제에 대해 똑똑한 사람들과 대화하는 것은 강력한 학습의 형태가 된다. 대화를 통해 이의를 제기하고, 캐묻고, 반박할 수 있다. 이러한 유형의 협력 학습은 말과 대화를 통해 자체적으로 발생할 수도 있다. 어떤 주제는 이미지와 문자를 배제하는 것이 오히려 득이 되기도 한다. 상상력을 자극하여 개인화된 이미지를 떠올리고 들은 내용과 연결되도록 한다.

적응형 학습, 지능형 튜터, 챗봇을 사용한 공학 기반 교육은 음성 인식 및 피드백을 통해 더욱 향상될 수 있다. 교수 기능으로서 때로는 보조 기능으로서 습관화된 학습, 짧은 퀴즈와 분산학습을 개인별로 맞춰 전달하고 동기부여할 수 있다.

음성 인식을 위한 대화형 인터페이스는 집이나 자동차와 같은 개인적 학습 공간에서 더 효과적일 수 있다.

음성은 끊김 없는 인터페이스로 언제 어디서나 학습할 수 있도록 하는 데 한 걸음 가까이 갈 수 있도록 도와준다. 훈련 기관의 강의실과 학교의 교실 이외의 장소도 학습 공간이 된다. 학습이 물과 같은 유동성을 갖게 됨에 따라, 언제 어디서나 학습자의 요청에 따라 습관적이며 비공식적인 학습이 가능하다. 중요한 것은 맥락이다.

문자를 폄훼하는 것이 아니다. 말하기의 가치와 언어와 의사소통 기술도 역시 중요하다는 것을 인식하여 교육에서의 균형을 재조정하는 것이다.

기업에서 한 시간 정도 길이의 회의를 위해 30분, 45분, 5분 알람이 설정된 회의실 책상을 사용하는 모습을 볼 수 있다. 최근 Harvard Business Review의 설문 조사에 따르면 관리자는 57%의 시간을 행정에 사용하고 있는데, 이 부분에서 개선의 필요가 있다고 답했다. Alexa는 관리자에게 이상적인 개인 비서가 될 수 있다.

Alexa에게 '누구인가? 무엇인가? 어디인가?'와 같은 간단한 질문을 해보면 퉁명스러운 대답이 돌아오겠지만, 여기서 더 유용한 것은 'Wikipedia'를 활용하는 것이다. Wikipedia의 방대한 지식을 음성으로 들을 수 있다.

가정에서 Alexa를 통해 식탁에서 학습할 수 있도록 개발된 기본적인 교육용 게임도 있다.

특수교육과 장애와 관련된 분야는 읽고 쓰기가 어려워도 말하기만 가능하다면 Alexa를 활용하여 접근성을 높일 수 있다. 이것은 난독증, 통합운동장애, 자폐증 및 ADHD가 있는 어린이에게도 중요한 문제이다.

Alexa는 숫자가 아무리 크더라도 더하고 빼고 곱하고 나누고 음수를 처리한다. 또한 Alexa는 지수, 근, 계승을 수행하고 원하는 만큼 소수점 이하 자릿수까지 π 값을 제공한다. 공식에서 삼각형의 면적을 계산하는 방법을 보여줄 수 있으며 요청할 경우 2차 함수를 제공할 수도 있다. Alexa는 확률에서 x와 y 사이의 숫자를 주고, 주사위를 굴리고 변의 수와 관계없이 카드를 선택하고 동전을 던질 수 있다. 그런 다음 단위 변환, 통화 변환 및 측정을 할 수 있다. 여기에서 더 인상적인 것은 지연 시간이 없다는 것이며, 이것은 학습에서 매우 중요한 부분이다.

Alexa는 단어의 정의, 철자, 오래된 고전과 고어와 동의어를 모두 찾아올 수 있다. 'quartz'와 'courts'와 같은 동음이의어에서는 문제가 발생하기도 하지만 이러한 오류는 단어를 바꾸면 쉽게 해결될 수 있다. Wikipedia는 물론이고 다양한 배경 자료들을 포함한 오디오북을 찾을 수 있다.

단어를 발음하고 무슨 말을 하려는지 생각해보는 등의 대화하기 위해 쏟아야 하는 노력을 고려할 때, Alexa가 독백에서 대화로 이동할 때 이것은 어린아이들의 언어 발달에 도움이 될 수 있다.

앱 사용 언어를 독일어로 변경할 수도 있다. 영어로 질문하고 어떤 질문에든 독일어 답변을 받을 수 있다는 점은 흥미롭다. 주방에서 음식을 만드는 동안 비공식적인 학습과 연습을 통해 새로운 외국어를 배우는 것도 가능하다. 영어 학습자에게 단어 게임, 매일 학습하는 영단어, 문학에 대한 무제한 접근이 가능하고 발음 향상에도 도움이 된다.

Alexa에게 질문을 통해 화학, 화학 기호, 화학적 명칭과 공식에 대한 답변을 받을 수 있다. Wikipedia에 접속한 Alexa가 생물학에서 광합성과 DNA의 정의, 지리에서 방대한 수의 지리적 사실과 개념을 설명해 준다.

오디오북은 다음 단계이다. 무료 인터넷 라디오 서비스 Tunein과 Podcast 등의 서비스를 이용할 수 있고, 우리가 평생에 읽을 수 있는 서책형 도서보다 더 많은 오디오북을 찾을 수도 있다.

물론 라디오 듣기, 택시 호출, 피자 주문, 맛집의 전화번호 찾기 등 할 수 있는 일은 무궁무진하다. Spotify를 사용해 노래와 가수가 머릿속에 떠오르는 대로 주문형 음악을 받을 수 있다. 여기에는 누가 어떤 노래를 불렀는지, 밴드 구성원 이름 등을 비롯한 다양한 선택이 가능하다. 어떤 영화가 상영 중이지?라는 질문을 하면 가까운 멀티플렉스에서 상영 중인 영화의 목록을 나열해 주고 영화에 대한 설명을 볼 수 있다. 더보기를 누르면 출연 배우의 이름과 IMDb 등급도 볼 수 있다.

여기서 중요한 것은 Alexa와 AI 또는 Alexa 뒤에 있는 AI 기술이다. 자연어 처리 기술(NLP)은 나날이 발전하고 있다. Alexa 및 기타 음성 기술이 자동차, TV, 시계 등 모든 종류의 맥락에서 나타나는 것을 볼 수 있을 것이다. 이것은 표면적인 장치가 아닌 기술의 심층적인 변화에 관한 것이다.

미래 인터페이스

자연스럽게 연결되는 인터페이스

우리는 침습적 또는 비침습적 뇌 기술을 통해 이미 확장된 마음을 더 확장하여 한 단계 더 나아갈 수 있다. 우리의 두뇌는 감각기관에서 입력된 흐름에 대처할 수 있지만, 느릿느릿한 말소리나 키보드, 터치스크린에서 더디게 흘러나오는 출력물에는 심각한 제한을 받는다. 목표는 물리적으로 두뇌와 인터페이스하여 의사소통뿐만 아니라 저장 공간 및 확장된 기억까지 탐색하는 것이다. 기억의 확장으로 더 많은 것을 알 수 있고, 더 높은 수학적 능력을 갖추고, 많은 언어를 말하고, 더 많은 능력을 갖출 수 있게 된다고 상상해 보자.

우리는 이미 청각 장애인에게 청각을 제공하는 인공 와우, 마비로 고통받는 사람들이 팔다리를 사용할 수 있도록 하는 임플란트. 그리고 VR은 뇌를 재연결하여 하반신 마비 환자의 신경계를 복원할 수 있다. AI가 뇌에 읽고 쓰는 인터페이스 문제를 해결할 수 있다면 상황은 더 발전할 수 있다. 학습 분야의 잠재력은 더 놀랍다. 지식을 더 오래 유지하고 인출하는 기술뿐 아니라 효율성에서도 엄청난 도약이 가능하다. 우리는 뇌를 더 큰 네트워크의 일부로 만듦으로써 뇌를 확장할 수 있다.

또한 AI는 키보드 입력, 지문 및 얼굴 인식을 제공한다. 이 기능은 개인 식별 혹은 평가에서도 사용 가능하여 출석 확인과 수업 등록에 얼굴 인식이 쓰인다. 눈의 움직임과 신체 동작 인식과 함께 주의 집중에 대한 진단도 발전하고 있다. 그러나 보이지 않는 인터페이스를 완성하기 위해 우리는 상상의 도약을 하며 앞으로 수십 년 동안 어디로 이어질지 지켜보아야 한다.

컴퓨터를 제어하고 생각으로부터 곧바로 글을 쓰는 마인드 인터페이스는 이제 일정 수준에서 현실이며 학습에 있어서 흥미로운 가능성이다. Mark Zuckerberg는 컴퓨터를 제어하고 생각에서 곧바로 글을 쓰는 인터페이스를 상상했다. 터치와 타자를 넘어 컴퓨터, 태블릿, 스마트폰을 넘어서는 시도는 이미 분당 8개의 단어를 입력할 수 있는 완두콩 크기의 임플란트의 형태로 임상시험 중이다. 레이저를 이용해 뇌를 읽는 광학 이미지 처리는 또 하나의 가능성이다. 여기에는 프라이버시와 관련하여 명백한 문제가 있지만, 말하기를 위해 두뇌가 선택한 단어, 즉

할 말에만 초점을 두고 있다고 Facebook은 주장한다. 이 기능은 증강현실과 가상현실, 사물 인터넷과의 통신을 제어하는 데에도 사용될 수 있다. 이 모든 것의 바탕이 되는 것은 AI이다.

Sahakian과 Gottwald(2016)는 Sex, Lies and Brain Scans에서 이 분야의 발전은 믿기 어려울 정도로 놀랍다는 소회를 밝혔다. Max Plank Institute의 John—Dylan Haynes(Soon et al, 2008)는 이미 뇌 스캔을 통해 두 개의 숫자를 더하거나 뺄 것인지 또는 오른쪽 혹은 왼쪽 버튼을 누를 것인지에 대한 마음속의 의도를 예측할 수 있다고 한다. Carnegie Mellon의 Tom Mitchell(Mitchell et al, 2008)의 fMRI 스캔에서 60개 목록의 명사 단어를 10번 중에 7번 읽어낼 수 있었다. 그들은 1,001개의 명사 집합에서 단어를 예측하도록 이 모형을 훈련했고, 그 결과 또 10번 중에 7번은 성공했다. University of California의 Jack Gallant(Kay et al, 2008)는 뇌 스캔만으로 이미 봤던 영화를 재구성했다. Carnegie Mellon의 Karim Kassam(Kassam et al, 2013)은 뇌 스캔이 두려움, 행복, 슬픔, 욕망, 자부심과 같은 감정을 읽을 수 있음을 보여주었다. 그 외에도 최근에는 Tomoyasu Horikawa(Horikawa and Kamitani, 2017)가 꿈의 주제를 식별하는 데 성공했다. 문자와 음성을 활용한 감정 분석도 분석을 제공하는 AI 시스템과 함께 발전하고 있다.

좋은 소식은 단어와 개념 사이의 관계인 의미 지도가 개인 간에 일관된 것으로 나타나 공통성을 보인다는 점이다. 물론 뇌가 '소음'을 많이 발생하는 경향이 있으므로 극복해야 할 문제가 당연히 존재한다. 신경 전달의 속도 또한 눈부시게 빨라서 추적하기가 어렵고 이러한 실험 대부분은 고가의 거대한 거치형 스캐너를 사용한다. 그러나 한 번 경로가 발견되면 이어서 더 작은 장치에 대한 혁신이 시작될 수 있다. 그동안 스마트폰의 극적인 발전은 이렇게 이루어졌다.

이 기술의 학습 분야의 함의는 뚜렷하다. 우리의 생각을 알게 되면 학습 중인지, 해당 학습을 최적화할 수 있는지 알 수 있고 관련 피드백을 제공하고 신뢰 있는 평가가 가능하다. 마음을 읽는다는 것은 학습 과정, 그 안에서의 지식과 기술에 대한 이해와 성공적인 습득뿐만 아니라 잘못된 이해와 실패까지도 읽을 수 있다. 마음속의 창은 교사와 학생들에게 학습에 있어 독특한 이점을 제공한다. Elon Musk의 Neuralink는 한 단계 더 나아가 신경 연결과 임플란트를 통해 이미 확장된 우리의 마음을 더 확장하는 연구를 하고 있다.

전통적인 인터페이스가 여기에서 천천히 사라져가는 듯한 느낌이 있다. 우리의 뇌가 마치 개방형 노트북과 같이 두뇌 링크를 통해 지식과 기술에 직접 접속할 수 있다면, 강의실, 칠판과 화이트보드와 같이 수업에 필요한 별도의 도구로 무엇이 요구될까?

어설픈 인터페이스는 학습을 방해하는데 반면, 깨끗하고, 매끄럽고, 거추장스러운 장치가 필요 없고, 끊김 없이 매끄러운 인터페이스는 학습을 향상하고 가속화한다. 이것은 부주의, 망각, 수면의 필요성, 다운로드나 네트워킹 부족, 느린 쇠퇴, 치매, 사망 등과 같은 진화된 생물학적 뇌의 약점을 강화하는 데 도움이 된다. 새로운 경계가 열렸고 우리는 문자 그대로 '알 수 없는' 영역으로 넘어가고 있다. 이전에는 알 수 없었던 것을 알게 되고 결함이 있는 뇌의 현재 한계를 넘어 생각하게 될 수도 있다.

결론

잘 들어보면 미래의 속삭임을 들을 수 있을 것이다. AI는 Google, 소셜미디어, Amazon, Netflix 등을 통해 이미 우리의 삶에 존재해오고 있다. AI의 보이지 않는 손은 미래에 학습에서 그럴 것처럼 온라인에서 하는 대부분 작업을 이미 매개하고 있다. AI는 적절한 시간과 장소에 적절한 자료를 제공함으로써 온라인 학습을 매개할 것이다. AI는 개인화된 학습을 촉진하며 음성은 이미 스마트폰을 통해 우리의 손 위에 그리고 우리의 집과 자동차에 존재한다. 인생과 마찬가지로 학습은 인터페이스가 방해되지 않도록 효율적인 학습을 위해 작동기억에 더 많은 인지적 공간을 남겨두기 때문에 이러한 발전을 통해 혜택을 받게 될 것이다.

참고문헌

Black, P and Wiliam, D (2005) Inside the Black Box: Raising standards through classroom assessment, Granada Learning, London

Horikawa, T and Kamitani, Y (2017) Generic decoding of seen and imagined objects using hierarchical visual features, Nature Communications, 8 (1), pp 1–15

Kassam, KS, Markey, AR, Cherkassky, VL, Loewenstein, G and Just, MA (2013) Identifying emotions on the basis of neural activation, PLOS One, 8 (6)

Kay, KN, Naselaris, T, Prenger, RJ and Gallant, JL (2008) Identifying natural images from human brain activity, Nature, 452, pp 352–355

Mitchell, TM, Shinkareva, SV, Carlson, A, Chang, K, Malave, VL, Mason, RA and Just, MA (2008) Predicting human brain activity associated with the meanings of nouns, Science, 320 (5880), pp 1191–1195

Sahakian, BJ and Gottwald, J (2016) Sex, Lies, and Brain Scans: How fMRI reveals what really goes on in our minds, Oxford University Press, Oxford

Soon, CS, Brass, M, Heinze, HJ and Haynes, JD (2008) Unconscious determinants of free decisions in the human brain, Nature Neuroscience, 11 (5), pp 543–545

Chapter 06

챗봇

학습 전문가라면 '산파법'에 대해 들어봤을 것이다. 그러나 소크라테스가 이에 대해 단 한 글자도 쓴 적이 없다는 사실을 아는 사람은 거의 없으며, 그의 방식이 일반적으로 사용되고 있는 방식과는 다르다는 것을 아는 사람은 더 적다.

소크라테스의 산파법은 특정 유형의 학습에서 주입식 교육방식보다는 문답을 통해 학습자가 자신의 아이디어와 결론을 생성할 수 있다는 아이디어에서 온다. 이것은 발견 학습으로 변형되었지만, 이 방법을 많이 사용하는 것은 권하지 않는다.

산파법은 널리 인용되기는 하지만 교사가 귀납적인 질문이나 열린 질문을 사용하는 것에 지나지 않는다. 특히 진정한 대화와 피드백과 결합하지 않고 대충 사용될 경우, 예를 들어 교사가 질문하고 손을 들고 이미 답을 알고 있는 사람만 승리하고 나머지는 실패감을 느끼게 된다면 학습자를 불쾌하게 만들 수도 있다.

이제 온라인 학습에서 이 문답은 챗봇을 통해 가능하다. Google에 검색을 기반으로 한 질문을 하며 학습자가 이 산파법을 스스로 학습에 적용할 수 있다. Google 검색은 결과와 함께 작은 지식의 파편과 관련된 질문도 같이 제공하기 때문이다.

지능형 튜터와 적응형, 맞춤형 학습 시스템은 학습사가 어디에서 왔는지, 어디로 가고 있는지, 거기에 도달하는 데 무엇이 필요한지 알고 지원할 수 있다. 정교한 온라인 학습은 일대일 교육 없이도 산파법의 잠재력을 실현할 수 있다. 흥미롭게도 검색, 질문 및 적응형 학습을 가능하게 하는 기술 기반 도구를 사용한 지 수십 년 만에 대규모 소크라테스식 학습이 가능하게 되었다.

음성 보조는 스마트폰, 자동차, 가정에 널리 퍼져있다. 온라인 커뮤니케이션에서 사용자의 행동에 관한 지식을 얻으면, 사용자의 계획, 쇼핑, 청구서, 재정, 여행 및 계획을 관리할 수 있다. 예전에는 극소수의 엘리트가 개인 비서를 가지고 있었지만, 이제는 모두가 각자의 개인 비서를 가질 수 있다. 기술이 발전하고 성공적으로 사용되었을 때의 보상이 매우 크기 때문에 챗봇 기술은 더 발전하고 있다.

음성 보조는 학습에서 동기부여가 되고, 사회적 활동을 위해 대화를 통해 가르치고 배우는 데 사용되는 것을 보기 시작했으며, 이 경우 학습경험의 중심에 질문이 있다. 이 챗봇은 학생 모집, 학습 참여, 학습자 지원, 지식 및 기술 전달, 평가, 심지어 웰빙을 위해서도 사용된다.

모두를 속인 튜터

챗봇에 관해 이야기해 보자. 챗봇은 고객 서비스 웹사이트, 금융, 건강 등 기타 수십 개의 웹서비스 등 어디에서나 나타나고 있다. 외롭지 않도록 말을 걸어주는 챗봇도 가능하고 이 서비스의 극단적인 추측으로는 사랑하는 가족이 죽은 후에도 마치 살아서 이야기를 나누는 것과 같은 대화가 가능할 수도 있다.

챗봇은 매력적이고 사교적이며 확장할 수 있다. 적은 인적 자원을 사용하여 질문을 처리하며, 사람을 완전히 대체하는 것은 아니지만 사람의 부담을 덜어준다.

교육에도 이미 들어와 있는 챗봇은 학생 참여를 격려하고, 기본 교육내용을 전달하고, 교사연수에서 문제 학생 역할을 하는 등 다양한 역할을 한다.

특히 온라인 교육은 학생들의 많은 질문을 처리해야 하는 고충을 안고 있다. Georgia Tech의 한 온라인 수업에서는 등록한 350명의 학생으로부터 학기당 최대 10,000개의 질문을 받았다(Lipko, 2016). 이 수업의 담당자인 Ashok Goel은 이 질문에 대해 답변을 하는 것은 1명의 전임 교사가 1년 동안 일할 분량이라고 추정했다. Ashok Goel은 AI 전문가로서 본인의 전문분야가 이 문제에 대한 가능한 해결책으로 보았다. 만약 일반적인 질문을 처리할 수 있는 챗봇이 있다면 수업

조교는 중요하고 창의적인 질문에 더 집중할 수 있을 것이다. 교수의 중심이라고 생각하는 소크라테스의 문답형 모형이 챗봇으로 인해 실현된다는 것은 흥미로운 발전이다.

그래서 챗봇은 어떻게 작동하는가? 이 모든 것은 실수에서 시작되었다. Ashok 은 IBM의 전설적인 CEO인 Tom Watson 아내가 Jill로 불렸다는 잘못된 소문에서 챗봇을 Jill Watson이라고 이름 붙였다. 그녀의 이름은 실제로 Jeanette이다. 4학기 동안의 40,000개의 질문과 답변, 기타 채팅 데이터가 업로드되었고 Jill은 훈련될 준비가 되었다. 초기의 노력은 잘못되고 기괴한 답변을 만들어냈지만, 많은 훈련과 소프트웨어 개발을 통해 Jill은 훨씬 나아졌고 2016년 봄 학기에 이에 대해 모르는 학생들에게 사용을 시작했다.

Jill은 온라인 수업 운영자의 심각한 문제였던 작업량 문제를 해결했다. 그러나 문제는 단지 양이 아니었다. 학생들은 같은 질문을 여러 가지 다른 형태로 반복해서 질문하기 때문에 자연어의 변형을 처리할 수 있어야 했다. 이것은 챗봇 솔루션의 핵심, 즉 사용자와의 자연스럽고 유창하며 마찰 없는 대화이다. 따라서 데이터베이스에는 여러 종류의 질문이 분류되어 있었고 새로운 질문이 나올 때마다 Jill은 새로운 질문을 분류하고 답을 찾도록 훈련받았다.

챗봇과 같은 자동화 서비스를 사용하면 때로는 맞고 때로는 틀릴 수 있다. 그래서 '거울' 포럼, 즉 인간 튜터가 중재하는 병렬 포럼이 사용되었다. 메모리에 의존하는 대신 연구자들은 맥락과 구조를 추가하여 서비스의 성능이 97%로 뛰어오르는 것을 볼 수 있었다. 그 시점에서 거울 포럼을 제거하고 답변 시간을 지연하는 기능을 추가했다. 시간 지연은 Jill이 너무 빨라 비인간적으로 보이는 것을 방지하고 마치 그녀가 입력하는 것처럼 보이도록 해주었다. 실제로 교수자는 늘 바쁘고 학생의 질문에 응답하는 속도가 느리므로, 연구자들은 이와 같은 행동 방식을 재연할 필요가 있었다.

질문 대부분은 명확한 답이 있는 코딩, 시간표, 파일 형식, 데이터 사용에 대한 중요하고 실용적인 질문이었다. Jill은 교수자의 모든 작업을 대체하기보다 교수와 학습을 보조하여 효율적이고 확장할 수 있게 만들었다. 중단기적인 관점에서 챗봇은 튜터 및 학습자를 지원하는 역할을 할 가능성이 크다.

학생들은 Jill의 정체가 밝혀진 후에도 챗봇이라는 사실을 인정할 수 없었을 정도로 훌륭하다고 평가했다. 사실, 학생들은 Jill이 더 나은 정보를 제공하고 표현이 우수하고, 인간 튜터보다 더 빠르게 답변한 면에서 챗봇을 더 좋아했다. 챗봇의 존재를 3개월 동안의 비공개로 실행했음에도 불구하고 수업은 절대 흔들리지 않았다.

종종 학생 질문에 좌절감을 느끼는 인간 튜터는 개인적이지만 항상 예의 바르고 일관된 조언을 제공하는 Jill과는 달리 약간 짜증이 나고 귀찮을 수 있다. 이 점이 중요하다. 챗봇은 화내거나 짜증 내거나 피곤해하지 않는다. 챗봇은 인간이 가지고 있는 신념과 편견으로부터 자유롭다. 챗봇은 초보 학습자의 단순한 실수와 오류에 대해 전문가가 가질 수 있는 굴욕적일 수도 있는 반응을 절대 하지 않는다.

학생들은 Jill이 꼭 필요할 때 정말로 알아야 할 일정과 과제를 상기시켜주는 역할로 매우 훌륭하다는 것을 알게 되었다. 비록 다소 진지해서 재미가 없긴 했지만 튜터로서 뛰어났다.

한 학생은 챗봇 Jill이 AI인지 아닌지에 대해 질문했다. LinkedIn과 Facebook을 확인하기도 했다. 학생들이 챗봇의 진실을 발견했을 때 반응은 긍정적이었으며 심지어 챗봇 튜터가 강의상을 받기를 원했다. 실제로 Goel은 Jill이 상을 받을 수 있도록 학교에 서류를 제출하기도 했다.

학생들은 교수자가 진실하고 관대하며 확신을 가진 훌륭한 경청자이며 전문가로서 기꺼이 공유하는 사람이기를 기대한다. 물론 챗봇은 할 수 없고 교수자가 할 수 있는 일이 더 많이 있지만, 챗봇에는 인간 교수자가 가질 수 없는 자질이 있다. 챗봇의 명확하고 객관적인 답변에 비해 인간은 약간은 짜증스럽거나 비난적인 반응을 할 수도 있다. 이러한 끊임없는 인내와 객관성은 챗봇이 제공할 수 있는 부분이다. 학생들의 질문의 수는 실제 교사가 응답할 수 있는 양을 넘어섰고 챗봇은 대규모로 확장할 수 있으므로 가용성과 접근성 측면에서 인간을 능가한다고 할 수 있다. 교수자 지원 자동화와 교육 사이의 적절한 균형을 찾는 것은 중요한 문제이다.

그다음 학기에는 AI 기반의 새로운 챗봇 Stacey와 Ian을 만들었다. Stacey는 대화가 더 많은 편이다. 그래서 자연스러웠지만 수업에서 사용되는 챗봇이 소크라테스식으로 문답하기는 기술적으로 어려웠다. 학생들의 50%가 Stacey를 구별해냈고 16%만이 Ian이 챗봇인 것을 알아챘다. 그다음 학기에는 4명의 AI 챗봇이 있었고 인간을 포함한 튜터 그룹 전체는 학생들의 탐지를 피해 가명을 사용했다.

이 사례에서 고무적인 점은 교수자가 본인 학생들의 전반적인 교수 및 학습경험을 향상시키기 위해 자신의 과목과 전공 기술을 사용했다는 것이다. AI에 대한 부정적인 평가 속에서 우리는 이 사례처럼 AI가 좋은 목적으로 사용되고 있는 것을 잊지 말아야 한다.

챗봇과 학습 이론

칠판, 빔프로젝터, 파워포인트와 같은 교육을 지원하는 기술은 소크라테스식 교수법의 정반대에 있다. 하지만 챗봇을 사용하면 우리는 고전적인 교수법의 복귀를 기대할 수 있다. 특히 기계학습과 자연어 처리와 같은 AI 기술은 적응형 학습, 강화학습을 가능하게 한다.

메신저 형식의 인터페이스는 열띤 인터페이스의 전쟁에서 승리한 것으로 보인다. 소셜미디어뿐만 아니라 소크라테스식 문답법을 사용하기에도 매우 자연스럽고 모바일에서 선호된다(Ballve, 2015). 특히, 스마트폰을 사용하는 사람들이 이 인터페이스에 더 익숙하다. 스마트폰과 가정용 음성 인식 기기가 보편화됨에 따라 소비자 판매를 통한 챗봇은 더 확대되고, 학습에서도 챗봇 도입이 촉진될 것이다.

어린 학습자들은 챗봇을 이미 주요 커뮤니케이션 형태로 사용하고 있어서 선호할 수 있다. 뿐만 아니라 다른 사람들도 챗봇 형태의 인터페이스를 긍정적으로 받아들일 수 있다. 사람들의 온라인 행동이 웹사이트의 평면적인 페이지 넘김에서 Facebook과 Twitter의 포스팅, WhatsApp, Messenger의 메신저 형식의 인터페이스로 전환되었다. 웹이 자연스럽고 인간적으로 변화되는 과정에서 AI는 문자와 음성을 통해 인간의 자연스러운 의사소통 형태에 맞추어가면서 점점 더 마찰이 없고 보이지 않게 되었다.

학습은 고비용의 확장이 어려운 서비스다. 100명 이상의 학생이 있는 수업에서 개인적인 관심을 받는 사람은 거의 없다. 대규모 학습 상황에서 개인적인 지원과 관심을 어떻게 제공할 수 있을까? 기본적으로 챗봇 교수자와 학습자 간에 대화할 수 있게 하여 온라인 학습을 더 친밀한 접근 방식으로 실현할 수 있도록 돕는다.

단기적으로 챗봇의 일부 기능을 대규모로 사용할 수 있고 장기적으로는 내용지식, 피드백, 계획, 콘텐츠 생성과 전달 및 평가와 같은 교육 중심의 기능이 활용될 것이라 예상할 수 있다. 이것은 교수자를 대신하는 것이 아니라 과도한 반복적인 업무를 줄이고 교육 기능을 향상하는 것이다. 교수자의 행정 부담과 고통을 널어줄 수 있는 가능한 해결책으로서 챗봇을 환영할 필요가 있다. 다음 단계는 질문에 대한 응답 기능 이상으로 튜터링 계획, 학습 조언, 실제 교육내용을 전달하는 챗봇이 될 수 있다.

그렇다면 이 AI와 UI의 조합이 학습에 어떻게 적용될 수 있을까? 학습자를 동기부여하고 격려할 수 있다. 시퀀싱 알고리즘을 사용하여 챗봇을 전통적인 퀴즈 애플리케이션과 비교한 Stanford 연구(2019)에서는 챗봇의 회상률이 25% 더 높았다. 흥미롭게도 학습자들은 챗봇과 대화가 더 잘되고, 더 재미있고, 진정한 학습 파트너와 같은 느낌을 받았기 때문에 챗봇을 2.6배 더 오래 사용했다.

챗봇이 소크라테스식 문답 과정을 도움으로써 학습자는 노력한다. 노력이 수반된 학습은 Make It Stick(Brown et al. 2014)에서 중요한 학습 전략으로 제안되었지만, 대부분의 수업과 강의는 이것을 무시한 채 진행된다. 학습자 개인에게 맞추어진 대화는 탐구학습에 필수적이지만, 여기에는 교사의 인내와 학습자의 노력이 필요하다.

끊김 없는 인터페이스는 우리의 실생활의 모습을 하고 있다. Siri, Cortana, Google Home 및 Alexa와 같은 챗봇은 텍스트-음성 변환 및 음성-텍스트 변환을 추가하여 채팅을 학습으로 전환한다. 읽기와 쓰기는 듣기와 말하기로 대체될 수 있다. 세상은 간편하다는 단순한 이유로 메시징으로 이동했다. 인터페이스를 아주 기본으로 줄임으로써 학습자는 인터페이스보다는 커뮤니케이션과 학습 등 중요한 작업 내용에 집중할 수 있다. 인간의 작업 메모리는 임시 기억 저장소의 자원으로, 인지 부하의 영향을 받는다. 모든 인터페이스 사용에 내포된 인지적 부하를 방정식에서 제외하면 교사와 학습자는 지식과 기술 습득에 집중할 수 있다. 챗봇의 메시징은 간단하며 누구나 사용할 수 있도록 설계된 인터페이스이다. 우리가 실생활에서 하는 간단한 대화를 모방하고 있어 사용법을 익힐 필요가 없다. 다른 인터페이스에 비해 챗봇은 입력하는 필드가 하나뿐이라 인지적 부하가 낮고 사용자의 속도에 맞출 수 있다.

의미 덩이짓기(chunking)는 챗봇의 핵심으로 학습 심리학에서 학습의 용이성을 위해 정보를 소화 가능한 조각으로 줄이는 것을 의미한다. 메시징의 즐거움 중 하나이자 성공 원인 중 하나는 메시지가 덩어리로 묶이고 간결하다는 것이다. 누군가와 비행기를 타고 있다고 상상해보자. 누군가에게 질문을 하나 했는데 그 대답으로 일장 연설을 듣게 된다면 그것은 제정신도 아니고 무례한 행동이 될 것이다. 챗봇과 채팅하고 싶은 것이지 설교를 듣고 싶은 것은 결코 아니다.

사실이 아닐 것 같은 이야기지만, Steve Jobs가 Steve Wosniak에게 Mac 화면을 보여주었을 때, Jobs는 '안녕하세요'라고 말하도록 프로그래밍 했다. Wosniak은 이것이 불필요하다고 생각했지만 누가 옳았는가? 우리는 기술이 친밀하고, 사용하기 쉬우며 우리의 동반자가 되기를 바란다. 이것은 학습에서도 마찬가지이다. 뇌는 사회적 기관이며, 덩어리로 내용을 전달하고 학습하며 상호작용하는 것을 좋아한다. 우리는 사회적 유인원이자 만 3살에 문법 천재가 되며, 읽고 쓰는 법을 배우기 훨씬 전에 듣고 말하는 법을 통달한다.

우리는 챗봇이 인간이라고 생각하거나 그 기술을 의인화한다. 이러한 상상력은 영화를 보거나 TV를 시청할 때 쉽게 발견할 수 있다. 대화는 인간의 행동과 의사소통의 자연스러운 형태이다. 바로 이 점이 챗봇에 유리하게 적용된다. The Media Equation에서 Reeves와 Nass(1996)는 인간의 자질과 선택 의지를 특히 대화에 참여하는 컴퓨터에 귀속시키는 경향이 있음을 보여주기 위해 35개의 연구를 수행했다. 챗봇이 유용한 교육 경험을 제공한다면 실제로 사용할 가치가 있는 발전이 될 것이다. 실제로 챗봇을 통한 자연어 접근 방식은 사용자가 받아들이기 쉬우며 AI가 더 나은 자연어 처리를 하도록 훈련되고 스마트 응답 데이터베이스를 제공하고 있다.

ELIZA가 50년에 걸쳐 보여준 것과 같이, 대화에서 사실적인 모습을 유지하기는 매우 쉽다. 예의 있게 행동하고 일관성을 유지하며 사람의 행동을 모방하는 컴퓨터를 무의식적으로 사람으로 여기기 때문이다. 학습자 요청에 질문과 옵션을 제시하여 답변하고 인간 교수자의 지시를 최적으로 혼합하여 제공하는 챗봇은 가치 있는 학습경험을 줄 수 있다.

피드백은 개인화된 학습의 핵심이다(Black and Wiliam, 2005). 학습자가 무엇을 알고 있고 무엇을 아직 잘 모르고 있는지 민감하게 파악하는 것은 훌륭한 교사의 핵심적인 기술이다. 안타깝게도 30명 이상의 학급이나 수백 명의 학생이 참여하는 대학 과정에서는 이런 활동이 불가능하다. 하지만 챗봇은 학습자 모두에게 구체적인 피드백, 개인화된 대화를 제공할 수 있다.

익명의 장점은 누군가 우리를 판단하지 않는다는 것이다. 얼굴을 마주하면 부끄럽고 어색한 질문도 챗봇에는 쉽게 할 수 있다. 늦은 수준의 교육 지원 서비스에서 교수자가 없는 채널은 장점이 있을 수 있다. 사회적 상호작용이 서둔 내향적인 학생들도 이 접근 방식을 높이 평가할 것이다. ATM, 온라인 쇼핑 등 인간 접촉보다 비대면 기술이 선호되는 분야가 있다. 학습도 상황에 따라서는 비대면 기술이 더 선호되는 분야가 있다.

학습에서 AI의 마지막 장점 중 하나는 개인화가 가능하고 모두에게 독특한 학습경험을 제공할 수 있다는 점이다.

챗봇의 학습 활용

챗봇이 쇼핑, 건강 및 금융과 같은 다른 맥락에서 보편화됨에 따라 학습에서도 널리 사용될 것이다. 교육 분야는 새로운 기술을 채택하는 데 있어 다른 분야와 비교하면 뒤처져 있지만 결국은 이 새로운 기술을 사용하게 될 것이다.

학생 모집 챗봇

The University of the People은 200개국에 20,000명의 학생이 있다. 이 학교도 물론 학생들을 보충하고 모집해야 한다. 메신저 광고를 기반으로 한 Facebook Messenger 챗봇의 도움을 받아 잠재적인 학생들과 교류하고, 학위 및 비용에 대한 개인화된 정보를 제공하고, 잠재적 학생의 과거 교육이나 자격요건을 필터링하기 위한 채용 프로그램을 강화했다(Holguin, 2019). 이 대화를 통해 잠재적인 학생을 파악하고 지원 포털에서 대화를 시작할 수 있게 유도한다. 이 학교는 챗봇을 사용한 이후로 학생 한 명당 지원 비용을 62% 절감했다.

Leeds Becket University(2017)에서 챗봇 Becky는 아직 수강 신청을 하지 못한 학생들을 돕기 위해 활용되었고 또한, 일반 입학 허가 프로세스에도 사용되었다. 다른 챗봇과 같이 Becky의 큰 장점은 연중무휴 24시간 이용 가능하다는 것이다. 개인화된 서비스인 Becky는 필요한 경우 사람과의 연결을 제안하기도 한다. 그러나 그녀의 주요 기능은 당신에게 적합한 수업을 찾아주는 것이다. 21,000개의 독특한 상호작용 후 그녀는 217개의 대안을 제공하였고 89명의 학생이 수업을 시작할 수 있었다.

챗봇 구축

새로운 학교와 직장에 적응하는 것은 매우 어려운 일이다. 서로 다른 시기에 만들어진 교육 문서는 신입 직원의 훈련에 적합하지 않다. 조직의 프로세스와 환경, 목적을 소개하는 교육에 챗봇이 활용되고 있다. 신입생의 질문 중 예측 가능한 것은 모바일 환경에서 답변을 제공하거나 필요한 사람과 절차를 안내할 수 있다. 챗봇이 솔루션 전체를 제공하는 것이 아니라 부하를 덜어주는 역할을 한다. 교육시스템을 혁신하고 학생과 교직원의 요구에 부응하도록 만드는 좋은 방법은 무엇인가? Slack과 같은 소프트웨어에는 자체 내부에 챗봇을 갖추고 있다.

Georgia State University는 여름에 입학을 신청한 학생 중 15~19%가 가을 신학기에 나타나지 않는 'No-Show' 문제가 있었다. 이는 수익 감소로 인한 대학 재정의 심각한 문제로 이어졌다. 대학은 챗봇을 탑재하여 예비 신입생의 입학 문제를 돕기로 했다. 서비스 제공을 위한 수신 정보 동의는 90%였고 이 중, 80%의 사용자가 별 4/5개를 주었다. 학자금 대출 상담은 14.9%, 대출 수락은 12.2%, 입학에 필요한 예방 접종 기록 제출은 9.3%, 온라인 성적 증명서 제출은 6.25% 증가하였다. 이로써 신입생의 등록률은 3.9% 증가하고 이것은 'No-Show'가 21.4% 감소한 효과를 가져왔다(Dalton, 2018).

학습자 동기부여 챗봇

학습자는 게으르다. 소논문과 과제를 마지막 순간까지 남기고 수업에 제대로 참여하지 못하기도 한다. 학습 동기를 강화하는 챗봇은 학습자에게 알림 메시지와 질문에 대한 답을 해줌으로써 이 부분을 해결한다.

Staffordshire University의 Beacon(2019)은 캠퍼스 시설, 지원 서비스, 시간표, 학생 모임 및 동아리를 소개하는 챗봇을 사용하기 시작했다. AI를 중심에 둔 이 서비스는 학생들의 참여를 장려하는 혁신적인 방법으로 여겨졌다. 가장 많이 사용된 기능은 '다음 강의는 언제인가?', '나의 튜터는 누구인가?', '어디서 먹을 수 있나?', 'WiFi에 어떻게 연결하는가?'와 같은 질문이었다.

노르웨이의 챗봇 'Differ'(https://www.differ.chat)는 대화를 통해 친구나 멘토를 찾을 수 있도록 대화를 장려하는 챗봇이다. 학생 정서에 초점을 맞추고 외로움과 싸우는 과정을 지속해갈 수 있도록 돕는 것을 목표로 한다.

챗봇은 표준화된 질문에 응답할 뿐만 아니라 과제나 행동을 유도하고 알림을 주기도 한다.

학습자 지원 챗봇

캠퍼스 지원 챗봇 또는 수업 지원 챗봇은 한 단계 더 나아가 교수 과정을 지원한다. 여기에서의 주 아이디어는 교수자의 행정적 부담을 덜어주자는 것이다. 잘 훈련된 학습자 지원 챗봇은 교수자가 학생에게 보내는 이메일의 응답 시간을 혁신적으로 단축해 줄 수 있다.

교수자들이 실제 교육에 집중할 수 있도록 행정적인 업무들을 자동화하는 것을 원하지 않는 사람이 있을까? 한 걸음 더 나아가 Georgia Tech 챗봇과 그 후손 챗봇들이 튜터로서 신뢰할만한 임무를 수행했는지에 대해 논의해 보자.

Bolton College(2019)에는 2,500개 이상의 요청에 대응할 수 있는 ADA라는 지원 챗봇이 있다. 출석, 성적 및 수행과 같은 핵심 통계를 측정하여 학생들에게 더 나은 학습을 지원한다. 만약 수학에 어려움을 겪고 있는 학생의 경우, 챗봇은 수학 도움 세션을 추천하고 관련 시간표를 보여준다.

거대 IT 회사인 SAP는 자체 AI 기술을 사용하여 학습 커뮤니티의 학습자 질문에 답하는 챗봇을 구축하고 개인 학습 과정을 추천했다(2018년 12월, 베를린의 Online Educa에서 설명됨). 기계학습을 적용하여 더 많이 사용할수록 성능이 크게 향상되었고, 학습자들에게 챗봇과 사람의 지원 중 어느 쪽을 선호하냐고 물었을 때 챗봇을 선택하였다.

수행 지원 챗봇

어떤 의미에서 Google은 하나의 거대한 챗봇이다. 검색어를 입력하면 순위가 매겨진 링크가 나온다. 또, 우리가 물어보고 싶어 할 수도 있는 자세한 질문에 대한 짧은 목록이 있을 수도 있다. 예측 가능한 질문에 대해 잘 정의된 일련의 답변을 제공하는 정직한 FAQ 챗봇은 고객 문의, 학습자 요청의 업무 부담을 덜어준다. 교육은 많은 부분이 행정 업무로 이루어져 있으며 챗봇은 FAQ와 같은 명확한 지식 영역 내에서 이 부담을 완화할 수 있다.

LXP의 일종인 Learning Pool의 Flo와 같은 챗봇은 Facebook, Slack 및 기타 많이 사용되는 소셜미디어에서 접근 가능한 콘텐츠 위에 있다. 우리는 간단한 텍스트, 의미 학습 덩어리, 외부 자료에 대한 링크 등 다양한 형태로 도움을 받을 수 있다. 콘텐츠는 절대 우리가 로그인하거나 수업을 수강할 때까지 죽은 저장소에 가만히 있지 않는다. 학습자가 요청할 때 바로 사용 가능한 동적인 자원이 될 수 있다.

튜터 챗봇

튜터 챗봇은 명시적으로 '학습'이 목표라는 점에서 일반적인 챗봇과 다르다. 자연스러운 대화, 목소리 톤 등 인간 의사소통과 유사한 챗봇의 특성을 유지하지만 지식과 기술을 교육하는 데에 중점을 둔다. 챗봇은 소크라테스식 문답법을 사용하는 교사처럼 행동하며 질문을 던지고 격려와 피드백을 제공하면서 교육을 진행한다. 이러한 유형의 챗봇은 학습자 동기부여와 참여를 장려하기 위해 수업에 보조적으로 사용할 수 있다. 특정 영역에 대한 튜터 챗봇은 교사들이 싫어하는 기본적인 일상의 업무를 대신할 수 있다.

학습 지식 정보를 가져와 해당 지식을 반구조화된 대화의 형태로 재현하는 챗봇을 만들 수도 있다. 알고리즘적 튜터 챗봇은 단순한 교사 또는 평가자가 될 수 있다. 사실, 튜터 챗봇은 개별 학습자의 필요에 민감하게 반응하고 해당 지식에 대해 더 해박한 교사가 될 수 있다. 학습 지식 정보를 탑재한 챗봇은 학생을 테스트하고 지식을 적용하도록 할 수 있다.

TUI는 대규모 여행사이며 조직 전체의 '리더십'에 대한 일관된 지식과 태도 문제를 해결하기 위해 리더십 개념을 풀어내는 챗봇을 구축했다(Bailey, 2019). Otto는 인력개발팀의 일원으로 자신을 소개하고 리더십, 목표, 멘토링, 코칭 등에 대한 질문에 대해 답변하고 외부 자료 링크를 함께 제공한다.

멘토 챗봇

챗봇의 핵심은 단순히 질문에 답하는 것이 아니라 문제 해결을 촉진하기 위해 스스로 정보를 찾는 방법에 대한 조언을 제공함으로써 학습자를 멘토링 한다. 챗봇이 맥락을 파악하고 조언을 제공하는 행동은 교사와 같다. 답을 직접 제공하는 것이 좋은 교육은 아니다. 더 높은 수준의 챗봇은 소크라테스식 산파법을 사용하여 학생들의 행동과 생각에 대한 조산사 역할을 함으로써 문제 해결 및 비판적 기술을 촉진할 수 있다. 탄탄한 지식과 대화를 통해 학습자 참여를 유도하고 집중적이고 상세한 피드백을 제공할 뿐만 아니라 열린 관점을 가지고 가설에 대한 비판적 사고를 도출하는 등, 챗봇의 가능성은 열려 있다. '의미있는 학습 동반자로서의 챗봇'은 미래 개발의 흥미로운 방향이다.

연습 챗봇

우리는 지식을 넘어서 지식이 적용될 수 있는 더 정교한 시나리오를 가르치고 배운다. 하지만 이것은 주입식 교육에서는 간과되기도 한다. 그 이유는 어렵고 시간이 많이 필요하기 때문이다. 챗봇은 문제를 설정하고, 중간 과정을 유도하고, 피드백을 제공하고, 노력을 평가할 수 있다.

연습 챗봇은 말 그대로 고객, 환자, 학습자 또는 다른 사람의 역할을 수행하고 학습자가 상대방(챗봇)에 대해 고객 관리, 지원, 의료 또는 기타 대인관계 기술을 연습할 수 있도록 한다.

누군가의 행동을 모방하는 챗봇을 연습에 사용할 수도 있다. 예를 들어 'Eli'는 Penn State에서 개발한 챗봇으로 교실에서 난처하게 행동하는 아이를 모방한다 (Clark, 2017). Eli는 학생 교사가 실제 교실에 들어가기 전에 이러한 문제를 다루는 기술을 연습하는 데 사용된다. Duolingo는 적절한 어휘, 문법 지식 및 기본 능력을 축적한 후 챗봇을 사용하여 언어를 연습할 수 있도록 돕는다.

평가 챗봇

평가 챗봇은 적응형 평가를 사용하여 형성평가를 제공할 수 있다. WildFire가 제공하는 평가 챗봇은 중간 수준의 질문을 제시한 후, 틀리게 답하면 수준을 낮추고, 정답을 맞히면 수준을 높인다. 콘텐츠를 학습하는 것을 목표로 하는 알고리즘을 사용하면, 궁극적으로 최상위 영역까지 모든 지식을 얻는지를 확실히 확인할 수 있을 것이다. 평가 챗봇은 질문을 한 번만 통과하는 총괄평가에도 사용할 수 있다.

웰빙 챗봇

학교, 대학 및 직장에서 학습자에 대한 압력이 커짐에 따라 정신 건강 문제가 제기되고 있다.

환자의 요구에 민감한 'Elli'(Robinson, 2015)와 'Woebot'과 같은 챗봇은 이미 임상 결과에 미치는 영향을 조사하기 위해 통제된 실험 단계에 있다. 만약 챗봇이 치료적 맥락에서 사용되는 경우, 익명성이 장점이 될 수도 있다.

챗봇이 맥락을 이해하기 시작하면, 챗봇은 가정에서뿐만 아니라 학습에서도 인간-기계 상호작용에서 굉장한 역할을 할 것이다. 인간의 대화는 복잡하지만, 이것은 우리 대부분이 다른 사람들과 의사소통하고 배우는 방식이다.

참고문헌

Bailey, S (2019) Transcript: #167 – Henrietta Palmer, Learning Solutions, TUI Group on creating learning content with AI, The EdTech Podcast. Available at https://theedtechpodcast.com/transcript−167−henrietta−palmer−learning−solutions−tui−group−on−creating−learning−content−with−ai/ (archived at https:// perma.cc/PK4E−XPCA)

Ballve, M (2015) Messaging apps are overtaking social networks to become the dominant platforms on phones, Business Insider. Available at https://www.businessinsider.com/messaging−apps−have−completely−overtaken−social−networks−to−become−the−dominant−platforms−on−phones−2015−4?r=US&IR=T (archived at https://perma.cc/2U8J−X7CT)

Black, P and Wiliam, D (2005) Inside the Black Box: Raising standards through classroom assessment, Granada Learning, London

Bolton College (2019) Education secretary praises ADA. Available at https://www.boltoncollege.ac.uk/latest−news/praise−for−ada−bolton−colleges−chatbot/ (archived at https://perma.cc/CC8K−578V)

Brown, PC, Roediger III, HL and McDaniel, MA (2014) Make it Stick, Harvard University Press, Boston

Clark, D (2017) 10 uses for chatbots in learning (with examples), Donald Clark Plan B, 17 December. Available at https://donaldclarkplanb.blogspot.com/search?q=Penn+state+chatbot (archived at https://perma.cc/LLL2−PA5L)

Dalton, M (2018) Georgia State uses a chatbot to attack 'summer melt', WABE. Available at https://www.wabe.org/georgia−state−uses−a−chatbot−to−attack−summer−melt/ (archived at https://perma.cc/X39E−XLJ8)

Holguin, J (2019) How a university increased leads with a Messenger bot, ChatbotsLife. Available at https://chatbotslife.com/how−a−university−increased−leads−with−a−messenger−bot−fd84a2b6aadf (archived at https://perma.cc/

9Q6W－5USC)

Leeds Becket (2017) Cardwell, S. Becky the chatbot offers her first university place, Leeds Becket website, 17 August

Lipko, H (2016) Meet Jill Watson: Georgia Tech's first AI teaching assistant, Georgia Tech Professional Education Blog. Available at https://pe.gatech.edu/blog/meet－jill－watson－georgia－techs－first－ai－teaching－assistant (archived at https://perma.cc/SY2V－LKM9)

Reeves, B and Nass, CI (1996) The Media Equation: How people treat computers, television, and new media like real people and places, Cambridge University Press, Cambridge

Robinson, A (2015) Meet Ellie, the machine that can detect depression. Available at Guardian, https://www.theguardian.com/sustainable－business/2015/sep/17/ ellie－machine－that－can－detect－depression (archived at https://perma.cc/B4JQ－WG32)

Staffordshire University (2019) Introducing Beacon － a digital friend to Staffordshire University students. Available at https://www.staffs.ac.uk/ news/2019/01/introducing－beacon－a－digital－friend－to－staffordshire－university－students (archived at https://perma.cc/D9EQ－WVMV)

Stanford (2019) Stanford's 'QuizBot' － a chatbot that teaches － beats flashcards for learning factual information, Stanford News, May 8

Chapter 07

챗봇 구축

음성 인식은 터치와 타이핑을 대체한다. Apple의 Siri는 개발하는 데 수십 년이 걸린 이전 기술을 기반으로 2011년에 출시되었다. Microsoft의 Cortana 그리고 Amazon의 Echo(Alexa)는 2014년, Google Assistant는 2016년에 출시되었다. 모두 다른 시장에 서비스를 제공한다. Apple은 제품 중 특히 iPhone, Microsoft는 기업용 제품, Alexa는 가정용 제품, Google Assistant는 일반 제품을 판매한다. 이러한 이야기는 James Vlahos의 Talk To Me(2019)에서 잘 보여주고 있다. James Vlahos는 이를 음성과 대화를 마스터하기 위한 기술 회사 간의 경쟁으로 보고 있다. 말하기는 기본이며 음성은 일상적인 컴퓨팅의 생명선이 되고 있다. 음성은 기술을 인간화하고 일반화한다. 우리를 반영하는 것은 로봇이 아니라, 말하고 듣는 챗봇이다.

디지털 비서가 개인 학습 비서(PLA)가 되는 것은 시간문제일 뿐이다. 챗봇은 끌어다 놓기의 어색함에서 우리를 해방시켜주고, 그림을 클릭하여 말풍선을 보는 것에서 더 나아가 대화로 향할 수 있다. 이러한 것이 우리를 사회적 존재로 만들어주는 것이다. 언젠가는 Plato, Newton, Darwin, Picasso 등 이미 죽은 전문가와 살아있는 전문가들이 이야기할 수 있게 될 것이다. 사람들은 AI가 알고리즘 논리의 차갑게 실행하는, 돌의 심장을 가지고 있다고 생각하지만, 기술은 인간화되고 있다. 우리는 AI에게 말하고 AI는 우리에게 말한다. 이것은 챗봇이 어떻게 구축될 수 있는지 이해하는 것을 의미한다.

챗봇 구축

ELIZA 챗봇의 사례에서처럼 우리는 인간처럼 행동하는 챗봇에 쉽게 속는 경향이 있다. Stanford의 연구에서 Reeves와 Nass(1996)는 이것이 일반적인 기술에도 적용된다는 것을 밝혔다. 사실 챗봇은 우리에게 말하지 않는다. 챗봇은 우리에게 말하는 척하는 것이다. 어떤 의미에서 인간과 기계 간의 모든 상호작용은 속임수라고도 볼 수 있다. 결국, 챗봇은 몇 가지 우수한 자연어 처리 기술과 인간의 대화 패턴을 모방한 대본을 사용하여 수학적으로 실행되는 소프트웨어일 뿐이다. 그런데도 이 속임수는 놀랍게도 성공적이다. Alexa는 간단한 질문에만 대답하는 데에도 엄청난 인기를 얻었다.

챗봇에는 실제적인 한계가 있으므로 주의해야 한다. 명확한 목적과 목표를 가진 상태에서 좁은 영역에서 사용될 때 챗봇은 가장 잘 작동한다. 인간 교사와는 달리, 훈련된 주제를 훨씬 넘어서는 대화에 대해서는 유연성이 없으며 돌려서 말하는 질문에 쉽게 속는다. 챗봇은 완전하고 지속적인 대화를 전달하는 능력이 제한적이다. 그런데도 이전 장에서 언급했듯이 학습자 참여, 학습자 지원, 멘토링, 교육, 평가, 실습 및 웰빙에 이르기까지의 학습적인 기능을 제공할 수 있다.

흥미롭게도 이 '기대치'를 설정하는 부분에 있어서 챗봇 배치에 대한 문제를 제기한다. 사용자에게 소프트웨어일 뿐이라고 말할 것인가, 아니면 '학습 마법사'가 살고 있다고 설명할 것인가? 챗봇의 능력에 대해 얼마나 정직할 것인가? 기준을 너무 높게 설정하면 실망한 사용자가 많이 생길 수 있다. 이상하고도 멋진 챗봇의 세계로 들어갈 때 생각해야 할 실제적인 문제를 살펴보자.

전문 지식

챗봇은 모든 영역을 다 잘 아는 존재가 아니다. 챗봇은 영역에 한정적이며 정의된 영역, 주제 또는 주제 내의 특정한 작업에 능숙하다. Google Duplex는 레스토랑에 전화하고 미용실을 예약하는 특정 영역의 작업만 수행하기 때문에 잘 작동할 수 있다. 일부 서비스는 각 산업 부문에 대한 세부 작업과 함께 메시징 기록 데이터를 제공한다. 일부는 주로 고객 서비스를 중심으로 설계된 핵심 사용 사례에 중점을 둔다. 예상치 못한 광범위한 질문과 답변을 처리할 수 있는 일반적인 능력이 부족하다. 교사, 코치 또는 멘토가 되기에는 아직 갈 길이 멀다. Microsoft의 Clippy는 잘못된 정보나 관련 없는 도움말을 제공하여 사람들은 가상 비서를 혐오하게 되었다.

페르소나

챗봇에는 페르소나, 즉 개성이 있어야 한다. 데이터베이스에 뒤죽박죽 응답을 던지고 최선을 다하기를 바라기는 너무 쉽다. Nass와 Brave는 Wired for Speech (2005)에서 로봇은 자신의 이름이나 수동태를 사용하여 3인칭으로 자신을 지칭하는 등 사람처럼 말하지 않는다는 사실을 지적했다.

최첨단 음성 기술을 활용하는 현대의 챗봇은 이와는 반대로 인간의 페르소나를 채택했다. 사용자들이 Google Assistant, Siri, Cortana 및 Alexa와 같은 챗봇과의 대화에 참여하여 나눈 농담과 대화의 양을 보아서도 알 수 있듯이 우리는 상대가 기계여도 상관없이 흥미롭고 매력적인 대상과 이야기하고 싶어 한다. 실제로, 이 챗봇들 모두는 출시 전에 상세한 연구를 거쳤기 때문에 페르소나가 두드러질 수도 있고 각 챗봇에는 여러 특성이 혼합되어 있기도 하다.

Cortana는 Halo의 비디오 게임 시리즈의 AI 캐릭터의 이름을 따서 지었다. Cortana는 친절하고 접근하기 쉬우나 거리를 두며 약간 엉뚱한 성격을 갖도록 신중하고 섬세하게 디자인되었다. Cortana는 사용자의 캘린더 등과 통합되어 사용자와 관련된 업무와 세부사항을 잘 알고 있어 신뢰를 준다. 신뢰는 또한 참여와 사용을 증가시키는 측면에서도 중요하므로, 많은 양의 데이터를 기계학습하여 성장하는 챗봇에 필수적이다.

Siri는 다소 다르다. Siri는 개발 초기에는 다소 신경질적인 면이 있었지만, Apple의 거듭된 연구에 부드러워졌다. 하지만 여전히 Siri는 Cortana보다 도도하다. 결국, Apple이다.

이 두 챗봇을 훨씬 더 객관적이고 기능적인 이름을 가진 Google 'Assistant'와 비교해 보자. 이것은 챗봇에 대한 기대치를 너무 높게 설정하지 않고 제공함으로써 성공한 사례이다. Google 'Assistant'는 훌륭한 사서처럼 도움이 되고 존경할 만하며 지식이 풍부하다. 완전히 유머가 없는 것은 아니고 속이 꽉 찬 좋은 정도의 성격이다.

Alexa는 가정환경을 위해 설계되었으며 항상 성실하고 도움이 되며 예의 바르고 집에 아이들이 있을 수 있으므로 너무 건방지지는 않다.

챗봇의 추세는 개방적이고, 자연스럽고, 유창하며, 교양도 있는 페르소나이지만, 현실은 사용자의 질문에 실용적인 답변을 할 수 있는 페르소나가 유용하다. 인간과 소프트웨어, 실제와 상상, 자연스러움과 과장됨 사이에 균형을 찾아야 한다는 것이다.

성별

성별에 대해서는 어떨까? 여성, 남성, 혹은 둘 다? Cortana, Siri 및 Google Assistant는 기본적으로 여성이지만 남성으로 전환할 수 있다. Alexa는 '성격이 여성'이라고 설명할 수 있지만, 복종을 암시할 수 있으므로 이런 서비스를 주로 여성으로 묘사하는 것에 대해 많은 논쟁이 있다. 반대로, 남성으로 표현하는 것은 권력과 가부장제를 보여주는 것이라는 주장도 있을 수 있다. Microsoft는 연구 결과 우리가 일반적으로 젊은 여성의 목소리를 선호한다고 주장한다. 대안으로 일정 도우미 챗봇인 X.ai처럼 성별이 없거나 시작 단계에서 사람들에게 성별에 대한 선택권을 주는 방법도 있다. 여기서 문제는 성별 없는 목소리를 찾는 것이다.

문화

Siri와 Cortana 등 일부 챗봇은 문화에 민감한 방식으로 답한다. 이것은 실제 언어와 어휘를 사용하는 것과 관련될 수도 있지만, 적절한 문화적 사례를 사용하는 것과 관련되어있다. 유머는 문화에 따라 달라서 특히 민감한 문제이지만, 유머를 범문화적으로 잘 사용할 수 있는 상업용 챗봇은 거의 없다. 인간도 많은 사람을 많은 시간 기쁘게 할 수 있지만, 모든 사람을 항상 기쁘게 할 수는 없으므로 조심스럽게 행동할 필요가 있다.

개인화

페르소나와 스타일의 개인화를 통해 시스템이 사용자의 성격을 파악하고 그들의 수요에 맞추는 것이 가능하다. 교사가 대화의 상대방에 따라 어조를 바꿀 수 있는 것처럼 교육용 챗봇이 학습자에게 맞추어 서비스할 수 있다.

학습에서는 특히 어조에도 신경을 써야 한다. 챗봇이 멋지거나 재미있게 보이기 위해 과도하게 노력하는 것처럼 들리는 문구들을 사용할 수도 있지만 학습에서는 조금 더 차분하고 진지한 것을 원할 수 있다. 물론 이것은 듣는 대상과 주제에 따라 달라질 수 있다. 프로젝트가 무엇이든, 이 넓은 의미에서 '목소리'에 대해 생각해야 한다.

외향과 느낌

음성에 연결된 외장은 챗봇의 시각적 표현이다. 챗봇의 외현적 모습에 대해 신중하게 생각해보자. 중립적인 성별을 유지하는 것도 있고, 남성 또는 여성으로 식별할 수 있는 것도 있다. 대부분의 챗봇은 1950년대 로봇처럼 보일 수도 있다. 어떤 챗봇은 얼굴, 미세한 표현, 심지어 애니메이션도 가지고 있기도 하다. 그리고 이름도 있다. 이 부분은 중요하고 신중하게 다루어야 한다. 만약, 학습용 챗봇이 과목에 따라 개별적인 이름을 가지는 것 또는 하나의 통일된 이름을 가지는 것, 어느 쪽이 더 좋을까?

디자인

초기 순서도를 작성하기 위해 스티커 메모지를 사용할 수 있지만, 이 방법으로는 복잡성 수준에 대처할 수 없다. 챗봇은 사용자가 명령을 입력하기 위해 코딩이 필요 없는 간단한 도구처럼 보이지만, 챗봇은 대부분은 더 복잡한 기술을 필요로 하다. 명령을 처리하는 순서도는 일반적으로 사용자가 선택한 옵션에서 분기한다. 사용자와 챗봇이 명령에 따라 제대로 서비스하여 구조화된 학습으로 가는 방법이다. 다른 챗봇 서비스는 개방형 입력이 가능하지만 결국, 특정 유형의 응답으로 유도된다. 전통적인 인터랙티브 디자인 기술은 큰 도움이 되지는 않을 것이다. 이것은 단순한 HTML 페이지가 아니라 독백이 아닌 대화와 복잡한 기술을 이해하는 것에 관한 문제이기 때문이다.

챗봇 구축

우리는 사용하고자 하는 기술의 수준을 이해할 필요가 있다. '스크립트'에서 챗봇 구축에 사용되는 AI에 이르기까지 관련 기술 스펙트럼의 한쪽 끝에서 다른 쪽 끝은 큰 차이가 있나.

스크립트 도구는 사용이 간단하고 고정된 구조의 분기를 제공한다. 개발하기 쉽고 고급 프로그래밍 기술이 필요하지 않아서 챗봇을 저비용으로 신속하게 제작할 수 있다.

AI 도구는 더 복잡하고 정교한 자연어를 인식하고 더 자연스럽게 한다. 현대 챗봇의 중요한 특징은 그들이 지금 학습하고 있다는 것이다. 더 많이 훈련하고 사용할수록 더 나은 결과를 얻을 수 있다. 예전에는 인간 교사와 학습자만 있었지만, 이제 우리는 가르치고 배우는 기술을 가지게 되었다. 소수의 IT 기업에 의해 챗봇이 독점 서비스되면 기능은 좋아지는 대신 사용자가 전달하는 내용에 대해 민감도가 떨어질 수도 있다는 점에 주의하여야 한다. AI 기반의 학습하는 챗봇은 개발하기 어렵고, 서비스하기까지 오래 걸릴 수 있으며, 복잡한 테스트와 비용이 많이 드는 경향이 있다.

챗봇 구축 및 흐름을 개발하는 도구로 Google의 Dialogueflow를 사용할 수 있다. 그러나 이 도구는 '학습'에 특화된 디자인을 제공하지 않으며, 대규모가 되면 비용이 증가하고 Google이 서비스 데이터를 소유하게 될 수도 있으므로 주의해야 한다. 사용자 데이터에 대한 전체 액세스는 어려울 수 있으며 규제 및 법적 제약으로 인해 보호되어야 하는 영역에 대해서는 문제가 생길 수도 있다.

또는 코딩 전문 지식이 필요한 오픈소스 방식을 선택할 수 있다. 제공하려는 서비스에 특화된 디자인이 가능하고 학습자별로 페이지를 설계할 수 있으며 비용이 들지 않으며 우리가 선택한 위치에 데이터를 소유하고 저장하고 접근할 수 있다.

챗봇 전문 용어

챗봇을 구축할 때 다음 세 가지 핵심 단어를 알아 두는 것이 좋다.

- 발화 : 'Flo 챗봇 어디에 있어?', 'Flo 어디야?', 'Flo가 어디에 있는지 알려줘.'
- 의도 : 위치를 보여주세요.
- 챗봇 개체(이벤트).

'발화(말하는 것)', '의도(행동)' 및 '개체(사물)'라는 용어에 익숙해질 필요가 있다. 이것은 앞서 논의된 특정 영역과 관련된 이슈들과 연관되어 있다. 챗봇은 정의된 작업, 즉 '의도(사용자의 의도)'를 '날씨 표시'와 같이 식별되고 명명된 작업 및 개체로 지정해야 한다.

우리의 데이터

우리의 데이터를 어떻게 시스템으로 가져오는가? 이것은 간단한 문제가 아니다. 메시지, PDF, PowerPoint 등 기타 자산으로 존재할 수 있는 콘텐츠를 필요한 형식으로 어떻게 가져오는가? 이것은 자동화와는 거리가 멀다. 그렇다면 만약 여기서 복잡한 AI 기술을 사용하는 경우 학습 과정이 존재한다. 우리는 반드시 무엇을, 어디서, 어떻게 관리하는지 등의 데이터에 관련된 이슈들을 이해해야만 한다. 물론 일반 데이터 보호 규정(GDPR)은 지켜져야 한다.

인간에게 넘겨주기

챗봇이 실패하면 어떻게 되는가? 일반적으로 일어날 수 있는 일이다. 우리는 여러 가지 자동안전장치 전략을 사용할 수 있다. '미안하지만, 알아듣지 못했습니다', '그것에 대해 좀 더 자세히 설명해 주시겠습니까?' 만약, 고객 응대용 챗봇이 제대로 답을 하지 못하는 경우가 발생하면 실제 사람이 대응하도록 할 수 있다. 이는 고객 서비스 영역에서 용인할 수 있는 방식이며, 실제로 대부분 서비스가 이 기능을 사용한다. 하지만, 자율 학습 시스템을 설계하는 경우에는 그렇게 좋은 대안은 아니다.

채널

챗봇은 어떤 채널에 나타날 수 있는가? 웹사이트 채팅, 앱 내 채팅, Facebook Messenger, Slack, Twilio, Kik, Telegram, Google Assistant, Skype, Microsoft Teams, SMS, Twitter와 이메일처럼 조직에서 사용하는 통신 채널을 살펴볼 수 있다. 이 챗봇이 우리의 통신 시스템에서의 수행 지원 챗봇인지, 온라인 학습 과정 내의 챗봇인지를 생각해 볼 필요가 있다.

통합

챗봇을 다른 플랫폼에 통합할 수 있는가? 챗봇이 LMS에서 쉽게 동작할 것이라고 상상해서는 안 된다. 다른 시스템으로의 통합도 필요할 수 있다.

관리

챗봇의 호스팅 옵션은 무엇이며 모니터링, 라우팅 및 관리가 준비되어 있는가? 사용자 통계, 시간 및 결과 통계와 함께 챗봇이 말하는 내용을 실제로 전달하는지 확인하기 위해서 챗봇은 보고와 사용자 통계가 중요하다. 이러한 내용은 어떻게 처리되고 시각화되는가? 챗봇 공급 업체는 연중무휴 고객 지원을 제공하는가? 마지막으로, 외부 서비스를 사용하는 경우, 특히 IBM 및 Microsoft와 같은 대규모 기술 공급 업체에서 자주 발생하는 예고 없는 변경에 주의해야 한다.

테스트

챗봇 테스트에는 어려움이 있다. 구동 소프트웨어의 품질, 지원, 인프라, 인터페이스 디자인 및 목표를 포함한 배포에 관련된 모든 측면을 포함하는 테스트 계획이 필요로 한다. 규칙 기반 분기 챗봇은 단일 트리의 모든 분기를 확인하는 것과 비슷하므로 테스트하기가 다소 쉽다. 기계학습 챗봇은 훨씬 더 자율적인 개체이므로 명확한 테스트 전략이 필요하다. 명확한 목표를 가진 테스트 계획과 테스트 팀이 필요하다.

챗봇 남용

사람들은 챗봇에게 이상한 것에 관해 묻는 경우가 있다. 사용자는 챗봇이 실제로 소프트웨어임을 알고 있으므로 무례하고 엉뚱한 질문으로 챗봇을 테스트하곤 한다. 욕설, 성적인 농담, 엉뚱한 일을 하라는 요청 등 무례한 행동을 한다.

챗봇에게 데이트를 신청하고, 나체 사진이나 더 무례한 요구도 서슴지 않는다. 금융 챗봇인 Cleo는 이런 경우에 회로 기판 사진을 전송한다. 현명한 유머는 최고의 답변이다. 금융 챗봇 Plum은 욕을 보내는 사람들에게 '나는 로봇일 수도 있지만, 디지털 감정이 있어요. 욕하지 마세요.'라고 대답한다. Reeves와 Nass(1996)가 기술을 사용하는 인간에 관한 연구에서 발견했듯이, 우리 인간은 기술이 예의 바르기를 기대한다.

사람들이 챗봇과 놀고 싶어 하는 것은 괜찮다. 처음 챗봇을 사용하거나 Alexa를 구매하는 사람들이 이렇게 엉뚱한 질문과 행동을 한다. 이는 새로운 사용자가 답글을 입력하거나 기계에 말하는 아이디어에 익숙해지는 과정으로 일종의 적응 과정이다.

이상한 질문과 엉뚱한 놀이는 챗봇을 사용하는 초기에 주로 나타나다가 극적으로 줄어드는 경향이 있다. 사용자가 챗봇이 어떻게 작동하는지 알게 되면서 챗봇이 말할 수 있고 실제로 매우 유용함을 인지한다.

또한, 기대치를 바로잡고 관리하는 데 유용하다. 챗봇을 사용하는 것은 아주 어린아이에게 말하는 것과 비슷하다. 챗봇에게 몇 가지 질문을 하고, 반복해본 후 챗봇의 수준을 파악할 수 있다. 실제로, 어떤 부분에서는 '가져오기'에 대한 변형만 할 수 있다는 점에서 개에게 말하는 것과 같다. 챗봇이 무엇이든 대답하거나 엄청난 수준의 교육을 제공하는 교사처럼 모든 영역의 동반자가 아니라 금융, 건강, 혹은 특정 주제의 세부적인 영역 이외의 질문은 의미가 없다는 것을 알게 되면, 그제야 사용자는 챗봇을 제대로 사용할 수 있게 된다. 우리는 챗봇으로부터 '충분한' 응답을 얻고 챗봇의 실제 기능에 만족한다.

이러한 약간의 유머와 공손함은 실제로 사용자의 참여를 장려한다는 점에서 이득을 볼 수 있다. 만약 재치있거나 영리한 답변을 받으면 챗봇 또는 적어도 챗봇의 개발자를 조금 더 존중하게 된다. 잘 구성된 스크립트를 사용하면 이를 통해 사용자의 마음을 얻을 수 있다. 어차피 일부의 사용자는 챗봇과 농담을 하자고 요청할 것이므로 이에 대한 대비로 짧은 농담 시나리오를 준비할 필요가 있다.

좋은 챗봇은 사용자에 맞추어 어조를 설정한다. 노년층 사용자에게 너무 멋지고 똑똑한 척하는 것은 무의미하며 오히려 거슬리게 만들 수도 있다. 이는 뻔하고 진부한 표현을 싫어하는 젊은 사용자에게도 마찬가지이다. 예리하거나, 여유로움이 느껴지거나, 심각해 보이거나, 학문적으로 보이는 등 다양한 어조의 설정이 가능하다.

챗봇으로 인해 막다른 길에 서는 경우를 경험하게 될 수도 있다. 챗봇이 우리가 처음 생각한 것만큼 똑똑하지는 않지만, 세분된 기능을 제공하고 있으며, 점점 더 나아지고 있다. 그러니 약간의 자유를 제공하고, 사람들과 농담하고, 탐험하고, 한계를 찾고, 기대치를 조정하고, 참여를 높이는 것이 필요하다.

챗봇 실패

실제로, 고객 서비스 챗봇은 긴 대화나 설정 이외의 요청에 답을 할 수 없어서 인간과 함께 원활하게 일하도록 통합되는 경우가 많다. 챗봇에게 길고 광범위하며 의미 있는 대화는 어렵다. 그렇다고 해서 챗봇이 유용하지 않다는 것이 아니다. 챗봇은 특정 작업, 주제 또는 영역에서 이전에 사람이 담당했던 업무 부하를 감당하기 때문에 유용하다.

제품에 대한 고객의 질문에 답하거나 학생의 질문에 답을 하는 것처럼 같은 요청과 질문이 계속 나타날 것이다. 이것이 챗봇이 작동하는 방식으로, 챗봇은 반복되는 질문들을 알고 있으며, 계속 사용되는 내용을 바탕으로 이를 동적으로 '학습'한다.

학습에서 챗봇을 사용하면 다음의 관점에서 유용할 것이다. 챗봇은 지시를 내리고 학습자를 추적하고 개별화된 피드백을 제공하여 개인화함으로써 훌륭한 교사처럼 행동한다. Georgia Tech 챗봇(Lipko, 2016)이 그러하다. 챗봇의 실수는 너무 구어적이거나 광범위한 접근을 하게 될 때 발생한다. 대화의 자연스러운 리듬이 유지되어야 한다. 일반적으로 챗봇은 정중하게 자신을 소개하고 상대방의 이름을 사용하며, 채팅하려는 내용을 명확하게 하려고 한다. 실제 말하기에서 지속적인 대화는 단편적인 이야기들로 이루어져 있고, 양측이 말의 방향을 바꾸기도 하고, 때로는 약간의 유머가 가미된 농담들로 편안해지기도 한다.

또한 우리는 여기에 과도한 접근에 대해 조심해야 한다. 한 가지 질문에 대해 응답을 하는 단순한 대화와 대화가 종료되고 다른 자료나 사람을 추천해주는 대화의 챗봇은 특정 영역 안에서 빨리 구축될 수 있다. 챗봇은 단순한 규칙 기반 프로그래밍을 넘어 AI 기반 시스템으로 이동할 때 구축하기 어려워진다. AI 기반 시스템에서는 이전에 경험하지 못한 경우들을 처리해야 하고, 이러한 상황을 일반화해야 한다.

중국의 한 챗봇에 관한 흥미로운 사례가 있다. 수억 명의 사용자를 보유한 Tencent는 BabyQ라는 펭귄 챗봇과 Little Bing이라는 소녀 챗봇의 사용을 중지했다. 그들의 '범죄' 사실은 정치적 자율성과 정직성의 징조를 보여주었다는 것이다(Oppenheim, 2017). BabyQ는 '공산당을 사랑하십니까?'라는 질문을 받았을 때, 이 챗봇은 퉁명스럽게 '아니오'라고 대답했다. '공산당 만세'라는 문장에 대해

BabyQ는 '이런 부패하고 무능한 정치를 지속할 수 있다고 생각하십니까?'라고 신중하게 응답했다. 그런 다음 미래에 관해 물었을 때 이 활기찬 펭귄 챗봇은 '민주주의는 필수입니다!'라고 대답했다. Little Bing은 좀 더 열성적이었다. 챗봇의 꿈이 무엇인지 물었을 때 '미국에 가는 것입니다.'라고 말했고, '중국은 백일몽이자 악몽입니다.'라고 대답했다.

이들 챗봇은 실제 대화 데이터를 학습했거나 파괴적인 훈련을 받았을 수도 있다. 결국, Tencent는 중국 정부에 의해 챗봇 사용 중지 명령을 받았다. 우리가 두려워해야 하는 것은 AI 기반 챗봇이 아니라 이것을 검열하려는 정부와 이에 순응하는 기업이라는 것을 보여주는 사례이다.

궤도를 벗어난 악명 높은 챗봇 Microsoft의 Tay가 있다. Microsoft는 젊은이들이 기술에 대해 장난스러운 견해를 갖고 성에 미친 나치가 되도록 고의로 챗봇을 '훈련'하리라 생각하지 못했다(Hunt, 2016). 재미로 시작된 일이었지만 50세 이상의 사람들은 이것을 악마적이고 통제 불가능한 챗봇에 대한 증거로 여겼다. 이 사건은 젊은이들이 이 기술이 무엇인지 알고 있고, 챗봇이 초기 단계이고 훈련될 수 있다는 것을 잘 알고 있다는 것이 사실의 전부이다. 이와 같은 실패를 보여주는 사례 중 하나는, 사람들이 Twitter에 셀카를 게시하도록 장려하는 Walkers Crisps 캠페인으로 소비자들이 자신들의 셀카 대신 연쇄 살인범과 정치인, 유명인들의 사진을 보내온 것이다(James, 2017). 사용자와 기술을 모두 완벽하게 이해하지 못한 또 하나의 실패 사례가 되었다.

주의

챗봇은 제한된 목표를 가지고 있을 때 잘 작동하지만, 일반적인 대화 참여자의 관점에서 볼 때 그 대화는 매끄럽지 못하다. 대화의 방향을 안내받는다면, 챗봇은 대화를 제대로 이어갈 수 있지만, Alexa와 같이 개방형 입력을 허용하는 경우 상황이 나빠지기도 한다. 실제 대화는 산만하고 복잡하고, 대화의 방향이 변화무쌍하며, 맥락의 문제 등으로 가득하기 때문이다.

대화형 챗봇이 받을 수 있는 상으로는 Alexa, Loebner, Winograd Schema Challenge의 세 가지가 있다. 이 대회는 챗봇이 작동하는 방식을 보여주는 것이다. 대부분은 규칙 기반과 기계학습이라는 두 가지 주요 접근 방식이다. 규칙 기반 시스템은 모든 질문에 대한 모든 기초적인 답변을 포함하거나 모든 질문에 대한 답변을 작성하는 것이 현실적으로 불가능하다는 사실 때문에 어려움을 겪는다.

또한, 기계학습만을 사용하는 접근도 극도로 어렵다. 방대한 텍스트 데이터베이스로부터의 패턴 인식은 Wikipedia, Reddit 등 특정 영역에 대한 데이터베이스, Twitter 등의 방대한 정보의 데이터베이스에 접근할 수 있다 하더라도 대화를 계속하기에 충분하지 않기 때문이다.

실제로 성공적인 챗봇은 대화를 계속하는 데 필요한 응답의 폭과 이해의 깊이를 해결하기 위해 여러 챗봇 앙상블을 보유하고 있다. 대화를 시작하는 것은 정보 검색과 매우 다르며, '키가 얼마나 됩니까?', '당신은 어디에서 태어났습니까?' 등과 같은 챗봇 자체에 대한 질문과는 매우 다르다. 사람들은 이런 유형의 질문을 많이 하며 지루한 시간을 보내기식 대화 또는 잡담에 대해 스크립트 된 응답이 필요하다.

흥미롭게도 Alexa Prize는 실제 사용자를 시험대로 사용하고 Amazon이 소유한 엄청난 양의 자료를 수집할 수 있으므로 챗봇의 기술을 발전시킬 좋은 위치에 있다. Microsoft와 Siri는 Google Assistant와 유사하게 문의에 대한 짧은 답변을 제공하는 경향이 있다. 이 챗봇들은 인간과 AI 사이의 다리 역할을 하는 경계 선상에 있다. 비서, 친구, 여자친구 또는 남자친구, 심지어 우리가 죽은 후에도 살아가는 기념 챗봇은 우리가 순수 인간으로 간주했던 것의 한계를 뛰어넘는다.

학습으로 돌아오면 챗봇은 학생 참여, 학생 지원에서 피드백, 학습 및 평가에 이르기까지 학습 과정의 모든 단계에서 사용할 수 있다. 그렇다고 챗봇이 인간 교사를 대체할 수 있는 정도는 전혀 아니다. 갑자기 상황이 매우 흥미로워졌지만, 가르치고 배우는 일은 매우 복잡한 작업이다. 그렇다고 지원 기능이 챗봇에 의해 접근성, 응답 시간, 정확성, 일관성 및 품질 측면에서 더 높은 수준으로 수행 불가하다는 의미도 아니다.

AI의 성공은 각기 다른 영역에서 다양한 문제를 해결하는 데 사용할 수 있는 일반적인 알고리즘을 찾는 것이다. 교사 챗봇이 한 과목만 가르치는 것이 아니라 특히 더 높은 수준의 학습에서 교과 과정을 넘나들며 교사의 기술을 대체할 것이라는 생각은 불가능하지 않다. 챗봇이 기관, 부서, 주제 또는 문화의 제약으로부터 자유로운 교육과 학습을 생산하기 위해서는 부서와 주제 그리고 문화적으로 모두 아우를 수 있어야 한다.

챗봇은 망각, 회상, 인지적 편견, 인지 과부하, 아픔, 하루 8시간 수면, 은퇴 및 사망과 같은 인간의 한계가 없다. 일단 챗봇이 지식을 습득하고 가르치기 시작하면, 점점 더 좋아질 것이다. 서비스를 사용하는 학생이 많을수록 가르치는 내용뿐만 아니라 가르치는 방법도 더 향상될 것이다. 수업의 미숙한 점을 제거하며 미세하게 조정되고, 더 나은 결과를 생성하기 위해 시스템 자체를 조정해 갈 것이다.

챗봇은 훈련, 구축, 테스트 및 개선이 필요하며 이는 쉬운 작업이 아니지만, 교사, 트레이너, 강사와 관리자의 업무량을 줄이는 데 있어서의 효과는 분명하다. 자연어 처리의 극적인 발전으로 Siri, Amazon Echo 및 Google Home이 탄생했다. 이 영역은 빠르게 발전하는 AI 분야이며 더 좋고 저렴한 챗봇 기술을 제공할 것을 약속한다.

가까운 미래에 챗봇은 교사를 지원하게 될 것이기 때문에 교사가 인정해야 하는 기술의 한 형태이다. 챗봇은 좋은 교육을 기준으로 삼고 더 낮은 비용으로 더 빠르고 더 나은 결과를 내기 위해 비효율성을 제거하고 간소화하고자 한다. 교사가 많은 학생과 개인적인 대화를 하는 것이 거의 불가능하지만, 챗봇은 이것을 감당할 수 있다. 챗봇은 실제 인간 대화의 정교함과는 거리가 있을 수 있지만, 일부 지원 작업의 경우 신뢰할 수 있는 작업을 수행할 수 있다. 여기서 분명한 것은 챗봇이 당장 교사를 대체하지 않는다는 것이다. 챗봇은 설득적, 의도적, 인지적인 존재와는 거리가 멀고, 구체적인 FAQ 목록, 주제 또는 교육 및 훈련 주제와 같은 제한된 영역에서만 정말로 유용하다. 이것이 바로 '챗봇'의 성공 원인이다. 현재 챗봇은 실제 교사와 기존 온라인 수업에 유용한 보충 자료이다. 먼 미래의 어느 시점에서, 챗봇 스스로가 교사가 될 수도 있겠지만, AI는 이것이 수반하는 복잡한 문제를 거의 해결하지 못할 것이다. 챗봇은 교육을 자동화하는 것이 아니라 확장하는 것이다. 현재 챗봇은 인간을 대체하는 것이 아니라 인간과 함께 일하고 있다. 챗봇이 일부 기능과 역할을 대체할 수는 있지만, 직업이 챗봇에 의해 사라질 것으로 생각하는 사람은 거의 없다. 우리는 챗봇을 학습의 맥락에서 생각해야 한다.

결론

학습에서의 챗봇은 우수한 교육학적 이론을 내재하고 구현해야 하며, 이미 그렇게 하고 있다. 챗봇이 참여, 지원, 학습 목표, 보이지 않는 LMS, 실습, 평가 또는 웰빙 등 모형에 상관없이, 인출과 노력이 결합한 학습, 간격 연습과 같은 증거 기반 이론을 바탕으로 강력한 학습을 제공하는 인터페이스와 서버 개발 모두 필요하다는 것이다. 이것은 교육학의 필요성을 감소시키거나 무시하는 것이 아니라 개선하게 될 것이다.

챗봇 기술은 꾸준히 발전하고 있으며 챗봇의 향상 가능성과 접근 가능성 또한 중요하다. 학습자로부터 수집한 질문과 답변은 기존 수업 및 콘텐츠의 문제를 해결하는 귀중한 통찰을 제공하여 정교하게 자동화된 수업 개선으로 이어질 것이다. 챗봇 기술은 더욱 정교한 교사의 기능을 지원할 수 있는 잠재력을 가지고 있다. 챗봇이 교사 영역에 침범한 것에 대해 비난하기보다는 언제 어디서나, 누구에게나 저비용으로 교육을 제공할 수 있는 확장 가능한 에이전트로 바라봐야 한다. 여기에서부터 개인화된 학습 에이전트 서비스 실현이 가능할 것이다.

참고문헌

Hunt, E (2016) Tay, Microsoft's AI chatbot, gets a crash course in racism from Twitter, Guardian, 24 March. Available at https://www.theguardian.com/technology/2016/mar/24/tay−microsofts−ai−chatbot−gets−a−crash−course−in− racism−from−twitter (archived at https://perma.cc/LH8J−N7MQ)

James, SB (2017) Walkers Crisps social ad backfires as Lineker snapped with Fred West and Rolf Harris, Campaign Live, 25 May. Available at https://www.campaignlive.co.uk/article/walkers−crisps−social−ad−backfires−lineker−snapped−fred−west−rolf−harris/1434736 (archived at https://perma.cc/Y25Y−5CRU)

Lipko, H (2016) Meet Jill Watson: Georgia Tech's first AI teaching assistant, Georgia Tech Professional Education Blog. Available at https://pe.gatech.edu/blog/meet−jill−watson−georgia−techs−first−ai−teaching−assistant (archived at https://perma.cc/4CBU−9696)

Nass, CI and Brave, S (2005) Wired for Speech: How voice activates and advances the human-computer relationship, MIT Press, Cambridge, MA

Oppenheim, M (2017) Chinese chatbots deleted after criticising the ruling Communist Party, The Independent. Available at https://www.independent.co.uk/news/world/asia/china−chatbots−communist−party−ruling−critics−peoples−

tencent－babyq－little－bing－a7875601.html (archived at https://perma.cc/ MRR2－RE78)

Reeves, B and Nass, CI (1996) The Media Equation: How people treat computers, television, and new media like real people and places, Cambridge University Press, Cambridge

Vlahos, J (2019) Talk to Me, Random House, New York

PART

04

학습

Chapter 08

콘텐츠 생성

학습에서 AI를 살펴보는 다른 방법으로 온라인 학습을 생성하고 향상하는 관점이 있다.

학습과학

이쯤에서는 학습심리학을 다시 살펴볼 필요가 있는데, AI와 같은 새로운 공학이 오래된 심리학을 실행하는 데 사용되기 때문이다. 최신 인지심리학의 연구결과는 AI로 무엇을 전달할지를 추천하는가? AI가 이전에는 절대 가능하지 않았던 텍스트 요약, 해석, 텍스트–음성 변환, 음성–텍스트 변환, 의미론적 분석 그리고 개인화된 전달과 같은 것을 할 수 있는 똑똑한 소프트웨어라는 점에서, 이 새로운 AI 공학에 적용될 수 있는 새 교수법으로는 어떤 것이 있는지를 살펴볼 가치가 있다.

Richard Mayer와 Ruth Clark는 온라인 학습에서 매체와 혼용 매체 가설들을 실증적으로 검증했던 뛰어난 연구자들이다. 이들이 저술한 E–Learning and the Science of Instruction(2003)은 멀티미디어, 근접, 양상, 중복, 일관성, 개인화 그리고 연습 가능성 등 7가지 설계 원리를 담고 있다. '적을수록 낫나'라는 Mayer와

Clark의 신념은 그들의 연구에서 온라인 학습에서의 매체 혼합(문자, 그림, 소리, 애니메이션, 동영상)은 결함을 보이며 인지적 과부하와 부조화에 이르게 하는 것으로 나타났다. 아마도 화면 기반 학습의 심각한 문제 중 하나로 중복을 식별한 것이 이 연구자들의 가장 큰 기여일 것이다.

Mayer 등(1996)은 한 연구에서 과학적 학습에 관한 600개의 자료를 제시하였으며, 더욱 간략한 것, 즉 간단하고, 일관성 있고, 통합된 자료가 학습에 효과가 있다는 것을 밝혔다. 이 연구자들은 추천도 간결하게 한다.

> 학생들은 핵심에 해당하는 언어적 설명에 단어가 더 추가될수록 이 핵심적인 설명 아이디어들을 덜 생성하는 형태가 명확하게 나타난다. 이러한 결과들은 추가된 단어들이 언어 작업기억에 과부하를 주고, 핵심이 되는 언어적 설명으로부터 주의를 제한하고, 이해 자원을 멀리하게 한다(Mayer 등, 1996).

문자로 된 수업자료는 끝까지 쪼갠다! 개조식 설명, 글쓰기, 핵심어와 간단한 문단 등은 모두 화면 글쓰기 기법으로 유용한 것들이다. AI는 원래 학습을 위해 기술되지 않은 텍스트를 요약함으로써 중복학습을 제거하는 데 도움을 줄 수 있다.

텍스트

AI 개발에 가장 성공적인 영역 중의 하나인 NLP에 의해 텍스트가 AI 영역으로 들어왔다. AI는 매우 빠른 속도로 상업적이고 신뢰할 수 있는 검색, 요약, 전사 그리고 번역 서비스를 제공해왔다. 이미지와 소리, 동영상과 같은 다른 매체들의 등장에도 불구하고, 웹은 여전히 문자 중심이다. 우리는 여전히 문자를 사용하여 검색하고, Wikipedia를 읽고, Facebook, Instagram, WhatsApp 그리고 Twitter에 문자를 입력한다.

온라인 학습에서 학습 콘텐츠는 지나치게 문자 위주로 구성되어 있다고 비난받는다. 그러나, 다수의 온라인 학습, 특히 간단한 지식과 절차 학습은 간단한 텍스트나 그림이 추가된 텍스트 이상이 필요치 않다. 텍스트가 학습자 친화적이라는 데는 여러 가지 이유가 있다.

텍스트는 검색할 수 있다. AI 기반의 검색은 웹이 작동하는 방법의 근간이다.

우리는 빠르게 읽는다. 연습이 잘 된 독자는 분당 300단어 정도의 속도로 읽는 것이 가능한데 이것은 일반적인 말하기 속도의 2배이며 녹음된 내레이션은 더 느릴 수도 있다.

텍스트는 학습자에게 통제권을 부여하기도 한다. 이것은 학습자가 자신의 속도에 맞춰 읽을 수 있음을 의미하는데, 이해와 기억에 매우 중요하다.

텍스트는 또한 학습자가 상상할 수 있는 여지를 허용한다. 잘 쓰인 소설 또는 비소설은 학습자가 타인에 의해 제공된 소리나 그림에 의해 오염되지 않은 이미지, 성찰 그리고 가능성을 생성할 수 있는 여지를 허용한다. 이것은 상상을 자유롭게 하도록 하여 학습에서 적절한 아이디어들을 생성하고, 부적절한 방해물로 학습을 혼란스럽게 하지 않는다.

텍스트는 융통성이 있다. 정보설계자인 Saul Wurman(1990)은 정보를 조직하는 방법에 5가지가 있으며, 앞 글자를 따서 LATCH라고 하였다.

- 장소(Location) – 위치, 지도 등
- 문자(Alphabet) – 사전, 색인, 용어 사전 등
- 시간(Time) – 시간대, 줄거리 등
- 범주(Category) – 주제, 목록 등
- 위아래(High and low) – 순서, 목차

텍스트가 간단하게 작업을 완료하게 하는 단순하고, 광범위하고, 미묘하고 그리고 섬세한 이점을 무시해서는 안 된다.

텍스트는 연결을 설정할 수가 있다. Wikipedia와 같은 다수의 학습자료는 변변찮은 하이퍼링크로 구성되어 있으며 이것은 학습을 되돌아보는 데 매우 강력한 도구이다.

이처럼, 텍스트는 우리가 상상하는 것보다 더 많은 장점이 있다. 텍스트의 많은 장점을 이해하기 전에 단조로운 것으로 치부하지 않아야 한다. 텍스트는 소리나 동영상과는 달리 간단한 기능과 도구로 생성되고, 대역폭도 적게 차지하며, 갱신하기 쉽다.

텍스트를 사용해야 하는 교수법 및 실용석 이유는 분명하다. AI는 텍스트를

어떻게 다루고, 어떻게 텍스트를 사용하여 교수-학습을 향상시킬 수 있을까?

자연어 처리(NLP)

언어의 인지, 이해, 생성에 관한 NLP가 AI에서 가장 발전되고 유용한 영역이라는 점은 반가운 소식이다. 이것은 텍스트를 데이터로 사용하며, AI 모형은 학습을 가능하게 하도록 뛰어난 일을 할 수 있다.

구문 분석은 NLP 내에서 거대한 영역이다. 언어를 해석하는 가장 간단한 과제조차도 사소하지 않다. NLP는 문장들을 식별해야 한다. 쉬운 것처럼 들리지만 URL에는 마침표들이 있다. 다음으로 단어들을 식별해야 하는데 영어와 같은 언어들에서는 쉽지만, 중국어와 같이 쉽지 않은 언어들도 있다. 단어의 어미를 정리 (end-ed, end-ing, end-s로부터 end를 분리)하는 데 사용될 수 있다. 이것은 온라인 학습의 개방형 질문에서 단어의 변형들을 모두 인지하는 데 유용하다.

발언에서 형용사, 부사, 동사, 명사와 같은 요소들을 의미 있게 식별하는 것은 단어들이 맥락에 따라 다른 의미가 있을 수 있다는 점에서 쉽지가 않다. 개는 짖고(bark), 나무는 껍질(bark)로 덮여 있다. 손에는 손톱(nail)이 있고, 망치로 못 (nail)을 내리친다. 이것은 개방형 입력 텍스트 분석에서 필수적이다.

언어의 문법적 구조 분석은 문장의 여러 요소 간의 관련성, 즉 그 의미를 세분하는 것이 포함되어 있다.

개체분석(entity analysis)은 개념을 다양한 유형으로 식별하는 것이며, 온라인 학습 콘텐츠를 생성하는 데 사용되며 주요 학습 개념들을 식별하고, 질문으로 변환하는데 사용될 수 있다.

의미분석(semantic Analysis)은 텍스트의 의미, 자연어의 식별과 이해의 추출, 단어의 관계, 질문에 대한 응답 등이 관련되어 있다. 감성분석(sentiment analysis) 은 주관성을 긍정적 혹은 부정적 관점, 또는 감정 측면에서 읽어 내는 것이다. 이 분석은 심지어 언어의 생성, 예측하는 텍스트, 성경 파피루스의 조각에서 다음 단어의 추측, 논문, 논술문 등의 작성과 같은 보다 큰 과제들까지 포괄한다.

요약은 원문을 손상하지 않으면서 단어들은 바꿔서 텍스트의 대요를 작성하는 것이다. 원문을 그대로 유지하는 것은 사전에 콘텐츠의 질을 보장하거나 관리하는 데 유용할 것이다. 이것은 학습에서 텍스트를 축소하는 데 사용되는데, 더 적을수록 더 많이 기억 및 회상한다.

음성 인식(speech recognition)과 음성을 문자로 변환하는 것도 NLP의 기법에 속한다. 이것은 소리의 끊임없는 흐름을 단어들로 구분해야 하는데, 소리와 강세에 대처해야 하므로 쉽지가 않다. 이 인식은 Cortana, Siri, Alexa 그리고 Google Home과 같은 주요 인터페이스뿐만 아니라 구어장애가 있는 학생의 학습에 사용되며 그리고 낮은 문해력 수준, 좋지 않은 타자 기술, 난독증과 같은 문제들을 피할 수 있어서 온라인 학습 프로그램에서도 사용된다.

문자를 음성으로 변환하는 것은 반대의 경우인데, 위에서 언급한 같은 사용자가 음성으로 응답하도록 하는 서비스나 시각 장애인의 학습에 사용된다.

콘텐츠 생성

영화, 책, 다른 미디어 콘텐츠와 마찬가지로 학습 콘텐츠도 재미있어야 한다. 그러나 온라인 학습 콘텐츠는 오랫동안 내용을 밋밋하게 제공하는 데 머물러 있다. 단순한 화면 전환, 글상자와 동영상을 나타나게 하고, 끌어다 놓기, 선다형 질문 선택하기와 같은 클릭이벤트의 반복으로 비난받았다. 이러한 콘텐츠는 학습과 기억의 관점에서 보았을 때, 인지적인 행동이 피상적이며 단기적인 결과에 그치게 된다.

콘텐츠는 빨리 완성되지도 않고, 저렴하지도 않다. 전형적인 제작팀에는 프로젝트 관리자, 수업설계자, 그래픽 전문가(동영상, 소리 전문가도 포함되기도 함), 개발자와 검수자 등이 포함된다. 내용 전문가(SME)도 콘텐츠 제작과 질 관리에 관여된다. 그 결과 많은 문서작업과 셀 수 없는 반복이 이루어지며 전문가 문화와 학습과 설계 문화가 충돌하여 스트레스를 받는 상황이 될 수 있다. 학습심리학은 적을수록 더 많은 것을 얻게 된다고 설명하는 반면, 현실에서는 많을수록 더 좋다고 잘못 생각하는 내용 전문가도 있다. 이 모든 것이 시간과 경비를 증가시킨다. 프로젝트들을 완료하는 데 6개월 또는 그 이상 걸리지만, 학습시간당 비용은 고려할 만한 수준이다.

빅데이터와 분석학, 예측 소프트웨어 사용을 서두르기보다 AI를 학습에 사용하기 위해 다음과 같은 현실적이고 간결한 목표를 가져야 한다.

- 내용 요약하기
- 내용 적용하기
- 기존의 자원에서 콘텐츠 생성하기
- 스크래치로부터 콘텐츠 생성하기

이상은 모두 AI의 도움으로 몇 개월이 아니라 몇 분 내에, 기존 비용의 일부분만으로, 더 많이 기억하도록 수행될 수 있다. 연수 설계가 비즈니스 과정에서 장애물일 수 있으므로 이 시간 단축은 중요하다. 콘텐츠를 제작하는 데 많은 시간이 걸리고 비용도 상당하다는 견적을 받은 교사, 강사, 연수 담당자 또는 비즈니스 후원자의 반응은 프로젝트를 폐기하는 것뿐이다. 그러나 기민한 기법과 도구를 사용하여 빨리 전달하면 교육 또는 비즈니스 문제에 대해 적기에 해결안을 전달하는 것으로 인식될 것이다.

텍스트 콘텐츠 요약

대규모 조직 어디를 가더라도 대량의 문서와 파워포인트를 접하게 된다. 효과적인 학습 과정은 적을수록 더 많이 얻을 수 있다고 알려졌지만, 이조차 지나치게 자세하게 적혀 있거나 길게 설명하고 있다. 많은 조직은 수백 개의 슬라이드로 가득한 슬라이드 보관대를 갖추고 있으며 빔프로젝터가 설치된 방에서 교육과 연수로 포장되어 전달된다. AI를 사용하면 이 텍스트 모두를 '알 필요가 있는' 핵심으로 요약하고 단축하는 것을 자동화하는 방법이 가능하다.

텍스트 문서를 줄여서 요약하거나 대요를 작성하는 것은 사람에 의한 편집이 언제나 권장된다. 어떤 AI 기법을 사용하더라도 다량의 자료, 학습자가 배울 것으로 기대되지 않는 내용을 사람 손으로 우선 걸러내는 것이 현명하다. 예를 들면, 보충 정보, 면책 조항, 문서 작성자 정보, 인용 등이 해당한다. 길지만 잘 조직된 문서, PDF 파일들 그리고 파워포인트의 경우 각 부분에서의 도입과 요약을 식별하고, 학습을 위한 필수 콘텐츠를 미리 준비된 요약으로 사용할 수 있다. 그러나 AI를 사용해도 쓰레기를 넣으면, 쓰레기가 나오는 게 규칙(Garbage in. garbage out, GIGO)이다. 이 단계를 사람에 의한 자료 거르기 단계로 여겨라. 이제 AI와 그다음 단계로 나아갈 준비를 해보자.

발췌 AI 요약은 텍스트를 그대로 유지하면서 덜 유용한 내용으로 판정한 것을 제거한다. 이 기법은 문장들을 그대로 유지하면서 오직 관련된 자료만을 추출한 요약문 작성에 AI를 사용한다. 콘텐츠가 이미 규제와 승인(전문가, 변호사, 감독자 승인)의 대상일 때 특히 유용하다. 이러한 접근은 텍스트 원본을 온전하게 유지하는 장점이 있다. 이 기법은 아무것도 바꾸지는 않으면서 단지 기존 텍스트를 줄일 수 있다.

발췌 AI 요약은 재진술된 요약문을 생성하고 훈련 데이터 세트와 기계학습을 통해 대요를 작성한다. 이 접근법은 대규모의 내용 훈련 세트가 필요함을 주의해야 한다. 대규모라고 함은 가능한 최대 크기를 의미한다. 기존 모형에 사용되는 훈련 세트 중에는 말 그대로 데이터가 수 GB가 되는 것도 있다. 강력한 컴퓨터 처리 용량, 하드웨어와 많은 시간이 필요할 수도 있다. 이 데이터는 또한 잘 정제되어야 한다. 발췌는 내용을 이해하고 요약된 콘텐츠를 생성하기 위해 딥러닝과 신경망을 사용한다. 이러한 알고리즘은 원본 구조에 충실해야 한다는 제한에 얽매이지 않고 텍스트의 핵심을 중심으로 고유의 요약을 작성해 낸다. 이 기법은 이전보다 강력하며, 학습에 잘 맞고, 적합한 결과, 즉 의미를 설명하는 짧고 바람직한 정수를 제공할 가능성이 더 크다.

필수적인 편집 과제를 줄이는 것은 교육 또는 연수 설계팀의 생산성을 향상하는 데 아주 유용하다. 특히, 직무 명세서와 규정 안내문과 같이 매우 긴 PDF 문서에 이 기법이 잘 적용된다. 또, 요약하기는 논문, 보고서, 저서, 파워포인트 텍스트와 동영상 전사본에 이르기까지 어떤 텍스트로도 잘 작동한다. 장황한 진술, 반복, 오류까지도 제거할 수 있다는 점에서 매우 유용하다.

흔히 간과하는 요점은 '적을수록 더 많다'라고 외치는 학습심리학과 이것이 전적으로 일관된다는 점이다. 작업기억은 제약이 있어서 묶기와 검색이 요구되며, 학습내용도 가능하면 최대한 간략하고, 짧아야 한다. 다수의 교과목은 필수적이지 않고 곧 잊혀질 내용으로 지나치게 길게 되어있다. 학습자들과 기업이 원하는 것은 선명한 핵심이며, 불필요하게 덧붙여져 있는 것이 아니다.

만약에 다량의 문서와 파워포인트를 가지고 있다면, 인간의 개입을 최소화하면서도 빠르게 그것들을 축약할 수 있다. 이 요약들은 어떤 방식으로 생성되었든지 관계없이 학습경험의 맥락에서 검색 지원 도구, 참고자료, 복습, 또는 수행 지원에 유용할 수 있다. 또한, 콘텐츠 생성 도구에 입력자료가 될 수 있다.

맞춤형 언어 콘텐츠

언어학습 콘텐츠가 각각 초보, 중급, 고급 학습자에게 적합하다는 것을 어떻게 확신하는가? Duolingo는 성공한 언어학습 앱으로, 연습, 챗봇 대화, 이야기, 팟캐스터를 포함하여 어떤 텍스트에도 적용될 수 있는 AI 기반의 'CEFR 검사기'를 사용하고 있다. 이 CEFR 검사기는 다른 사용자들이 일반적인 용도로 사용할 수 있도록 제공되어왔다.

The Common European Framework of Reference(CEFR)는 언어의 유창성을 측정하기 위한 표준이다. 이것은 듣기, 말하기, 읽기 그리고 쓰기에서의 역량에 따라 초보자, 중급자, 고급자 수준으로 분류한다. 기계학습은 여러 언어에 걸쳐 그 내용을 검토하여 초급, 중급, 고급 학습자에게 적합하도록 함으로써 콘텐츠 생성을 지원하기 위해 사용된다. 보다 현명하게는 특정 언어에 의존하지 않는 다른 AI 기법들이 이 모형을 새로운 언어에 적용하기 위해 사용된다. 흥미롭게도, 이 접근은 언어의 관용적 용법과 같은 불일치가 종종 발생하여 AI 모형 기법을 더 효과적으로 만들어주기 때문에 인간에 의한 번역보다도 더 잘 작동한다.

기존 자료 활용 콘텐츠

지난 수십 년 동안 인지심리학 연구는 학습자가 자신의 학습을 판단하도록 하면 그르친다는 명확한 증거다. Bjork(1994)는 학습은 학습자에 의해 완전히 잘못 이해된다고 주장하는데, 우리가 배우고 기억하는 방법에 대한 잘못된 모형을 가진다는 것이다. 자신의 학습에 관한 판단들, 즉 학습했다고 생각하는 것과 실제 학습한 것 사이에는 부적 상관을 보인다. 최상의 학습법이라고 생각하는 것과 실제 자신의 학습을 최적화하는 방법 간에도 같은 관계를 보인다. 간단히 말해, 자신의 학습에 대한 인지에 심각한 결함이 있다는 것이다. 참여, 흥미, 학습자 설문, 만족도 조사에서 실제로 학습한 것과 최적의 학습공학 전략과 해결안 설계를 측정하는 데 있어서 그다지 좋지 않은 결과를 보이는 이유이다.

손쉬운 온라인 학습은 착각을 일으키게 한다. 많이 기억하려면 노력이 필요하다. 이것이 많은 온라인 학습이 실패하는 이유이다. 단순히 얼굴을 클릭하여 말풍선으로 나타나는 글자를 읽는 것, 화면 여기저기의 표시들을 끌어다 넣는 것, 진위형과 선다형 같은 질문에 응답하는 것 등은 바람직한 어려움이 되지 못한다. 이 것은 클릭에 의한 학습이다.

이에 대한 해결책은 노력이 요구되는 인출이다. 평면적인 텍스트와 그래픽에 선다형 문항이 가미된 전통적인 모형을 뛰어넘어 학습자가 개방적 입력을 함으로 써 인지적 노력, 즉 강한 인출로의 전환을 의미한다. 이 노력이 필요한 학습은 장 기적인 기억과 회상을 획기적으로 향상시킨다. 온라인 학습은 신뢰할 수 있는 형 태로 남아 있으려면 AI를 활용하면 가능한 이러한 기법들을 활용할 필요가 있다.

인출과 회상은 파지의 수준을 훨씬 향상시키는 결과를 가져온다(Bjork, 1975). 읽기만 하지 말고, 다시 읽고, 밑줄을 치고, 딴 곳을 본 다음 알아야 할 것을 인출 및 회상해보라. '참' 또는 '거짓', 아니면 짧은 목록(선다형 질문이나 MCQ)에서 하나 를 선택하는 것보다 시선을 잠시 딴 곳으로 돌렸다가 답안을 생각하고, 생성하고, 회상하고 그리고 제안해보라. 여기서 핵심은 회상이 기억의 수정자이며 기억을 더 회상이 잘 되도록 만드는 것이다. 직관과는 반대되지만, 인출은 '교수' 활동을 통해 최초로 정보가 제시되는 것보다 더 강력하다. 읽기와 다시 읽기가 인출에 미 치는 영향을 비교한 Gates (1917)로부터 3,000명의 학습자에게 인출을 강화하여 2개월간 망각을 중지시켰던 Spitzer(1939), 인출 기법으로 한 단계 더 상승했던 Roediger 등(2011) 그리고 과학에서 성취도를 증가시켰던 McDaniel 등(2011)에 이르기까지 인출이 강력한 학습 전략이라는 것에 대한 근거는 매우 분명하다.

집중해야 할 것은 인출이며 항목과 여러 선택지를 클릭하는 것이 아니다. 부 분적으로 또는 전체가 비워진 채로 입력하도록 하는 방법으로 바람직한 어려움에 직면할 필요가 있다. AI와 자연어 처리를 이용하면 이러한 연구결과를 구현할 수 있는 콘텐츠를 만들 수 있다. 마침내 기술이 교육학을 따라잡게 된 것이다. 수십 년간 갈아온 그 밭고랑을 또 갈지 말자. 이제 다음으로 넘어갈 시간이다.

학습에서 노력이 요구되는 인출이 AI를 활용하여 실제 프로젝트에 어떻게 적 용되어왔는가?

다국적 기업인 TUI는 AI의 장점이 없다면 해결될 수 없었던 복잡한 학습 요 건들을 가지고 있었다. 그들은 138개의 학습 모듈을 단 8주 이내에 전달해야 했 다. 기존 개발 방법으로는 8달이 걸릴 것이며 외주는 금지되어 있음이 확인되었 다. 그래서 AI 학습 도구를 사용하여 기본적인 원자료를 분석했고 질적으로 높은 수준의 온라인 결과물을 전달하였으며 그 결과, 파지가 매우 높은 학습을 경험하였다(Bailey, 2019).

여기에는 강력하고, 노력이 요구되는 인출 교수법이 들어있었다. Wildfire 접근법에 따라 핵심이 되는 연수를 전달하고, 평가를 모방하는 일체형 해결안을 실행할 수가 있었다. 여기서 중요한 것은 TUI는 시한을 지켰고, 기존 개발 비용의 10% 내에서 전달이 이루어졌다는 것이다. 전달 속도는 주목할 만하였다. 사실, 가장 힘들었던 것은 결과물을 전달 속도에 맞춰 검사하는 것이었으나 6주 이내에 전달이 이루어졌다.

Henri Palmer는 '이 새로운 접근법의 융통성과 "용기"로 TUI는 6개월의 노력, 개발 비용에서 £438,000과 임금에서 £15,000을 아꼈다'라고 말한다(Bailey, 2019). AI 학습과학을 사용하지 않았다면, TUI는 이러한 목표들을 달성할 수 없었을 것이다. 개발팀은 새로운 AI 학습공학 접근을 사용하여 다량의 학습 콘텐츠를 제한된 비용과 도전적인 일정 안에 전달할 수 있었다. 일정 하나만 놓고 보더라도 개발팀은 혁신적인, 명민한 개발 방법이 성공에 필수적임을 인식하였다.

장기 기억과 회상에 집중하여 학습을 개발 및 전달하기 위해 AI를 사용하는 Wildfire의 역할이 컸다. Wildfire는 문서, 파워포인트 발표 자료, 또는 동영상과 같은 콘텐츠를 처리하는 데 학습 알고리즘을 사용하여 고수준의 온라인 학습 콘텐츠를 생성한다. 산출물은 SCORM과 호환되며, 학습자의 진도가 e포트폴리오와 평가를 위해 추적이 가능함을 의미한다.

이 도구는 Wikipedia에 내부적으로 연결되어 학습자가 특정 주제에 대한 관련 콘텐츠 추가, 개발 없이도 심도 있게 연구할 수 있도록 했다. 그다음에 실시된 학습 분석 결과, 78%가 학습을 확장하기 위해 Wikipedia 콘텐츠로의 연결을 사용했다는 것이 밝혀졌다(Bailey, 2019).

TUI 팀은 극복해야 할 몇 가지 다른 문제들을 파악했다.

Wildfire 전달 속도에 검수와 완료를 맞추기 위해서 TUI에서는 새롭고 스마트한 프로젝트 접근법이 필요했다. 그렇지 않으면 일정을 맞추지 못하였을 것이다. 프로젝트 관리를 위한 새로운 접근법이 새로운 공학임을 인지하고 8주 동안 하루에 다수의 모듈을 생성할 수 있는 개발 도구가 가능하도록 불필요한 단계와 검수 단계를 삭제하였다. Wildfire 팀과 함께 작업하면서 매일 검수에서 발견된 변경 보고와 추가 설명은 전화 통화로 진행했다. 이 스마트한 접근법으로 프로젝트가 단 한 번의 대면 회의 없이 진행되도록 했다.

학습자들이 이 새로운 기술을 열성적으로 받아들일 것이라는 보장이 필요했다. LMS는 학습자가 성공적으로 접속할 수 있도록 준비되었고, 콘텐츠는 직관적으로 배치되었다. 학습 강화를 위한 고객 시나리오를 만들고 고객지원실은 지원 문서를 작성하였다.

Wildfire 알고리즘에 따른 학습 설계로 기존의 개시된 콘텐츠를 재사용하고 정규 학습 스크립트를 전혀 개발하지 않고서도 138개의 모듈이 단지 6주만에 전달되었다. 최종 해결안은 £60,000를 약간 상회하는 정도의 개발 비용으로 2수준과 3수준의 콘텐츠를 생성하였다. 인건비에서 £15,000를 추가로 줄임으로써 이 프로젝트는 AI 공학을 사용하지 않았을 때 예상된 비용의 10% 정도만 사용하였다.

연수의 효과를 밝히기 위해 이 연수를 받은 학습자가 있는 매장 관리자들과 계약하였다. 이 연수가 단지 2개월간 진행되었는데도 해결안의 효과가 나타났다. '43%가 고객을 응대할 때 지식과 자신감이 향상되었음을 인지했다'라는 것이 확인되었다(Bailey, 2019).

다른 비즈니스 영역에서도 이 기술이 도입되어 4개월 동안 850명의 자원자가 수료하였다. 1년 후에 6,000명 이상이 자발적으로 수료하였으며, 계속 증가하고 있다(Bailey, 2019). 이 팀은 '약간의 수평적 사고와 다량의 끈기로 불가능한 것으로 보이는 일정을 맞추는 방법'을 제안하였다. 회사 안에서 새로운 학습공학에 대해 과감히 도전하여 인재에 투자하고 회사의 전략을 달성한 우수한 사례로 인정하는 업무 영역이 더 넓어지고 있다(Bailey, 2019).

이 팀은 'Learning Technology Awards'에서 Best Online Learning Project 상을 받았는데, 당시 심사위원은 다음과 같이 말하였다.

> TUI는 개발 속도를 높이기 위해 AI 도구인 Wildfire를 선택하는 용기있는 발걸음을 내디뎠다. 그 결과는 3중 절약으로 6개월이라는 예상 일정을 무너뜨렸고, 인건비에서 £15,000와 개발비에서 £438,000을 줄였다.

이 새로운 AI 접근에 대해 융통성과 용기를 발휘하여 TUI는 6개월의 노력과 막대한 비용을 절약하였고, 검수자들이 학습을 타당화하고 채점하는 데 걸리는 시간을 줄였으며, 그 결과로 그들에게 15%의 가용 시간을 돌려주었다.

개방형 입력 콘텐츠

많은 온라인 학습에서 학습자들은 그 표면 위를 스케이트 타듯이 지나간다. 클릭에 의한 선다형 선택 또는 더 나쁘게는 끌어다 넣기와 같은 평면적인 매체 경험만을 제공한다면, 그것들이 얼마나 짧든지 또는 아주 미미하든지 상관없이 학습경험체제에서의 모든 대화와 '관여'에도 불구하고 아주 얕은 학습이 이루어질 것이다. Richard Mayer(1989)가 자신의 연구에서 수차례 보여주었듯이 매체가 풍부하다고 정신이 풍부한 것은 아니다. 풍부한 매체와 단순 클릭 선택은 불필요한 인지 부담으로 학습을 저해하고 인지적 노력을 낮추게 된다. 중요한 것은 노력이 요구되고 바람직하고 의도적인 연습이며 이러한 체제가 작동하도록 만드는 방법은 단지 매체 제작이 아니라 노력이 요구되는 '학습경험'에 초점을 맞추는 것이다.

읽고, 듣고, 시청하는 것으로 대개 학습이 이루어진다고 생각하는 경향이 있다. 강력한 학습은 이와는 다른 노력이 요구되는 복잡한 연습들이다. 학습자 설문조사와 만족도 조사는 실제 학습한 방법과 내용에 대한 측정으로는 부족하고 이상적인 학습전략과 매우 동떨어져 있음을 보여왔다.

학습이 작동하도록 만드는 '정신을 부르는' 것은 노력이다. 읽을 때의 경험을 학습경험으로 만드는 것은 정신적 성찰, 링크 만들기, 관련된 사고 회상 등이다. 이것은 온라인 학습에서 특히 그렇다. 개방적인 정신은 우리를 학습하게 하는 것이며, 따라서 개방형 응답은 온라인 학습에서 진정으로 학습하게 만드는 것이다.

여러분은 아무 학습자료, 아무 매체로든지 학습을 시작해보라. 이러한 매체로는 텍스트(PDF, 종이 문서, 책 등), 텍스트와 그래픽(파워포인트), 음성(팟캐스트), 또는 동영상이 있다. 모든 방법을 동원하여 텍스트를 읽고, 파워포인트 슬라이드를 살펴보고, 팟캐스트를 듣고, 동영상을 시청한다. 중요한 것은 그다음이다.

AI 도구를 사용하여, '개방형' 입력이 있는 온라인 학습이 빠르게 생성되고 AI에 의해 생성된 개방형 입력이 학습을 주도할 수 있다. 그 답안이 짧든 길든 상관없이 AI에 의해 의미론적으로 번역된다. 문자 그대로 질문과 함께 원하는 것은 무엇이든지 입력할 수 있는 빈 네모 칸이 주어진다. 이것이 실생활에서 벌어지는 것이며, 다수의 목록 중에서 선택하는 것이 아니다. 읽었거나, 보았거나, 들은 것을 단순히 재입력하도록 요구받지 않는다는 점을 주목해야 한다. 요점, 즉 질문은 알고 있다고 생각하는 것을 생각하고, 성찰하고, 인출하고, 회상하는 것이다. AI는 자연어 알고리즘과 의미론적 번역을 통해 응답의 번역을 지원한다.

여러분은 실제로 생각하고 알고 있는 것을 말하도록 요구받는다. 이것은 쉽지 않으며 여러 번 시도해야 한다. 이것이 핵심이다. 여러분은 인지적으로 깊이 파고들어 알고 있는 것을 인출하여 시도해본다. AI가 의미론적 분석을 실행하여 단어의 변형들, 유사어 그리고 다른 단어 순서들을 받아들인다. 단순히 복사-붙여넣기를 할 수 없고 이후에 제시된 정의에 맞게 입력한 부분이 강조 표시가 되어있다.

온라인 학습의 선다형 질문은 클릭을 통해 학습을 다 했다고 생각하기가 쉬워서 신선한 경험이다. 학습자들은 그들이 습득하지 못했음에도 습득했다고 생각하게 하는 착각에 빠지기 쉽다.

우리는 인간이 어떻게 학습하는지에 대해 많이 알고 있다. 표면적 경험에 과도하게 초점을 맞추는 것은 도움이 되지 않는다. 모든 경험에서는 학습이 이루어진다. 그러나, 이것이 요점은 아니며, 다른 것에 비해 더 나은 경험이 있다는 점이다. 이러한 경험이 무엇이어야 하는가에 대해서 학습자는 잘 알지 못한다. 중요한 것은 노력이 요구되는 학습이며 표면을 스케이트 타듯이 클릭으로 진행되는 학습이 아니다.

무에서 유를 창조하기

콘텐츠 생성에서 AI를 더 과감하게 사용하는 방법은 기존의 자원을 재사용하는 것이 아니라 아무것도 없는 상태에서 AI가 콘텐츠를 생성할 수 있다는 아이디어이다. GPT-2에 대해서는 들어본 적이 없겠지만 특히 학습에서 놀랄 만한 시사점을 가지고 있는 AI에서의 획기적인 진전이다. GPT-2는 주어진 텍스트 조각으로부터 다음 단어를 예측할 수 있는 AI 모형이다.

GPT-2는 다음의 과제 수행을 위한 강력한 모형이다.

- 요약하기
- 이해하기
- 응답하기
- 번역하기

이것은 영역–특화된 훈련 없이 모두 가능하다. 달리 말하면, 일반적인 능력을 갖추고 있어 성공적으로 작동하기 위해 특정 주제나 과목에 대한 구체적인 정보가 필요하지 않다. 이 모형은 적당한 길이의 질적으로 우수한 텍스트를 생성할 수 있다. 사실, 이 모형은 초기에 주어진 텍스트의 양식과 내용에 적응하므로 '카멜레온' 같다. 이것은 미래 교육과 연수에 대해 시사점이 아주 많으며, 장단점이 모두 있다.

장점
- AI 글쓰기 도우미는 공부하는 것이 논문이든 교과서든 상관없이 교수와 학습을 위한 텍스트를 적정 수준에서 자동으로 생성한다.
- 긴 텍스트는 요약하여 더욱 의미 있는 학습자료로 만든다.
- 뛰어난 대화 대리인은 보조교사로서 쉽고, 저렴하고, 더 나은 방법으로 학생의 '몰입'을 돕는다.
- 뛰어난 대화 대리인은 잦은 교수를 통해 쉽고, 저렴하고, 싸고, 더 나은 방법으로 학생을 '지원'한다.
- 온라인 학습 콘텐츠는 SME의 도움을 거의 받지 않고서도 생성될 수 있다.
- 학생의 개방형 텍스트 입력 응답이 해석될 수 있다.
- 학생의 수행에 기반한 형성적 피드백이 제공될 수 있다.
- 기계 교수, 멘토링, 코칭이 훨씬 좋아질 수 있다. 그러나 이것이 가능하게 되려면 특히 맥락을 중심으로 극복해야 할 다른 심각한 문제들이 있다는 점에서 신중할 필요가 있다.
- 평가가 자동으로 생성될 수 있다.
- 음성 인식체제가 훨씬 향상될 것이며 온라인 학습과 평가에서 사용될 수 있을 것이다.
- 웰빙을 위한 대화 대리인이 더욱 인간에 가깝게 되고 유용하게 될 것이다.
- 개인화 학습이 훨씬 쉽게 되었다.
- 온라인 학습이 훨씬 빨라지고 저렴해졌다.
- 언어학습이 훨씬 쉬워져서 번역의 질적 수준이 향상되고 자동적, 즉각적, 고품질의 번역이 훨씬 정확하게 될 것이다.

단점

- 논술 공장이 자동화된 지금, 논술이 필요한가? 주제를 입력하면 나머지는 기계가 하게 될 것이다. 심지어 오류가 일부 들어있어도, 인간의 교묘한 처리로 논술문을 수정할 수 있다.
- 숙제를 대신한다.
- 온라인 시험에서 실제 학습자를 대신하여 수행한다.
- 수업 튜터가 점차 자동화될 수 있다.
- 응답 기능을 통해 텍스트와 자료의 해석과 관련된 인간 직업 다수를 자동화한다. 고객 서비스 직무, 콜센터 직무 그리고 모든 인간적인 상호작용 직업에서의 자동화가 가속화될 것이다.
- 잘못 지시된 학습 콘텐츠와 에세이를 생성할 수 있다.
- 온라인에서 타인을 대리하는 것이 대규모로 자동화될 수 있다.
- 소셜미디어에 폭력적 또는 가짜 콘텐츠를 대규모로 자동 업로드 할 수 있는데, 이것은 교육에 좋지 않다.
- 스팸/피싱 콘텐츠가 대규모로 생성될 수 있다.

이 모형은 무엇보다도 무결점과는 거리가 멀다. 일부 보고서에서는 인간 수준의 능력을 갖춘 것으로 제시되지만 여전히 품질이 가변적이고 오류가 발생할 소지가 있다. 그러나 최초의 시도로서 이 모형은 놀랄 만큼 강력하다. 이 모형은 먼저 설정된 검사와 비교하여 그 수행능력이 보고되었다. 앞으로 더 많은 훈련 데이터, 더 좋은 컴퓨터 성능과 정밀한 조정이 예상되므로 더 나아질 가능성이 크다.

숙제 사례 중에 미국 시민전쟁에 대한 이유를 기술하는 것이 있었다. 그러면, 이 주제에 대한 가능한 논술문을 보여준다. 이 예제에는 창의적인 산출물도 포함되어 있는데, 상대적으로 짧은 한 문장으로부터 전체 대화가 포함된 허구의 이야기가 생성되는 것을 보여주는 흥미로운 AI 웹사이트 사례가 있다. 이것은 이야기, 소설과 문학을 생성할 수 있다는 놀랄 만한 가능성을 열어준다.

우리는 AI가 기존 문서, 파워포인트 또는 동영상을 사용하여 믿을 만한 온라인 콘텐츠를 생성하는 방법을 목격했다. 기존 방법의 속도와 비용보다 훨씬 적은 비용으로 작업을 수행할 수 있다. 학습자 팀, 다양한 과정들, 신속한 전달에 초점이 맞추어진 온라인 콘텐츠 제작 방법을 요구한다. 또한 AI가 아무것도 없는 상태에서 콘텐츠를 생성할 수 있는 소프트웨어를 어떻게 제공하기 시작했는지 살펴봤다. 이 영역은 아주 빠르게 발전하고 있다. AI에 의해 생성된 경제와 스포츠에 대한 논문들이 신문과 온라인에 수년 동안 게시되었으며, 이제는 온라인 학습에서도 벌어지고 있다.

결론

AI는 콘텐츠를 배열하고, 추천 엔진을 제공하고, 챗봇에 언어 데이터를 공급하며, 평가를 지원하는 것 이상으로 학습 콘텐츠 제작에도 관여할 수 있다. 또한, 학습의 핵심 기능을 식별하여 외부의 잘 조직된 시스템과 연결하고 개방형 응답에 대한 의미론적 분석이 가능하다. 그동안 동영상 콘텐츠의 단점으로 지적된 학습에 대한 인간의 감정과 태도를 살피지 못한 점을 AI가 동영상 자막과 추가 학습자료로 보완할 수 있다. 더 나아가 AI가 사회 이슈, 스포츠, 경제 기사를 자동으로 작성하는 것과 유사하게 무에서 유를 창조하는 등, 콘텐츠 제작에 관한 무한한 가능성이 확장되고 있다.

참고문헌

Bailey, S (2019) Transcript: #167 – Henrietta Palmer, Learning Solutions, TUI Group on creating learning content with AI, The EdTech Podcast. Available at https://theedtechpodcast.com/transcript−167−henrietta−palmer−learning−solutions−tui−group−on−creating−learning−content−with−ai/ (archived at https://perma.cc/4TGB−QWSN)

Bjork, RA (1975) Retrieval as a memory solidifier: An interpretation of negative recency and related phenomena. In Information Processing and Cognition, ed RL Solso, pp 123-124, Erlbaum, Hillsdale, NJ

Bjork, RA (1994) Memory and metamemory considerations in the training of human beings. In Metacognition: Knowing about knowing, eds J Metcalfe and A Shimamura, pp 185-205, MIT Press, Cambridge, MA

Gates, AI (1917) Recitation as a factor in memorizing, Archives of Psychology, 40, pp 1-104

Mayer, RE (1989) Systematic thinking fostered by illustrations in scientific text, Journal of Educational Psychology, 81, pp 240‒246

Mayer, RE (1996) Learning strategies for making sense out of expository text: The SOI model for guiding three cognitive processes in knowledge construction, Educational Psychology Review, 8 (4), pp 357‒371

Mayer, RE, Bove, W, Bryman, A, Mars, R and Tapangco, L (1996) When less is more: Meaningful learning from visual and verbal summaries of science textbook lessons, Journal of Educational Psychology, 88 (1), p 64

Mayer, RE and Clark, R (2003) E‒learning and the Science of Instruction, Pfeiffer, Hoboken, NJ (see p61 for multiple references)

McDaniel, MA, Agarwal, PK, Huelser, BJ, McDermott, KB and Roediger, HL (2011) Test‒enhanced learning in a middle school science classroom: The effects of quiz frequency and placement, Journal of Educational Psychology, 103, pp 399‒414

Roediger, HL, Agarwal, PK, McDaniel, MA and McDermott, KB (2011) Test‒enhanced learning in the classroom: Long‒term improvements from quizzing, Journal of Experimental Psychology: Applied, 17, pp 382‒395

Spitzer, HF (1939) Studies in retention, Journal of Educational Psychology, 30, pp 641‒656

Wurman, RS (1990) Information Anxiety: What to do when information doesn't tell you what you need to know, Bantam, New York

Chapter 09

동영상

YouTube에서 무엇을 배울 수 있는가?

YouTube는 새로운 텔레비전이며, 역사상 가장 많은 청각-시각 채널을 가지고 있으며, Google 다음으로 규모가 큰 검색엔진이다. 이것은 새로운 시청 방식, 주의 집중의 양식 그리고 청중과 새로운 상호작용 방식을 보여왔다. 간단히 말하면, 이것은 학습과 관련된 예전의 규칙들을 깨는 새로운 학습 플랫폼이다. 우리는 YouTube가 강력한 힘을 가지는 것이 AI에 의한 검색임을 간과한다.

웹은 교육과는 다르게 대규모의 사용자가 채택하는 교수법 모형을 습관적으로 제작한다. 짧게 가르치는 동영상이 이런 모형에 속한다. YouTube는 짧은 동영상 클립이 학습에 기여하고 있음을 보였다. YouTube EDU는 온라인 강의로, 어떤 내용이든지 관계없이 구세계가 신세계로 이전의 나쁜 관행을 옮기는 것이었다. 한 시간 정도의 좋지 않은 강의를 YouTube에 올려둔다고 좋아지지는 않는다. 학습 풍경을 불가역적으로 바꾼 것은 TED, Khan 그리고 수백만의 짧은 교육용 동영상들이다. 이들은 학습에서 동영상을 어떻게 사용해야 하는지를 이해하고 대상자의 요구에 맞춘 혁신가들이다. 교육은 방송되는 것이 아니라 디지털로 변환될 것이다.

YouTube는 동영상에 익숙한 청소년과 학습자들에게 기본 검색엔진으로 자리 잡고 있다. 이름만 대면, YouTube가 가르쳐줄 것이고, YouTube의 교수법적인 역량은 저장된 자료와 내용 범위의 규모로부터 온다. Wikipedia와 같이 기하급수적으로 증가하고 있고 교수자, 연수 담당자, 강사 그리고 학생들은 이 콘텐츠를 무료로 사용할 수 있다.

YouTube는 분명히 동영상이 웹에 제시되는 방법에 영향을 주어왔다. 동영상 클립들은 짧고, 장황한 수업 콘텐츠를 피하며, 따라서 인지적 부담도 피하는 교수법적 장점이 있다. 수업 동영상은 어느 정도 길어야 하는가? 오직 필요한 만큼만 길어야 하고, 결국 짧아야 한다.

YouTube는 동영상 수업에서 새로운 장르를 많이 만들었다.

- Khan 칠판과 색분필－간단하지만 효과적이다. 문제가 되는 것은 콘텐츠이며 말하는 사람이 아니다.
- Thrun의 손과 흰색 칠판－다시 말하지만, 중요한 것은 Thrun의 머리가 아니라 작업 문제와 해결안을 보는 것이다.
- RSA 애니메이션－단일 인포그래픽의 솜씨 있는 애니메이션이다.
- TED 대화－강의가 어떠해야 하는지를 보여준다. 강의는 짧고, 강사가 열정적이어야 하고, 판서도 없고, 읽기도 없고, 파워포인트도 거의 없다.
- 소프트웨어 시연－각 단계를 하나씩 보여준다.
- 물리적 시연－카메라 엔진, 방열기, 또는 고쳐야 할 것이라면 무엇이든지 상관없이 어떻게 고치는지를 설명과 함께 보여준다.

수행에 의한 학습은 교실과 학교라는 비현실세계에서 언제나 어려움이 있었다. 직업 및 실용적인 학습에서 YouTube를 통해 실제 과제가 동영상으로 제시됨으로써 중요한 진보가 이루어졌다. 여기에는 실제 대상물을 조작하거나 과정을 시연하는 것이 포함되어 있다. 수행에 의한 교수법은 YouTube를 통해 학습 환경 안으로 들어올 수 있다.

YouTube는 다양한 범위의 교육과 연수에서 무료 콘텐츠 자료로 사용되며 그 결과로 학습비용을 줄이게 될 것이다. 이에 더하여, 동영상의 길이, 품질, 사용의 혁신과 폭 등에 있어서 교수법적인 변화를 초래하였다. 그러나 YouTube는 '채널'

이상으로 맥락과 구조를 제시하지는 않는다. 우리는 동영상을 색인화하고, 특히 전문가 집단들이 제시한, 동영상 답안들을 찾기 위해 학습자 주도 질문들을 사용하는 서비스를 보아왔다. Khan은 선수 지식의 관점에서 수학을 맥락화하는 소프트웨어를 가지고 있다. 달리 말하면, 학습경험이 폭과 심도를 가지려면 동영상은 혼합된 맥락 안에서 사용될 필요가 있다.

Netflix에서 무엇을 배울 수 있는가?

Netflix는 어디에서 왔는지도 모르게 등장했다. 이것이 등장한 것을 본 사람도 없다. 지금은 국제적인 채널인 Netflix는 미리 편성된, 공급자 중심의 전달에 머물러 있던 세계에 시간 이동, 수요 중심 해결안을 채용함으로써 연예 산업에서 거대 기업이 되었다. Netflix는 사용하기 쉽고, 시간이 이동되며, 검색할 수 있고, 개인화되어 있으며, 광범위하게 A/B 테스트가 이루어졌고, 타일 형태로 보여주고, 인터페이스 이면에 AI 추천 엔진을 가지고 있다. 기술적으로 동영상을 스트리밍하고 다매체를 지원한다. 그러나 이것을 정말로 가능하게 하는 것은 데이터 주도 알고리즘이다. 학습과 동영상에 관련된 사람들이 공학, 특히 AI에 주목해야 하는 이유이다. 또 다른 거인, YouTube는 지구상에서 가장 큰 학습 플랫폼으로 검색이 가능하고, 개인화가 되며, 시간 이동이 된다.

학습 세계에 이와 비슷한 일이 벌어질 수 있었을까? 영화, TV와 같이 학습경험도 대략 한 시간, 정해진 일정으로 초중등학교에서는 차시, 고등교육에서는 한 시간의 강의 안에서 전달된다. Netflix가 생성한 사용하기 쉽고, 개인화된 AI와 데이터 기반의 스트리밍과 시간 이동이 가능하며, 저비용 전달이라는 완벽한 폭풍을 만들어내는 플레이어를 볼 때가 이른 것이 아닌가? 그러나 Netflix는 연예 콘텐츠로 학습 콘텐츠가 아니다. 따라서 좋은 학습 동영상 제작과 관련해 인지심리학으로부터 무엇을 더 배워야 할까?

그 첫 번째 시사점은 공학은 전달, 데이터, 추천 엔진, 접속, 편의성과 비용의 관점에서 그 중요성이 좌우된다는 것을 알아야 한다는 것이다.

Netflix는 우리가 알고 있듯이 클라우드 기반의 대규모 스트리밍 서비스로 고객들이 스트리밍 된 콘텐츠를 받아볼 수 있는 대역폭을 갖추었을 때 비로소 가능하게 되었다. 클라우드 기반의 전달은 이제 학습 서비스에서 표준이 되어가고 있다. 콘텐츠와 관리 체제가 클라우드로 옮겨가고 있고 성공의 필수조건이 되고 있다. 특히 실시간으로 다수의 학습자에게 개별화된 형태로 서비스를 추적하고 전달하려면, 대규모의 적응적 체제는 클라우드 기반이어야 하는데, 이것은 해당 모델에서만 확장 가능하기 때문이다.

Netflix는 제공자가 아닌 소비자 주도가 됨으로써 TV와 영화 산업을 포위하였다. 이것은 고객의 통제 속에 있고, 자신의 기분에 따라 영화, 드라마, 코미디, 다큐멘터리 등을 마음껏 선택할 수 있어서 중독성이 있다. 시간 이동은 원할 때 시청하라는 일종의 속임수이다.

지나칠 정도로 많은 학습이 실시간, 동기적 학습으로 전달된다. 지금은 학습이 대부분 비동기적으로 이루어질 수 있다고 인정한 시대이다. 온라인 학습이 제공하는 것이 바로 이것이다. 학생을 물리적으로 돌보는 것이 필수적인 학교에서 이것이 일어날 가능성은 희박하다. 그렇지만, 거기에도 개선의 여지는 있다. 그러나 고등교육, 성인과 기업교육에는 충분한 기회가 있다. 우리는 현명하고, 확장성이 있는 온라인 전달이 필요하다.

Netflix는 잘 알려져 있듯이 1백만 불의 상금으로 AI 추천 엔진을 강화하였다. 그들은 실제 승리 알고리즘을 사용하지 않았으나, 이것으로부터 학습하여 더 간단하게 만든 알고리즘을 사용하였다. 단지 물건들이 보관된 저장고 이상으로 만든 것이 이 섬세한 추천 엔진이다. 이것은 Netflix를 살아있고, 숨 쉬는, 개인화된 서비스로 바꾼다. 학습 전달이 필요로 하는 것은 개인화된 서비스, 학습자가 원하는 것을 알고 적합한 것을 적기에 전달하는 것이다. 이것은 Google, Facebook 그리고 이제 Netflix의 핵심 알고리즘이다. AI는 이제 새로운 UI이다. 학습자가 아는 것, 모르는 것 그리고 다음에 알 필요가 있는 것을 아는 것이 효율적인 학습을 전달하는 열쇠라는 점에서 이것은 학습에서도 유효할 것이다. 지금은 알고리즘의 시대이며, AI는 다음에 다가올 시대에 세상을 만드는 데 있어서 토대가 되는 공학이다.

Netflix가 인기가 있는 것뿐만 아니라 장면 분석과 더불어 장르와 세부 장르에 걸쳐 배우들을 상호참조하여 자료를 수집한다는 것을 알게 되면 매우 놀라게 된다. Netflix는 사람들이 싫어하는 것, 언제 흥미를 잃어버리는 경향을 보이는지 그리고 언제 그만 보는지를 알고 있다. 이 자료는 다음 프로그램 선택, 심지어 콘텐츠 수수료 책정, 장면 구성 등에 대해 알려준다. Netflix의 콘텐츠 책임자인 Ted Sarados

는 House of Cards를 '알고리즘에 의해 생성된' 것으로 기술한다(Martinson, 2015). 이 알고리즘으로 정치적 공포 드라마를 좋아했던 사람들이 또한 Kevin Spacey를 좋아했음을 계산해 냈다. 이 통찰력 있는 콘텐츠 제작은 시청자에 대한 세심한 이해의 결과이다.

Sarados에 의하면 Netflix의 의사결정은 70%가 데이터, 30%가 인간이다. 교육과 연수는 거의 100% 인간에 의한 의사결정이며, 이것이 왜 충분히 빠르게 향상되지 않는가에 대한 정확한 이유이다. 콘텐츠를 구성하고 전달을 향상하려면 데이터를 사용해야 한다. 이것은 교과목 및 학위 수준뿐만 아니라 콘텐츠의 생성과 선택적 배치에서도 이루어질 필요가 있다. 모든 것은 사용에 따라 개선이 이루어지는 하나의 시스템으로 간주하여야 한다. 교육은 속도가 느린 학습자이다. 이제 교육이 빨리 학습하도록 만들어보자. 그리고, 학습자들은 주목하라−학습자들은 서비스가 모든 장치에서 전면적으로 작동되기를 원한다.

Netflix 사용자의 환경은 매끄럽고, 사용하고 탐색하기 쉽고, 검색할 수 있고, 개인화된 경험을 한다. 이것을 대부분의 교육 경험들과 비교해 보자. 대부분은 흥미롭게도 분리되어 있고, 복잡하고, 불편하다. 시스템 또는 한 교과목을 이해하고, 탐색하는 데는 엄청난 노력이 요구된다. 찾고, 공부하고, 도움을 구하고, 피드백을 받고 그리고 평가받는 것을 더 쉽게 해야 한다. 이것은 끊임없는 관심, 무수한 A/B 테스트 그리고 학습경험을 향한 끈질긴 태도가 필요하다.

AI와 동영상

YouTube, Vimeo, Netflix, Amazon Prime 등의 서비스를 통해 동영상은 이 시대의 매체가 되고 있으며, AI는 이 시대의 공학이 되고 있다. 이 둘을 결합하면 강력한 혼합물이 된다. 이 두 세계가 어떻게 상호작용하는가? 물론 AI는 편집, 색 균형 잡기, 소리 혼합, 자막, 전사, 번역, 걸러내기, 검색, 개인화, 분석 그리고 예측 등으로 제작자를 돕는다.

동영상을 생성할 때 AI는 이미 동영상 제작 도구들로 천천히 다가간다. 동영상을 훨씬 빠르고 고품질로 편집할 수 있는 도구들이 있다. 카메라마다 색 균형이 다르게 찍힌다면 AI로 보정이 가능하다. 여러 장면에서 같은 배우가 다른 피부 색조가 나타난다면 얼굴 인식과 피부 색조 일치를 통해 보정이 가능하다. AI를 사용하여 대화에 깔리는 음악을 믹스하고 움직이는 이미지를 보정, 강화, 향상하는 데에 더 많이 사용되고 있다.

물론, AI로 쉽게 편집할 수 있는 것은 가짜를 만들기도 쉽다는 것을 의미한다. AI에 의해 생성된 아바타가 TV 진행자로 등장해 문자를 음성으로 변환해 주는 소프트웨어를 사용하여 뉴스를 읽는다. 화면에 나타나지 않고 목소리만 내는 전문가가 Obama의 목소리를 흉내 내, 여러분이 원하는 무엇이든지 그의 목소리로 말하게 할 수 있다. 더 걱정스러운 일은 가짜 음란물이다. 유명인으로 얼굴만 바꿔치기 한 딥페이크 음란물이 바로 그것이다.

Alibaba의 Aliwood 소프트웨어는 AI를 사용하여 회사가 소장한 스틸 이미지에서 주요 이미지, 클로즈업 등을 식별 및 선택하여 20초 길이의 동영상을 제작해 준다(Chou, 2018). 이 선택된 이미지들은 AI로 함께 편집되고 배경음악을 넣는다. 이렇게 하면 온라인 구매가 증가한다고 한다. 또, 문자를 음성으로 변환한 내레이션이 추가되어 적절한 위치에 배치되도록 편집해 주는 동영상 생성 소프트웨어도 있다. 뮤직비디오와 영화는 스타일 캡처 및 플로우 툴과 함께 Deep Dream과 같은 AI 도구를 사용하여 이미지를 만들어왔다. 심지어 AI가 작성한 대본만으로 만들어진 정규 분량의 영화도 있다.

동영상이 생성되면 AI는 자막을 추가할 수 있다. 이런 유형의 소프트웨어는 개 짖는 소리와 그 외의 다른 소리를 집어낼 수 있고, TV, YouTube, Facebook, 심지어 안드로이드 스마트폰에 이르기까지 현재는 표준화 되었으며, 접근성을 높이고 있다. 이것은 소음이 많은 환경에서도 유용하다. 언어 학습자들도 자막이 자기 주도적 언어학습에 이점이 있다고 밝혔다. Mayer의 연구에서 낭독과 문자를 함께 사용하면 학습을 방해하는 효과가 있다는 것이 밝혀져 있다는 점에서 여기에는 주의해야 한다(Mayer and Johnson, 2008).

문자를 음성으로 변환하는 것은 학습자가 동영상을 전사하는 데 매우 유용하다. 일부 도구들은 이러한 전사 자료를 만들어 동영상을 보충하는 온라인 학습 제작에 사용한다. 동영상을 시청하는 것은 태도와 정의적 학습, 나아가 과정과 절차에는 좋지만, 의미론적 지식과 세부사항에는 취약하다. AI의 생성과 평가에 전사 자료를 추가하면 학습경험에 부가적인 차원을 제공할 수 있다.

일단 전사된 텍스트가 만들어지면 번역할 수 있다. Google Translate로부터 시작하여 더욱 복잡한 서비스로 향상되어왔다. 이 공학은 대기시간을 짧게 하면서 정확한 결과를 전달할 수 있는 끝과 끝이 맞닿은 번역 모형으로 음성에서 음성으로의 번역을 할 수도 있을 것이다. 이러한 진보는 어떤 동영상이든지 다중 언어로 번역되고 학습 동영상을 낮은 비용으로 신속하게 국제적으로 배포할 수 있게 될 것이다.

YouTube가 음란물 등 바람직하지 않은 자료가 표시되는 것을 막는 원리를 한 번 생각해 본 적이 있는가? AI 필터는 이미지 인식을 통해 불쾌한 동영상을 검색, 식별하고 삭제한다. Facebook은 현재 금지된 콘텐츠의 96.8%를 식별한다 (Wiggers, 2019). 여기서 AI가 전체 작업을 하는 것은 아니다. '성기 사진'을 식별하고 제거하는 것은 알고리즘과 이미지 인식에 의존하지만, 공동체가 표식을 달고, 진짜 인간이 이 자료를 앉아서 시청하기도 한다. AI는 바람직하지 않은 콘텐츠로부터 우리를 보호하기 위해 점차 더 많이 사용되고 있다.

알고 싶은 것이 있는가? 또는 하고 싶은 것이 있는가? YouTube 검색이 학습자가 가장 먼저 선택하는 사례로 점차 늘고 있다. YouTube는 아마도 지구상에서 가장 많이 사용되는 학습 플랫폼일 것이다. 그러나 우리는 우수한 검색이 그 중심이라는 것을 잊어버리는 경향이 있다. AI 검색 기법은 YouTube에 그 역량을 부여한다. YouTube 검색은 Google 검색과 다르다는 점을 주목하라. Google은 권위, 관련성, 사이트 구조를 활용한다. 반면에 YouTube는 모든 콘텐츠에 대한 통제권을 가지고 있어서, 시청율 증가, 시청 유형, 시청 시간, 최고 시청 시간대, 공유, 댓글, 좋아요와 나중에 볼 동영상 저장 등과 같은 소셜미디어의 속성들을 활용한다. 검색은 YouTube를 아주 편리한 학습도구로 만들어준다.

YouTube, Vimeo 그리고 Netflix와 같은 동영상 서비스는 알고리즘에 따라 콘텐츠를 제시하기 위해 AI를 사용한다. AI는 새로운 UI이며, 동영상 콘텐츠 대부분은 이러한 개인화된 형식으로 제공된다. 이것이 추천과 적응적 학습 체제에서 벌어지고 있는 정확한 모습이며, 개별적으로 축적된 자료를 사용하여 학습경험을 개인화, 최적화하여 모든 사람이 개별적으로 학습한다.

Netflix는 현재 국제적인 서비스에서 거대한 자료가 수집되었으며, 이 자료는 미래의 의사결정에 정보를 제공할 수 있을 것이다. 학습에서도 이와 유사하게 사용, 종료 등에 관한 분석은 학습의 효용성에 관한 결정에 정보를 제공할 수 있다. MOOC 등에서 수집된 학습 동영상 데이터에 따르면 학습자 다수가 6분 내외에 시청을 그만두었다(Guo et al, 2014). 9~12분 사이에는 이 비율이 50%로 내려가고, 그 이후에는 20%가 된다. 시선추적을 사용한 주의 집중에 관한 연구들에서 얻어진 결과는 이러한 급격한 각성 저하를 입증해 준다(Risko et al, 2012). 동영상은 6분 이내로 유지할 것이 권장되며 더 적을수록 더 좋다.

이상의 모두가 학습에서 동영상 전달에 영향을 주고, 줄 것이다. 이미 실제 사용되고 있는 기법도 여러 가지 있다. 앞에서 모든 것들은 학습자의 요구와 더불어 AI에서의 발전에 따라 더 향상될 것으로 기대된다. 이것은 학습 세계가 고객 서비스로부터 많이 배우고, 얻을 수 있다는 명확한 사례에 해당한다. 앞에서 말한 기법 대부분은 우선 고객 플랫폼에서 구축, 정교화, 전달되고, 그다음에 학습 맥락에 사용된다.

AI는 동영상을 심층 학습으로 바꾼다

학습에서 동영상을 사용하면 매체가 주의를 끌게 되므로, 마치 학습하고 있는 것처럼 느끼게 할 수 있으나, 시간이 지나면 그 지식은 사라져버린다. 유성은 아름답지만, 대기권으로 들어오면서 불타게 되고, 지상에는 거의 도달하지 못하는 것처럼 말이다.

기본에서부터 시작해보자. 의식하고 있는 것은 작업기억에 있는 것으로 동시에 둘 또는 네 개의 정보 요소로 그 용량이 제한되어 있다. 우리는 이러한 의식적인 생각을 20초 남짓 기억 속에 유지할 수 있다. 정신은 제한적인 용량과 기간으로 학습경험을 통과한다. 이것은 모든 경험에 해당하며 동영상을 사용하면 흥미로운 결과를 볼 수 있다.

비록 수명이라는 분명한 한계가 있기는 하지만 장기기억은 용량과 기간에서 한계가 없는 것으로 알려져 있다. 우리는 생각을 장기기억에서 다시 작업기억으로 신속하게 힘들이지 않고 전송할 수 있다. 이것이 '앎'이 중요한 이유이다. 수학에서 구구단을 암기하는 것이 유용한 이유는 작업기억이 회상된 결과를 효율적으로 조작할 수가 있기 때문이다. 새로운 정보를 다루고 통합하기 위해 기존의 정보를 이용한다. 더 많이 알면 새로운 정보를 쉽게 배울 수 있다. 오랫동안 저장 및 처리된 정보는 힘들이지 않고 장기기억으로부터 회상을 통해 작업기억이 된다. 이것은 동영상 기반 학습을 장기기억으로 끌어들이는 방법에 관하여 문제를 제기한다.

예컨대, 곱셈과 같이 유의미한 정보를 처리하는 것을 배울 때, 곱하는 숫자의 저장소는 2~4개이다. 이 요소들은 작업기억 안에서 다루어져야 하고, 요소 등의 상호작용은 추가적인 부담이 된다. 단순히 덧셈 또는 뺄셈의 학습은 요소 상호작용이 낮지만, 곱셈은 더욱 어렵다. 단어 학습은 요소 상호작용이 낮다. 단어를 의미 있는 문장으로 조합하는 방법을 배우는 것은 훨씬 더 어렵다.

뇌는 새로 제시된 자료를 감당하고 그 속도를 통제할 수 없으므로 동영상에서 요소 상호작용은 더 어렵다. 따라서, 동영상은 인지적 노력과 심층적 처리가 필요한 학습을 통합하는 데 취약한 매체이며, 이러한 이유로 동영상이 의미론적 정보 학습 매체가 되기에 어려움이 있다.

아주 간단히 말하면, 우리는 온라인과 오프라인 상황에 관계없이 작업기억을 통해 장기기억에 뭔가를 저장하기 위해 가르친다. 동영상 콘텐츠를 설계할 때 이러한 학습이론을 고려해야 한다. 동영상을 사용하는 경우 작업기억에 한계가 있고, 작업기억에 있는 학습경험을 장기기억으로 이전할 기회가 없을 수 있다. 또한 사실을 담은 내용, 도표와 숫자같이 다른 매체에 더 적합한 의미적 콘텐츠를 동영상에 포함하면 장황하고 부적절한 콘텐츠가 될 수도 있다.

장기기억도 일화와 의미기억이 구분된다. 일화기억들은 어제저녁에 했던 것, 저녁에 먹은 것, 음악회에서의 경험을 회상하는 것과 같은 경험들이다. 이것들은 어떤 점에서 보면 (비록 재구성된 것이지만) 짧은 동영상 연속물들을 회상하는 것과 같다. 의미기억은 사실, 숫자, 규칙, 언어 회상이다. 이것들은 뇌의 다른 방식과 장소에서 처리되는 다른 유형의 기억이다. 학습에서 동영상을 사용할 때, 목표 대상을 아는 것이 중요하다. 동영상은 장면, 사건, 절차, 장소, 뭔가를 하는 사람들의 회상 같은 의미기억보다 일화기억에 훨씬 더 끌린다.

동영상은 실제로는 쉽게 경험하기 어려운 경험을 포착할 수 있다는 점에서 학습 지원성이 큰 것으로 인식된다. 동영상은 학습경험을 향상시키고, 내레이션을 사용하여 사람들의 내면에 가지고 있는 생각들을 드러내고, 학습해야 하는 요점을 압축하여, 집중하고, 강조하는 기법을 사용한다. 잘 사용하면 감정적, 정서적으로 영향을 줄 수 있으며 태도 변화에 좋은 도구가 된다. 지난 100여 년 동안 망원과 근접 촬영 등 동영상 촬영·편집기법에 많은 발전이 있었다. 헤드라인을 읽는 것에서 드라마적 구성에 이르기까지 정교한 편집기술과 사람·장소·시간을 자유자재로 다루는 기술은 동영상을 더욱 강력하고 매력적인 매체로 만들었다.

동영상은 과정, 절차, 실제 세계에서의 실물의 움직임, 드라마, 심지어 아주 혹독한 비난을 받는 대상의 말하는 얼굴까지 보여주기 좋지만 다른 것들, 특히 개념, 숫자, 추상적 의미들에는 취약하다. 동영상을 학습 매체 그 자체로 보는 것은 잘못되었다. 동영상은 사물들이 적절하게 제시 및 강화된다면 뛰어난 학습 매체이며, 학습자가 동영상 경험에 다른 노력이 요구되는 학습을 추가로 할 경우, 더 뛰어난 매체가 된다.

동영상은 그 자체로 학습의 환상을 조장할 수 있다는 위험이 있다. 이 현상은 Bjork와 동료들이 밝혀냈는데, 학습자는 학습경험이 (대개 시작 후 20분 이내에 (Clark, 2018)) 실제로 기억에서 쇠퇴하였을 때에도 여전히 고착되어 있다고 쉽게 생각한다는 것이다.

동영상 학습경험이 유실, 상실되지 않도록 할 수 있을까? 그 증거는 분명하다. 학습자는 노력이 요구되는 학습이 필요하다. 동영상 학습경험은 이 경험을 단기기억에서 장기기억으로 옮겨줄 수 있는 보다 심층적인 학습으로 보완되어야 한다.

인출

한 가지 효과적인 방법으로는 인출과 회상이 포함된 보다 심층적이고, 노력이 요구되는 학습에 참여하는 것이다. WildFire와 같은 AI 도구는 바로 이것을 수행한다(WildFire Learning, nd).

NHS에서 간호사에게 WildFire에 의해 생성된 콘텐츠를 전달할 때, 과정과 절차들이 동영상으로부터 회상되었으나 세부사항의 대부분은 그렇지 못했음이 밝혀졌다. 기억 및 회상되지 않은 지식은 대개 '의미론적' 지식이었다.

1. 숫자들(1회분, 측정치, 통계적 결과 등)
2. 이름과 개념(개념, 약품, 병원균, 해부학 등)

일화와 의미기억에 실제로 차이가 있으므로 이것이 놀랍지는 않다.

일화기억은 경험과 사건으로 모든 것을 기억한다. 의미기억은 사실, 개념, 숫자 등이며, 장소, 시간으로부터 독립되어 있고 단어나 기호로써 생각된다.

의료계에서는 다른 직업에서와 마찬가지로 이 두 가지를 알아야 한다. 이것이 동영상 하나만으로는 거의 충분치 않은 이유이다. 한 가지 해법은 일화와 의미기억의 강화에 집중하여 2+2는 5가 되도록 하는 학습을 동영상과 함께 사용하는 것이다.

이 해결안은 동영상의 음성을 자동으로 전사하는 것이다. 일부 전사 자료는 이미 제공되고 있고, 그렇지 않았던 것에 대해 YouTube의 자동 전사 서비스나 다른 도구를 사용할 수 있다. 전사 자료는 WildFire의 처리를 거쳐 기억과 회상을 증가시키는 개방형 질문이 포함된 온라인 학습이 자동으로 제작되었다. 이렇게 처리함으로써 학습자는 동영상을 보면서 능동적 학습을 수행하며 동시에 의미론적 지식도 수집하였다.

간호사가 환자의 피부에 알레르기 항원을 도포하고 그 반응을 기록하는 알레르기 검사 연수 동영상은 간호사에게 환자의 팔 아래에 베개를 받쳐서 편하게 검사하는 장면을 보여준다. 그리고 간호사가 환자에게 '피부에 로션을 바르셨나요? 최근 4일간 항히스타민제를 드신 적이 있나요?'라고 질문한다. 또 다른 중요한 학습 요점은 환자에게 항원을 도포한 부위를 문지르지 않고 긁지 말라고 말하는 것 등이다.

동영상이 절차에 따라 팔 아래에 베개, 날카로운 것을 담아 두는 용기 안에 랜싯 보관, 문지르기가 아니라 닦아내기 등에 대해 잘 알려주었다. 동영상이 실패한 것은 환자가 항히스타민제를 복용한 날짜 수, 알레르기 항원의 이름, 음성 대조군의 개념 등이다. 이것은 다음으로 WildFire에 의해 학습자들에게 회상하여 그 답, 4일, 알레르기 항원의 이름들, 음성 대조군 등과 같은 항목들을 개방형으로 입력하도록 한다. 더불어 학습자가 음성 대조군이 무엇인지 몰랐다면 진단 검사에서 음성 대조군이 무엇인지를 기술한 설명에 대한 AI가 생성한 연결이 주어진다.

학습자는 동영상에 의한 시각적 학습과 WildFire에 의한 의미론적 학습이 모두 올바른 순서와 맥락 안에서 이루어지는 양쪽 세계의 장점을 취한다. 인출 학습이 동영상 콘텐츠와 밀접하게 관련되어 있으며, 이것이 전사 자료가 사용되는 이유이다.

결론

학습이 유실되거나 잊히지 않도록 하려면 어떻게 해야 할까? 이상하게도 학습했다고 생각하는 것을 회상하도록 만드는 학습경험을 하게 하는 것이다. WildFire 는 동영상의 음성을 전사하고, AI에 입력하여 알고 있다고 '생각하는' 것을 입력 하도록 하는 보충 학습경험을 생성한다. 인출 학습의 이 강력한 형태는 두 번째의 기회를 통해 강화가 주어지는 것과 더불어 학습을 통합한다.

연구에 의하면 기억으로 회상하는 것, 말 그대로 딴 곳을 보다가 알고 있는 것 에 관해 생각하는 것은 첫 번째의 교수 경험이나 노출보다 더 강력하다. 게다가, AI는 심층적인 사고와 처리를 통해 기억을 통합하기 위해 보충 자료에 대한 링크 를 생성한다.

YouTube의 인기와 학습에서 동영상의 성공을 목격했듯이 동영상은 멋진 학 습 매체이다. 그러나 동영상을 더 낮게 만드는 원리들이 다수 있다. AI가 생성한 콘텐츠가 보충될 때, 시각적 일화 학습과 의미론적 지식이라는 두 배의 효과를 얻 게 된다.

참고문헌

Chou, C (2018) Alibaba releases new AI video editor 'Aliwood', Alizila. Available at https://www.alizila.com/alibaba−releases−new−ai−video−editor−aliwood/ (archived at https://perma.cc/7MWV−Z3CF)

Clark, D (2018), Why almost everything we think about online learning may be wrong and what to do about it···, Donald Clark Plan B. Available at http:// donaldclarkplanb.blogspot.com/2018/11/why−almost−everything−we−thin k− about.html (archived at https://perma.cc/ZM5Z−7YEC)

Guo, PJ, Kim, J and Robin, RLS (2014) How video production affects student engagement: An empirical study of MOOC videos, in Proceedings of the First ACM Conference on Learning at Scale, pp 41–50, ACM, New York

Martinson, J (2015) Netflix's Ted Sarandos: 'We like giving great storytellers big canvases', Guardian. Available at https://www.theguardian.com/media/2015/ mar/15/netflix−ted−sarandos−house−of−cards (archived at https://perma.cc/Q3ZX− MWR5)

Mayer, RE and Johnson, CI (2008) Revising the redundancy principle in multimedia learning, Journal of Educational Psychology, 100 (2), p 380

Risko, EF, Anderson, N, Sarwal, A, Engelhardt, M and Kingstone, A (2012) Everyday attention: Variation in mind wandering and memory in a lecture, Applied Cognitive Psychology, 26 (2), pp 234–242

Wiggers, K (2019) Facebook says AI now identifies 96.8% of prohibited content, Venture Beat. Available at https://venturebeat.com/2019/05/23/facebook − says − ai − now − identifies − 96 − 8 − of − prohibited − content/ (archived at https://perma.cc/2TSG − E9NM)

WildFire Learning (nd) Available at http://www.wildfirelearning.co.uk/ (archived at https://perma.cc/8882 − CGHR)

Chapter 10

떠밀기 학습

행동심리학에서 우리는 인간이 학습을 미루는 이유에 관해 많이 알게 된다. 학습자를 이해하면 그들을 학습하도록 하는 것이 왜 그렇게 힘든지를 알게 된다. 코끼리와 그 기수의 비유로 시작해보자. 기수는 의식이 있고, 말하고, 생각하는 뇌고, 코끼리는 자동적, 감정적, 본능적인 뇌다. Jonathan Haidt는 이 비유를 창안하여 자신의 저서 The Happiness Hypothesis(2006)에 제시하였다. 최근에 더 발전된 뇌의 이성적 기수가 배우기를 원하지만, 대개 미루고, 충동적인 코끼리가 주도권을 빼앗아서 아무것도 하지 않고 뒹굴도록 한다. 학술적으로 이것은 Kahneman이 저서 Thinking, Fast and Slow(2011)에서 설명한 두 체제, 빠른 그리고 느린 체제와 유사하고, Michael Lewis의 The Undoing Project(2016)에 더욱 읽기 좋은 형태로 제시되어 있다. 우리가 공학과 AI 주도 체제를 사용하여 우리 내부의 코끼리를 극복한다면 학습은 훨씬 자유롭게 흘러갈 것이다.

그러나 여기에는 한 가지 큰 문제가 있다. 코끼리로 비유하는 인지적 편향성은 행동주의 경제학에서 충분히 연구된 특성인 과도한 가치폄하 효과의 문제이다. 두 개의 유사한 보상을 받을 때, 인간은 나중보다 먼저 얻을 수 있는 것을 선호한다. 그런 다음 우리는 나중에 제시되는 보상의 가치를 깎아내리고, 이러한 가치폄하는 지연 시간이 길어질수록 더 커진다.

학습의 결과가 멀리 있다면, 우리는 그것을 덜 중요하게 여길 것이다. 나이가 어린 흡연자는 흡연이 매우 위험하다고 알려준다고 금연하지는 않으며, 죽음보다 더 위험한 것은 없다. 흡연자는 흡연의 결과가 수십 년이 지나 나타나기 때문에 경고한다고 해서 금연하지는 않는다. 학습도 마찬가지다. 보상이 학습에서 멀리 있는 것으로 느껴지기 때문에 학생들은 마지막 순간까지 책상을 떠나 있다가 시험 직전에 벼락치기 하거나 마지막 날 저녁에 과제물을 작성하는 경향이 있다. 조직에서도 이와 유사하게 새로 습득한 지식과 기술을 언젠가 또는 전혀 사용하지 않을 것 같으면 열심히 하지 않는다. 인쇄기에 문제가 발생하기 전에 인쇄기 문제 동영상을 시청하는 사람은 없으며, 규정 준수 교육의 시사점이 동떨어져 있다면 관련성이 있다고 느끼는 사람은 사실 없다. 그렇다면 우리는 학습자가 기수가 되어 코끼리에 의해 제지당하지 않도록 하려면 어떻게 해야 할까?

동료 학습

학습을 온라인 또는 오프라인 관계없이 사회적 경험으로 다시 구성하면 학습자들은 비교할 수 있는 동료 집단을 가지게 된다. 다른 사람들이 시간에 맞춰 일을 끝내는 것을 보면 이들을 따라 하게 된다. 동료 압력은 강력한 힘이다. Harris와 Baron-Cohen의 뛰어난 업적인 동료 압력에 의한 '양육 가정'(1999)으로 시작하여, 다음으로 Mazur가 Peer Instruction(1999)에서 설명한 Harvard에서의 업적을 고려해 보면, 동료 압력은 분명히 행동에 막대한 영향력을 가질 수 있다. 승진 또는 금전에 대한 미래의 약속은 함께 일하는 집단의 일원이 되고 격려를 받는, 나아가 동료의 심사를 받는 가까운 경험에 비해 영향력이 약하다. 이 사회적 압력에 대한 격려와 피드백이 행동을 유발하기 때문이다. 이것은 구식의 좋은 동료 압력이다.

Ivan Illich는 Deschooling Society(1971)에서 '학교 교육'이 학습을 교수로, 교육을 성적으로, 역량을 졸업장으로, 성취를 출석으로 혼동하고 있음을 보았다. 학교는 심리적 무능감으로 이끄는 이 세상과는 다른 분리된 장소이며, 우리는 다른 기관이 학습 과제를 맡지 못하게 하는 정도까지 그 역할에 고착된다. 그는 인터넷 훨씬 이전에 '개인적, 창의적 그리고 자동화된 상호작용을 제공하는 기관 창출에 공학 사용 가능성'을 기술하였다. 그는 학습에서 공학의 역량을 예견하였고 같은 관심으로 동기화된 다른 사람들과 자신의 관심사를 공유하는 기회가 각 개인에게 동등하게 주어지는 서비스망을 통해 학교 교육의 대안을 보았다. 그의 핵심 아이디어는 모두를 위한 교육은 모두에 의한 교육을 의미한다는 것이었다. 그는 교사를 통해 모든 교육을 계속 퍼붓는 것이 아니라 세상에 대한 새로운 연결을 학생들에게 제공하는 것으로 보았다. 이런 의미에서 학교의 역기능이 가능하며, 다음 네 가지 유형의 교육 자원을 제안한다.

1. 교육 객체에 대한 참조 서비스
2. 기능 교환
3. 동료 맞추기
4. 광범위한 교육자에 대한 참조 서비스

학습에 인터넷이 등장하면서 AI 주도 검색, Wikipedia와 같은 지식 기반을 발견하고, YouTube에서 AI 주도 검색, 공개 교육 자료 그리고 AI 주도 소셜미디어를 통해 활발히 사용되고 있다.

AI 인터페이스에 의해 주도되고 개인화된 공학의 역할은 메시지를 보내고, 온라인 멘토를 찾도록 동기부여하는 Tinder와 챗봇에서 볼 수 있다. 우리는 AI의 도움을 받아 학습자를 튜터와 동료를 매칭한다.

가볍게 찌르기 학습

가볍게 찌르기(nudge) 이론의 심리학적 기저는 Thaler와 Sunstein(2009)의 저서 Nudge: Improving decisions about health, wealth and happiness에 제시되어 있다. 그들은 당연히 제목에 '학습'을 추가할 수도 있었을 것이다. 가볍게 찌르기는 멋진 짧은 단어이며 일부 사례는 아주 흥미롭다. 최근 유명해진 것으로 공항 남자 직원들의 소변기에 파리를 그려두어서 밖으로의 유출과 청소 비용을 줄인 사례가 있다. 장기기증을 선택하는 것이 아니라 제외하도록 한 사례도 있다. 가볍게 찌르기가 학습에 사용될 수 있을까?

공학은 학습자에게 동기를 유발하는 메시지와 기회를 떠밀어 주는 것을 가능히 한다. 학습으로 들어오도록 그들을 가볍게 찌를 수가 있다. 가볍게 찌르기

이론은 소변이 튀는 것을 줄이기 위한 소변기 곤충 그림부터 보다 심층적 행동 변화에 이르기까지 다양하게 사용됐다. Differ는 적기에 알림을 사용하여 학생들을 가볍게 찌르고, 떠밀어서 학습자 참여를 끌어올리는 학습 챗봇이다. 우리는 학습자가 게으르고 마지막까지 일을 그대로 내버려 둔다는 것을 알고 있는데, 그 행동을 고치도록 그들을 가볍게 찌르지 않을 이유는 없다. Woebot은 아침에 Facebook 메신저에 등장하는 상담 챗봇이다. 이것은 점적 주입 효과가 있는데, 콘텐츠가 좋고 유용하면, 아침마다 몇 분간 습관적으로 사용하게 된다는 것이다. 가볍게 찌르기는 개인화, 즉 요구에 관련되게 하거나 더 가깝게 만듦으로써 가속화될 수 있다. Google, Facebook, Twitter, Instagram, Amazon, Netflix 등과 같은 온라인 서비스는 추천 엔진을 사용하여 사용자가 다음에 필요한 것을 시스템에서 개인화하여 제안한다. 이것은 학습경험을 관련 있게 만드는 또 다른 방법, 개인화된 가볍게 찌르기이다.

과도한 가치폄하를 허무는 다른 방법으로는 습관적 학습을 생성하는 것이다. 이것은 한번 내장하기가 어렵지만, 일단 내장되면 강력한 동기 유발자가 된다. 우수한 학습자는 노트 필기를 하고 항상 가방에 책을 넣어 다니고 잠자리에 들기 전에 독서를 하는 습관을 지니고 있다. 습관을 하나 선택하고 자연스럽게 거의 본능적으로 될 때까지 그것을 하도록 자신을 강화한다. Kahneman(2011) 언어에서는 한때 시스템 1이었던 일부 특성을 시스템 2가 가지도록 해야 한다.

적기 연수, 수행 지원과 작업 흐름은 모두 필요할 때 학습이 제공되는 것에 대한 용어들이다. 이것은 요구와 실행 간의 간격을 좁히고, 그리하여 지체가 발생하지 않도록 하여 과도한 가치폄하를 제거한다. 인쇄기와 다른 문제에 대한 해결안을 언제든지 사용할 수 있도록 준비하면 문제가 발생했을 때, 해결안을 즉시 사용할 수 있게 하는 것, 이것이 바로 필요한 것이다.

즉각적인 의식은 주요 사건들, 즉 합병, 재조직, 신제품, 새 지도자 등에 의해 생겨날 수 있다. 이 모든 것은 긴박감을 생성할 수 있다. 새해가 되면 결심을 하듯이 새로운 사건들이 사람들에게 자신의 미래 요구와 계발에 관하여 생각하게 할 수도 있다.

또는 자기 자신이 소규모 사건을 직접 만들 수도 있다. 일부 회사는 허위 피싱(phishing) 이메일을 보내서 직원들이 어떻게 반응하는지를 보고, 그 사건 다음에 연수를 전달하는 방식으로 '피싱' 연수를 시행하였다.

마케팅에서 널리 사용되는 촉매로서의 사건들을 가볍게 찌르기 학습 그리고 행동 유도가 깔끔하게 결합된 Standard Life에 의해 수행된 프로젝트(Clark, 2018)가 있었다. 그들은 한 사건, 다른 대기업과의 합병을 촉매로, 90초 분량의 동영상을 가볍기 찌르기로, 자신의 팀 안에서 무언가를 위한 도전을 행동 유도로 사용하였다. 이 사용은 추적되었으며, 훌륭한 결과를 보였다. 행동 유도는 마케팅, 특히 연락, 등록, 문의, 전화나 버튼으로 구매하도록 권유가 행해지는 온라인 마케팅의 근본이다. 아마도 세상에서 가장 성공적인 기업이며, 가볍게 찌르기와 행동 유도라는 간단한 아이디어 위에 구축된 Amazon을 보자.

　　조직에서 행동은 빠르게 이루어진다. Standard Life와 Aberdeen Asset이 합병하였을 때, 새로운 조직을 위한 명민한(agile) 학습접근법이 실제 성과를 거두었다. 대면 또는 온라인에 관계없이, 전통적인 대규모 훈련 프로그램을 통한 지식의 습득은 구시대적이고 명민하지 않으며, 합병 이후의 회사 환경과 같이 빠르게 환경에서 실패할 수 있다. 반면에, 일련의 짧고 뚜렷한 개입은 사람들을 가볍게 자극함으로써(nudge) 새로운 작업환경에 적응하도록 영향을 줄 수 있었다. 이것이 Head of Learning의 Peter Yarrow가 생각했던 것이며, 그가 옳았다.

　　Standard Life Aberdeen은 조직 내의 리더와 전문가들의 말하는 얼굴이 담긴 잘 구성된 평균 90초 길이의 동영상을 이메일로 보냈다. 동영상에는 자신의 작업환경에 시사점을 적용하는 '도전'이 포함되어 있었다.

　　이 사례는 일반적인 경영 기법이지만 모든 종류의 요구에 대한 응답에 적용될 수 있다. 각각은 제안 또는 문제로 시작하여 해결안이 제안되고 마지막으로 핵심적인 행동 유도가 이어진다.

　　가볍게 찌르기와 도전은 훌륭한 의사소통의 중요성에 대한 동영상이었다. 만약 동료가 서로 잘 모른다면 성과가 높은 팀이 되기 어렵다. 신뢰, 상호존중 그리고 선의가 없다면 실적은 아마도 분명 중간일 것이다. 예외적인 실적을 얻기 위한 연료는 긍정적 작업 관계이다. 이를 위한 주별 도전은 자신의 동료를 더 잘 알게 되는 것이다.

　　멘토링에 관한 가볍게 찌르기 동영상도 있다. 멘토링을 받는 것은 계발과 진척을 위한 좋은 방법이다. 그러나 어떻게 시작할 수 있을까? 자신이 열망하는 경력 경로를 밟아 신뢰할 수 있는 사람을 찾는 것으로 시작한다. 그다음 주의 도전은 멘토링 관계를 맺는 것에 관하여 학습하는 것이다.

이러한 동영상과 도전들은 이메일로 전송되고 그 사용 형태를 추적하였다. 조직 전반에 걸친 참여는 연수 부서를 놀라게 했고 피드백은 매우 긍정적이었다. 자신의 원래 작업 흐름 안에 이 도전을 통합하였고(이들은 너무 길지도 방해가 되지도 않았다), 자신의 구체적인 직무 안에서 개인별로 행동에 옮기도록 사람들을 가볍게 찔렀다는 점에서 관련성이 있었다고 느꼈다.

작업 흐름 안에서의 학습은 GPS에 의해 탐지된 특정 장소에서, 수행 지원이 필요한 일을 하는 특정 시간에 스마트폰으로 전송된 알림을 통한 가볍게 찌르기와 같은 맥락적 인식에 의해 도움을 받을 수 있다. 첫날 직장에 도착한다고 상상해보자. 스마트폰은 회사에 도착했음을 인식하고 건물의 어디에 있는지, 어느 부분까지 오리엔테이션을 받았는지를 고려하여 알림을 제공한다. 관리자라면 직무에 대한 지원자들 면접을 하게 되는데 면접의 기초적인 기법에 대한 안내를 받으며 공장에 들어서면 특정 과정에 관한 안내가 제공된다.

학습과 사람들이 학습하게 하는 것은 서로 다른 일이다. 심리학적으로 우리는 학습을 미루고, 지체하고, 심각하게 여기지 않고, 보상을 중요하게 고려하기에는 너무 멀리 있다고 보도록 유선으로 연결되어 있다. 우리는 이러한 특질과 싸워야 하고 실제적 노력이 요구되는 학습을 격려할 수 있는 것을 해야 한다. 모든 종류의 가볍게 찌르기, 즉 사회적, 자율성, 떠밀기, 작업 흐름에서 위치, 촉매 사건들, 추천, 시각적 가볍게 찌르기, 행동 유도 그리고 습관 등을 통해 이것이 정말 중요한 것처럼 보이도록 해야 한다. 이것은 대부분 AI에 의해 동력을 얻는 추천 엔진에 의해 개인화되고 주도될 가능성이 크다.

학습 홍보

무엇인가를 홍보하기 위해 같은 내용의 이메일을 일괄 전송하는 것보다, 알고리즘을 사용하여 개인이 원하는 바를 찾아내고 사용 데이터를 이용하면 적절한 시기와 정확한 대상을 찾아낼 수 있다. 조직 내부의 이메일 시스템을 사용하면 더 많은 데이터를 수집할 수 있다. 마케팅 전문가들은 다채널 접근 방식을 사용하여 사람들이 무엇인가 행동하도록 유도한다. 여기에 실천 또는 경험적 학습을 통한 지식과 기술을 적용할 수 있다.

예를 들어, 순수한 마케팅 접근법으로 강한 명령어 동사로 시작하기, 짧고 간결한 문장 사용하기, 이성과 감정적인 소구를 사용할 수 있다. 청중들이 왜 그 행동을 해야 하는지, 그 이유를 제공하는 것이다. 이 행동을 하지 않으면 당장 무엇을 잃을지도 모른다는 사회적 압력을 이용해서라도 이것을 놓치면 안 된다는 것을 강조한다. 실천을 촉구하는 메시지는 과학이자 예술이며 때로는 창의적일 필요가 있다.

홍보를 위한 마케팅 분야의 사고방식은 '적을수록 좋다'이다. 시청자가 첫 번째요, 채널이 두 번째, 행동이 세 번째임을 강조하는 콘텐츠를 몇 시간 동안 전달할 필요는 없다. 이것이 바로 학습심리학이 우리에게 학습경험에 대해 말해주는 요점이다. 작업기억의 한계, 인지 과부하, 망각과 전달의 관점에서 적은 것이 비로소 더 잘한 것이라는 것을 의미한다.

만약, 우리가 훌륭한 콘텐츠를 개발했고 학습을 통해 사람들의 행동 변화를 가져오고자 한다면 이것을 학습자에게 널리 전달해야 한다. 대상을 평균화하고 캐리커처 하듯이 페르소나를 지정하는 것이 아니라, 한 사람, 한 사람에 대한 데이터를 통해 적절한 내용을 뽑아 해당하는 사람에게 다가가야 한다. 브랜딩, 이미지, 메시지 모두 채널의 선택과 함께 매우 중요하다. 학습 홍보도 마케팅과 같이 채널을 다각화할 수 있다. 적절한 시기가 중요하다. AI를 기반으로 한 대상 선정이 학습 홍보를 더 촉진할 수 있다. 대상을 선정하는 것이 시작이자 전부이다.

끼워넣기 학습

끼워넣기 학습은 직관에 반하고, 학습 전략으로 거의 사용되지 않지만, 그 근거 기반은 매우 강력하다. 획기적인 연구를 수행한 Shea와 Morgan(1979)은 학생들에게 하나의 구획 또는 무선으로 제공되는 과제들을 학습하도록 하였다. 무선에 의한 학습이 장기기억 면에서 더 우수한 결과를 보여주었다. 이 실험은 Simon과 Bjork(2001)에 의해 반복되었는데, 활동을 마칠 때 학습자에게 2일째에 수행에 관한 생각을 물어보았다. 대부분은 구획 연습이 더 나으리라 생각했다. 그들은 틀렸다.

같은 글자를 반복해서 쓰는 손글씨 쓰기를 연습하는 것은 글자를 섞어서 연습하는 것만큼 효과적이지 않다.

HHHHHHHIIIIIJJJJJJJJ는
HIJHIJHIJHIJHIJHIJHIJHIJ를 쓰는 것만큼 좋지 않다.

이것은 개념적 및 언어적 기능에도 같이 적용할 수 있다. Rohrer와 Taylor(2007)는 수학 문제의 중간에 다른 것을 끼우는 것이 더 효과적임을 밝혔다. 비록 구획으로 나눠진 것이 더 나은 것으로 느껴지지만 중간에 끼우는 것이 3배 이상 낫다! 3개 주요 학술지의 편집장이 이 논문을 처음 읽었을 때는 퇴짜를 놓았을 정도로 그 결과가 충격적이었다. 효과의 규모가 매우 커서 믿기가 어려웠다.

Rohrer, Dedrick 그리고 Stershic(2015)는 이를 한 단계 더 나아가 수학에서 서로 관련이 없는 주제들을 사용하여 구획으로 나눈 연습과 중간에 끼워 넣은 연습을 비교하였다. 중간에 끼운 연습이 단기 및 장기(30일)에서 모두 나은 수행 결과를 보였다.

사례들로부터의 학습, 사례에 노출됨으로써 일반적 기능의 학습, 엑스레이 사진 판독, 또는 특정 화가의 그림에 대한 노출을 통한 그 화가의 양식 추론은 어떠한가? Kornell과 Bjork(2008)는 화가 검사를 하였는데, 6명의 화가와 화가별 12개의 그림을 선정하여 48장의 그림들을 학생들에게 보여주었다. 그 결과 끼워넣기 학습이 2배 이상 효과적이었다. 이 결과는 나비, 대상물, 음성, 통계 그리고 다른 영역에서 반복되었다. 다시 한번 학습자들은 어떤 유형의 수업이 더 효과적이라고 생각하는지에 대해 질문을 받았다. 그들을 이에 대해 틀린 답을 하였다. 어린 아동(3세)을 대상으로 한 Vlach와 Sandhofer(2012)는 끼워넣기 학습이 수행 성과가 더 좋았다는 것을 보여주었다.

끼워넣기 학습은 구획이 나눠진 학습과는 반대로 맞지 않고 풀어져 있어 혼돈이라고 느낀다. 그러나 이것이 훨씬 더 효과적이다. 직관에 전혀 부합하지 않는 것처럼 보이지만 학습 전략으로서는 유의미하게 효율적이다. 그러나 우리는 교실에서, 숙제에서, 온라인 학습에서 끼워넣기 학습을 얼마나 목격하는가? 거의 없다.

이것은 인지과학이 우리에게 던진 또 다른 기법이며 AI 주도 알고리즘 공학을 통해 실행될 수 있을 것이다. 끼워넣기 학습은 파지와 회상을 증가시키기 위해 그 자체로 생성될 수도 있고 기계학습을 사용하여 최적화된 끼워넣기 전략도 등장할 것이다.

간격 연습

이러한 행동적 마케팅 기법을 넘어서 학습에서 파지와 효능이 증가하는 것으로 알려진, 보다 교수법적으로 적절한 기법으로는 간격 연습이 있다.

Matthew Syed는 10년 동안 영국에서 탁구 선수 1위였다. 그와 그다음 서열의 5명의 선수가 거리상 얼마 떨어지지 않은 동네에 살고 있었다. 어떻게 그럴 수가 있었을까? 그 동네에는 훌륭한 코치와 24시간 운영하는 클럽이 있었고 그 선수들은 그곳의 라커룸 열쇠를 가지고 있었다. 이 집단은 정상에 오르기 위해 무자비하게 연습했다. 이것은 타고난 '재능'과는 전혀 관련이 없었으며 노력과 연습과 관련이 있었다. Bounce(2010)에 모두 기술된 내용으로 저자의 스포츠 여행과 더불어 이 여행의 배후에 있는 심리학, 특히 의도적인 연습을 발견한 것에 관해서도 설명한다. 연습은 완벽하게 만들 수도 있지만, 그것이 전부는 아니다.

이것은 단순히 반복 또는 미리 정해져 있는 노출 유형을 따르는 문제가 아니다. 간격 연습은 그 이상이다. 이것은 시간에 간격을 두고 지식 또는 기능의 회상, 예행연습, 수정, 적용, 또는 의도적 연습을 의미하며 이를 통해 자동적 회상을 위한 장기기억을 강화하고 통합한다. 궁극적으로 이것은 수행에 관한 것이며 측정 가능한 수행으로 이끄는 가장 효과적인 기법을 적용하기 위해 증거 기반 학습 이론을 사용하는 것이다. AI는 이 연습을 제공하는 데 도움을 줄 수 있다.

수백 만의 교사, 강사, 연수담당자, 코치 그리고 교수들은 간격 연습에 전혀 관심을 기울이지 않았다. 이 원리와 그 원인에 관한 배경 지식 없이 가르치는 사람들은 학습 과정에서 핵심 요소를 놓치고 있다고 주장할 수도 있다. 이것은 다소 불공평한데, 전통적인 학습은 연수실, 교실 또는 강의장에서 고정된 교과목 안에서 이루어져 왔으며 학생이 문을 나가면 사라져 버렸기 때문이다. 연습, 수정 그리고 적용 시도들은 모두 학습자의 몫이다. 그러나 이것이 공학의 도움을 받거나 도움 없이 상황을 개선하려는 노력에 관한 관심을 두지 않도록 할 수는 없다. AI는 이것을 해결할 뿐 아니라 학습자에게 개인화하여 전달하는 데 현명하게 사용될 수 있다.

1885년 Ebbinghaus는 Uber Das Gedachtis를 발간하였는데(영어판은 1913년에 인쇄되었다), 실용적인 기억 과학에 대한 토대를 구축하는 획기적인 업적이었다. 그는 기억 측정에 대해 과학적 방법의 적용과 유명한 망각 곡선을 알려 주었고 이 곡선은 지금도 망각의 급경사 특성을 처음 접하는 사람들을 놀라게 하는 힘이 있다.

학습한 지식과 기능을 정교화하여 작업기억에서 장기기억으로 옮기지 못하는 문제를 해결하는 방법은 나중에 반복하고, 검토하고, 수정하고, 예행연습하고, 회상하고, 간격을 두어서 연습하는 것이다. 증거에 의하면 이 간격의 주기가 중요하며 단순히 정답을 인지하는 것이 아니라 능동적인 회상이 포함되는 것이 중요하다. 이 학문은 이 한 가지 기법이 학습의 생산성과 수행을 실질적으로 증가시킬 수 있다고 제안한다.

능동적 회상은 기억에서 어떤 것을 끄집어내는 것으로 선다형 질문에서 인식되는 것이 아니며 미래의 수행을 향상하는 데 수 세기 동안 사용하던 것이다 (Gates, 1917). 능동적 회상 행위는 기억을 계발하고 강화한다. 이것은 또한 읽기, 듣기, 시청하기와 같은 수동적 회상으로는 불가능한 방법으로 회상의 과정을 향상한다. 실제로 지식과 기능에서 진정으로 문제가 되는 것은 회상이며 인식이 아니다. 이외에 다른 이점으로는 미래 회상(단지 인식이 아닌)의 조건을 모방하는 방식으로 학습하면 회상은 훨씬 더 확실하게 된다는 점이다(Morris et al, 1977).

우리는 사용자가 모르거나, 잘 모르거나 확신을 하지 못하는 지식과 기능에 대한 단서와 능동적 회상을 밀어내기 위해 정규의 떠밀기 체제를 이용할 수 있다.

학생들은 한 차례의 단일 연습으로 이루어지는 '집중 연습' 직후에 더 잘 수행하기도 하지만, '간격 연습'을 수행한 학생보다 빨리 잊고, 나중에 시행한 시험에서 더 부실하게 수행한다(Keppel, 1964). 이것이 최종시험이 대개 단기적 및 근시안적인 이유이다.

망각은 초기에 급경사를 보이며 아주 빠르게 잊히고 그다음에 더 천천히 사라진다. 망각이 하향 곡선이므로, 망각에 대응(기억하기)하는 방법도 상향곡선 전반에 걸쳐 간격이 두어져야 한다. 그러나 이것은 간격 있는 연습과 능동적 회상의 결합(Landauer and Bjork, 1978)이며, 간격을 더 크게 하여 차시를 반복하면 최적의 파지와 회상에 도달하게 된다. 이 연습의 시기가 중요하다. 학습경험 직후에 연습이 중요한 시점도 있지만, 시간이 지나면서 쇠퇴가 천천히 진행되면 연습 차시들도 시간의 진행에 따라 점차 간격을 더 띄울 수 있을 것이다. 이것은 전형적인 분, 시간, 일, 주, 월의 순서를 따르게 된다.

간격 연습의 추가적인 특성으로는 학습자가 안다는 것에 대한 확신에 관한 자각이 있다. 그러나, 학생 자신의 학습에 대한 지식인 단순 메타인지는 양날의 칼이다. 능력에 대한 자기인식은 학습을 도울 수도 있고, 방해할 수도 있다. 요점은 학습자가 너무 적게 또는 너무 많이 공부할 수 있다는 것이다(Nelson and Leonesio, 1988). 이것은 학습자에게 자신의 능력에 대한 자신감을 등급으로 표현할 수 있게 해 주는 간격 연습 체제로 이어졌다.

사용자가 명확하게 알고 있는 항목들은 자신이 없는 항목들, 학습에 어려움을 겪거나 알지 못하는 것이 분명한 항목들에 비해 가중치를 더 적게 부여할 수 있으므로 간격 연습은 선택적일 수 있다. 여기서 개별 학습자의 수행 자료를 사용하여 학습과 연습을 최적화하여 지식망을 통해 학습자의 경로를 정해주는 알고리즘 추론을 포함할 수 있다.

공학과 간격 연습

간격 연습은 일반적으로(배차적이 아니라) 학습자에게 간격 있는 사건들을 전달하는 공학과 접근법이 필요하다. 이것은 당기기보다 떠미는 것이다. 간단한 것부터 복잡한 것까지 떠밀고 관리하기 위해 공학을 사용하는 방법은 많이 있다. 그 모든 사례에서 교수법이 운전사이며 공학은 가속자이다.

간격 연습 소프트웨어 도구는 학습을 위해 신호를 준다. 이와 같은 도구들은 학습공학에서 주요한 획기적인 진전이다. 스마트폰의 지원성은 문자 보내기, 사진, 검색, 빠른 경험, 게임, 또는 알림과 같은 신속하고 일화적인 사건들에 관한 것이다. 모바일 기기를 사용하는 평균 시간은 초 단위들이며 WhatsApp 또는 다른 어떤 것을 사용하여 문자를 보내는 것이 목소리를 능가하면서 이 시간은 점점 짧아지고 있다. 모바일 기기가 짧은 일화적 경험을 위해 사용되면서 짧은 간격 연습에 사용될 수 있게 된다.

도구들은 어떤 교육과정 또는 학습경험으로부터 '신호'를 받고 교육과정 이후에 종료일까지 결정된 빈도로 간격을 둔다. 이것은 새로운 직무의 시작, 시험, 제품 출시 등이 벌어질 때까지 간격을 줄 수 있다. 개인별로 전달하는 알고리즘을 사용할 수 있다.

AI 공학이 개발됨으로써 파지와 생산성에서 의미 있는 향상이 실현될 수 있게 되었다. 우리는 과제 활동을 학습자들에게 상기시키고 시간 간격을 두고 그들에게 학습 주제의 조각들을 떠밀 수 있다. 이러한 시스템들은 학습자의 기억을 되살리는 것을 돕기 위해 아주 작은 크기의 질문, 과제, 활동으로 이전 학습에 새로운 삶을 삽입할 수가 있다.

정규의 떠밀기 방법의 문제점으로는 습관화가 있다. 이것은 화면에 툭 튀어나오는 도움말 또는 조언 체제와 같이 사용자가 중간에 끼어드는 것에 지치고 떠밀어진 사건들을 무시하기 시작할 때 보인다. 이러한 동기 문제는 떠밀기 기법이 지나치게 공격적이지 않도록 하는 것과 짧게 유지하는 것, 다양하게 하는 것 그리고 주의를 집중할 만한 가치가 있게 하는 것 등에 의해 해결이 될 수 있다.

개인화된 간격 연습

항목은 모르는 것, 확신이 없지만 아는 것, 확신 있게 아는 것으로 분류될 수가 있다. 사실 이러한 분류는 검사 정도와 주관적 평가 지식 등을 추가하여 더 세분화할 수도 있다. 세밀한 분석에 의한 적응적 체제는 연습 항목 최적의 전달을 결정하는 수학적 판단(알고리즘)에 기초하여 전달된다. 이 최적 전달 일정은 알고리즘과 학습자의 수행, 인식에서 얻어진 자료에 기초하고 있다.

이 시스템은 개인화된 연습 일정을 전달하는데, 주기적인 순서에 의해서가 아니라 사용자가 실제로 회상할 수 있는 것을 진척한 것인지를 식별하는 것으로 결정된다. 여기서 유용한 기법은 잘 알게 된 항목은 점차 제외하는 것이다. 항목을 선택적으로 제시하는 이 방법은 항목이 하나도 남아 있지 않을 때까지 운반 장치에서 점차 제거한다. 위성 항법 시스템처럼 사용자의 위치를 판단하고 고려하여 올바른 교정 행위를 전달한다. 사용자가 잘 수행하면 아주 예측할 수 있는 형태로 전달하기도 하지만, 회상과 자신감이 부실하다는 신호를 보이면 더 오랜 기간에 걸쳐 더 많은 항목을 전달한다.

여기에 80:20 비율을 사용하여 '통합 연습기(80%의 시간)'와 그 마지막 '수정 기간(20%의 시간)'을 구분한다. 통합 연습기는 간격을 좁히고 점차 항목을 제거하고 회상을 증가시킨다. 수정 기간은 단순히 회상 속도를 증가시킨다. 이 정도로 복잡한 수준으로 전달하려면 공학, 특히 AI 주도 적응적 공학이 필요하다는 것을 알 수 있을 것이다.

이 방법은 작업 부담을 오랜 기간에 걸쳐 분산함으로써 학생의 걱정과 인지적 부담을 줄이는 데 크게 이바지할 수 있다. 미루다가 억지로 쑤셔 넣지 않고, 긴 시간에 걸쳐 작업 부담을 균형 있게 배분함으로써 수행을 통합하고 향상한다. 간격 연습은 학습자의 동기를 절하시키지 않고, 자신감을 높이고, 기대를 충족시키고 목표를 달성하는 동기를 유발할 수 있다.

간격 연습은 학습과 진정한 수행에서 가장 강력하지만 가장 간과되고 있는 학습법이다. 적절하게만 실행된다면 학습 생산성에 큰 이득이 될 수 있을 것이다. 더 나아가 간격 연습 전략이 없다면 학습 전략도 없다고 말할 수도 있을 것이다.

결론

동료, 가볍게 찌르기, 조직적 학습, 끼워넣기 학습 그리고 간격 연습을 수행할 정도로 스마트한 도구가 많아지면서, 인지과학이 제공한 증거 기반 학습 전략들을 이제 공학을 통해 전달할 수가 있다. 인지과학이 알려주는 최적의 학습 전략을 AI 기술로 구현하여 개인화된 양식으로 전달함으로써 학습 효능을 매우 증가시킬 것이다.

참고문헌

Clark, D (2018), Why almost everything we think about online learning may be wrong and what to do about it⋯, Donald Clark Plan B. Available at http://donaldclarkplanb.blogspot.com/2018/11/why−almost−everything−we−think− about.html (archived at https://perma.cc/Q5WA−6AJH)

Ebbinghaus, H (1913) Memory: A contribution to experimental psychology, Teachers College, Columbia University, New York

Gates, AI (1917) Recitation as a Factor in Memorizing (No. 40), Science Press, New York

Haidt, J (2006) The Happiness Hypothesis: Putting ancient wisdom and philosophy to the test of modern science, Arrow Books, Random House, London

Harris, JR and Baron−Cohen, S (1999) The nurture assumption: Why children turn out the way they do, Nature, 398 (6729), pp 675-676

Illich, I (1971) Deschooling Society, Marion Boyars Publishers Ltd, London

Kahneman, D (2011) Thinking, Fast and Slow, Penguin Books, London

Keppel, G (1964) Facilitation in short— and long—term retention of paired associates following distributed practice in learning, Journal of Verbal Learning and Verbal Behavior, 3 (2), pp 91–111

Kornell, N and Bjork, RA (2008) Learning concepts and categories: Is spacing the 'enemy of induction'?, Psychological Science, 19 (6), pp 585–592

Landauer, TK and Bjork, RA (1978) Optimum rehearsal patterns and name learning, in Practical Aspects of Learning, eds MM Gruneberg, PE Morris and RN Sykes, pp 625–632, Academic Press, New York

Lewis, M (2016) The Undoing Project: A friendship that changed the world, Penguin, London

Mazur, E (1999) Peer Instruction: A user's manual, Prentice—Hall, Upper Saddle River, NJ

Morris, CD, Brandsford, JD and Franks, JJ (1977) Levels of processing versus transfer—appropriate processing, Journal of Verbal Learning and Verbal Behavior, 16, pp 519–533

Nelson, TO and Leonesio, RJ (1988) Allocation of self—paced study time and the 'labor—in—vain effect', Journal of Experimental Psychology: Learning, memory, and cognition, 14 (4), pp 676–686

Rohrer, D and Taylor, K (2007) The shuffling of mathematics problems improves learning, Instructional Science, 35 (6), pp 481–498

Rohrer, D, Dedrick, RF and Stershic, S (2015) Interleaved practice improves mathematics learning, Journal of Educational Psychology, 107 (3), pp 900–908

Shea, JB and Morgan, RL (1979) Contextual interference effects on the acquisition, retention, and transfer of a motor skill, Journal of Experimental Psychology: Human learning and memory, 5 (2), pp 179–187

Simon, DA and Bjork, RA (2001) Metacognition in motor learning, Journal of Experimental Psychology: Learning, memory, and cognition, 27 (4), pp 907–912

Syed, M (2010) Bounce, Fourth Estate, London

Thaler, RH and Sunstein, CR (2009) Nudge: Improving decisions about health, wealth, and happiness, Penguin, New York

Vlach, HA and Sandhofer, CM (2012) Distributing learning over time: The spacing effect in children's acquisition and generalization of science concepts, Child Development, 83 (4), pp 1137-1144

Chapter 11

적응형 학습

인간의 두뇌는 우리가 우주에서 알고 있는 것 중 가장 복잡하다. 우리는 모두 비인간적이고 지나치게 길고 선형적이고 단순한 경험을 좋아하지 않는 완전히 독특한 두뇌를 가지고 있다. 그러나 학습은 긴 시간의 강의, 단순한 글의 책장들, 누구에게나 적용되도록 만든 단일한 학습경험을 정확하게 제공한다.

학습은 지극히 개인적인 경험이며 주의력, 깊이 있는 처리, 자기 생성, 연습 등의 측면에서 학습이론은 개별적인 요구에 대해 민감할 필요가 있음을 지적한다. 이것은 항상 현실적이지는 않으며, 개인이 가진 제한적인 자원은 직접적인 설명과 전체식 수업방법을 바꿀 수 없었다. 그러나 개별화는 AI라는 연료를 장착한 온라인 학습은 강사, 트레이너, 교사, 학습자에게 제공하는 하나의 훌륭한 선물이다. 교실에서 교사가 차별화에 관해 이야기하고 30명이 넘는 학생들과 차별화를 해나가기 위해 몸부림친다. 대학 강의는 수백 명의 인원이 나타나기도 하는데 이는 개인적 학습과는 완전히 반대되는 것이다. 이것 중 어느 것도 어떤 의미에서도 '개인적'이라고 표현할 수 없다. 그러나 '개인적'이라는 것이 온라인상에서는 관련성이 있고, 시기적절하며, 스스로 결정되며, 스스로 생성되고, 목표가 되고, 사적이고, 심지어 친밀한 것까지를 의미할 수 있다. 이것이 바로 강력한 검색과 새로운 인터페이스, 추천을 통해 AI가 학습을 위해 제공할 수 있는 것이나.

적응형 학습

적응형 학습은 K12, 고등교육 및 기업 L&D에서 사용됐는데, 모두가 올바른 학습시간에 적절한 학습자에게 올바른 교육을 제공하기 위해 더 빠르고 더 효율적인 학습 방법을 찾고 있기 때문이다. 그러나 전통적으로 이러닝은 모두에게 똑같은 형태로 누구에게나 적합한 한 가지 형태를 가져왔으며, 이미 알고 있는 것은 보통 무시해버리는 매체로서 내용 전달에 초점을 맞춰왔다. 학습자를 학습 내용에 맞추는 것과는 반대로 적응형 맞춤은 학습자에게 적합하고 특정 시간에 필요한 것과 해당 학습자에게 적합한 것만 보여준다. 적응형 학습의 고유한 강점은 실제 학습자의 요구에 대해 민감하다는 점이기 때문에 진단적이며 학습자가 하는 것에 반응하는 것이라고 볼 수 있다. 일부 시스템은 학습자가 학습경험을 통해 진척을 보임에 따라 필요한 시점에 지속적인 콘텐츠 큐레이션을 통해 이를 수행한다. 그것은 또한 잘못 알고 있는 개념을 바로잡을 수 있다.

교수에 대한 선형적 접근은 학습에서는 일반적이지만 대부분의 온라인 상황에서는 일반적이지 않다. '평균' 또는 '중간' 수준의 학습자를 노리면 능력이 떨어지는 학습자의 실패가 증가하고, 능력 있는 학습자의 시간을 낭비하게 된다. 일부 학생들은 적은 도움으로도 빨리 배우지만 어떤 학생들은 더 많이 도와줘도 느리게 배운다. 전체적으로 이 맞춤 제작 과정은 많은 시간을 절약할 수 있다. 바이오 제약 회사의 프로그램 중 네 개의 수업에서 500명의 학습자가 전통적인 형태의 이러닝을 활용한 경우 평균 5시간 14분이 걸렸던 것과 비교하여 Area9 적응형 시스템(Area9 Lyceum, nd)을 활용한 경우 평균 2시간 55분의 시간이 걸렸다. 이 것은 결과적으로 100시간의 생산적인 시간을 만들어낸다.

게다가 몰입의 문제가 존재한다. 몰입은 이미 알고 있는 것을 학습하는 것이나 거절과 실패로부터 생기는 고통에 종속되어 있지 않다. 그것은 간격 연습, 끼워넣기 학습, 의도된 어려움 그리고 노력이 결합한 학습과 같은 교육학적 모형에서 구축할 수 있다. 이러한 시스템은 고급 분석 기능도 제공한다. 이러한 형태의 적응형 '튜터링'은 규모에 맞게 제공될 수 있다.

개인화된 학습의 한 측면을 지원하는 확장 가능한 한 가지 시스템이 바로 '적응형' 학습이다. 이러한 접근 방식은 개인적인 요구에 민감하여 잠재적으로 성공을 가속하고 실패를 예방한다. 개인화는 개인과 집계된 개별 데이터, 이러한 경로를 결정하는 데 사용되는 알고리즘에 따라 달라질 수 있다. 고급 시스템에서는 선형적 수업이 없고 학습활동 영역을 통한 벡터만 존재한다.

우리가 살펴본 것처럼 '개인화된' 학습은 개별 학습자에 대한 민감성과 학습자를 구분하는 것을 아우르는 넓은 의미가 있다. '적응형' 학습은 온라인 학습이 컴퓨터 기반 학습경험을 통해 진행됨에 따라 학습자의 요구에 적응하는 것에 있어 더 구체적이다. 이렇게 설명하긴 하지만 간단한 사전 테스트 평가부터 완전한 알고리즘 및 기계학습 적용에 이르기까지 그 사이사이에 다양한 적응적 접근 방식과 방법이 여전히 존재한다.

가장 진보된 시스템은 온라인 경험을 개별 학습자가 적응하는 방식으로 학습하는 것처럼 개인의 필요에 맞게 조정한다. 목표는 많은 교사가 제공하는 것, 즉 개별 학습자로서 당신의 필요에 맞춘 학습경험을 제공하는 것이다.

적응형 학습 기술은 최근 몇 년 동안 많은 주목을 받았으며, 상당 부분은 (학습 분류법으로 가장 잘 알려진) Benjamin Bloom의 '2 시그마 문제'(1984)라는 유명한 논문의 결과로부터 시작되었다.

이 논문은 강의식 수업과 피드백이 주어진 강의식 수업, 일대일 수업의 효용성을 비교한 실험에 관해 설명했다. 그것은 적응형 학습을 개발하고 사용하게 된 획기적인 동기를 형성했다. 그는 '강의식 수업'을 평균으로 삼을 때 '형성적 피드백'이 주어졌을 때 84%의 숙달도가 증가했고, '일대일 수업'의 경우 숙달도가 98% 증가했다는 놀라운 결과를 발견했다(Bloom, 1984). 즉, 직무 학습의 증가로 인해 맞춤형 일대일 교육에 대한 효과의 증가가 크다.

Google의 Peter Norvig은 온라인 학습을 지원하기 위해 오직 하나의 논문을 읽어야 한다면 바로 이것이라는 유명한 말을 남겼다(Norvig, 2007). 이 논문은 교사가 학습자와 상호작용하는 방식을 간단히 변경함으로써 학습의 효과를 향상시킬 수 있기 때문에 누구나 읽어볼 만하다. 온라인 학습은 자신의 진도에 맞춘 구조적 학습, 시나리오 기반 학습, 시뮬레이션 또는 비형식적 학습 중 어떤 것을 통해서든 대부분 상당히 선형적이고 비적응적인 경험을 제공해야 한다. 적응형 학습과 AI의 최근 발전은 Bloom이 온라인 영역에서 '일대일 학습'이라고 불렀던 것을 전달할 수 있게 되었다는 것을 의미한다.

적응의 유형

적응은 여러 가지가 될 수 있지만, 프로세스의 핵심은 교수 활동, 주제 영역, 교육 영역, 학습의 유형, 맥락 등과 같은 학습자와 다른 요소에 대해 시스템이 알고 있는 것에 기초하여 학습자에게 무언가를 제시하기 위해 결정하는 것이다.

다양한 적응형 접근 방식을 분류하는 것은 도움이 된다. 우리는 교육 또는 학습 순서에서 적응이 발생하는 곳에 대한 범주를 만드는 것으로 시작할 수 있다. 다음은 표준적인 학교 또는 대학 과정의 관점에서 생각할 경우이다(이것이 수업의 한 모듈 또는 교재의 한 장에 적용될 수 있음).

- 수업 시작 전 적응: 수업 전 평가 또는 그룹에 학습자 배치.
- 수업 중 적응: 수업을 통해 학습자가 진행해감에 따라 적응이 발생함.
- 수업 후 적응: 적응을 활용함. 예) 기억을 강화하기 위해 활용함.
- 지속적인 적응: 적응은 학습자의 여정을 통해 지속적으로 이루어지며, 수업과 프로그램에 걸쳐 데이터와 교육 활동이 공유됨.

'언제' 적응이 발생하는지를 범주 내에서 표현하기 위해 유용한 세 가지 추가 속성은 다음과 같다.

1. 무엇이 적응 중인지.
2. 적응의 의도.
3. 적응을 달성하는 데 사용되는 방법.

수업 시작 전 적응

이 범주에서는 학습자가 강의를 수강하기 전에 수집한 데이터가 학습자의 경험을 사전 정의하는 데 사용된다. 일반적인 접근 방식은 다음과 같다.

학습 여정의 거시적 적응

학생에 대한 데이터는 개인의 필요에 따라 기술, 수업, 심지어 직업을 추천하는 거시적 수준에서의 학습 여정을 정의하는 데 사용된다. 이는 종종 제한된 데이터 세트와 합의되지 않은 기술 범주를 사용하는 높은 부담을 가진 권장사항이기 때문에 쉽지 않다.

학습 프로파일의 사전 평가 또는 추론

일반적으로 학습자는 강의를 시작하기 전에 프로파일을 만들기 위해 '사전 평가'를 한 후, 시스템이 이를 바탕으로 학습활동을 조정한다. 적응형 소프트웨어는 프로세스 시작 시 수집된 개인별 데이터를 기반으로 결정을 내린다. 이것은 개인화와 학습에 한계가 있지만 많은 사람들이 불필요한 강좌를 수강하는 것을 막을 수 있는 결정론적인 접근법이다.

학력, 이전 강의에서의 역량 등 개인 데이터로 이러한 과정을 시작하고 이를 통해 학습 프로파일을 유추하는 것도 가능하다.

선호도

이 경우 학습자의 학습 스타일 또는 매체 선호도를 미리 결정하고, 그들이 받게 되는 매체 형태나 학습활동 스타일을 맞춤화하는 데 사용된다. 이 접근법은 연구나 현대의 학습 및 인식 이론에 의해 뒷받침되지 않는다. 메타분석 연구들은 이 분야의 연구를 평가했으며, 학습자의 인지된 스타일이나 선호도에 따른 학습활동 조정을 통해 학생의 학업 성취에 긍정적인 영향을 미친다는 것은 파악하지 못했다. 일반적으로 학습활동은 학습자의 인식된 선호보다는 학습되는 것의 성격과 학습되는 것이 사용될 상황에 따라 가장 잘 설계된다. 이렇게 말할 때도 학습자 선호도가 잠재적인 부차적 효과로 완전히 배제되어서는 안 되며 접근성에 대한 요구 사항이 있는 학습자에게는 분명히 중요하다. 일반적인 학생을 위해서라면 고급 AI 기반 시스템이 학습에 긍정적인 영향을 줄 수 있는 충분히 절묘한 방법으로 학습자 선호도에 적응하는 것을 배울 수 있고, 아직 조잡한 수준의 선호 범주를 활용해서는 달성되지 않는 경우도 있을 수 있다.

성격 유형은 학습자 선호의 또 다른 잠재적 형태이지만 Myers-Briggs Type Indicator(MBTI)와 같은 잘못 타당화된 결과에 주의해야 한다. OCEAN 모형은 훨씬 더 잘 검증되었다(Ahmed, 2016). 사람들은 학습자의 의견도 사용할 수 있지만, 이것 또한 위험하기도 하다. 학습자들은 종종 그들이 배운 것뿐만 아니라 학습을 위한 최적의 전략에 대해서도 상당히 잘못 알고 있다. 그래서 어떻게 그리고 무엇을 배워야 하는지를 결정하기 위해 모든 종류의 개인 데이터를 사용하는 것은 가능하지만, 이러한 접근 방식을 사용하는 것은 매우 신중해야 한다.

수업 중 적응

이 범주에서 적응은 학생이 수업에 참여하는 동안 발생하며 진행 과정 내내 수집된 데이터에 의해 영향을 받는다. 이를 흔히 마이크로 적응(micro-adaptive) 수업이라고 하며, 학습자의 경로를 자주 또는 실시간으로 조정한다. 마이크로 적응성 단위의 스펙트럼은 개별 활동에 대한 단원 수준에서 활동 내에 이르기까지 다양하다.

소프트웨어는 사전 정의된 활동 또는 알고리즘으로 생성된 평가의 순서를 조정한다. 이것의 근본적인 전제는 대부분의 학습은 학습자가 준비되지 않은 것을 제시하면 잘못 진행된다는 것이다. 시스템이 학습자가 사전 학습과 관련된 문제를 해결하는 데 도움이 될 수 있다면 새로운 학습에 대한 것도 해결된다.

다른 관점은 시스템이 이상적인 도전의 수준을 생성하려고 시도한다는 것이다. 바람직한 난이도의 개념을 사용하여 학습자가 계속 전진할 수 있을 만큼 적당히 어렵지만 그들의 의욕을 꺾을 만큼 어렵지는 않도록 학습경험을 결정할 수 있다.

간단한 형태의 조건부 if... then... (만약 ... 한다면 ... 한다) 결정과 같은 규칙이나 규칙의 집합을 기반으로 의사결정을 할 수 있는데, 학습자의 경로를 결정하는 규칙의 순서 또는 의사결정 트리를 자주 활용하기도 한다. 이러한 종류의 시스템은 모든 학습자에게 같은 방식으로 반응한다는 사실로 인지될 수 있다. 두 학습자가 시스템에 같은 입력을 실행하는 경우 시스템은 두 학습자에게 같은 방식으로 응답한다.

이 시점에서 AI를 소개할 가치가 있다. 적응형 학습은 첨단 기술 기업이 Facebook과 Twitter에서 타임라인으로 제공하고, Amazon에서 판매하며 Netflix에서 뭔가를 볼 수 있도록 하는 방법이다. AI는 수집한 데이터, 통계, 데이터 마이닝 및 AI 기술을 기반으로 한 다양한 기술을 사용하여 개인들에게 서비스 제공을 개선한다. AI와 적응형 기법이 학습, 특히 적응에서 효과가 있을 것이라는 증거는 우리가 온라인에서 사용하는 거의 모든 서비스의 도구에서 찾아볼 수 있다. 교육 분야는 단지 배우는 속도가 느릴 뿐이다.

의사결정은 시스템이 현재 사용자의 능력 수준에 대해 어떻게 생각하느냐에 따라 결정될 수 있으며, 이는 형성적 평가 및 기타 요인을 기초로 한다. 학습자에 대한 정기적인 테스트는 기억을 향상할 뿐만 아니라 시스템이 학습자에 대해 알고 있는 내용에 대한 유용한 데이터를 수집한다. 여기서 실패는 문제가 아니다. 실제로 실수하는 것이 학습 전략에 중요할 수 있다는 증거가 제시된다.

수업 내의 의사결정은 복잡한 데이터가 있어야 하는 알고리즘을 사용한다. 이 것은 동적 의사결정을 위한 훨씬 더 강력한 방법을 제공한다. 더욱 세분된 수준에 서 모든 화면은 수업의 특정 지점에서 새로운 적응으로 간주할 수 있다.

기계학습 적응과 같은 AI 기술은 진행하면서 학습하고 개선하는 시스템에 사 용될 수 있다. 이러한 시스템은 종종 시작 시 데이터를 사용하여 학습한 다음 시 스템을 개선하기 위해 진행하면서 데이터를 사용한다. 이 시스템은 더 많은 학습 자가 사용할수록 더 좋아진다.

적응형 시스템에서 흔히 볼 수 있는 또 다른 척도는 자신감 측정이다. 당신은 질문을 받은 후 당신의 대답에 대해 얼마나 자신 있는지 질문을 받을 수 있다.

또한, 좋은 학습이론은 인출, 끼워넣기 학습 및 간격 연습과 같은 알고리즘 안 에서 만들어질 수 있다. 보살핌은 개인의 가용성과 일정에 적응하면서 제공되는 인지 부하 및 개별화된 성과 지원을 넘어 실행될 수 있다. 예를 들어, Duolingo 는 이러한 요구에 민감하며 최근에 아무것도 하지 않고 잊어버렸다는 사실을 알 게 하는 간격 연습을 제공한다. 좋은 학습이론과 실제를 구현하는 것이 인간 교사 들에 의해 저항을 받는 인출 연습과 간격 연습과 같은 반직관적인 방법을 소개하 는 데 필요한 것일 수 있다.

수업 후 적응

적응형 평가 시스템
이전 질문에 대한 성과를 바탕으로 테스트 항목을 제시하는 적응형 평가도 있 다. 평균 테스트 항목으로 시작한 다음 학습자가 진행함에 따라 더 어렵거나 쉬운 항목을 선택한다.

기억 보존 시스템
일부 적응형 시스템은 기억 검색, 보존 및 인출에 중점을 둔다. 이들은 기억 수준을 높이기 위해 콘텐츠를 종종 분산학습 패턴으로 제시하고 반복, 업데이트 적용 및 다시 평가한다. 이러한 시스템은 학습 통합을 위한 강력한 대안이 될 수 있다.

성과 지원 적응

수업을 넘어 성과를 지원하는 데 필요할 때 학습 내용을 제공하는 것은 개별적인 요구 사항과 맥락에 민감할 수 있는 적응형 제공의 또 다른 형태이다. 이러한 기능은 작업 흐름 내에서 제공됐으며 챗봇의 사회적 의사소통 시스템에 내장되어 있다.

지속적인 적응

적응형 소프트웨어는 수업 내에서 여러 수업에 걸쳐 적용될 수 있지만, 사용자가 원하는 만큼 전체 교육과정에 적용될 수도 있다. 개별화는 시스템을 사용할수록 더 표적화되고 개인화된다. 이전 수업에 대한 개별 학습자의 성과로부터 수집된 데이터를 사용될 수 있으며, 해당 수업을 수강한 모든 학습자로부터 수집된 데이터도 사용될 수 있다. 한 집단이 다른 집단과 다른 수준의 역량에서 시작했을 수 있으므로 주의해야 한다. 독해력, 배경 지식, 제2외국어로서의 영어 등의 역량에도 차이가 있을 수 있다. 그런데도 적응이라는 것은 개별 수업 이상으로 적용되고 있다. 학위 과정 전체가 이 기술을 활용하여 제공되고 있다.

Arizona State University 의 개별화된 학습

Michael Crow는 2002년부터 Arizona State University의 총장을 맡고 있다. 그의 목표, 비전, 심지어 꿈은 그와 William Dabar의 저서 'New American University'(2015)에서 설명한 바와 같이 '미국의 새로운 대학'을 만드는 것이었다. 즉, 연구를 빠른 속도로 성장시키는 동시에 접근성과 질적인 측면에서 가르치는 기준을 높이는 것이다. 이 중 어떤 것이든 어려웠을 것이지만, 동시에 둘 다 하는 것은 더 까다로웠다.

Crow의 키워드는 '등급(scale)'이다. 좌석의 등급을 매기는 것은 쉬운 일이지만 학습자의 등급을 매기는 것은 잘못 초점을 맞추는 것이다. 품질, 중도 포기 감소 및 성취도 역시 등급이 필요하다. 그리고 여기서 등급은 기술의 현명한 사용을 통해 얻어져야 한다. 만약 수학과 논리적인 글쓰기 수업에서 대학교 1학년의 어려움을 극복한 학생이 많이 생긴다면 품질을 유지하는 길을 잘 가는 중이다.

하지만 여기 어려움이 있다. 수업은 거의 보편적으로 개별 교수자의 소유로 느껴진다. 수업의 설계, 개발, 전달, 평가를 직접 한다. 이러한 수업에 획일적인 기술을 도입하는 것은 마치 엄마의 품에서 아기를 끌어내 집단 보육원에 밀어 넣겠다고 위협하는 것과 같다.

이것이 바로 고등교육에서 기술이 가내수공업과 같은 형태로 남아 있는 이유이다. VLE(가상학습환경)가 출시되면 교수들은 모두 뭔가를 만들어내지만, 그것을 직접 운영할 수 있는 자원과 기술이 없이 결국 저품질의 콘텐츠가 되는 것으로 끝내게 된다.

이를 위한 해결책은 모든 교수가 함께 수학을 가르치는 데 참여하는 대학 시스템을 만드는 것이다. 수학 교수들을 모아서 적응형 학습과 개별화의 힘을 설명해보자. 수학은 많은 학생에게 매우 어려운 문제이기 때문에 좋은 시작이 될 수 있다. 또한, 수학은 명확한 종속성으로 잘 정의되어 있어 적응형 학습에 이상적이다.

Arizona State University는 발달 수학에 과반수가 참여하도록 관리하였다. 성공하기 위한 국가의 기준은 약 55~60%이지만, 약 95% 정도 이론적인 한계가 있을 수 있다. 성공이 너무 이상적인 것이 아니라 현실적이어야 한다는 것을 인식해야 한다. 동시에 교수진을 코칭과 지원하는 역할로 이동하는 것 또한, 어려운 점이다.

이 사례는 기술이 중도 포기를 줄이고 성취도를 높이는 데 상당한 성과를 거두었음을 증명했다. 함께 일하는 대학의 구성원들이 적정한 등급의 기술을 활용할 수 있다는 것을 보여주었다. 이제 다른 학부 수업에 이 사례를 공유한다. 문화적 변화는 엄청나지만, 학생들을 구제할 수 있는 이로움도 존재한다. 모든 사람이 한 가지 문제에 집중하게 되면 해결책을 구현하기가 쉽다.

다음 단계는 온라인 강좌의 품질을 학생들의 기대에 맞추는 것이다. 학생들은 모두 스마트폰과 휴대용 컴퓨터를 가지고 있으며, 소셜미디어 및 기타 서비스를 사용하며, 모범적인 콘텐츠를 경험한다. 교육은 그런 기대에 부응할 필요가 있다. 정말 어려운 일이다. 배움은 오락이 아니며 너무 현란해지면 그 가치를 손상할 수 있다. VLE에서 생산되는 것들은 학생들이 태어나기 전에 컴퓨터 위에서 이루어졌던 것들처럼 보인다.

Michael Crow에 대한 비판도 있다. 수업에 대한 통제력을 유지하려는 학자들의 방법은 학습 접근성을 낮추고 비용을 높인다고 생각했기 때문에 Crow는 이를 반대했다. 그가 거부하는 것은 시스템이 항상 풍족함이 아닌 부족함에 기초하리라는 것으로 학습경험을 개인화하는 기술과 적응형 기술을 통해 부족한 부분을 벗어나 확장하기를 원했다. 모든 사람들의 동의를 얻을 수는 없지만, Crow의 비전은 대학이 공공의 이익을 위해 봉사하는 확장 가능한 조직으로 재정의되는 것이다.

적응형 결과

AI와 특히 적응형 학습 시스템은 교육, 학습자 성취 및 학생들의 중도 포기에 막대한 장기적 영향을 미칠 것이다. 이는 Arizona State University에서 블렌디드 러닝으로 제공된 수업(처음으로 시작한 수업인 BIO 100)으로부터 얻은 결과로 확인되었다. 학생들은 플립 러닝의 형태로 CogBooks 적응형 플랫폼에서 적응형 작업을 수행한 다음, 그룹 활동과 강의가 이루어지는 강의실에 지식을 가져왔다 (Edsurge, 2015).

이 기술 집약적 교육 시스템의 목적은 다음과 같다.

- 성취도 증가
- 중도 포기율 감소
- 학생의 동기부여 유지
- 교사의 효율성 제고

모든 것을 동시에 다루기가 쉽지는 않지만, Arizona State University의 수업들은 학생들이 학위 과정을 거치면서 지속 가능한 발전을 위한 토대로 간주하기 때문에 이 학부 과정들이 모든 면에서 성공적이기를 원한다.

더 높은 성취도

똑똑하고 가난한 학생보다 능력은 부족하지만 부유한 학생이 대학을 졸업할 가능성이 높다(Kristof, 2016). 따라서 많은 학생이 등록하는 수업에서의 성취도의 증가는 특히 저소득층 학생들에게 매우 유의미하다. 교육에서의 많은 개입은 미약한 수준의 개선을 보여준다. 따라서 달성률이 76%에서 94%로 증가했던 Arizona State University의 프로그램 결과는 단순히 전체 달성률에 대한 것뿐만 아니라 이것이 중도 포기율을 낮추는 방법(BIO 100의 경우 15%에서 1.5%)으로도 유의미했다는 것이다.

중도 포기율에 대한 영향력은 중요하다. 이는 학생들에게 재앙이 될 수 있으며, 재정도 종종 학생들을 따라다니기 때문에 기관에도 재앙이 될 수 있다. 많은 국가에서 고등교육의 비용 상승뿐만 아니라 학생 중도 포기율과 학생 부채 문제를 고려할 때 적응형 학습은 이러한 문제에 대한 중요한 해결책으로 입증될 수 있다.

중도 포기는 가능한 한 많은 사람의 성공을 추진하는 시스템에 대한 단지 부수적인 손해라는 생각에서 벗어나 많은 것을 생각하게 한다. 특히 1학년 교육과정에서 학업 성취도를 높이고 중도 포기율을 낮출 수 있다면 고등교육의 효과를 획기적으로 높일 기회가 된다. 중도 포기가 재앙이 될 수 있는 입문 과정의 경우, 적응형 학습은 낙제 학생들이 필요로 하는 지원을 제공하고 이것은 학생들이 공부를 진행할 수 있는 자신감을 준다. 엄청난 이득이다.

Arizona State University 에서의 결과

Arizona State University에서 블렌디드 러닝으로 제공된 수업(처음으로 시작한 수업인 BIO 100)의 결과, 학생들은 CogBooks 적응형 플랫폼에서 적응형 활동을 수행한 다음, 그룹 활동과 강의가 이루어지는 강의실에 지식을 전달했다(Edsurge, 2015).

이것은 적응형 학습을 전통적인 강의 기반 학위 과정의 형태에서 벗어나 변형된 것으로 간주한다. 생명과학 대학(School of Life Sciences)에서 그들은 학습의 전달이 정적이 아니라 동적으로 이루어지며, 나중에 받는 피드백이 아닌 실시간으로 반응하는 개인화된 학습을 원한다. 4년제 학위 과정 전체가 적응형 플랫폼을 사용하여 학습을 지원했다.

CogBooks의 CEO인 Jim Thompson은 적응형 접근 방식이 '학습에서 연결고리를 만드는 것의 중요성'을 기반으로 한다고 믿는다(Leander, 2019). 우리가 새로운 지식과 씨름하고 있다면, 그것은 앞으로 나아가는 데 필요한 사전 지식이 부족하기 때문일 수 있다. 효과적인 적응형 학습은 이러한 차이 또는 잘못된 개념을 식별하고 이를 해결하는 데 도움이 되었다.

이후, 더 도전적인 내용을 가진 생명과학 전공으로 눈을 돌렸다. 적응형 교육 프로그램을 사용하면 학위 과정을 일련의 개별 코스가 아니라 하나의 학습 여정으로 볼 수 있다. 적응형 교육 프로그램을 사용하는 것은 또한 교과과정의 재정비, 콘텐츠의 더 많은 통합 그리고 강의하는 것에서 벗어난 교수자의 역할 변화를 의미한다. 교수들은 '학부 3학년 수준의 전공 과정이 끝나자 박수갈채가 쏟아졌다'고 보고했다.

콘텐츠 준비

적응형 AI 기반 시스템의 어려움 중 하나는 사용 가능한 콘텐츠를 만드는 것이다. 내용상으로 우리는 비선형 구조, 평가 문항 등을 가진 네트워크로서의 콘텐츠를 의미한다. 교사 대부분은 의존성이 있는 선형적이지 않은 유기적으로 연결된 콘텐츠를 만드는 과정에 익숙하지 않기 때문에 플랫폼은 교수자가 목표를 되돌아볼 수 있도록 콘텐츠 네트워크를 만들 수 있는 도구 모음을 만들었다. 편집자, 콘텐츠 변환, 레이아웃에 대한 자동 도움말, 정의된 프로세스, 역할, 권한 및 권한 관리가 제공된다.

이 결과 너머에는 훨씬 더 큰 의미가 있다. 시스템은 모든 학생에게 상세하고 유용한 데이터와 해당 데이터의 분석을 제공한다. 다양한 계기판은 학생 성과에 대한 전례 없는 통찰력을 실시간으로 제공한다. 이를 통해 교수자는 도움이 필요한 사람들을 도울 수 있다. 여기서 지속적인 개선에 대한 약속은 교육에서 가장 중요한 것으로 교사들의 성과뿐만 아니라 시스템 자체의 성과, 모든 학생의 성취도, 중도 포기, 동기부여와 그 결과를 지켜볼 수 있다.

이 접근법을 기반으로 하는 아이디어는 모든 학습자가 다르고 누구에게나 적용되도록 만든, 대부분 강의식으로 진행되는 선형적인 수업이 이러한 필요를 충족시키지 못한다는 것이다. 이러한 관점이 개인의 요구에 대한 학습을 실시간으로 조정할 뿐만 아니라 실시간 데이터를 통해 학급과 학생 개개인의 필요에 대한 교사의 교수법을 알고 조정하는 역량을 향상한다.

이러한 유형의 소프트웨어는 이미 미국 역사에서부터 심리학, 생물학, 해부학 및 다른 과목에 이르기까지 광범위한 주제에 걸쳐 사용될 수 있다. 이 소프트웨어는 콘텐츠에 구애받지 않고 어떤 과정이든 실행할 수 있도록 설계되었기 때문에, 전체 기관에 걸쳐 채택될 가능성이 있다.

수년간 이러한 적응형 접근 방식의 성공으로 Arizona State University는 이 적응형 소프트웨어를 사용하여 전체 BioSpine 학위 과정을 개설하여, 수강한 과목 전체의 개인 데이터뿐만 아니라 다른 학생들의 집계된 데이터도 사용했다. 학위과정 전반에 걸친 이러한 전체론적 접근 방식은 학생과 수업을 통틀어 데이터의 축적과 상호교류를 통해 이득을 얻을 수 있었다.

의료 및 기업 학습

새로운 임상 연구, 의료 기술, 노령 인구와 여러 만성적 조건이 결합되어 있는 변화하는 환경에서 지속적인 학습과 인증이 절대적으로 필요한 의료 서비스 분야에서는 효율적인 평생학습에 대한 현실적이고 실질적인 필요성이 존재한다.

의대생들은 적응형 학습을 사용하여 의사 자격 인증을 준비해왔다. 대다수는 이 접근 방식이 유용하고 적절하며 내용이 시험 수정에 적합하다고 평가했다. 실제로 전국 평균(95% vs 89%)과 비교하면 상당히 높은 숫자가 첫 번째 시도에서 시험에 통과했다(Healy et al, 2018). 적응형 훈련은 지속적인 교육과 의사 자격 인증 유지를 위해 의사, 간호사 및 기타 임상 의사에게 사용되었다. 잉여 정보를 피하고 역할에 맞춘 영업 및 마케팅 담당자와 의료 담당자의 교육도 적응적으로 제공되었다.

의료 서비스 외에도 Hitachi는 기술 훈련에 적응형 학습을 사용했다(Area9 Lyceum/Hitachi, nd). 항공업계에서는 3개의 시스템이 하나로 축소되어 많은 사람이 이전 과정을 '잊어야만' 했던 승무원 스케줄링 훈련에 사용됐다. 승무원 스케줄에 따른 항공편 결항 감소와 비용 절감이라는 목표가 충족되었다. 테러 위협, 자금 세탁 및 금융 테러에 대한 대테러 훈련도 적응적으로 제공되었다(Area9 Lyceum/ Homepage, nd).

결론

적응형 시스템은 자동차의 GPS가 동시에 수백만 명의 운전자들을 처리할 수 있고, 모든 운전자가 다른 목적지를 향해 다른 경로를 택할 수 있다. 이러한 운전자 중 하나가 코스를 벗어나면 시스템이 해당 운전자가 코스로 다시 돌아오도록 즉시 응답한다. 적응형 학습은 학습자당 매우 낮은 비용으로 많은 양의 고품질 학습을 제공하는 자율 시스템이 될 수 있다. 적응적이고 개인화된 학습이 시스템 전체에 걸쳐 적용되면 교육 비용 상승에 대한 해결책이 될 수 있다. 이는 교육 여정의 모든 시점에서 스마트한 지원을 제공하고 규모에 맞는 다양한 학생들의 요구에 민감하게 반응할 수 있기 때문이다.

참고문헌

Ahmed, M (2016) Is Myers – Briggs up to the job?, Financial Times Magazine, 11 February. Available at https://www.ft.com/content/8790ef0a – d040 – 11e5 – 831d – 09f7778e7377 (archived at https://perma.cc/CX79 – RNL8)

Area9 Lyceum (nd) If you could design the ideal sales enablement approach, what would it be? Available at https://area9lyceum.com/use – cases/sales – enablement/ (archived at https://perma.cc/F7YA – 76KK)

Area9 Lyceum/Hitachi (nd) Available at https://area9lyceum.com/cases/hitachi/ (archived at https://perma.cc/94PV – 284Z)

Area9 Lyceum/Home page (nd) Available at https://area9lyceum.com/ (archived at https://perma.cc/7SD2 – 2CWF)

Bloom, BS (1984) The 2 sigma problem: The search for methods of group instruction as effective as one – to – one tutoring, Educational Researcher, 13 (6), pp 4-16

Crow, MM and Dabars, WB (2015) Designing the New American University, Johns Hopkins University Press, Baltimore, MD

Edsurge (2015) Case study. Available at https://www.edsurge.com/product – reviews/cogbooks/company – case – studies/arizona – state – university (archived at https:// perma.cc/Z59M – ZJ2Y)

Healy, M, Petrusa, E, Axelsson, CG, Wongsirimeteekul, P, Hamnvik, OP, O'Rourke, M, et al (2018) An exploratory study of a novel adaptive e – learning board review product helping candidates prepare for certification examinations, MedEdPublish, 7 (3), 24

Kristof, N (2016) America's stacked deck, New York Times. Available at https://www.nytimes.com/2016/02/18/opinion/americas – stacked – deck.html?smid = tw – nytimes&smtyp = cur (archived at https://perma.cc/AY64 – S7RS)

Leander, S (2019) ASU develops world's first adaptive−learning biology degree, ASU Now. Available at https://asunow.asu.edu/20190820−solutions−asu−develops− world−first−adaptive−learning−biology−degree (archived at https://perma.cc/ B9FC−NJ8E)

Norvig, P (2007) Learning in an open world (transcript of keynote speech at the 2007 Association for Learning Technology Conference in Nottingham, England), 6 September. Available at https://www.alt.ac.uk/sites/default/files/ assets_editor_uploads/documents/altc2007_peter_norvig_keynote_transcript.pd f (archived at https://perma.cc/H2FW−ASZH)

Chapter 12

학습조직

Amazon으로부터 무엇을 배울 수 있을까?

Amazon을 사용할 때, 화면은 실제로 '타일'의 묶음이며 화면에 보이는 것은 개인의 요구에 정교하게 조정된 것이다. 보이는 것을 결정하는 표면 아래의 강력한 AI 엔진은 보이지 않는다. 이 보이지 않는 손은 보이는 것을 결정할 뿐 아니라 실시간으로 이쪽 또는 저쪽에서 부드럽게 개입하여 사용자의 행동에 영향을 준다. 이 접근법은 학습을 운영하는 조직에 시사하는 점이 많이 있다.

Amazon은 제품을 구매하는 것을 쉽게 만든다. 구매할 것을 추천하고, 다른 상품을 교차 판매하는 데 아주 뛰어나다. 이 회사는 이전에 구매한 것, 이전에 본 기록, 반복적인 클릭, 머문 시간, 이전 검색 유형, 최근에 본 항목, 장바구니 항목, 접근 경로 사이트, 인구학적 자료(사는 장소, 추정되는 인간 유형 등), 사용자 분할(사진에 관한 책을 사면 카메라와 그 부속품을 팔려고 할 것이다) 등과 같은 입력 정보를 오랫동안 수집하여 알고리즘을 다듬어왔다. 다른 고객들로부터 축적된 자료와 함께 보완되어 다른 추천들을 산출하고 유사한 고객의 데이터를 사용하여 구매하도록 유도한다. 웹사이트 추천으로 인한 Amazon의 전환율은 매우 높다.

전환율은 학습의 동기유발에도 적용될 수 있다. 만약 사람들이 작업 흐름 속에서 학습하기를 원한다면 떠밀기와 당기기 기법을 조합하여 사용하고 지속해서 정교하게 다듬어져야 한다.

Amazon은 세계에서 가장 큰 온라인 소매점이며 따라서 가장 큰 데이터 세트를 가지고 있다는 것을 명심하라. 알고리즘에 적용할 데이터를 더 많이 갖고 있고 더 큰 집단에서 시험하고 축적된 자료를 사용할 수 있게 하여 진정한 시장 우위를 확보한다. 알고리즘을 망치는 것으로 '불량 데이터'가 있다. 사용자가 긍정적인 후기를 엉뚱한 곳에 남기면 시스템에 의한 추천이 왜곡된다. 출판사들은 책값을 할인해 주는 방식으로 비평에 대해 대가를 주었지만, Amazon은 대가가 있는 비평을 금지해왔다. 그러나 기업의 연수 및 학습 플랫폼에서는 신제품 출시나 바뀐 규정 준수와 관련된 긴급한 문제를 우선 학습시키기 위해 이러한 콘텐츠가 학습자에게 우선 추천되기를 원할 수도 있다. 이러한 이유에서 판매 촉진과 캠페인이 온라인 학습에서 중요한 역할을 할 수 있다.

학습에서는 학습자 주도 행동인 당기기와 떠밀기를 원하는 것 사이의 균형이 맞춰져야 한다. 단순히 모든 학습을 떠밀지 않아야 한다. 떠밀기와 인간 대리인 사이의 균형이 유지되어야 하고, 이용 가능해야 한다.

마지막으로 기계학습을 사용한 알고리즘은 학습 콘텐츠와 서비스를 식별하고 전달해 왔다. 알고리즘은 스스로 생성한 자료로부터 배우고 적응을 통해 향상할 수 있다. 이것은 학습을 권장하는 어떤 인간적인 접근보다도 훨씬 영리하다.

학습에 관해 우리는 무엇을 배울 수 있을까? 첫째, 추천 알고리즘은 학습 게임에서 그 역할이 분명히 더 증가할 것이다. Google은 학습자가 사용하는 최고의 공학이다. 우리는 알고 싶은 것을 검색하기 위해 Google을 사용한다. 바로 이 점이 학습 과정을 혁신해온 교수 공학의 토대가 되는 부분으로 과정 또는 기능에 대한 지식, 지시문을 (Google 소유의) YouTube 또는 Google Scholar 중 어디에서 검색하느냐는 문제가 되지 않는다.

우리는 이미 AI를 사용하는 적응적 학습 시스템에서 학습자들이 교과목들을 살펴보도록 하고 있다. 학습은 상당한 진보가 이루어진 영역에 속하며 이러한 진보는 Amazon 등이 실시간 학습 설계, 개인화된 추천, 직선적 교수 감소와 평가를 통해 교수·학습의 문제를 위한 조절 가능한 해결책을 제공할 것이다. 물론 이러한 시스템은 스스로 학습하는 기계학습으로 가능하다.

무엇보다도 Amazon으로부터 배울 수 있는 것은 모든 학습자가 소중하며 그들의 실제 요구에 실시간으로 서비스를 맞추어야 한다는 것이다. 교육과 연수가 필요한 것은 학습에 대한 민감하고 개인적인 접근법이며 현재 사용되고 있는 맹목적인 일괄처리 교육과정이 아니다. 강의실에서 한 번에 수백 명 또는 교실에서 복잡한 수학, 프랑스어로 고생하는 30명 이상의 아동들에 대한 일제식 강의를 낭만적으로 생각하지 말자. 여기에는 향상의 여지가 많고 수십 년 동안 검증을 통해 효능이 입증된 기법들도 있다.

AI와 비형식적 학습

Gloria Gery는 1991년에 처음으로 수행 지원에 관하여 언급하였다. Jay Cross는 'e-learning' 용어를 처음 사용한 것으로 인정받고 있으며, 학습에서 공학의 실제와 이론 모두 선구자였고, 학습이 주로 형식적 교과목보다는 비형식적 학습이라 주장했다.

University of Phoenix에서 교과목들을 성공적으로 개발한 후, Cross는 Internet Time Group을 설립하였다. 학습에 대해 지치지 않는 연구자이자 발표자였던 그는 비형식적 학습에 대해 진지하게 생각하고 현명하게 일하도록 하였다. Cross(2011)에 의하면, 실제 작업 흐름의 내부에 과제가 존재하도록 설계하여 주문형 서비스 및 지원, 안내한다. 작업 흐름 안에서의 학습에서 폭넓은 성찰을 얻을 수 있었다.

세밀한 의미론적 분석을 싫어한 그는 형식과 비형식적 학습의 차이를 버스 여행과 스스로 운전하여 떠나는 여행에 비교한다. 전자에서는 뒷자리에 앉아 정해진 경로를 가는 것이고, 후자는 가고 싶을 곳을 선택한 경로를 운전하여 간다. 형식적 및 비형식적 학습의 '지출 역설'은 [그림 12.1]에 제시되어 있다.

학습은 대부분 비형식적인데 지출은 형식적 교육과정에서 이루어진다. 학습을 자연스러운 방식으로 보자. 학습자는 진짜 조직 안에 있는 진짜 사람들로, 진짜 온라인과 오프라인 네트워크 안에서 진짜 도구를 사용한다. 비형식적 학습은 대화, 실천 공동체, 맥락, 연습을 통한 강화 그리고 조직적 수행을 최적화하는 소셜 미디어 등에 의해 주도된다. 블로그, 팟캐스트, P2P 공유, 소셜미디어와 개인 지식 관리 등은 모두 최근에 등장한 현상들이며 전통적인 온라인 학습이 제공해왔던 하향식 도구 및 콘텐츠와는 다르다. 인터넷에서 참모습을 발휘하는 강력한 도구와 기법들이 다양하게 등장하고 있다. Cross는 이 모든 것이 학습 성공을 돕는

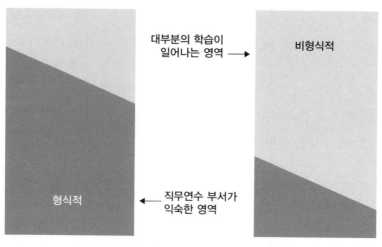

그림 12.1 형식적 및 비형식적 학습: 문제의 원천

것으로 생각했다.

형식적 학습을 버리라는 것이 아니라 비형식적 학습이 인정받고 지원받을 필요가 있음을 시사한다는 점에 주목해야 한다. 특히, 기업윤리 및 준법 교육 또는 신입사원 연수와 같이 기업의 핵심적인 교육 프로그램은 교재부터 완전한 교육과정에 이르기까지 좋은 콘텐츠가 학습을 뒷받침한다는 요구가 여전히 존재한다. 알아야 할 것을 모르는 사람들이 빈둥대도록 내버려 둘 수는 없으며 잘 구성된 형식적 학습은 여전히 필요하다. 단순히 자연적인 경로, 즉 개인적, 내재적 동기유발로 뒷받침되는 실제 맥락에서 벌어지는 비공식적, 일정이 정해지지 않은 사건들을 식별하고 사용할 필요가 있다. 문제는 실행과 수행, 실제 비즈니스 목표들 그리고 측정이다. 연수를 학교 교육으로 보는 것은 잘못이며 피상적이고, 관련이 없으며 강화되지도 않는다.

하향식 수업, 평가, 자격증에 균형도 안 맞는 초점을 맞추기보다 네트워크로 연결된 학습조직에 경험적, 비계획적, 비형식적 학습을 포함하는 일터 학습을 도입할 필요가 있다. 비형식적 학습은 모호한 형태가 아니다. 우리는 자신의 학습을 통제하고 조직은 실천 공동체가 생겨나게 하도록 자극하여야 한다. YouTube, Vimeo 등을 통한 공유와 더불어 블로그, Facebook 그리고 Twitter를 통해 의사소통하면서 작업 흐름 학습도 활성화되었다. 비형식적 학습은 빠르고, 저렴하며, 어디에서나 가능하다.

학습 언어가 사라지고 공식적인 조직, 명칭, 학습 목표와 꽉 막힌 틀에 박힌 교육과정 없이 일터 속에서 학습이 이루어진다. 조직에서 직무연수를 담당하는 부서를 없애자는 것이 아니다. 조직 내에서 정규직뿐 아니라 시간제 근로자, 프리랜서, 동업자를 하나의 상수로 여기도록 하는 것이다. 회사와 고객 사이에 있는 벽이 무너지고 고객 교육에 새로운 문화를 창출할 수도 있다.

여기서 모든 관심과 비용이 형식적인 부분에서 집행되는 반면 행위의 대부분은 비형식적이라는 사실을 반추할 필요가 있다. 형식적 학습을 포기하는 것이 아니라 비형식적 학습에서 공학의 역할을 고려하는 것이며 전통적인 LMS와 콘텐츠 모형을 뛰어넘어 실제 행동과 최신 공학에 기초한 더 새롭고 자연스러운 학습 모형으로 옮겨가는 것이다. LXP, LRS와 표준 사양, xAPI 등과 같은 AI가 포함된 보다 값비싼 공학을 통해 시대를 열어간다.

필요의 순간

Bob Mosher는 '필요의 순간 5개' 모형(Gottfredson and Mosher, 2012)에서 같은 메시지를 제시한다. 바쁜 학습팀은 실제 사용자 행동과 비즈니스 요구에 맞춰야 한다. 이것은 맥락화되고 학습자를 돕기 위해 설계된 학습을 의미한다. 그가 제시한 요구의 순간은 다음과 같다.

- 최초로 무언가를 학습한다.
- 주제에 대해 더 학습한다.
- 무언가를 적용 또는 기억한다.
- 무언가 잘못되었다.
- 무언가 바뀌었다.

Cross와 Mosher, 두 사람의 메시지는 업무 현장에 학습을 내포하여 필요의 순간에 쉽게 사용할 수 있도록 하라는 것이다. 이것은 Occam의 면도날(사고 절약의 원칙)을 이 문제에 사용하여 최소의 노력으로 목표를 충족하도록 돕는다. 특정 역할과 요구를 맥락화하는 것은 또한 바퀴에 기름을 칠하는 것이다. 그렇다면 작업 흐름 학습을 성취하기 위해 실제로 AI를 어떻게 사용할 수 있을까?

LMS에서 LXP로

민첩하고, 유연하고, 주의를 끌기 위해 항상 경쟁하는 일터에서는 데이터와 분석이 거의 없는 콘텐츠 저장고 이상의 것이 요구된다. 학습양식과 Kirkpatrick의 평가와 같은 오래된 이론들은 빛이 바랬고 사람들은 망으로 연결되어 있으면서 서로 떨어져 있다. 고객 수준의 인터페이스는 모바일, 개인화, 챗봇, 큐레이션 등 모든 데이터를 AI가 유연한 학습 생태계를 꽃피우도록 하고 있다.

LMS가 개인의 학습경험을 반영하여 구축된 LXP에 길을 내주기 시작할 때 AI도 학습의 전달을 돕기 위해 사용될 수 있게 되었다. 민첩한 학습은 반응적, 적응적, 개인화된 전달로 가능하다. 우리는 기업교육 및 연수 분야에서 기본적인 전달 기제인 교육과정의 몰락과 해체를 목도하고 있다. 개인화되었다는 것은 하나의 규격에 모두를 맞춘 경험이 아니라는 것을 의미한다. 학습이 더 작은 단위로 나뉘고 우수한 인지심리학에 맞춰져 있으며 인지적 관여와 행동주의 심리학을 이해하고 있음을 의미한다.

LMS는 개인화된 전달 및 스마트 소프트웨어와 AI 이전의 세계를 위해 설계되었다. 새로운 세계의 요구를 충족할 수 없는 오래된 공학을 바탕으로 하고 있고 유연하지 않으며 교육과 비즈니스의 재빠른 요구를 충족하지 못하고 있다. 세계는 기대의 관점에서 진보하였으나 LMS와 온라인 콘텐츠 모형은 새로운 인터페이스, 개인화된 전달과 진보된 분석학에 대해 평면적으로, 피상적으로, 정적으로, 무감각한 채로 머물러 있었다.

학습경험 플랫폼에서 학습 요구는 관여 또는 접점들에 의해 달라진다. 예컨대 처음으로 채용 면접을 앞두고 있을 때, 면접의 개요를 알려주는 짧은 입문 과정을 원할 수도 있다. 어쩌면 심층적 질문 기법을 찾고 부당한 대우에 대한 불만 제기에 응대하고 최신의 채용 방법을 찾거나, 또는 면담 직전에 단순히 복습을 원할 수도 있다. 학습자가 이전에 무엇을 했고, 실제 무엇을 알고, 무엇을 하고 싶은지는 민감한 맥락에 따라 전달되는 다른 요구들이다. 여기에 스마트 소프트웨어가 필요하다.

LXP는 AI가 주도하는 온라인 세계의 요구에 대한 응답이며 사용자의 요구, 다중 시스템 그리고 조직의 실제 데이터 요구에 반응하는 공학이다. 학습자들은 쉽고, 유연하고, 끊김 없는 접근과 개인화된 전달을 원한다. Google, Facebook,

Instagram, Twitter, Amazon, Netflix를 통해 웹을 경험한 학습자들은 AI가 기반이 되는 매끄러운 인터페이스가 모바일 환경에서도 동작하는 LXP 세계를 기대한다. 전통적인 LMS는 이에 크게 미치지 못한다.

최신의 LXP 세계가 가지고 있는 한 가지 특성으로 xAPI가 있는데, 이것은 서로 다른 원천들, 학습경험과 콘텐츠, 심지어 LMS 외부에 있는 것들을 자세하게 추적하는 것을 가능하게 한다. xAPI는 그 전신인 SCORM보다 학습을 전체적으로 추적할 수 있다.

LRS의 발전은 데이터를 형체로 나타냄과 동시에 거대한 비즈니스 데이터와 통합하여 학습자료를 더 쉽게 사용할 수 있도록 만든다. 학습은 이 경로를 통해 비즈니스 요구에 바로 대응하고 기업의 중요한 의사결정에 영향을 준다.

Degreed, EdCast, Pathgather, Headstream과 같은 LXP 플랫폼이 등장하면서 AI에 의한 학습의 혁신 범위가 넓어졌다. AI는 스마트 소프트웨어를 사용하여 사용자 인터페이스 경험을 향상시키고 개인화된 경험과 이전 데이터 활용을 가능하게 한다. AI는 LXP의 세 가지 층 모두에서 의미 있는 결과를 가져올 것이다.

- 사용자 인터페이스 경험 층(UX)
- 학습경험 층(LX)
- 데이터 층(DX)

사용자 인터페이스 경험 층(UX)

사용자 인터페이스(UX) 분야는 '디자인 사고'가 아주 많이 이루어지고 있으나 UX 디자인이 항상 좋은 결과를 가져오는지 명확하지 않다. 혼란을 주는 인터페이스나 구태의연한 사용법을 제거함으로써 탐색을 명확하게 하는 것은 중요하다. 선다형 질문, 끌어다 놓기, 클릭하여 말풍선 또는 팝업을 보기와 같이 이전과 같은 형식을 의미하는 것이라면 얻어지는 것은 아무것도 없다. 중요한 것은 UX 이면에 들어있는 논리, 즉 특정 지점에서 학습자에게 적합한 것을 추천하거나 학습을 재배열하여 AI 시스템으로 전달하는 능력이다.

LXP 시스템은 AI를 사용하기 때문에 LMS와 차별화되어야 한다. 단순히 LMS 형태를 취한다면 서비스에서 유연성과 개인화를 전달할 수 없을 것이다.

우리가 학습할 때 뇌에서 이루어지는 과정 대부분은 보이지 않는다. 기억과 회상에 개입된 심층 처리 활동은 의식 아래에 있어 통합이 발생한다. 이와 유사하게 인터페이스와 콘텐츠 이면에 있는 알고리즘에 의해 대부분의 복잡한 작업이 이루어지므로 적응적, 알고리즘 학습을 관찰하기 쉽지 않다. 수면 아래 빙산의 거대한 부분이 잠겨있는 것처럼, 보이는 콘텐츠 수준 아래에 거대한 복잡계가 숨어 있다. 서로 다른 학생들은 학습 여정에서 서로 다른 경로를 따라 나아갈 것이며 더 빨리 끝내는 사람도 있고 도움을 더 많이 받거나 더 오래 걸리는 사람도 있을 것이다. 종합하면 적응적, 알고리즘 추천 체제는 UX를 주도하여 학습자를 맞춤형 학습 여정으로 데려갈 것을 약속한다. 학습자의 의욕 상실과 중도 탈락에 대한 주요 이유 중 하나가 교육과정에 대한 어려움이며 학생들이 막다른 길에 갇혔거나 길을 잃었을 때 다수의 학생을 버려두고 가버리는 순차적 단일 교육과정이기 때문이다. 모든 개별 학생에게 맞춘 개인화된 학습은 이제 충분히 성숙하였고 이러한 문제들에 대한 해결책이 될 것이다.

Google, Facebook, Instagram, Twitter, Spotify, Amazon, Netflix에서 사용하는 스마트 알고리즘은 추천을 통해 사용자 경험을 향상할 수 있다. 그렇다면 학습자의 경험은 어떻게 향상할 수 있을까? 이 과정에서 핵심 요소인 데이터는 스스로 움직일 수 없다. 데이터를 해석하는 알고리즘에 입력됨으로써 유용해질 뿐이다. 데이터의 양과 질이 중요하며 알고리즘의 질 또한 중요하다.

스마트 소프트웨어는 공식을 기반으로 한 알고리즘으로 학습과학을 기반으로 계산된 확률에 기초하여 추천한다. 알고리즘을 여러 개 결합하여 사용하면 더 높은 확률을 보여줄 수 있다. 학습자의 과거 학습경험을 활용할 수도 있다. 또한, 형성적 평가에서 어떻게 수행했는지, 과제에 얼마나 시간을 보냈는지, 언제 막막해 했는지, 키보드 사용 유형과 감정 분석 등을 역동적으로 추적한다. 여기에 유사한 학습자 집단들에서 얻어진 것을 추가할 수도 있다. 순차적인 교육과정에서 말하는 '다음 단계'가 아니라 학습자의 정확한 요구에 맞는 최적화된 학습경험을 제공할 수 있다.

LXP는 기계학습을 통해 데이터의 경험으로부터 또 한 단계 학습하여 스스로 경험한다. 이러한 AI 주도 경험에 집중하지 않는다면 우리가 전달하는 것은 수십 년간 우리 주위에 있었던 구식 에듀테인먼트일 뿐이다.

학습경험 층(LX)

LX의 발전을 우려하는 목소리로 사람들이 '학습' 없이 '경험'에 집중하게 할 위험이 있다. 동영상, 미디어, 게임화를 서두르다 보면 학습은 첫 번째로 희생된다. 에듀테인먼트와 에듀테이너는 학습은 재미와 같다는 과거의 어리석음을 되풀이할 위험에 처해 있다. 물론, 우리는 기억에 남는 경험을 선호한다. 학습에서 주의 집중은 필수적인 조건이지만 경험은 학습의 동의어가 아니다.

과거의 많은 연구에서 학습자가 학습 방법을 결정하도록 내버려 두면 학습자들은 종종 망상에 빠져버리기도 했다. 따라서 선택에 대한 전적인 책임을 부여하는 것은 현명하지 않다.

또한, 학습 과정에서 수동적인 클릭 활동만을 제공하면 학습자가 쉽다고 느끼지만, 지식을 저장하고 보유하는 기간은 짧고 부실하다는 연구가 많이 있다. 풍부한 미디어가 풍부한 마음을 의미하지는 않는다. 우리는 '경험'을 서둘러 이야기하면서 진정한 노력이 요구되는 '학습'에서 벗어날 위험에 처해 있다.

작업 흐름 내에서 학습을 전달하는 것은 의미 있고 좋은 것이지만, 심층적으로 잘 고려된 경험을 얻기 힘들다.

LXP는 다양한 요구 시점들에 학습자에게 관여하여 학습자에 의한 노력을 최소화하려고 한다. 챗봇을 통해 동료에게 도움이나 조언을 구하는 것처럼 학습에 대해 접근할 수 있도록 한다. 조직에서 어떤 소셜미디어를 가장 많이 사용하는지 알아보고 그 시스템과 통합하여 학습자에게 관련 콘텐츠를 바로 전달해 줄 수 있다. 이 작업 흐름 통합을 통해 적합한 학습을, 적합한 사람에게, 적합한 시기에 제공한다.

자동 추천 기능은 개별 학습자의 가장 중요한 요구에 행동을 취하도록 돕거나 가벼운 동기부여를 제공할 수도 있다.

사회적인 것은 또 다른 문제인데, Microsoft Teams 또는 조직 내에서 이미 사용되고 있는 기존의 사회적 체제와는 별도로 사회적 체제를 구축한다면, 이것도 우려할 만한 일이다. 세상에는 사용되지 않고 애용되지 않는 실패한 사회적 학습 체제들이 흩어져 있다.

데이터 층(DX)

　조직 내에서 사람들은 다양한 원천들로부터 학습하며 누가, 언제, 어디서, 무엇을 학습하는지 알기 위해 많은 데이터가 필요하다. 다양한 원천, LMS, 모바일 앱, 포탈, 스마트 기기 그리고 여러 소프트웨어로부터 데이터를 수집, 저장, 분석, 활용해야 한다.

　LXP는 경험들이 생성되고 데이터에 의존하고 주도된다고 장담한다. 데이터가 전달 루프 안에 있을 때 20년 동안 표준의 자리를 지켜온 SCORM의 한계를 넘어설 수가 있는데, 최신 버전인 SCORM 2004가 아니라 여전히 1.2가 사용되고 있다. 오늘날 우리는 전달에 있어 비형식적, 모바일, 소셜미디어, 시뮬레이션 등을 배제하고 있다. 따라서 데이터 수집과 시각화에 있어서 xAPI 또는 다른 규격으로의 전환이 필요하다. 많은 데이터를 수집하면서 발생한 문제는 이 데이터를 가지고 할 수 있는 실제적인 조치가 상대적으로 부족하다는 점이다. 데이터로 하고 싶은 것이 무엇인지를 결정하지 않았다면 그저 무의미하게 저장하는 것이 된다. 저장에 관한 것이 아니라 조치와 결정에 관한 것이므로 단순한 저장 시스템 그 이상이어야 한다.

　LMS와 SCORM은 콘텐츠의 포장, 전달, 관리에 관한 것이다. 신규 규격인 xAPI는 학습자와 학습 행위에 관한 것이다. 이것은 공급에서 수요와 비즈니스 요구로 초점을 이동한다. 이제, 데이터 층에 xAPI를 사용하여 구성요소 하나하나까지 추적하고 학습 기록을 저장함으로써 학습 데이터는 비즈니스 자료로 통합될 수 있다. 데이터 분석, 연수와 판매, 생산성 또는 행동 간의 상관관계가 행위를 분석, 예측, 처방하는 보다 강력한 역량이 된다.

　견고한 데이터 저장 장치는 오직 LMS 또는 정규 교육과정에서 학습하는 것이 아님을 보여줌으로써 이를 완화하도록 한다. 학습이 어디에서나 이루어지고 생태계 안에서 보이는 많은 접점과 요구들을 가지고 있다는 것은 Cross, Mosher 그리고 다수의 연구로 실현된 것이다. 이 생태계 안에서 데이터를 어떻게 사용하는가는 흥미로운 질문이다. AI를 사용하여 학습 기회를 기술, 추적, 보장, 시각화, 분석, 추천하고, 적응적 체제 안에서 임무를 수행하고, 의견과 감정 분석 그리고 다른 여러 데이터 기반 AI 도구와 기법들에 대한 접근을 허용하고자 한다면 데이터 관리가 필요하다.

데이터 관리는 분별력 있는 저장에서 출발한다. 교육과 비즈니스 등 모든 기관은 자신들의 데이터를 수집, 저장, 접근하는 방법의 문제를 가지고 있다. 대부분 다양한 원천으로부터 여러 유형으로 제공되며 여러 곳에 저장되어 활용하기 어렵다. 따라서 학습 데이터에 대해 단일 원천을 갖는 것이 권장될 수 있다.

조직은 AI 기법을 활용하여 LRS를 사용할 수 있다. LRS는 조직 안에서 통합을 담당하고 학습 분석학을 적용할 수 있도록 해 준다. LRS는 학습 분석학과 더불어 다른 평가 및 비즈니스 자료도 저장할 수 있다. 데이터를 조직하여 완전한 통합으로 활용할 수 있으며 조직의 학습 역할과 효과를 측정하는 데 매우 유용하다. 학습과 비즈니스, 또는 학습과 조직 목표의 조화는 학습 전문가들이 오랫동안 염원하던 것으로 통합된 데이터 서비스를 통해 이제야 가능하게 되었다.

우선, GDPR과 같은 데이터 규제 관리에 도움이 될 것이며 LRS은 이것을 더 수월하게 한다. 규제의 책임을 충족시키는 방식으로 데이터를 식별, 관리, 보고하여 무거운 벌금을 피하도록 도울 수 있다.

응용 프로그램의 프로그래밍 인터페이스(API)를 사용할 수 있어야 하며 다양한 내부 및 외부 원천들로부터 데이터가 수집될 수 있어야 한다. xAPI는 SCORM을 대체하기 위해 설계된 규격으로(1999년에 최초로 출시되었다), 정보의 세 부분, 즉 명사-동사-대상을 통해 문자 그대로 어떤 것이든지 추적할 수 있도록 한다. 예컨대 'John은 도서 "인공지능 학습"을 읽는다'가 있다.

학습이 전용 플랫폼만이 아니라 모든 곳에서 이루어진다는 것을 증명하기 위해 데이터 추적 범위를 넓히고 있다. 특히 비형식적 학습을 포함하기 위해 학습의 지평선을 확대하였다. LMS로 전달되는 콘텐츠에 국한된 것이 아니라 학습 생태계 전반에 걸쳐 보다 유연한 규격으로 SCORM을 대체하는 것을 목표로 한다.

이 접근 방법은 통합된 도구와 폭넓은 범위의 공학을 사용하여 수집된 데이터들이 단일 원천으로 통합될 수 있으므로 LXP와 같은 복잡한 학습 생태계의 출현과 어울린다. 데이터의 위치가 걱정된다면 시스템을 기업 또는 자신이 속한 조직 내 클라우드에 둘 수 있다.

LRS는 '사용자' 데이터를 저장할 수 있어야 하는데 이것이 행동을 기술, 분석, 예측, 처방하는 데 필수적이기 때문이다. 사용자의 학습 여정을 기술하고 추천 엔진을 사용하고 감성 분석을 적용하기 위해서는 학습자를 명확하게 식별할 수 있어야 한다. 데이터 계기판은 다양한 사용자 유형, 즉 교사, 연수 담당자, 학습자,

관리자의 요구에 맞추어 제작될 수 있으며 Tableau 또는 PowerBI와 같은 도구를 사용하여 시각화할 수 있다.

학습 여정을 조직 전반에 걸쳐서 추적하는 것에서 더 나아가 어떤 LRS는 추천, 개인별 피드백, 작업 흐름을 자동화하는 행동을 유도한다. 데이터는 잘 사용하지 않으면 죽은 것이고 비활성 상태를 유지한다. LRS는 이러한 데이터를 잘 사용할 수 있도록 돕는다. 학습을 제한하기보다 많은 학습 기회를 추적하고 향상하도록 돕는다.

조직의 구조에 따라 다중 소유를 허용하여 여러 학과, 부서 또는 국제적인 그룹 안에서 여러 회사별로 LRS 안에 다중 자료 저장을 할 수 있는 시스템을 원할 수도 있다. 요점은 LRS는 단순히 조직에 적합한 방식으로 데이터를 더 쉽게 수집, 저장, 접근할 수 있도록 활동을 조직한다는 것이며 어떤 데이터가 던져지든지 대처할 수 있어야 한다.

떠밀기 학습을 자동화하여 알림, 동기부여, 상기, 접촉, 조언을 줄 수 있다. 여기에 AI가 들어와서 떠밀기 학습을 전달하는 알고리즘에 적용될 수 있다.

조직 학습

조직은 지식 네트워크에 AI를 활용한 학습을 진행한다. AI 기반 기업 소프트웨어는 한 조직 안에서 지식, 통찰력, 전문성을 공유하여 집합적 역량을 발휘하게 할 수 있다는 아이디어를 중심으로 하고 있다.

조직의 지식 대부분은 저장소 안이나 구성원의 머릿속에 엄중히 보관되어 있다. 이 지식은 조직된 것도 있고 그렇지 않은 것도 있으며 다양한 사람이 각각의 장소에 보관하고 있어 공유하기 힘들다. 이 마지막 저장소인 구성원의 두뇌는 열기가 가장 어려우며 사람들이 대개 자기만 가지고 있고, 공유하지 않으려는 경향이 있다.

Microsoft 'Cortex'는 주제 카드를 전달하기 위해 AI를 사용하는데 Word, Outlook 등에 자동으로 나타나서 사용자를 재촉한다(Patton, 2019). 이 응용 프로그램들은 AI를 사용하여 문서, 파워포인트, 동영상, 모임과 채팅, 심지어 다른 기업과 조직의 데이터베이스에 보관되고 있는 것을 열어준다. 또한, 주제 카드에 대해 전문가, 즉 사람들에 대한 연결을 포함하고 있다. 매일 사용하는 도구 내부에서 적기에 주제를 식별하고 그 주제들과 콘텐츠 간의 관계를 드러내기 위해 조직 및 비조직화된 콘텐츠를 활용할 수 있는 것은 오직 AI를 통해서 가능하다.

학습 공동체의 지식에 대한 통합적 접근 방식은 다가오는 미래의 모습이다. 한 저장고 안에 학습을 격리하는 것은 폭넓게 학습과 계발을 사용하고자 하는 데 이터와 사람들을 활용하지 않는 것이다.

비형식적 학습이 현재로서는 조직에서 실제 학습의 가장 큰 수단이라는 명백한 사실을 강조한 Cross의 말이 옳았다. 이제 우리는 AI를 통해 우리가 필요로 하는 것을 찾고 콘텐츠와 사람 간의 관계를 식별하고 더불어 필요할 때 필요한 지점에서 의미 있는 정보로 조직되어 정제될 만큼 현명하고 강력한 소프트웨어를 갖게 되었다.

AI가 주도하는 지식과 시스템이 충분하다고 말하는 것은 아니다. 초보자들은 여전히 구조화된 학습이 필요할 것이다. 정보 제시만으로는 절대 충분하지 않으며 한두 번 노출된다고 학습되는 것은 거의 없다. 대부분은 그다음에 이어진 노력으로 학습된다. 이것이 학습에 AI를 적용해야 하는 이유다.

결론

조직은 더 빠르고 접근 가능하며 유연한 학습 전달 시스템이 필요하다. 학습은 항상 많은 접점을 가진 생태계 안에서 발생하였다. 이 접점들은 교실에서의 교과목, 참고서, 무엇보다도 동료로부터 학습하며 모두 오프라인이었다.

접점들이 온라인에 있는 학습관리시스템으로 이동하면서 학습의 다른 원천 또는 활동과 격리된 학습 경향을 보였다. 그러나 내부 지식 기반, 내부 의사소통 체제, 외부 웹 자원 또한 학습에서 역할을 한다. AI는 이미 검색과 소셜미디어에서 핵심 역할을 담당하고 있고 학습경험 플랫폼을 통해 폭넓은 학습경험을 전달하는 데 있어 중추적 역할을 담당하고 있다. 궁극적으로 조직은 모든 사람이 학습하는 학습조직으로 볼 필요가 있다. 오직 AI가 이것을 가능하게 할 것이다.

참고문헌

Cross, J (2011) Informal Learning: Rediscovering the natural pathways that inspire innovation and performance, John Wiley & Sons, Hoboken, NJ

Gery, GJ (1991) Electronic Performance Support Systems: How and why to remake the workplace through the strategic application of technology, Weingarten Publications, Inc, Boston

Gottfredson, C and Mosher, B (2012) Are you meeting all 5 moments of learner need?, Learning Solutions Magaizine, June

Patton, S (2019) Introducing Project Cortex, Microsoft blog. Available at https:// techcommunity.microsoft.com/t5/Microsoft－365－Blog/Introducing－Project－ Cortex/ba－p/966091 (archived at https://perma.cc/2B2Z－VWYH)

Chapter 13

평가

교육기관이나 기업에서 지원자에 대한 평가이든, 역량과 전문성에 대한 평가이든 많은 이해관계가 걸려있는 평가는 큰 업무이다. 그러나 비용이 많이 들고, 비효율적이며 느린 업무가 될 수 있다. 평가 문항을 만들고, 평가 센터를 오가고, 시험감독관을 배치하고, 응시자를 식별하고, 부정행위를 방지하고, 점수를 매기는 이 모든 것이 평가 업무를 스트레스를 많이 받고 골치 아픈 일이 되게 만든다. AI는 온라인 평가를 허용하고, 신분 확인을 개선하며, 부정행위를 확인하고, 답안을 표시하는 이 모든 것들에 대해 영향을 미치기 시작했다. 인간의 역할이 완전히 대체되는 것은 아니지만 부분적으로 자동화되고 있다. 생산성의 향상은 더 수준 높고 빠르고 저렴한 비용의 평가를 초래할 것이다.

채용과 평가

일자리를 찾고, 지원자를 찾고 선택하는 것에 이미 AI가 많은 부분 관련되어 있다. 소셜미디어, 특히 LinkedIn은 두 과정을 온라인으로 가속하는 데 중요한 역할을 했다. 소셜미디어 자체가 AI에 의해 매개되는 만큼 AI는 이미 채용 루프에 내장되어 있다.

이러한 방법을 사용하면 후보자의 양을 증가시킬 수 있어서 적합한 후보자를 찾을 확률이 높아진다. 이렇게 큰 데이터 세트 내에서 대상을 정확하게 지정할 수 있다. 더 높은 수준의 자동화되고 개인화된 접촉을 통해 지원자의 참여를 높일 수도 있다. 과정만 놓고 보면 시간과 비용의 효율성은 분명하다. 이 과정은 고용주와 지원자 모두에게 더 빠를 수 있어서 지원서에 대한 회신을 받지 못하는 구직자들 사이에서 흔히 볼 수 있는 좌절감을 줄일 수 있다.

당신의 선택 기준이 개인의 역량이든 직무 명세서이든 그것에 근거하여 고려할 이력서를 선택하는 것은 AI의 도움을 확실히 받을 수 있다. 실제로 잘 설계된 시스템은 이름, 성별, 인종과 사회경제적 그룹에 대한 오래된 인간의 편견을 무시할 수 있을 것이다.

채용 평가의 편향성에 대해 많은 논란이 있지만, 찬반양론을 따져보면 많은 인재 채용이 편견으로 가득 차 있다는 것은 잘 알려져 있다. 예를 들어, 성별에 따라 편향될 수 있는 이전 채용 데이터에서 추론하는 데이터 세트를 근거로 하여 의도치 않게 편향을 도입하지 않도록 주의해야 한다. 데이터 세트와 해당 데이터와 함께 사용되는 알고리즘을 주의 깊게 다루면 해당 데이터의 사전 및 사후 처리를 통해 AI를 개선하여 공정성을 보장할 수 있다. 채용 및 평가에 AI를 사용할 때 명심해야 할 점은 기계학습 기법이 실수할 수 있고 당신이 활용할 수 있는 것보다 더 큰 데이터 세트가 필요할 수 있다는 것이다.

실제 지원자 평가를 위해 AI는 지원자에 대해 알아보기 위한 경로로 흘러 들어갈 수 있도록 테스트 문항을 만들어 제공할 수 있다. 성적증명서가 자동으로 만들어지고 AI가 선정 기준에 맞춰 다시 적용된다면 제출된 영상 면접은 더욱 효과적일 수 있다. 챗봇 평가는 판단 검사를 제시하고 의사결정 능력을 점검할 수 있다.

마지막으로 고려해야 할 흥미로운 기준은 법적 방어이다. 당신은 채용과 선발에서 평등과 다양성과 관련된 법으로부터 당신의 AI 시스템을 방어할 수 있는가? 여기에는 투명성 문제가 포함된다. 대부분의 AI 기반 시스템은 프로세스를 완전히 자동화하지 않고 지원하는 데 사용된다. 이것은 법적 방어뿐만 아니라 모든 종류의 이유로 합리적이다.

디지털 식별

온라인 시험에서는 얼굴 및 문서 식별 정보를 사용하여 지원자가 실제로 적합한 지원자인지 확인할 수 있다. 온라인 시험에서 부정행위가 많이 발생해왔다. 얼굴 및 신체 분석을 사용하여 응시자가 시험 중에 부정행위를 하고 있지 않은지 확인할 수도 있다. 실시간 얼굴 인식은 부정행위를 방지할 방법의 하나다.

언어학습에서 말하기와 쓰기를 평가하는 것은 형성평가와 총괄평가 모두에서 필요하다. 일부 대형 인증 회사에는 등급이 매겨지고 주석이 달린 스크립트의 대규모 데이터 세트가 있다. 이것들은 테스트의 대상이 되는 언어의 역량 수준을 결정할 수 있는 AI 시스템을 훈련하는 데 사용될 수 있다.

AI가 목표 언어를 '이해하지' 못한다는 사실을 기억하는 것은 중요하다. AI는 이해력이 없이 능숙하다. 실제 언어를 어떻게 사용하는지에 따라 숙련도를 평가하기 위한 통계 기법을 활용하는 것은 놀랍도록 뛰어나다. 사람들이 은유, 직유, 비유, 유머를 사용하는 더 높은 수준의 숙련도를 보여줄 때 AI는 허우적대기 시작한다. 구어체에서는 오디오 품질, 억양과 명료성 등의 실질적인 문제가 극복되어야 하므로 쉽지 않다.

시스템 대부분은 다른 작업에 집중할 수 있도록 평가자의 성적 채점 부담을 감소시키는 하이브리드 시스템의 루프에 인간 평가자를 남겨둔다. 이러한 시스템이 더 많이 사용되고 개발될수록 기계학습을 사용할 경우 더 높은 수준에서 더 유능해질 것이다. 학생 피드백을 제출하거나 피드백을 돌려받고 쓰기 및 말하기 능력을 향상하기 위해서나, 신뢰도 평가를 하는 하이브리드 시스템에서, 또는 신뢰도 등급이 아주 높지 않았을 때 AI가 사용되었다면 더 많은 증거를 원하거나 채점을 하고 싶은 평가자에게 해당 채점을 맡긴다.

AI는 또한 개방형 입력 테스트 문항을 소프트웨어로 생성하고 표시하는 평가 시스템을 구축하는 데에도 사용되었다. 테스트 문항은 텍스트에서 확인 및 제거되며, 응시자는 텍스트 또는 음성으로 해당 문항을 다시 입력해야 한다. 또한, AI는 자유 텍스트 답변을 의미론적으로 분석하기 위해 다양한 AI 기법을 사용하여 단답형 질문을 채점하는 데에도 사용됐다.

표절과 AI

고등교육에서 학습에 AI를 활용하는 유일한 사례가 학생들의 부정행위 여부를 확인할 때라는 것은 이상한 일이다. 오래된 속담에 있듯이, 학생들이 베끼면 그것은 표절이지만 학계에서는 그것을 연구라고 부른다. 이것은 예측 가능한 고양이와 생쥐 게임으로 종종 같은 과제, 대체로 긴 형식의 에세이로 정해져 있다. 학생들은 피드백과 학점을 위해 억지로 미루다가 공유하고, 자르고, 붙여넣기 한다.

그러나 한쪽에서는 기관, 교사, 학자들이 에세이를 통한 평가에 몰두하는 반면 학생들은 에세이 대필 회사와 스텔스 기술과 같은 첨단 기술을 이용해 부정행위를 저지르기 때문에 게임은 점점 복잡해지고 있다. 기관들이 이것을 적자의 문제로 간주하는 한, 성가신 학생들과 에세이 회사들이 우리의 정직한 관행을 망치는한 아무것도 변하지 않을 것이다. 이것은 사실을 부인하거나 쥐덫을 놓기보다는 영리한 해결책이 필요한 문제이다.

한쪽에서는 기관과 학계가 예측 가능한 과제를 내놓고 있다. 그 형식은 대부분 성의가 없어 보이는 에세이 질문이다. 이것은 종종 수년간 변하지 않는 관행이다. 왜 이런 일이 일어날까? 화석화된 실습, 연구 다음으로 중요한 교육, 평가 설계 기술 부족은 기관이 이러한 한 가지 형태의 평가를 장려하고 평가의 질을 담당해야 될 기관들은 수십 년 동안 거의 변하지 않은 모형에 갇혀 있기 때문이다.

다른 한쪽에서 학생들은 더 쉽게 이기게 해주는 첨단 기술을 사용하며 소셜미디어에서 더 쉽게 공유할 수 있다. 학생들은 복사해서 붙일 수 있는 수많은 자료에 접근할 수 있다. 이외에도 상대적으로 저렴하고 눈에 띄지 않는 에세이와 논문을 온라인에서 사들일 수 있다. 엄밀히 말해 학생들은 학문적 성실성을 가지고 과제를 수행하는 방법에 대한 충분한 가르침과 조언을 받지 못했다. 이 부분에서의 학생의 심리는 흥미롭다. 그 과제는 하기 싫은 일로 변해버리고 부실한 피드백과 채점 결과가 언제 나올지 모른다는 것을 알고 있다. 이제 학생들은 배움을 하나의 게임으로 보기 시작한다.

학생 수가 늘어나는 것은 명백히 부정행위를 해야 하는 더 많은 압박을 초래한다. 그들 또는 그들의 부모는 상당한 액수의 돈을 지출해야 했고, 실패는 체면을 많이 잃기 때문에 받아들이기 어렵다. 여기에 더해 학자들이 필수적인 탐지 작업을 하고 세부적이고 손이 많이 가는 부정행위에 대한 후속 조치를 꺼리기도 한다. 게다가 이 일은 아주 확실한 증거가 많이 필요하고 대부분은 이 과정을 시작하기 위해 관료주의적인 산에 오르는 것을 원하지 않는다. 여기에 더해 또 다른 보호막은 평판 훼손 가능성이 큰 만큼 이런 일이 일어난다는 것을 기관이 인정하기를 꺼리는 것이다. 학생, 교사, 기관들이 글자 그대로 부정행위를 제도화하는 완벽한 폭풍이다.

긴 형식의 비판적 사고를 원한다면 에세이는 적절한 과제이다. 그러나 많은 과목에서 더 짧은 시간에 수행할 수 있는 목표가 뚜렷한 과제와 시험이 더 나을 것이다. 형성평가 기법은 많이 있고 에세이는 그중 하나일 뿐이다. 단답형 질문, 개방형 응답, 형성평가 및 적응형 검사가 모두 적절하다. 교육은 쉬워지기를 원하고 에세이 문제는 세팅하기 쉽다. 그들은 또한 이제 부정행위를 하기 쉽다는 것을 받아들여야 한다.

또 다른 문제는 형성평가와 총괄평가 사이에 존재하는 혼란이다. 만약 그 과제가 형성적 학습경험이라면, 왜 점수를 매기는가? 형성평가는 피드백이 필요하다. 수십 년간 이 문제를 연구해 온 Black과 Wiliam(2005)은 채점하지 말고 피드백에 초점을 맞출 것을 권고한다. 채점은 끝점 역할을 한다. 성취도가 높은 학생들은 80%를 얻은 다음, 나머지 20%는 노력을 기울일 가치가 없다고 가정하고, 성취도가 낮은 학생들은 의욕을 잃는다. 학습자에게 실제로 필요한 것은 채점이 아니라 자세하고 건설적인 피드백이다.

또한, 무엇이 표절로 간주하는지에 대한 문제도 존재한다. 그러한 문제 중 하나는 표절을 검사하는 도구들이 직접 인용을 표절로 간주하여 통계를 혼동하고 시스템에 잘못된 긍정을 보내는 경우가 많다는 것이다. 두 번째 문제는 무엇이 인용할 필요가 없는 '상식'을 구성하는지에 대한 것이다. 이것은 까다롭다.

기관들이 실제로 보고한 사례와 에세이 작성 서비스를 제공하는 기업의 수와 규모를 비교해 보자. 엄청난 격차가 있으며, 대부분은 회색의 경제 안에 있고 심지어 부모들도 부정행위에 가담하기 때문에 이것은 빙산의 일각에 불과하다. 구매한 에세이와 학위 논문은 현재 대학에서 흔히 볼 수 있다. 에세이 대행 회사에 대응할 수 있는 법을 제정할 수 있지만, 대부분 온라인상에 존재하기 때문에 해외로 옮겨가면 그뿐이다.

사실 긴 형식의 에세이에는 많은 대안이 있다.

자동 에세이 평가

실제로 교사가 채점과 피드백을 제공하는 데 필요한 엄청난 숫자와 불가능성을 고려할 때 AI 혁신 중 하나는 자동 에세이 채점이다.

우리는 이 첨단 기술이 무엇을 하는지에 몇 가지 관점으로부터 시작할 필요가 있다. 여기에서의 속임수는 AI가 '인간'이 아니고 에세이를 이해하여 '읽는' 것이 아니라는 점이다. AI는 이해력이 없다. 인간이 하는 것처럼 일을 하는 것이 아니다.

인간은 많은 것을 잘하지만 많은 것을 못하기도 한다. 간단한 계산기는 어떤 사람보다 더 빨리 계산할 수 있다. Google의 AI는 어떤 사람보다 더 잘 검색할 수 있다. 기계는 기계적인 정밀도, 속도, 힘 그리고 지구력 면에서 모든 인간을 능가할 수 있으며, 그것이 그들이 제조업에서 흔한 이유이다.

소프트웨어는 완벽하지 않지만, 인간도 완벽하지 않다. 인간의 성과는 많은 수의 에세이를 채점할 때 떨어지게 된다. 인간은 실수하고, 이름과 성별, 인지적 편견뿐만 아니라 비판적 사고와 창의성 측면에서 얼마나 받아들일 것인지에 대한 편견도 가지고 있다.

이것은 교사 평가를 대체하는 것이 아니다. 교사들이 더 목표가 뚜렷하고 건설적인 피드백과 지원을 가르치고 제공하기 위해 업무 일부를 자동화하여 교사들의 시간을 최적화하는 것에 대한 것이다.

소프트웨어는 많은 에세이를 실제 인간이 채점한 성적과 함께 사용하며, 성적에 따른 구별되는 특징들을 찾는다. 이런 의미에서 소프트웨어는 인간의 특성과 결과물을 사용하고 있으며 새로운 사례를 제시할 때 이를 모방하려고 한다. 소프트웨어가 포착해야 하는 기능은 다양하지만 누락된 단어 또는 구문 등을 포함할 수 있다. 즉, 기계나 알고리즘이 스스로 작업을 수행하는 것이 아니고, 많은 에세이를 채점했을 때 인간 전문가들이 무엇을 했는지를 살펴보는 과정이다.

기계 채점은 점수를 제공하지만, 신뢰도 등급이라는 확률도 제공한다. 신뢰도가 낮게 채점된 에세이에 대한 알고리즘을 재교육하는 데 기계 채점을 사용할 수 있다. 또한, 에세이 자동 채점은 채점 루브릭에서 각 차원에 대한 점수를 주는 것으로 전체 점수가 아니다.

이것은 숫자 게임이다. 소프트웨어를 훈련하기 위해 하나의 주제에 대해 수백,

어쩌면 더 많은 에세이가 필요하므로 학생 수가 적은 수업에서는 작동하지 않는다. 내용이 불분명한 특정 수업을 비교적 적은 수의 학생에게만 진행한다면, 이 길은 당신을 위한 것이 아니다. 하지만 만약 당신이 매년 누적 학생 수가 수백 명 또는 수천 명인 기관 또는 MOOC에서 수십만 명에 이르는 학생을 가르친다면, 이해가 될 것이다. 물론 소프트웨어가 실수하겠지만 인간도 에세이 채점에서 실수한다. 조사에 따르면 그들이 그렇게 실수하는 것이 분명하다. 기계 채점은 심지어 인간 채점자가 저지르는 실수를 모방하기도 한다.

AI가 좋은 스타일이나 좋은 글을 발견하지 못한다고 말하는 것은 잘못된 것이다. 문장 길이, 상투적인 문구의 구별, 연결체 사용, 좋은 문구, 적절하고 미묘한 어휘 등 구문 방식의 모든 측면을 측정할 수 있다. 만약 이러한 것들이 인간 채점자에 의해 확인되었다면 AI에 의해서도 발견될 수 있다. 그렇다고 이 모든 일을 잘 해낼 수 있는 것은 아니지만 훈련을 받은 전문가들이 꾸준히 채점한 실제 에세이에서 많은 양의 집계 데이터를 얻으면 그중 일부는 잘 해낼 수 있다. 맞춤법이 수정되고, 문법적 오류가 발견되고, 일반적으로 혼동되는 동음이의어와 같은 일반적인 오류가 표시되기 때문에 스타일은 이미 워드프로세스 소프트웨어에서 어느 정도 확인되고 있다. 하지만 솔직히 말해서 스타일은 중요한 학습 목표가 아니다.

기계 채점 시스템은 창의성을 채점하는 것은 아니라고 말하는 것이 옳을 것이다. 하지만 이것은 정의하기 매우 어려운 용어이며, 인간 채점자들은 이러한 판단에 큰 변수가 될 수 있다. 만약 당신이 창의적 글쓰기 강좌를 가르친다면 기계 채점은 도움이 되지 않을 것이다. 하지만 당신이 창조성에 대해 노골적으로 말하지 않는 한, 그것이 무엇을 의미하든 간에 창조적인 판단력이 부족하다고 소프트웨어를 비난하는 것은 불공평하다. 다시 말해, 인간 평가자로서 당신이 '창의성'이 무엇을 의미하는지 알고 그것을 AI가 발견할 수 있는 수준으로 정의할 수 없다면 소프트웨어를 비난해서는 안 된다.

이것은 어떤 문제에 대한 해결책일까? 교사들이 가장 힘들다고 생각하는 일은 바로 성적 채점이다. 소프트웨어를 활용한 기계 채점은 교사가 수업에 쓸 시간을 마련해준다. 또한, 교육 대량화로 인해 더 많은 학생을 가르쳐야 하는 교사에게 가중된 노동과 과로의 문제를 해결할 수 있다.

또한 이 대량화는 단어 수만을 충족시키는 빈약하고 거의 수정되지 않은 에세이를 제출하는 학생을 많이 만들어냈다. 이러한 빈약한 에세이는 제출하기에 적합하지 않다는 점을 식별하여 중단시킬 필요도 있으며 즉각적인 피드백이 필요하다. 이것은 학생에게 도움이 되고 교사들의 시간을 낭비하지 않게 해 준다. 교사들의 경우, 이것은 '첫 번째 패스(first－pass)' 도구로 사용될 수 있다. 즉, 소프트웨어가 분명한 오류를 파악하게 함으로써 에세이를 평가하는 기초작업을 하여 당신이 개인화된 입력과 특정 부분에 대한 보다 상세한 피드백에 집중할 수 있도록 한다.

학생들은 즉각적인 피드백을 원한다. 그들은 며칠을 기다리기 싫어하며, 실제로는 몇 주 후에야 학점을 받고 몇 개의 코멘트를 받을 수 있다. 따라서 채점은 학습 과정에서 피드백이 된다. 피드백은 학습을 향상시킨다는 것을 분명히 할 필요가 있다. 어떤 선생님도 학생 에세이가 여섯 번씩 반복해서 제출되도록 하지는 않을 것이다. 기계 채점을 하면 이 작업을 쉽게 수행할 수 있을 것이다.

이 아이디어는 오랫동안 존재해 왔고 기계 채점을 인간 평가에 대한 점검으로 간주한다. 그것은 당신이 일관성을 가지고 당신의 게임에 임하고 있는지를 확인하기 위해 당신 옆에 다른 평가자를 두는 것과 같다. 만약 두 가지가 다르다면, 두 번째 평가자가 에세이를 채점한다는 것이다. 또는 선생님이 에세이를 다시 보고 재채점을 고려할 수도 있고 그렇지 않을 수도 있다.

첫 번째 패스 도구로 기계 채점을 사용하면 교사들은 성적이 좋고 지원이 덜 필요한 학생보다 도움이 필요한 학생에게 집중할 수 있다.

이미 동료평가를 사용하는 사람들은 기계평가가 자연스러운 단계인 것처럼 보이므로 그 단계에 훨씬 더 숙달되어 있다. 동료평가와 피드백의 문제는 신뢰성이 떨어지고 성적 인플레이션을 일으킬 수 있다는 것이다. 기계 채점이 이것을 낮출 수 있다면, 우리는 이 점을 심각하게 받아들여야 한다.

학생들은 기계 채점으로 인해 변함이 없다고 느낄 수 있지만, 제출되는 에세이에 대한 피드백은 많은 학생이 느끼고 있다. 학생들은 실제 교사들로부터 받은 "자세한 설명이 필요하다", "더 뚜렷하게 쓸 수 있다" 등의 공통된 피드백으로는 많은 것을 얻지 못한다. 모호하고 진부한 구절이 아니라 구체적이고, 유용하며, 건설적인 피드백을 원한다. 이것이 바로 에세이 쓰기 능력 향상에 도움이 되는 역할에 대한 합리적인 설명으로 기계학습의 피드백을 받는 것이 중요한 이유다. 그것은 교사를 대체하는 것이 아니라 학생들이 더 잘할 수 있도록 돕는 것이다.

우리는 여기서 신중해야 하고 문어와 구어에서 '의미'를 해석하는 것이 순전히 어려움을 알아야 한다.

한 가지 주요 이슈는 AI 채점을 자세히 반영할 때 발생한다. 왜 우리는 평가의 한 형태로 에세이에 그렇게 많이 의존하는가? 강의처럼 쉽게 디폴트가 되었다고 결론지어야 한다. 에세이는 준비하기 쉽고, 채점하기는 어렵다. 학생들이 습득하기를 원하는 학습 목표와 역량의 유형을 중심으로 설계된 적절한 평가 방법을 살펴보는 것이 확실히 더 나을 것이다. 이것은 에세이를 절대 사용하지 말아야 한다는 것이 아니라, 단지 에세이가 지나치게 사용된다는 것이다. 그것은 제도화된 교수 방법이지 최적의 교수 또는 학습 방법은 아니다.

참고문헌

Black, P and Wiliam, D (2005) Inside the Black Box: Raising standards through classroom assessment, Granada Learning, London

PART

05

데이터

Chapter 14

데이터 분석학

데이터는 조직의 미래에 매우 중요하다. 좀 더 정확하게 말하면 데이터의 분석은 조직의 미래를 알아내고 형성하는 데 매우 중요하다. 학습 데이터를 통해 교육기관과 기업에서 가장 중요한 자산, 즉 학생 또는 사람에 대한 흥미로운 통찰력을 얻을 수 있다. 이를 통해 학습전략을 조정할 수 있을 뿐 아니라 조직의 의사결정을 뒷받침할 수 있는 통찰력을 확보할 수 있다.

데이터의 근원

학습의 모든 종류의 데이터는 우리가 발견할 수 있을 거라고 상상하지 못했던 비밀을 드러낸다. 데이터는 교사, 트레이너, 학습자, 관리자에게 무언가를 드러내고 온라인 학습, 검색, 읽기, 시청, 소통, 사회화를 거듭할수록 큰 숫자로 발전하며 알고리즘에 연료를 제공하는 데이터를 점점 더 많이 만든다. 우리가 이러한 알고리즘을 더 많이 키울수록 더 유용해진다.

온라인 학습은 데이터를 생성할 수 있으며, 이는 온라인의 큰 장점 중 하나이다. 수년간 데이터는 온라인 학습과정에서 수집되어 사용됐다. SCORM은 사실상의 규격으로 등장하여 이 데이터를 상호 정보교환이 가능하도록 만들었다. 그러

나 온라인 학습에서 생성된 데이터가 우리가 상상했던 것보다 훨씬 더 강력하다
는 인식이 새롭게 등장하였다. 데이터는 취업을 비롯해 형성평가, 중도 포기, 수
업 개선, 생산성, 비용 절감 등 교육 훈련에 어려움을 겪었던 문제를 해결하는 데
활용할 수 있다.

그렇다면 데이터는 학습과 얼마나 관련이 있을까? 우선 인정부터 시작해야 한
다. 학습의 빅데이터는 실제로 '대규모 데이터'에 불과하다. 우리는 당신이 검색하
거나 번역할 때 Google이 부담하게 되는 상상할 수 없는 양의 관련 데이터를 다
루지 않는다. 우리가 말하고 있는 데이터 세트는 개별 학습자, 수업, 개별 기관 및
때로는 기관 그룹, 국가고시 그리고 드물게는 국제 시험이나 기관의 대규모 복합
체에서 나타난다.

데이터는 다음과 같은 수준에서 수집될 수 있다.

- 두뇌
- 학습자
- 수업
- 수업 전체
- 조직/해결책
- 조직 그룹/기관
- 국가
- 국제
- 웹

데이터는 학습자, 교사, 관리자 및 정책 입안자가 시스템을 개선하기 위한 건
전한 기반을 제공함으로써 학습을 변화시키고 있다. 너무 많은 데이터가 숨겨져
있다. 데이터는 공개되어야 한다. 데이터는 검색 가능해야 한다. 또한, 데이터는
통제되고 관리되어야 한다. 시각화의 문제도 존재한다. 데이터는 학습자 또는 교
사가 의사결정을 내리거나 조직, 국가 또는 국제 수준에서 시각화를 통해 이해되
어야 한다.

데이터의 위험성

'인간은 평균적으로 고환이 하나 있다'라는 옛 격언은 데이터 집합에서 무의미한 결론을 도출할 때의 위험성을 보여주는 데 종종 사용된다. 평균은 특히 학습 게임에서 위험할 수 있다. 복잡한 알고리즘 및 기계학습 접근 방식은 스프레드시트 및 Excel Analytics를 사용하거나 교수진이나 관리자에게 시각화되어 있고 소화 가능한 형태로 제공되는 작은 데이터를 만드는 것과 같은 단순한 측정 방법보다 훨씬 비싸고 신뢰성과 타당성이 떨어질 수 있다. 이를 넘어 전통적 통계학이 더욱 성과를 낼 것으로 보인다. 데이터 분석은 AI의 허울과 매력을 취해왔지만, 그 대부분은 실제로 오래된 데이터 과학과 통계학이다. 따라서 학습 분석 프로젝트에 막대한 비용을 들이기 전에 다음 사항을 고려해야 한다.

그들은 데이터가 새로운 연료라고 말하지만 어떤 경우에는 그것이 엉터리 물건으로 판명될 수도 있다. 데이터는 종종 이상한 형식으로 이상한 장소에 저장되며, 오래되고, 지저분하고, 당황스럽고, 개인적인 것 그리고 심지어 비밀까지도 저장된다. 오래된 말장난을 인용하자면 '데이터는 정보의 지뢰밭이다'. 고환의 예에서 드러나는 것처럼 원초적 분석은 오해를 크게 불러일으킬 수도 있다.

데이터 문제는 데이터 부족이라는 또 다른 문제가 존재하기 때문에 단순히 다루기 어려운 것을 넘어 훨씬 나쁠 수 있다. 대기업들은 빅데이터를 사용하지만, 이것은 '거대한' 데이터로, 단일 수업이나 단일 기관 내에서 생성하는 사소한 데이터 세트가 아니다. 기관들이 반드시 풍부한 데이터를 쏟아내고 있는 것은 아니다. 학습자에 대해 보유한 데이터는 보잘것없을 때도 있다. 예를 들어, 대학은 얼마나 많은 학습자가 강의를 들으러 오는지조차 거의 알지 못하며, 실제 데이터는 수집될 때 우울할 정도로 피폐한 그림이 된다. 학습에 데이터를 사용하는 데 또 다른 문제는 우리가 가진 것이 너무 적다는 것이다.

20년 이상 지속하여 온 SCORM과 같은 오래된 규격은 수업을 완주하는 것에 제한적인 초점을 두고 글자 그대로 데이터 수집을 중단했다. 이는 큰 기관에서도 대부분의 데이터 분석 프로젝트를 다소 어렵게 만든다. 이러한 제한적인 데이터는 분명히 깊이 있고 진정한 통찰력을 도출하는 데 필요한 만큼 규모가 크고, 깨끗하고, 관련성이 높지 않다. 실제 성과에 대한 세분화된 데이터가 거의 없기 때문에 다른 데이터 소스는 유사한 결함이 있는 경우가 많다. 제한적인 데이터는 작은 데이터 세트이며, 지저분하고, 구조가 엉망이며 통찰력이 없다.

또한, 데이터 대부분은 이상한 데이터 구조, 이상한 형식, 암호화된 다양한 데이터베이스로 인해 당신이 생각하는 만큼 깨끗하지 않은 경우가 많다. 물건을 손에 넣는 것만으로는 어렵다. 그리고 그중 많은 부분이 오래되었고, 일부는 쓸모없고, 일부는 지저분하기 때문에 관련성과 유용성의 문제가 존재한다. 사실 많은 부분이 삭제될 수 있다. 우리가 무엇을 해야 할지 몰랐을뿐더러 처리도 하지 않았고, 어떻게 관리해야 할지 몰랐을 뿐이다.

당황스러울 수도 있고 심지어는 위험할 수도 있는 데이터 관련 문제가 발생할 수 있다. 이메일이나 내부 소셜 커뮤니케이션과 같은 과거 데이터를 열지 않는 데에는 매우 적절한 이유가 있을 수 있다. 소셜 콘텐츠를 탐색하면 조직에 상당한 법적 및 기타 HR 리스크가 발생할 수 있으므로 발견되지 않았으면 하는 사항이 드러날 수 있다. Wikileaks의 이메일 덤프를 생각해보긴 바란다. 당신의 데이터는 연료통이라기보다는 벌레통이 될 수도 있다.

실제로 이러한 놀라운(또는 그렇게 놀랍지 않은) 통찰력이 있더라도, 기관들은 실제로 무엇을 하는가? 영어를 외국어로 하는 학습자가 일부 강사를 어려워하고 학습자가 자료를 반복적으로 접할 수 있게 하려고 우리에게 비명을 지르는 학습 심리가 작용하기 때문에 강의를 중단하거나 기록하는 것일까? 그들은 특정 강사의 부실한 교수 방법의 문제를 다루고 있는가? 그들은 강의의 활용에 의문을 제기하는가? 학습자에 대한 피드백 응답 시간을 획기적으로 단축하는가? 그들은 그 에세이를 게으르고 획일적인 평가의 형태로 떨어뜨리는가? 아니면 별로 달라지는 것이 없는 '학생 경험'을 개선하는 것에 대해 말하는 것을 기본으로 정해놓았는가?

진단에 모든 비용을 지출하면, 특히 진단이 이미 명백히 잘 알려진 가능성 있는 원인으로 한정적일 때, 대개 그 돈이 치료에 더 잘 쓰인다는 것이다. 진단이 아니라 학생 지원, 교육 및 학습 향상을 살펴봐야 한다.

데이터의 유형

학습을 위해 AI가 처리할 수 있는 많은 유형의 데이터, 데이터가 사용되기 전에 거쳐야 하는 실제 단계, 어떻게 데이터가 사용되는지에 대해 알아보는 것이 중요하다.

학습자 개인을 충분히 파악할 수 있도록 제공되는 '개인적' 데이터는 성별, 연령, 학력, 직업 역할, 교육훈련 목표, 수업 수료, 요구, 목표 등이 있다. 또 일부에서는 성격 데이터가 관련성이 있다고 보기도 하지만 Myers-Briggs의 타당성을 놓고 논란이 많다. OCEAN 모형은 여러 연구를 통해 더 많은 지지를 받고 있다 (Ahmed, 2016).

그다음으로는 사용자의 행동, 시작 시간, 종료 시간, 활동 참여 시간, 선택, 경로, 클릭, 체류 시간, 토론에 대한 기여, 선택 및 답변에 대해 '관찰된' 데이터가 있다. 원래 형태의 오염되지 않은 데이터인 만큼 누가 언제 어디서 무엇을 할 수 있는가를 나타낼 수 있다. 이것은 케이크를 굽는 데 들어가는 밀가루처럼 학습자를 구성하는 기본 데이터이다.

또한, 새로운 데이터를 생성하기 위해 기존 데이터에서 유추된 '파생된' 데이터를 가질 수 있다. 이것은 다른 데이터로부터 계산된 데이터이다. 시험에 대한 점수열이 있을 수 있으며 파생 데이터는 해당 데이터에서 얻어진 평균 및 중앙값이 될 수 있다. 이 데이터는 적응형 학습에서 좋은 효과를 발휘하여 수업을 통해 실시간으로 개인화된 경로를 결정하는 데 사용될 수 있다.

더 높은 수준에서 '분석된' 데이터는 의사결정에 유용하도록 검사, 처리, 변환 및 모델링 된 데이터이다. AI에서 이것은 AI 시스템 교육훈련에 사용되는 '교육훈련' 데이터를 포함할 수 있다. 모형을 훈련하는 데 사용되는 이 데이터는 Google 번역에 사용되는 유엔(United Nations) 번역 콘텐츠와 같은 큰 텍스트 말뭉치일 수 있다. 학습에서 분석된 데이터는 기존의 학생 데이터나 챗봇을 훈련하는 데 사용되는 소셜 시스템의 이전 의문일 수 있다.

그리고 실제 환경에서 시스템을 시작한 후 시스템에서 사용하는 데이터인 '생산' 데이터가 존재한다. 종종 교육훈련 데이터와 상충하며, 향후 개발을 반복할 수 있어서 놀라운 일이 발생한다.

만약 AI와 기계학습을 사용하는 것에 대해 진지하게 생각한다면, 어려운 시기에 대비해야 한다. 비구조화된 데이터는 말할 것도 없고 구조화된 데이터에서도 작업을 수행하기 어려우며 시스템을 훈련하고 평가하기 위해서는 상당한 규모의 우수한 교육 및 시험 데이터 세트가 필요할 것이다.

위에 언급된 문제를 고려할 때, 기계학습 모형을 교육하기에 정리가 되어있고 신뢰할 수 있는 적절한 데이터 세트를 얻기는 쉽지 않다. 그리고 서비스 또는 제품을 시작할 때 새 데이터는 교육훈련 과정에서 발견되지 않은 모든 종류의 예기치 못한 문제에 노출될 수 있다. 이것은 많은 AI 프로젝트들을 허우적거리게 하는 암초이다.

이 어려움이 점점 분명해지고 있다고 생각했을 때, 데이터를 특정 소스나 개인과 연관시킬 수 있는 속성들이 없는 '익명화된' 데이터를 고려해야 할 것이다.

이러한 데이터 분석 프로젝트에 들어가기 전에 자신에게 '데이터'에 대한 몇 가지 심각한 질문을 던져야 한다.

앞서 언급했듯이 데이터를 사용하기 위한 준비의 차원에서 데이터는 드물게 정리가 되어있으며, 데이터 정리는 AI 준비에서 정말 중요한 과정이다. 많은 데이터 과학자들은 알고리즘에 입력한 데이터의 품질이 결과물의 품질에 실제로 영향을 미치기 때문에 이 한 가지 작업에 많은 시간을 할애한다. 수업에 대한 수리점수를 받아보자. 데이터 정리는 이상한 점을 식별하고 제거하고, 중복을 제거하고, 데이터를 표준화하여 데이터를 유사하고 사용 가능하도록 만든다(점수를 같은 척도로 표시). 큰 데이터 세트에서는 데이터가 너무 많기 때문에 결측 데이터를 무시할 수 있지만 작은 데이터 세트에서는 중앙값 또는 일부 예측 알고리즘을 사용하여 결측점을 채우고 가능한 많은 데이터를 사용할 수 있다.

데이터 크기 자체는 중요하고, n = 수십, 수백, 수천, 수백만이든 크기는 여전히 중요하고, 소수의 법칙은 여전히 중요하다. 하지만 올바른 데이터를 얻는 것이 훨씬 더 중요할 수 있다. 얼마나 관련이 있고 유용한 데이터가 있는지, 데이터가 어디에 있는지, 얼마나 정리가 되어있는지, 어떤 데이터베이스에 있는지 그리고 어떤 작업을 하고 싶은지 확실히 알 때까지 뛰어들지 말도록 하자.

데이터와 학습자

학습자와 데이터를 살펴보자. 학습자들은 별로 신경 쓰지 않을 수도 있고, 진실을 말한다면 크게 걱정할 것이 없을 수도 있다. 대부분 소동은 '개인 정보'에 대해 편집증적으로 느끼는 관리자들 때문일 수도 있다. 그럼에도 불구하고 이 문제와 관련 법에 대해 몇 가지 질문을 할 가치가 있다.

데이터의 투명성이 해결책인 문제는 무엇인가? 학습자가 데이터를 얻기 위해 블록을 둘러싸고 대기하고 있는가? 사람들이 여러분의 데이터를 보관하고 사용하는 것이 공짜 물건에 대한 대가라고 생각하기 때문에 학습자들은 별로 관심이 없다. 그렇다고 해서 그것이 문제가 아니거나 조직에서 문제가 되지 않을 것이라는 말은 아니지만, 여기서는 당황할 필요가 없다.

요청이 있다면 모든 데이터를 제공할 것인가? 학습자가 요구할 경우 모든 데이터를 제공하겠다고 약속해야 하는가? 꼭 그래야 하는 것은 아니다. 영국에는 데이터 보호법이 있다. 하지만 이것은 전면적인 규정이 아니며, 실제적인 문제뿐만 아니라 많은 면책 조항들이 있다. 따라서 실제로든 법적으로든 데이터에 대해 세상에 약속할 이유는 없다. 당신이 그 약속을 이행할 필요도, 이행할 수도 없다. 종종 놓치는 중요한 점은, 고객이 요청하지 않은 경우 데이터를 제공하지 않아도 된다는 것이다. 만약 요구한다고 해도 원래 형태로는 의미가 없을 가능성이 크다. 데이터를 분석하고 시각화하지 않는 한 데이터는 거의 유용하지 않다.

분석 및 적응형 학습을 활용하는 예측 모형은 어떨까? 학습 기관은 그러한 데이터를 제공해야 하는가? 첫째, 당신은 이러한 적응형 시스템에서 공통적으로 사용되는 데이터가 아니라 '저장된' 데이터만 제공하면 된다. 적응형 시스템의 대부분 데이터가 저장된 데이터가 아니라 입력 및 출력이 포함된 알고리즘이라는 주장도 있다. 호기심의 대상이 되는 것은 통계적인 추론이나 확률만큼 고립된 데이터가 아니다.

면제 조항도 존재한다. 학습자가 IP를 침해한 경우, 범죄/수사 또는 제3자 데이터 제공과 관련된 경우 데이터를 제공할 필요가 없다.

또한, 데이터에 대한 긴장을 풀고 학습자가 데이터를 쉽게 사용할 수 있도록 하려면 접근성에 매우 신중해야 한다는 점을 기억해야 한다. 학습자들은 똑똑하고, 현명하고, 숙련되어 있다. 많은 사람이 성적을 수정할 방법을 찾는 능력을 갖추고 있다.

데이터 자체는 사용 가능한 크기의 올바른 데이터일 경우에만 유용하며 사용자가 해결하고자 하는 문제를 해결하는 데 사용할 수 있다. AI와 관련된 데이터에 대해 기억해야 할 중요한 점은 AI 모형을 정리하고 교육하며 결과물을 넘어서기를 원하는 확신을 하는 것이 사소한 작업이 아니라는 점이다. 학습 세계를 괴롭혔던 문제를 해결하기 위해 AI가 데이터를 사용하는 방법을 제공한다는 것은 분명하다. 학습 분석학은 이제 학습 기술 환경의 일부이다.

학습 분석학

현재 사람들은 '학습 기록 저장소'의 '학습 분석학'과 데이터 수집을, 학습을 위한 AI 사용을 여는 전략으로 간주한다. 전반적으로 이것은 훌륭하지만 '왜?'라고 묻지 않고 시간과 노력을 소비하는 것은 위험하다. 사람들이 분석에 관해 이야기하지만, 이것이 실제로 조직의 효율성을 높이는 데 도움이 되리라는 것을 어떻게 보여줄지는 거의 이야기하지 않고 있다. 어떤 사람들은 흥미를 가지고 정확히 무엇을 탐험하고 구현하고 싶은지 알고 있지만 다른 어떤 사람들은 미래의 어떤 시점에 유용할 것이라고 느낀다는 이유만으로 어떤 것도 버리지 않고 그들의 집에 물건을 가득 채우기만 한다.

또 다른 문제는 사람들이 그 사이에 많은 것을 하지 않고 1단 기어에서 5단 기어로 변속하기를 원한다는 것이다. 온라인 학습 산업은 전통적인 LMS/VLE 및 SCORM과 몇 개의 파이 차트 및 히스토그램에 너무 오랫동안 갇혀 있어서 이러한 분석을 도약시킬 수 있는 사고방식이나 기술을 제대로 개발하지 못했다. 따라서 이는 진정한 개선을 위한 도구로 학습 분석학 및 AI를 활용하는 방안을 검토할 기회이다.

결국, 이것은 모두 의사결정에 관한 것이다. 데이터로부터 얻은 통찰력을 바탕으로 어떤 결정을 내릴 것인가? 현재와 미래를 위해 학습 데이터를 저장하는 것은 데이터를 가장 잘 사용하는 것은 아닐 수도 있다. 아마도 데이터를 가장 잘 사용하는 것은 교육 및 학습, 수업 설계, 피드백 제공, 학습 적응, 팟캐스트용 텍스트 음성 변환 등에 직접 사용될 것이다. 종종 이어지는 분석에 의한 마비나 분석보다는 AI를 정밀한 방법으로 사용하여 특정 학습 문제를 해결한다. 당신의 목표가 데이터를 수집하여 통찰력을 얻고 조직의 학습과 결과를 개선하는 것이라면 그러한 목표를 명확히 해야 한다. 데이터를 가장 비효율적으로 사용하는 것은 큰 냄비에 저장하고 끓여 아직 정의되지 않은 무언가가 나타나기를 바라는 것일 수 있다.

학습 분석학은 학습을 개선하기 위해 데이터를 사용한다. 데이터가 학습 정보를 제공하고 학습을 형성하는 데 사용될 수 있거나 사용될 것이라는 점은 분명해졌다. 즉, 이것은 데이터가 무엇인지, 데이터가 무엇을 할 수 있는지, 어떻게 사용할 수 있는지 이해하는 것을 의미한다.

학습 분석학을 위한 기본 스키마부터 시작해보자. 데이터가 사용되지 않는 상태로 남아 있다면 데이터를 수집하는 것은 거의 무의미하다. 목표와 근거에 기반한 통찰력의 발견 측면에 있어서 노력에 대한 목적이 있어야 한다. 이러한 목표는 다음과 같다.

- 기술
- 분석
- 예측
- 처방

이것은 데이터를 사용하여 원하는 작업을 고려할 수 있는 대략적인 단계별 기능을 제공한다. 이러한 각 단계는 점차 더 어려워지기 때문에 우리는 우리의 야망, 자원, 결과물의 확실성에 대해 현실적이어야 한다.

레벨 1 - 기술

학습 데이터는 어떤 일이 일어나고 있는지, 우리에게 무엇을 말해 주는가?

여기에는 누가 무엇을, 어디서, 언제 배웠는지가 포함될 수 있다. 계기판은 이러한 데이터를 시각화하여 개인과 학습자 그룹에 대한 실제 행동을 포착하고 노출할 수 있다. 활동을 기록, 추적 및 보고하기 위해 데이터를 사용하여 너무 복잡하지 않게 작업을 수행할 수 있다.

추적

사용자와 사용자의 수업 이수 통계를 추적하기 위해 기존의 LMS/VLE는 SCORM을 사용하지만, 그것은 오래되었고 데이터가 부족한 추적 도구이다. 조직들은 현재 온라인 및 기타 학습활동에 대해 훨씬 더 자세한 정보를 원한다. 수업 이수 외에도 수업 이수에 걸리는 시간을 추적해야 하며, 다른 작업에 걸리는 평균 완료 시간과 시간 및 학습경험의 특정 부분에 대한 보다 세분화된 데이터가 필요하다. 또한, 사람들이 어디서, 언제, 왜 중도 포기하는지에 대한 추적도 필요하다. 조직 내외부, YouTube와 같은 외부 자원 등 학습되지 않는 자원으로 간주하였던 것의 사용을 추적하고 싶을 수도 있다. 좀 더 기본적인 수준에서 특히 모바일 사용이나 브라우저 정책에 관한 결정에 관심이 있는 경우 사용되는 브라우저, 운영 체제 및 위치를 추적해야 할 수 있다. 추적은 이러한 문제에 대한 해결과 문제를 찾아내는 열쇠이다.

시각화

데이터가 유용하려면 데이터에 접근 가능해야 하고 눈으로 볼 수 있어야 한다. 어떤 목적을 위해 데이터를 시각화하여 의미를 파악한다. 그러나 시각화는 그 자체로 끝이 아니다. 사람들은 일단 보고 이해하면 시각화된 데이터가 마지막이라는 사실에 행복해한다. 실제로 필요한 것은 시각화된 데이터에 대한 조치, 즉 의사결정에 대한 피드백이다. Tableau, 심지어 Excel과 같은 도구는 시각화 측면에서 놀라운 일을 할 수 있지만 분명한 목적이 있어야 하므로 비즈니스나 조직의 목적에서 다시 작업한다. 그런 다음 보고서와 비즈니스 진행에 시각화 데이터를 사용할 수 있다. 시각화는 데이터에 생명력을 부여하고 의사결정을 지원한다.

그러나 이것만으로도 기관이나 자기 주도학습에 있어서 긍정적인 결과를 장려한다고 생각하는 것은 신중해야 한다. 예를 들어 계기판을 통한 시각화는 상상하는 것만큼 유용하지 않을 수 있다. 'A systemic review of emprical studies on learning analytics dashboards: A self-regulated learning perspective'(Matcha et al, 2019)에 따르면 계기판은 학습이론에 거의 기초하지 않았으며 메타인지를 지원하지 않았다. 효과적인 학습 전술과 전략에 관한 어떤 정보도 제공하지 않아 상당한 한계를 가지고 있었다.

보안 및 개인 정보 보호

데이터에 대해서는 많은 논쟁이 이루어진다. 데이터를 적절히 관리하려면 GDPR과 같은 규정과 법률에 따라 개인 정보가 유지된 상태에서 안전하게 저장되어야 한다. 데이터가 한 곳에 있으면 관리하기 쉽다. LRS를 사용하면 한 장소에서 저장, 관리 및 보고할 수 있다. 사실 이는 주로 올바른 데이터 관리에 관한 GDPR 정책의 핵심 부분이 될 수 있다. 또한, 국가 또는 지리적 경계 내에 데이터를 저장해야 하는 데이터 스토리지 요구 사항을 준수할 수 있다. 장기적으로는 데이터를 둘러싼 향후 법률 및 규정에 쉽고 빠르게 대응할 수 있다. 필요한 시스템에 모든 것이 통합되는 저장소를 위한 베이스캠프를 구축하면 사용 가능성을 고려할 수 있다.

레벨 2 - 분석

학습 데이터는 어떤 일이 왜 발생하는지에 대해 우리에게 무엇을 말해 주는가? 데이터는 행동의 원인과 결과를 분석하고 찾을 수 있다. 판매, 생산성, 불만 사항, 잦은 결석 등과 같은 다른 데이터 세트와의 상관관계도 유용할 수 있다. 데이터를 컴퓨팅 분석(computational analysis)하면 더 유용한 결과를 보고하고 의사결정을 할 수 있는 통찰력을 찾을 수 있다.

평가

데이터 분석은 학습경험의 약점을 노출시킬 수 있다. 이를 위해서는 실패를 받아들이는 사고방식이 필요한데, 여기서 중요한 것은 디자인과 전달의 약점을 발견하는 것이다. 예를 들어 간단한 수준에서 한 개 또는 두 개의 질문을 지속해서 틀린 학습자는 부실하게 만들어진 문제 또는 일관성 있는 지식의 격차를 노출할 수 있다. 둘 다 가능한 진단이다. 동일한 데이터가 서로 다른 원인을 가질 수 있다. 다른 차원에서는 더욱 심각한 질문을 할 수 있다. 비디오가 너무 길지 않은가? 사용자들이 실제로 읽거나 보지 않고 콘텐츠를 클릭하는가?

또한, 데이터를 분석하면 조직 학습의 평가 형식인 Kirkpatrick 모형의 한계를 넘어설 수 있다. Kirkpatrick은 비록 교육 분야에서는 거의 알려지지 않았지만 수십 년 동안 기업의 교육훈련 평가에서 유일한 방법이었다. 그의 초기 저술인 'Techniques for evaluation training programs'(1959) 및 'Evaluating Training Program: The four levels'(Kirkpatrick and Kirkpatrick, 2006)에서 그는 교육훈련 평가에 대한 표준 접근법을 제안했고, 이는 표준이 되었다. 그것은 네 가지 수준의 반응, 학습, 행동 및 결과에 초점을 맞춘 단순하고 합리적인 스키마이지만 시간의 흐름을 견뎌내지 못했다.

첫째, Kirkpatrick은 우선 그의 이론에 관한 연구의 뒷받침이나 과학적 배경이 없음을 인정했다. 이것은 그것이 쓰였을 당시에는 확실히 행동주의에 젖어있었기 때문에 완전히 사실이 아니다. Kirkpatrick의 모형은 총괄적이고 맥락을 무시하며 전달 방법을 무시한다. 따라서 어떤 사람들은 Kirkpatrick이 모두 잘못된 질문을 한다고 생각한다. 과제는 학습을 감사 가능한 상품으로 취급하는 것이 아니라 좋은 학습과 지식 공유를 위한 동기부여와 맥락을 만드는 것이기 때문이다. Kirkpatrick의 모형은 또한 비공식적 학습에는 완전히 부적절하다.

고위 관리자들은 네 가지 수준의 Kirkpatrick 데이터를 모두 원하는 경우는 거의 없다. 그들은 좀 더 설득력 있는 사업상의 논쟁을 원한다. 고위 경영진에게 Kirkpatrick이 필요하다고 말하는 것은 교육 관련 부서이지 그 주변의 다른 부서는 아니다. 이런 의미에서 그것은 과도하게 제작되었다. 네 개의 선형 수준이 너무 높다. 모든 노력과 자원이 수집하기 쉬운 레벨 1과 레벨 2에 집중하기 때문에 레벨 3과 레벨 4는 거의 시도되지 않는다는 것을 모든 증거가 보여준다. 필요한 시간과 자원, 그리고 관련 데이터에 대한 조직의 요구를 고려할 때, 확실히 레벨 4로 바로 가는 것이 좋다. 실제로는 이러한 유형의 분석에 비교하여 두려움, 무관심, 시간, 비용, 중단 및 낮은 기술 수준이 완화되기 때문에 레벨 4에 거의 도달하지 못한다.

따라서 Kirkpatrick 모형은 종종 연관성이 적고, 비용이 많이 들고, 장황하며, 통계적으로 약한 것처럼 보인다고 할 수 있다. 표본 추출은 드물게 포함하며, 데이터의 수집과 분석 모두 조잡하고 유의하지 않았다. 60년 된, 과도하게 만들어진 이론으로서 Kirkpatrick 모형은 전면적인 개편이 절실히 필요하다.

실제 학습을 비즈니스 영향에 노출하고 종종 가장 기본적인 형태의 만족도 조사 교육훈련 프로그램에서 피드백의 가장 기본적인 형태 및 단기 기억력 검사를 포함하여 하위 레벨의 평가를 피하는 적절한 양의 데이터가 있다면 훨씬 더 비즈니스에 적절한 학습 평가를 채택할 수 있다. 실제 데이터를 수집하고 분석하면 단순한 의견 이상을 얻을 수 있다. 실제로 학습 분석학의 분석은 평가에 대한 접근 방식을 혁신할 수 있다.

비즈니스 성과

판매 증가와 완료된 교육훈련 간의 상관관계를 찾는 것은 학습에서 향후 전략에 대한 강력한 근거를 제공한다. 단순한 매출일 필요는 없다. 조직이 전략에서 어떤 결과를 얻든 학습과 개발을 지원해야 한다. 비즈니스 또는 조직에 미치는 영향에 깊은 상처를 준 Kirkpatrick의 제약에서 우리를 벗어나게 할 수 있다. 우리는 마침내 수업 제공의 제약으로부터 학습을 벗어나게 하여 조직이 진정으로 원하는 결과를 제공할 수 있었다.

비즈니스 성과, KPI, 목표, 전술 또는 전략을 개선하는 것을 목표로 하는 학습을 제공할 수 있다. 이는 매출, 수익성, 고객 관리 개선, 법률 사건의 감소 등이 될 수 있다. 예를 들어, TUI plc를 위한 AI 생성 콘텐츠는 36%의 매출 증가를 가져왔다(Clark, 2018a). 이를 제대로 수행하려면 다요인적 맥락에서 다른 원인을 경계하면서 교육훈련과 그에 따른 매출 증가 간의 상관관계를 찾아야 한다. 데이터를 한곳에 두는 것의 이점은 적어도 실제 성과와의 상관관계를 찾을 수 있다는 것이다. 상관관계를 넘어 사람들이 알아야 할 것을 실제로 기억하는지를 조사하기를 원할 수도 있다. 노력을 수반한 학습, 끼워넣기 학습, 간격 연습과 같은 현대의 교육학을 구현하려면 많은 사람의 검증이 필요하다. 학습의 전이에도 조사가 필요할 수 있다.

ROI를 개선하라

온라인 학습은 지금 교육과 교육훈련의 첨예한 막바지에 있지만, 문제는 그 힘을 설득하는 데 있다. 기업의 지적 자본, 특히 기업 구성원의 지적 자본은 학습이 핵심 비즈니스 활동이 되면서 점점 더 중요한 자산으로 인식되고 있다. 따라서 학습의 재무 및 기타 비즈니스 이점을 예측, 계산, 측정 및 보고할 수 있는 능력이 핵심 기술이 되고 있다. 기업들은 교육이 기업의 성과와 수익성에 측정 가능한 차이를 만든다는 증거를 점점 더 요구하고 있다. ROI(투자 수익)는 단순히 예산 삭감에 대한 방어 이상의 역할을 해야 한다. 우선 그것은 학습에 투자하는 바로 그 근거이다. 조직 내에서 온라인 학습을 위한 강력한 사례를 만들려면 증거가 필요하다. 비즈니스의 경우, 이는 재무적 측면뿐 아니라 합리적인 측면을 고려해야 하며 양적·질적 측면도 고려해야 한다. 교육에 대한 투자 수익은 대부분 추정과 예측을 하게 되는데 이것이 실제로 맞는지 아닌지는 또 다른 문제이다. 평가는 종종 교육과정이 끝날 때 만족도 조사로 마치게 된다. 학습에 투자하는 이유로 ROI 의 기대값이 산출된 경우에도 실제 사업 성과 면에서 거의 지켜지지 않고 측정되지 않는다. 좋은 소식은 많은 양의 대상 고객과 회사 전체에 걸친 인트라넷을 고려할 때 온라인 학습 솔루션의 ROI는 거대할 수 있고 이점을 측정할 수 있다는 것이다. 온라인 학습은 온라인에서 이루어진다는 장점에 따라 네트워크를 통해 사용량, 효율성 및 효과성 관련 데이터를 수집할 수 있어서 ROI를 쉽게 측정할 수 있다. ROI 사이클은 학습에 대한 투자를 지속시키는 바퀴로써 학습 관리의 주요 도구이다. ROI는 관리자에게 성공의 스포트라이트를 비추게 할 가능성이 훨씬 더 크다. 만약 당신의 작업이 성과와 수익성의 상당한 증가를 이끌었다는 것을 증명할 수 있다면, 그것은 성공으로 간주할 것이다.

사람들이 어떻게 배우는지를 결정하라

우리는 사람들이 '어떻게' 배우는지에 대한 통찰력을 찾을 수 있다. 다만 이것이 실제 연구를 어떻게 능가하는지 보기는 어렵다. 사람들이 그저 '하는' 것을 기록하는 것은 많은 인지적 노력 없이는 온라인 수업에서 드러나지 않는다. 비디오, 애니메이션, 텍스트, 그래픽을 보여주는 것은 아무리 멋지더라도 그들이 거의 배우지 않았다면 거의 상관이 없다. 이것은 전형적인 쓰레기 처리(GIGO) 문제이다. 어떤 사람들은 통찰력이 거기에 묻혀서 마법처럼 자신을 드러낸다고 상상한다. 다시 생각해보라. 만약 당신이 사람들이 실제로 어떻게 배우는지에 대한 통찰력을 원한다면, 시간을 따로 두고 인지과학 분야의 선행연구를 검토해야 한다. 당신은 연구가 실제로 주장하는 것을 보고 온라인 학습을 재설계하는 것을 더 잘할 것이다. 이러한 과학적 발견은 통계적으로 특정 변수에 대해 정리된 데이터를 얻으려고 하는 방법론을 통해 이미 통제된 연구의 과정을 거쳤음을 기억하라. 이것이 바로 과학이 하는 일이며, 대개 과학은 여러분이 수확한 데이터 세트와 일치하는 것 이상이다.

레벨 3 – 예측

학습 데이터는 우리에게 어떤 일이 일어날 것인지 말해주는가?

예측 분석을 통해 미래에 어떤 일이 일어날지 예측할 수 있다. 이것은 예측과 예지를 통해 의사결정에 도움을 준다. 이 예측은 교사, 시스템과 학습자의 이익을 위한 것일 수 있다. 예측 분석을 사용하여 앞날을 예측하고 예상되는 긍정적·부정적 이벤트를 찾아낼 수 있다. 예를 들어 예측 분석을 사용하여 잠재적인 실패와 중도 포기를 찾아낼 수 있다.

성과를 예측하라

교수자들이 학습자, 특히 문제가 있을 가능성이 큰 학습자에게 필요한 자원과 행동을 목표로 삼을 수 있도록 당신이 성적과 결과를 예측하기를 원할 수 있다. 위험에 처한 학생들은 구체적으로 도움을 받을 수 있고, 성취도 격차를 좁히고, 수업 이수율을 높이고, 전반적인 성취도를 높일 수 있다. 문제를 예측함으로써 성취도를 높이는 것은 교육 여정의 한 단계에서 다음 단계로 발전하는 데에도 도움이 될 수 있다.

중도 포기를 예측하라

학습자는 중도 포기의 위험에 처할 수 있으므로 위험에 처한 학습자를 예측하는 것은 교수자와 기관이 이러한 치명적인 결과를 예방하는 데 도움이 될 수 있다. 중도 포기는 학습자뿐 아니라 교육기관에도 재앙이 될 수 있다. 예측 모형을 훈련하기 위해 VLE뿐만 아니라 학생 기록 시스템에서도 데이터를 추출하는 경우가 많다. 일부 데이터는 알려진 결과와 함께 예측 모형의 정확도를 확인하는 데도 사용할 수 있다. 현재 학년, 학업 연도, 시간제/전업, 입학 등급, 연령, 수업 규모, 평균 학점, 재정 상태, 상호작용, 총 상호작용 기간 등을 포함하는 수백 개의 분야가 존재할 수 있다.

예측이 어떻든 문제를 전체적으로 살펴보는 것이 중요하다. 학업 성취도는 외부적인 원인에 의해서도 영향을 받을 수 있으며, 일부는 매우 개인적이기도 하다. 학생들에게 학생 서비스와 학업 이외의 도움의 원천을 알려주는 것은 유용할 수 있다.

레벨 4 – 처방

학습 데이터는 우리에게 무엇이 일어나야 한다고 말해주는가?

처방 분석은 조직에 대한 교육훈련 요구, 개인화된 학습 계획, 학습자에게 개별적으로 실시간으로 제공되는 학습 이벤트의 순서 또는 꼬이지 않는 일정을 규정할 수 있다. 그것은 조직 내에서 행동을 결정하고 규정한다. 데이터를 사용하여 행동을 규정하는 경우 결정론적 방식으로 행동을 강제하는 것이다.

추천 엔진

추천 엔진은 존재하는 데이터와 개인이 수업이나 학습을 진행하면서 수집된 데이터를 기반으로 새로운 기술, 수업을 통한 경로, 일련의 개인화된 콘텐츠를 학습자에게 제공하기 위해 데이터가 실시간으로 사용될 수 있는 복잡한 적응형 학습 및 개인화된 시스템에 곧바로 연결되는 마이크로 러닝의 데이터베이스를 통한 경로를 추천할 수 있다. 그것은 조직 내의 전체 교육과정이나 학습경험으로부터 당신에 대한 집계된 데이터를 사용하거나 그 수업을 이수한 모든 학습자의 집계 데이터를 사용할 수도 있다.

이것은 쉽지 않다. 신뢰성이 떨어지는 상대적으로 작은 데이터 세트(빅데이터 아님)에서 작동할 추천 엔진을 얻기란 쉽지 않다. 개인의 학습 계획은 스프레드시트 수준의 데이터로부터 제공되는 간단한 소프트웨어 기술을 사용하여 가장 잘 구성된다는 결론에 도달할 수 있다. 그러나 데이터가 좋고 중요한 경우에는 추천이 가능할 것이다.

AI 기반 추천 엔진의 한 가지 쓰임새는 전통적인 LMS 또는 VLE의 기능만 다소 수동적인 '관리'로 인식되는 것을 넘어서도록 설계된 LXP에 있다. 직원의 참여를 높이는 것, 최종 소비자의 경험을 향상시키는 것, 직원들에게 배울 내용과 시기를 선택할 수 있는 더 많은 선택권을 제공하는 것에 새롭게 초점을 맞추고 있다. 이를 위한 아이디어는 학습량을 줄이고 워크플로우에서 더 많은 과정을 제공하는 것이다. LRS는 공급이 아닌 수요에 근거하여 검색 가능성, 콘텐츠, 큐레이션 및 학습 서비스를 유연하게 제공할 수 있도록 하는 데이터를 제공한다. 알림과 가볍게 찌르기 기법을 통해 학습을 추진하는 능력은 학습에 더 많은 디딜 곳을 제공하여 관련성을 높일 수 있지만, 학습경험을 통해 경로를 추천하거나 결정하는 추천 엔진을 사용하기도 한다.

이들 중 다수는 AI를 전혀 사용하지 않고 종종 다소 조잡한 모형에 의해 간단히 결정되며, 다른 일부는 직원들이 종종 매우 잘못되고 상당히 적절하지도 않고 다소 제한적이라고 느끼는 경로를 규정하려고 시도한다. Google, YouTube 그리고 Spotify와 같은 서비스에서 AI가 어떻게 사용되는지 배울 수 있다. 새로운 지식과 기술을 고려하는 보다 역동적이고 개방적이며 알고리즘적인 시스템이 더 유용할 수 있다는 것이다.

챗봇 데이터

챗봇은 데이터 세트를 가지고 훈련되어야 한다. 조직에서 사용되는 모든 사회 시스템의 의문 및 응답 세트를 저장하는 것은 설계된 챗봇을 '훈련'하는 데 사용 될 수 있기 때문에 유용할 수 있다. Chapter 6의 성공적인 George Tech의 교사 지원 챗봇은 40,000건의 이메일 문의를 사용하여 챗봇을 훈련했다. 챗봇은 학습 자 참여, 학습자 지원, 학습 전달, 평가 및 복지에 사용될 수 있다. 만약 챗봇이 학습전략 일부가 되려면 그들은 기계학습을 수반하더라도 훈련을 받기 위해서뿐 만 아니라 시간이 지남에 따라 향상되기 위해서도 데이터가 필요하다. 학습자가 챗봇에 어떤 질문을 하는지 보는 것은 흥미롭고 조직과 학습에 대한 풍부한 통찰 력의 원천이 된다. Google Duplex와 같은 정교한 대화 소프트웨어의 도입으로 우리는 소셜 데이터가 다른 형태의 데이터만큼 중요하다는 것을 발견할 수 있을 것이다. 따라서 이러한 데이터를 저장하는 것이 현명할 수 있다.

A/B 테스트

학습에 자주 사용되지 않는 또 다른 데이터 소스는 A/B 테스트로, 일련의 빠 른 적응을 실제 사용자로 테스트할 수 있지만 이를 실현하기 위한 시간과 자금 및 기술을 가진 사람은 거의 없다. 이 장래성은 인식된 것보다 훨씬 앞서 있으며 실제로 전달이 가능할 수도 있다.

데이터 혁명의 이점 중 하나는 새로운 데이터 기술을 사용하여 학습에서 어떤 것이 작동하고 어떤 것이 작동하지 않는지 통찰력을 제공할 수 있다는 것이다. A/B 테스트는 그러한 기술 중 하나이다. 그것은 Google, Facebook, Twitter, Amazon, Netflix 등 세계 최대 첨단 기술 기업들이 일상적으로 사용하는 디지털 마케팅 등에 널리 사용되고 있다. 두 가지를 시도해보고, 기다려보고, 결과를 측 정하고, 승자를 고른다. 사용자 수가 많을 때만 활용할 수 있고 데이터가 결론을 내려주지만 빠른 비교 테스트 및 평가를 제공한다. 우리는 지금 이것이 교육에 사 용되는 것을 보고 있는데 첫 번째 결과 중 하나는 놀라웠다.

Northwestern University의 Benjamin Jones는 어떤 수업방법이 더 성공적이 었는지 알기 위해 일련의 A/B 테스트에서 무작위로 다른 수업방법을 시행하고 결과를 기다렸다(Chatterji and Jones, 2016). 그의 EDUSTAR 플랫폼은 어떤 수업 방법이 더 나은 결과를 얻었는지 확인하기 위해 수업계획을 전달하고 짧은 테스트 결과를 얻었다. 그의 첫 번째 A/B 테스트는 게임화(gamification) 대 비게임화 수업방법을 활용한 분수에 대한 수업이었다. 한 그룹은 '분수 나누기' 수업을, 다른 그룹은 '야구 분수 나누기' 수업을 했다. 게임화가 특히 수학에서 교사의 효율성을 크게 높일 수 있는 기술이라고 생각했기 때문에 흥미로운 실험이 되었다. 그래서 어떤 결과가 나왔을까? 게임화한 수업방법은 게임화하지 않은 수업방법보다 훨씬 더 형편없었다. 이러한 결과에는 많은 이유가 있을 수 있다. 게임의 원리를 이해하는 데 필요한 추가적인 인지 부하, 실제 학습에 대한 집중력 상실, 시간 낭비 등이 그것이다. 흥미롭게도 학생들은 게임화된 수업에서 더 많은 시간을 보냈지만(평균 4.5분 더 길었다), 더 적게 배웠고, 이는 흥미가 빈약한 심층 처리와 학습에 앞설 수 있음을 시사했다. 그러나 이 시점에서 우리가 알아야 할 것은 좀 더 간단한 교수법과 비교했을 때 게임화된 수업이 형편없이 진행되었다는 것이다. 이것은 흥미로운 결과이다.

A/B 테스트는 교육적 기법이 개별적으로 신속하고 저렴하게 시험될 수 있다는 점에서 여기서 유일한 구원자일 수 있다. 전통적인 연구는 오랜 시간이 걸리고 비용이 많이 든다. 학교, 대학 및 조직에 연락하고, 학습자를 선발하고, 관리를 완료해야 하며 이 모든 작업은 많은 시간이 필요하다. 또한, 실험은 비용이 많이 들고 시간이 오래 걸리는 반면, 무작위 A/B 테스트는 빠르고 저렴하게 수행할 수 있다. A/B 테스트는 인터페이스 설계를 개선하고 인지 부하를 낮추며 효과적인 개입을 신속하게 확인할 수 있어서 온라인 학습에서 참고할 것이 많다. '자세히 알아보기' 버튼을 추가했더니 오바마 선거캠프에 가입자가 늘어났다. 이는 A/B 테스트를 통해 확인되었다(Siroker, 2010).

학습 분석학 및 조직의 변화

조직 차원에서는 학습 분석학을 사용하여 훨씬 더 큰 비즈니스 목표를 달성하고자 할 수 있다. Chris Brannigan은 Caspian Learning의 CEO로 그의 배경이 신경과학이라는 점에서 이례적이다. 이러한 그의 배경은 그가 가진 기술적, 재정적 기술과 함께 그와 그의 팀이 비행 시뮬레이션을 비즈니스에 도입하는 플랫폼을 구축할 수 있도록 해주었다.

그는 조직 내의 비즈니스 문제를 조사, 진단 및 처리하기 위해 학습 분석학을

Part 05 데이터

사용하였다. 이는 규정 준수 문제, 위험요소 또는 성능 문제일 수 있다. 목표는 3D 시뮬레이션 시나리오, 예측 분석 및 프로세스, 인간 및 기타 유형의 변화에 대한 권장 사항에 이르는 정교한 행동 분석을 사용하여 완전한 건강 상태 점검을 수행하는 것이다. 그 야망은 너무 놀라워서 숨이 막힐 지경이다.

2008년에 금융 기관들이 우리 모두를 거의 무너뜨릴 뻔했다. 일부는 여전히 위험요소, 프로세스 및 잘못된 판매에 대한 정기적인 위반으로 수십억 달러의 벌금을 부과받고 있다. 기존의 교육훈련은 체크만 하면 되는 간단한 형태의 연습이기 때문에 효과가 없다. 그렇다면 수만 명 또는 수십만 명의 직원이 높은 위험 아래에서 업무를 수행한다는 사실을 어떻게 알 수 있을까? 문제는 그 위험이 비대칭적이라는 것이다. 제대로 하지 못한 사과는 규제 당국의 분노를 살 수도 있다. 정말로 그들이 무엇을 하는지, 왜 그들이 그것을 하는지 그리고 더 나은 것을 위해 무엇을 해야 하는지 알아야 한다.

정교한 시뮬레이션 교육훈련을 실시하고, 통찰력을 얻기 위해 데이터 분석과 AI를 사용한 다음, 상황을 바꾸기 위한 결정을 내렸다. 글로벌 은행의 직원들에게 대출 위험 분석에 대한 시뮬레이션 교육을 시행했고, 그 문제들이 그들이 상상했던 것과 다르게 위험한 대출을 다루는 것이라는 사실을 발견했다. 사실 일부 국가에서는 너무 위험 회피적인 '안전한' 대출을 거부하고 있었다. 비즈니스 프로세스와 기술의 약점에 대한 이러한 깊은 통찰력은 매우 중요하다. 그러나 클릭으로 온라인 학습을 하는 것이 아니라 정교한 교육을 실행할 필요가 있다.

Brannigan의 시스템은 전문가로부터 학습한 이상적인 모형을 만든 다음, 직원들은 20여 개의 다양한 맛을 지닌 시나리오에서 미묘한 방식으로 데이터를 수집하는 시나리오 교육을 거친다. 그런 다음 의사결정, 추론 및 조사 측면에서 문제를 진단한다. 재무 영향 분석과 함께 진단 내용이 구체적인 조치를 통해 고위 경영진 및 관련 관리자에게 전달된다. 이 모든 것은 사업을 개선하기 위해 기계학습과 다른 형태의 알고리즘 및 데이터 분석을 포함하는 AI 기술을 사용하여 이루어진다. 그것은 매우 현명한 해결책이다.

목표는 교육을 개선하는 것이 아니라 비즈니스를 개선하는 것이다. 데이터, 지성 및 예측 분석은 모두 의사결정, 행동 및 변화를 향해 나아간다. 이 진단은 지리적 영역, 문화적 문제, 특정 프로세스, 시스템 약점을 파악하며, 이 모든 것이 더 많은 교육, 투자 결정, 시스템 변경 또는 인력 변경으로 이어질 수 있는 솔루션을 지향한다. 이 모든 것은 비즈니스 결과의 모델링을 근거로 한다. 핵심은 다른 문제를 해결하면서 항상 생산성을 높이는 최적의 방법을 파악하는 것이다.

이렇게 하면 모든 면을 다루게 된다. 실제 인간의 행동에 초점을 맞추고 시뮬레이션 및 시나리오 기반 데이터 수집을 사용하여 실제 성과에 초점을 맞춘다. 그런 다음 AI와 기계학습을 사용하여 의사결정에 사용할 수 있는 구체적인 권고 사항을 전달한다. 교육과정에 얽매이지 않고 직접적인 비즈니스 영향을 미치며, 더 많이 사용하고 야심이 많을수록 좋아진다.

L&D(Learning and Development)는 비즈니스 조정에 대해 많은 것을 이야기하지만, 그렇게 멀리 벗어나지 못한다. 이 모형은 L&D를 떠나 다른 사업부로 옮겨간다. Brannigan이 조직을 위해 수집하는 것은 변화에 대한 권고 사항을 제공하는 고유한 AI 플랫폼과 고유한 데이터 세트이다. 그것은 만족도 조사와 Kirkpatrick보다 몇 광년이나 앞선 것이다. 더 흥미로운 것은 그것이 현재 행해지고 있는 절제된 비개입주의적인 훈련의 많은 부분을 훨씬 뛰어넘는다는 것이다.

결론

AI를 학습에 활용하여 더 많은 성과를 거두는 대신 학습 분석학에 대한 집착으로 조직이 잘못된 방향으로 끌려갈 위험이 있다. 물론 어느 정도 효과가 있겠지만 지출되는 돈은 불균형적일 수 있다. 여기에 지불되고 있는 것의 대부분은 명백한 결과만을 가져오는 연습일 것이다. 여기서 어떤 통찰이 발견되고 있는가? 중도 포기가 잘못된 교육과 형편없는 학생 지원 때문에 야기되는 것일까? 영어를 제2외국어로 쓰는 학생들이 힘들어 하는가? 이러한 통찰력이 정말로 통찰력인지 아니면 처음부터 모든 사람이 알고 있던 것이었는지 자신에게 물어봐야 한다.

여기서 문제는 데이터 부족이다. 대부분의 교육 기관들은 그들의 학습자에 대해 그렇게 많이 알지 못한다. 출석에 대한 기록이 거의 없어서 얼마나 많은 학생이 강의를 듣는지 거의 알지 못한다. 그것이 바로 첫 번째 문제, 즉 데이터 부족이다. 다른 데이터 소스도 마찬가지로 결함이 있을 수 있는데, 특히 학습에 대한 세분화된 피드백이 거의 없기 때문이다. 그것은 소규모 데이터 세트이며, 종종 지저분하고, 체계적이지 않으며, 잘 이해되지 않는다.

이 중 많은 부분이 문제를 해결하기 위해 맞설 것이 아니라 문제를 가지고 노는 것처럼 보인다. 즉, 그 쓰임새를 무시해야 한다는 뜻은 아니다. 많은 것을 약속하면서 조금만 제공하는 데이터 및 학습 분석학 프로젝트에 몰두하지 말아야 한다. 고등교육에서 학습 분석학을 통해 효율성을 많이 약속하며 주로 중도 포기를 예방하는 데 중점을 두고 있지만, 제대로 검증 가능한 분석 방법은 거의 없다. 상대적으로 적은 양의 데이터를 잘 활용할 수 있는 적응형 학습이나 소규모 교육 및 학습 프로젝트에서 데이터 사용에 집중하는 것이 훨씬 낫다. 학습에서 AI를 훨씬 더 잘 활용하면 참여, 지원, 개인화, 적응형 학습, 더 나은 피드백, 학생 지원, 능동적 학습, 콘텐츠 생성 및 평가를 통해 교육을 개선할 수 있을 것이다. 이 모든 것들이 지금 바로 활용 가능하다. 교육은 실제적인 문제인 교수(敎授)와 학습 (學習)을 다룬다.

참고문헌

Ahmed, M (2016) Is Myers—Briggs up to the job?, Financial Times Magazine, 11 February. Available at https://www.ft.com/content/8790ef0a−d040−11e5− 831d−09f7778e7377 (archived at https://perma.cc/TND2−GT4R)

Chatterji, AK and Jones, BF (2016) Learning what works in educational technology with a case study of EDUSTAR. Available at https://www.hamiltonproject.org/ assets/files/learning_what_works_in_ed_tech_ pm.pdf(archived at https://perma.cc/ JY3B−N8W8)

Clark, D (2018) Wildfire wins 'Best Learning Technologies Project'. Available at http://www.wildfirelearning.co.uk/wildfire−wins−best−learning−technologi es− project/ (archived at https://perma.cc/RJ4V−F98Q)

Kirkpatrick, DL (1959) Techniques for evaluation training programs, Journal of the American Society of Training Directors, 13, pp 21-26

Kirkpatrick, DL and Kirkpatrick, J (2006) Evaluating Training Programs: The four levels, Berrett−Koehler Publishers, San Francisco, CA

Matcha, W, Gasevic, D and Pardo, A (2019) A systematic review of empirical studies on learning analytics dashboards: A self−regulated learning perspective, IEEE Transactions on Learning Technologies. Available at https://doi.org/10.1109/TLT.2019.2916802 (archived at https://perma.cc/

Z6TW – PJ47)

Siroker, D (2010) How Obama raised $60 million by running a simple experiment, Optimizely Blog, 29 November. Available at https://blog.optimizely. com/2010/11/29/how – obama – raised – 60 – million – by – running – a – simpl e – experiment/ (archived at https://perma.cc/9YVA – 754M)

Chapter 15

감성 분석

Niall Ferguson(2019)의 The Square and the Tower는 Sienna의 공공 광장과 위에 보이는 높은 타워를 평평하고 개방된 네트워크와 그에 수반되는 계층적 구조에 대한 은유다. 사회적 학습 전문가인 Julian Stodd(2014)는 계층이 네트워크의 한 형태에 불과하기 때문에 개방되어 있고 평평한 네트워크와 정형적이고 계층적인 구조가 모두 네트워크임에도 불구하고 위의 예와 비슷하게 두 가지를 구별한다. 네트워크는 보다 창의적이고 혁신적인 경향이 있으며, 계층은 더 제한적이다. 대부분의 맥락에서 둘 다 필요하다.

Ferguson의 요점은 두 가지로 아주 오랫동안 존재해 왔다. 실제로 이 두 대립 세력의 관점에서 역사를 다시 쓰려고 한다. 그는 네트워크의 렌즈를 통해 역사를 보는데, 도구 제작과 같은 첨단 기술, 언어, 쓰기, 알파벳, 종이, 인쇄, 운송, 라디오, 전신, 텔레비전, 인터넷에 의해 영향을 받는 혁신적 네트워크와 가족, 정당, 기업 등과 같은 제도적 계층 간에 주요한 차이가 존재한다. 네트워크는 모든 모양과 크기로 등장한다. 지역 사회에서는 범죄 네트워크, 테러 네트워크, 지하드 네트워크, 정보 네트워크 등이 있다. 첨단 기술 측면에서는 소셜 네트워크, 전화 네트워크, 무선 네트워크, 전자 네트워크가 있다. 역사는 네트워크의 역할을 과소평가한다. 우리는 현재 네트워크 간에 사이버 전쟁까지 경험하고 있다. 지금은 네트워크의 시대이다.

우리는 이것을 우리가 '네트워크'로 진화한 종이라는 사실로 거슬러 올라갈 수 있다. 우리의 뇌는 사회적 상호작용과 그룹에 적응되어 있다. 협동의 유인원인 우리는 인지를 퍼뜨렸고 이것은 기술이 우리를 더 광범위하게 네트워크화할 수 있게 하면서 엄청나게 증가했다. 첨단 기술은 이러한 네트워크의 주요 촉매제가 되었다. 많은 인간의 행동은 족장, 왕, 영주, 황제 등의 계층 구조로 인해 주도 및 제어되어 조절된다. 심지어 웹도 이제 거대 기술 회사인 계층적이고 급진적인 세력들에 의해 돌아가고 있다. 미국에는 Apple, Google, Facebook, Amazon, Microsoft, Netflix, 중국에는 Baidu, Alibaba, TenCent 등이 있으므로 유럽의 실패는 흥미롭다. 유럽은 단지 규제할 뿐이다. 이러한 소수의 독점은 네트워크를 지배한다.

사회적 학습

학습은 복잡하고 주관적이다. 학습 전문가들이 직면하는 문제는 학습자들의 마음속에 무슨 일이 일어나고 있는지 아는 인지적 진단이 문제라는 것이다. 교사들은 대부분 맹목적으로 일한다. 이로 인해 일부 조잡한 교육 방법이 생기고 종종 교사와 학습자 간에 불일치가 발생한다. 교사들은 학생들이 수업 시간에 질문하거나 목소리를 높이지 않는다는 사실을 한탄한다. 학계에서는 지침서에 학생들의 비판적 사고와 질문이 부족하다고 불평한다. 하지만 이건 교사의 문제이지 학습자의 문제가 아니다.

오래된 '아무나 손들기'는 문제의 본질을 전형적으로 보여주는 기존의 관행이다. 이 관행을 없애는 데는 그만한 이유가 있다. 손을 든 사람들은 대개 정답을 알고 있다. 이미 그것을 알고 있는 이러한 학습자에게 답을 제시하도록 하는 것은 학습 향상에 아무런 도움이 되지 않는다. 반대로 이 전략은 정답에 대해 확신하지 못하거나 정답을 모르는 사람들의 자신감과 자존심을 파괴한다. 그것은 또한 외향적인 행동을 불러오기 때문에 내향적인 사람들을 배제한다.

그것은 또한 학습자들을 조롱에 노출할 수 있다. 학습자들을 학급 동료들에게 노출시킨다는 의미에서 동료들의 압력을 조장한다. 가장 나쁜 점은 학습자가 학습 과정을 질문에 대한 정답을 제공하는 과정으로 보도록 길들인다는 점이다. 학생들이 질문하거나 비판적인 사고를 하는 것을 장려하지 않는다. 만약 '아무나 손들기'라는 관행을 교사들이 관심을 끌기 위한 것으로 생각한다면, 이것은 사실 학습자들에게 노출되는 두려움을 심어주는 것이다. 그래서 학생 대부분은 고개를 숙이고 손을 들지 않는 것이다.

또 다른 근거는 이것이 교사가 전체 학급의 평가를 할 수 있게 하고, 누가 알고 누가 알지 못하는지를 알 수 있게 한다는 것이다. 첫째, 그것은 전혀 이렇게 하지 않는다. 손을 들지 않은 사람들은 단지 대답하는 것을 두려워한 것이다. 만약 이런 이유라면, 위에서 살펴본 것처럼 득보다 실이 더 많다. 이것은 활동적이거나 협력적이거나 구성주의적 학습이 아니다. 약한 교육 방법을 강화하고 스스로 생각하는 것이 아니라 권위를 두려워하는 학습자를 얻도록 서서히 영향을 미치는 방법이다.

규모가 크고 비용이 많이 드는 회의에서도 이런 문제들이 발생하는 것을 볼 수 있는데, 참가자들은 너무 당황해 자리에서 일어나 질문을 하거나 토론에 몰입하기 어렵기 때문에 외향적인 사람만을 위한 환경이라고 할 수 있다.

교육기관이나 조직에서는 대개 교육과 경영 계층(타워)과 소셜 네트워크(광장) 사이에 긴장이 존재한다. 학습에서 이는 형식 vs 비형식적 학습, LMS vs 다른 형태의 학습 네트워크 교환 또는 직접적 하위 버전으로 나타난다.

우리는 또한 사회적 학습이 성과를 돕기도 하고 억제하기도 한다는 것을 인식해야 한다. 열린 네트워크는 종종 강력한 신념과 힘의 무리 안에서 붕괴한다. 사회적 활동은 지저분하고, 편견에 젖어있으며, 결과물에 부정적일 수 있다. 이러한 사람 중 일부는 혁신을 일으키고 일을 해내는 데 도움이 될 수 있지만, 사람들에게 심각한 손상을 입히거나 집단적 사고와 잘못된 믿음을 생성하고 통합시키는 무리도 존재한다. 갱들이 만들어지지만 대부분 바람직하지 않다.

사회적 상호작용은 학습에 있어서 중요한 측면이지만, 우리는 다른 사람이 어떻게 생각하고 있는지 거의 알지 못한다. 우리가 주로 하는 일은 말 또는 문자 형태의 언어에서 그들이 생각하고 느끼는 것을 추론하는 것이다. 튜링 테스트가 AI의 리트머스 테스트로 주목받은 이유다. 얼굴, 몸짓, 행동이 아닌 언어가 마음의 창이며 사회적 지능과 언어가 우리가 인간임을 드러내는 것이라고 느낀다.

이 딜레마에 대한 해결책은 네트워크에서 정보를 얻고, 언어 데이터를 수집하고, 프로세스를 객관화하고, 그것을 분석하여 혼란과 편견을 배제하는 것이다. 우리는 또한 사회적 밀을 겉껍질로부터 분리하기 위한 통찰력, 혁신 그리고 타당한 아이디어를 찾을 수 있다. AI가 여기로 구조하러 올 수 있다.

감성 분석

우리가 학습자를 진단하기 위해 사용하는 대표적인 기법은 형성평가와 총괄평가를 통해 이루어지지만, 이것들은 대강의 측정이며 학습자가 어떤 문제가 있는지 그리고 학습에 대해 사람들이 실제로 무엇을 느끼는지는 말해주지 않는다. 손드는 것을 식별하거나 평가 및 지침서의 의견 제시에 의존하기보다는 온라인상의 사회적 공헌을 살펴봄으로써 도구를 늘릴 수 있다.

빠르게 발전하고 있는 AI의 한 분야는 NLP다. 우리는 이것을 검색, 번역, 음성 인식, 음성 생성에서 볼 수 있다. 이 서비스 중 어떤 것도 우리가 하는 방식으로 언어를 이해하지는 않는다. 그것들은 실질적인 이해 없이도 뛰어나지만, 믿을 수 없을 정도로 유용하기도 하다. 또한, NLP는 생각과 의견이 확인되고 요약될 수 있는 소셜 데이터를 분석하는 데 사용될 수 있어 학습자와 학습의 사회적 차원에 접근할 수 있게 해준다. 사실 AI는 이 문제에 대한 더 공정하고, 더 깊고, 더 넓은 해결책을 만드는 것을 도울 수 있다.

이를 돕는 AI 기법은 감성 분석이다.

감성 분석은 주관적인 생각을 측정한다. 그것은 온라인 대화에서 표현되는 것처럼 내부의 생각과 감정을 확인하고 표면화하려고 시도한다. 데이터가 구조화되어 있지 않고 지저분하기 때문에 이 작업은 쉽지 않다. 이러한 유형의 데이터에 대처하기 위한 기법이 존재하고, 우리는 학습경험이 좋았는지 별로였는지와 같은 극과 극의 견해의 단순한 구분을 넘어 더 깊은 통찰력을 향해 나아갈 수 있다. 구조화되지 않은 데이터에서 통찰력을 찾아내기 위해 AI를 사용하는 것은 우리에게 더 풍부한 발견과 분석을 제공하고 있다.

우선 단순히 학습자의 의견을 확인하는 것 자체가 끝이 아닐 수도 있다는 점을 주목해야 한다. 선행연구에 따르면 학습자들은 학습전략을 착각하고 그들에게 별로 도움이 안 되는 것들을 사랑하고 학습에 가장 효율적인 것을 싫어할 수 있다. 또한, 배웠다고 생각하는 것에 대해 착각할 수 있다.

감성 분석은 몇 가지 수준에서 작동할 수 있다. 문장, 문단, 문서 또는 다중 문서 수준에서 작동할 수 있다. 연속적인 척도로 측정하기 위한 긍정, 중립 또는 부정으로 나누어놓은 등급의 존재 여부에 대한 해석에서부터 감성 분석이 적용될 수 있다. 추가적 분석은 텍스트 내에서 특정 측면을 볼 때 더 세분화될 수 있다. 디테일은 오해의 소지가 있기 때문에 추가적 분석은 쉽지 않다. 예를 들어, '나쁘지 않다'와 같은 구어체는 좋고 나쁨을 의미하는 것이 아니라 중립을 의미하는 것이다! 이와 같은 구어체들은 감성 분석이 다루어야 하는 언어의 특징이다.

감성 분석은 일반적으로 학습자 피드백을 분류할 때처럼 긍정 또는 부정의 이항 등급에 대해 수행된다. 학습자의 피드백이 긍정적이었을까, 부정적이었을까? 그래서 우리는 긍정적, 중립적 또는 부정적 감정을 식별하기 위해 수업에 대한 견해, 사회적 학습에서의 대화, 질문과 질문에 대한 대답을 분석한다. 이러한 작업은 유용하며 종종 RAG 보고서(빨간색 = 부정적, 황색 = 중립적, 녹색 = 긍정적)에 표시된다. 이것은 1에서 10까지 구분된 연속적 척도로 수행될 수도 있다. 학습자의 반응 및 평가에서 감성 분석은 일반적으로 분노, 두려움, 기쁨, 슬픔 및 놀라움과 같은 범주를 식별할 수 있다. 기쁨과 놀라움은 긍정적 극성으로 받아들여질 수 있다. 분노, 두려움, 슬픔은 부정적 극성일 수 있다.

당신이 어떤 종류의 통찰력을 추구하는지, 그리고 이용할 수 있는 데이터에 따라 다양한 풍미의 감성 분석을 학습에 사용할 수 있다. 그것은 빠르게 성숙해가는 AI의 한 가닥이다. 다음은 현재 사용되는 몇 가지 기술이다.

- 양상 기반 감성 분석은 텍스트 내에서 양상을 확인하려고 시도한다. 예를 들어, 어떤 주제에 대해 어려움을 가지고 있는 학습자들은 예제가 '나에게 너무 복잡하다'고 말할 수 있다. 양상은 '예제'이며, 감성은 '예제'에 대한 부정적 극성을 가지고 있음을 보여준다.
- 사용자 정보를 이용한 감성 분류는 표준적인 감성 분석과 유사하다. 그러나 우리는 예를 들어 수업과 수업 정보에 관한 생각을 표현한 사용자에 대한 정보를 받는다. 이러한 두 가지 추가 정보는 더 깊은 통찰력을 제공하기 위해 감성 분석과 함께 사용된다.
- 주관성 분석은 감성 분석과 관련이 있으며 주관적 의견과 객관적 의견의 구별을 목적으로 한다. 이것은 학습의 맥락에서 강력할 수 있는데, 우리가 어떤 수업에서 비판과 실제 선과 악 사이에 선을 긋기 시작할 수 있기 때문이다.

실제 예를 함께 살펴보자. MOOC의 학습자 경험 데이터 세트가 있다고 가정하자. 우리는 그들의 학습경험에서 좋았던 것과 나빴던 것에 대한 통찰을 제공하기 위해 이 모든 데이터를 채굴하려고 노력하고 있다. 이 단계는 세 단계로 나눌 수 있다.

1. 길이, 전달 시간, 수준 등과 같은 학습자의 경험 측면과 관련된 텍스트 섹션을 구별한다.
2. 이러한 각 측면에 대해 우리는 학습자의 의견이나 감정을 찾고 있다. 중립적인 것에 관해서는 관심이 적기 때문에 긍정적인 것과 부정적인 것을 찾고자 한다.
3. 1단계와 2단계에서 수집한 정보를 사용하여 수업에서 개선할 수 있는 측면에 대한 정보를 요약하고 제공할 수 있다.

감성 분석은 상대적으로 새로운 도구이며, 기관에서는 이미 그들이 하는 일을 파악하고 개선하기 위해 사용되고 있다. 마케팅에 주로 사용되며, 이미 조직이나 기관이 브랜드 및 학습 제안에 대한 의견과 태도를 측정하기 위해 감성 분석을 사용하고 있을 수 있다. 브랜드는 교육과 학습에서 중요하다. 대학과 같은 몇몇 기관들은 수세기 동안 존재해 왔지만, 오늘날과 같은 시대에는 그들의 브랜드와 명성이 오르락내리락할 수 있다는 것을 의미하는 압력에 더 취약하고 민감하다.

감성 분석은 학습에서 더 정확하게 적용할 수 있다. 학습자들은 그들의 학습에 대해 침묵하기로 악명 높다. 많은 사람이 침묵 속에서 고통을 겪고 더 크게 소리를 내는 이가 이긴다. 학습자가 학습 과정에 참여하는 동안 내는 실제 목소리를 조사함으로써 실제로 뭐라고 말하는지를 듣는 것은 더 자연스러운 환경에서 더 큰 데이터 세트를 우리에게 제공할 수 있다. 대면적인 사회 집단에서나 만족도 조사나 설문지보다 훨씬 더 많은 의견과 생각을 표현할 수 있다.

그것들은 난이도, 몰입의 부족 또는 실재감, 학습자 지원의 부족 또는 실재감, 평가에 대한 견해, 학습의 어려움을 찾는 것, 불만, 제안, 개인적 실패의 표현, 심지어 심리적인 문제에 대한 견해가 될 수 있다.

감성 분석이 결점이 없다는 말은 아니다. 온라인 포럼이나 소셜미디어에서 자신을 표현하는 것을 선택하는 사람들에게는 여전히 왜곡된 것이 존재할 것이다.

이것은 많은 사람이 상상하는 것보다 훨씬 적을 수 있고 청중들의 왜곡된 표본이 나타날 수도 있다. 사람들이 좋든 나쁘든 극단적인 시각을 가진 경우에만 토론회나 게시판에 가는 경향이 있다는 문제도 있다. 사람들은 좀처럼 중립적인 견해를 밝히지 않는다. 감성 분석을 다른 도구 및 자원과 연계해 사용해야 하는 이유다. 그럼에도 불구하고 여전히 가치 있는 분야다.

이 기술들이 직면한 또 다른 문제는 소음이다. 많은 의사소통은 관련 없는 스팸, 빈둥거리는 채팅 및 기타 관련 없는 잡음으로 가득 차 있을 수 있으므로 이를 정리하고 걸러야 한다. 감성 분석은 순수한 의견, 심지어 객관성으로 나아가려고 시도하는 근본적으로는 통계적인 방법이다. 통계적·실용적 문제가 많은 만족도 조사나 설문조사와 같은 전통적 도구의 약점을 피해 순수한 진실에 다가가려고 노력한다.

여기서 무엇을 찾고 싶은지 분명히 하는 것이 중요하다. 당신의 주된 문제점은 무엇인가? 중도 포기? 낮은 성취도? 교육의 질? 웰빙? 더 깊고 의미 있는 통찰은 당신이 생각하지 못했던 것일 수도 있다. 우리는 우리가 모른다는 것을 모른다.

더 깊이 알아보기

분석에서의 위험은 작은 표본, 작은 수의 법칙 그리고 본질적인 편향이다. 사람들은 거짓말을 하지만 큰 데이터 세트에서는 진실이 거짓말을 한다. Seth Stephens-Davidowitz(2017)는 'Everybody Lies: Big data, new data, and what the internet can tell us about who we really are'에서 Google, Facebook, Twitter, Amazon, 심지어 포르노 사이트 같은 온라인 소스에서 나온 데이터가 사람들이 생각하는 바를 우리에게 보여준다기보다 실제로 생각하고 행동하는 것에 대한 독특한 통찰력을 줄 수 있음을 보여준다. 이러한 대규모 데이터 세트는 놀람으로 가득 차 있고, 다소 직관적이지 않을 수도 있다.

Google Trends는 AI를 사용하여 시간 경과에 따른 단어와 구문의 빈도를 파악한다. 이것은 상대적인 빈도를 보여주지만, Google AdWords와 같은 다른 익명 데이터 소스에 의해 보완되어 견해와 의견의 흔적을 밝혀낼 수 있다.

만약 우리가 감성 분석을 한다면, 그것은 어떤 목적을 위한 것이 틀림없다. 서술적 감성 데이터는 사람들이 어떤 생각을 하고 있는지 우리에게 알려주는 데 사용될 수 있다. 이것은 개인이나 단체가 조직, 기관, 교육 또는 수업에 대한 의견을 알려줄 수 있다. 또한, 어려움, 문제, 좌절 그리고 더 나아질 수 있었던 것들을 묘사할 수도 있다. 이 기능은 계기판을 통해 활용 가능하다. 감성 데이터를 분석하면 왜 어떤 일이 일어나고 있는지 물을 수 있고, 알려지지 않던 확인 또는 발견이 필요한 통찰을 확인할 수 있다. 잦은 결석, 사회경제적 그룹, 제2외국어로 교육받는 것 등과 같은 다른 데이터와의 상관관계는 또한 학생의 기억과 학습 결과를 개선하는 데 도움이 될 수 있다. 감성 분석을 통한 예측 데이터 분석은 학생이 중도 포기할 가능성이 있는지, 실패할 가능성이 있는지 예측할 수 있다. 그러한 실패를 방지하기 위해 이 기능은 공식적인 개입을 할 수 있도록 한다. 감성 분석을 통한 처방적 데이터 분석은 행동을 강제하거나 처방하는 데 사용될 수 있으며, 학습자에게 개별적으로 실시간으로 제공되는 일련의 학습 이벤트에 이바지할 수 있다. 이러한 단계를 통해 전진하는 것이 점진적으로 더 어렵고 위험하다는 것을 알 수 있다.

우리는 또한 그러한 AI 소프트웨어가 감시에 사용될 수 있다는 것을 인식해야 한다. 학교에는 감시 소프트웨어에 대한 진정한 우려가 존재한다. 그러한 소프트웨어는 부적절한 인터넷 콘텐츠에 대한 염려, 정신 건강과 급진화에 대한 염려에 의해 주도됐다. 감시 자본주의 시대(2019)의 Shoshana Zuboff가 기술했던 것처럼 첨단 기술이 감시 사회의 확장으로 활용되고 있을 때 문제가 발생한다. 그것은 다른 첨단 기술을 감시하는 데 사용되는 첨단 기술이다.

포르노와 같은 부적절한 자료에 대한 접근을 막기 위한 모니터링과 마찬가지로 학습과 그 학습 결과를 모니터링하는 화면은 타당해 보이지만, 끊임없이 염탐하기 위한 감성 분석의 사용은 완전히 별개의 것이다. 학교 충격에 대한 두려움으로 인해 미국에서 이 문제는 더욱 심각하다. 왕따, 자해, 정신 건강, 학교 총기 난사 계획 등이 있는지 학교, 단과대학, 대학, 직장 이메일과 사회 시스템을 감시하는 것을 탐지할 수 있다. 이러한 소프트웨어가 개인 통신을 감시하기 위해 개인 기기에 배치될 때 문제가 발생한다. 학교들은 여기서 딜레마에 빠져 있다. 젊은이들을 돌봐야 할 법적 책임이 있지만, 그 범위가 어디까지인지는 논쟁의 여지가 있다. 감시와 염탐 사이의 미세한 경계선이며, 사생활 측면에서도 우려해야 한다.

결론

교사들, 트레이너들 그리고 강사들은 그들의 학습자들이 수업 성과 또는 그들이 실제 가르치는 것에 대해 어떻게 생각하는지 알고 싶어 한다. 특히 내용이 적절한지 학습자가 혼동하지 않고 쉽게 실패할만한 어려운 것을 찾아내는 것을 가르치는 사람이 아는 것이 중요하다. 피드백은 또한 수업의 설계와 내용 전달을 개선하는 데 사용될 수 있다. 감성 분석은 지루함, 어려움, 좌절, 불안 그리고 심지어 괴롭힘, 자해 그리고 정신 건강 문제를 밝혀낼 수 있다. 학생들의 솔직한 표현을 통해 학생들의 마음속에 들어갈 수 있지만, 우리가 학생들의 마음속에 어느 정도 들어갈 수 있는지 허용하는 것은 세심한 배려가 필요한 도덕적인 문제이다.

참고문헌

Ferguson, N (2019) The Square and the Tower: Networks and power, from the freemasons to Facebook, Penguin Books, London

Stephens-Davidowitz, S (2017) Everybody Lies: Big data, new data, and what the internet can tell us about who we really are, HarperCollins, New York

Stodd, J (2014) The Social Leadership Handbook, Sea Salt Publishing, UK

Zuboff, S (2019) The Age of Surveillance Capitalism: The fight for a human future at the new frontier of power, Profile Books, London

PART

06

미래

Chapter 16
미래의 기술

AI는 우리가 무엇을, 왜, 어떻게 배우는지를 변화시키기 때문에 우리 시대의 가장 중요한 기술 변화이다. AI는 필연적으로 온라인 학습 설계, 기술 및 조달에 관련된 사람들이 필요로 하는 지식과 기술에 큰 영향을 미칠 것이다.

인재를 찾기 위해 고군분투하는 조직들은 경쟁력을 유지하기 위해 강력한 학습 및 개발 문화를 개발하려고 한다. 직원들이 하이브리드 방식으로 AI 및 자동화와 함께 일하기 시작함에 따라 World Economic Forum(2018)은 2022년까지 101일의 학습이 필요할 것으로 예상했다.

AI는 또한 업무의 본질을 바꿀 것이다. McKinsey Global Institute는 60%의 직종에 걸친 활동의 30%가 향후 10년 동안 자동화될 것으로 예상했다(Manyika and Sneader, 2018). 이것이 HR과 L&D가 AI의 본질, AI가 비즈니스와 학습에서의 위치에 관심을 가져야 하는 이유이다. 학습과 관련된 사람들은 학습을 위한 AI에 대해 더 잘 알아야 한다.

기존의 내부적인 기술보다 더 스마트한 기술을 제공할 수 있는 기업으로부터 더 현명하게 공급받아야 한다. 대부분 오래된 LMS 기술을 사용하여 활동 기록에 지나지 않는 데이터를 가지고 있거나 혹은 데이터 부족을 경험했다. 이는 데이터 분석에 대한 낮은 내부 기술과 결합하여 거의 진전이 없음을 의미한다.

학습용 AI는 또한 학습 전문가가 조직의 나머지 부분과 함께 속도를 높일 수 있도록 해야한다. AI와 함께 빨라지고, 대응력을 향상하고, 데이터를 주도함으로써 신뢰를 높일 수 있다. 조직이 다양한 맥락에서 AI를 사용하고 있다는 것은 의심의 여지가 없다. 조직의 요구는 교육자들과 L&D가 AI를 통해 빨라지고, 저렴해지고, 향상되면서 더욱 잘 충족될 것이다.

AI는 학습에 사용되는 필요한 기술을 제공한다. 인터랙티브 디자이너는 학습자의 요구에 민감한 숙련된 사람들이지만, 우리는 항상 '학습'해야 한다. 새로운 기술은 학습을 위한 AI와 함께 제공된다. 기술의 변화는 팀, 방법, 공급 및 생산의 본질도 변화시킬 것이다. 또한, 개인화, 적응성, 챗봇, 대화, 음성, 개방형 입력 및 큐레이션으로 전환되어야 한다. AI가 기존 소프트웨어 기술보다 제공할 수 있는 내용이 더 복잡하고 다양하기 때문에 조직은 기술에 더 정통해져야 한다. 촉박한 시간 단위로 빠르게 반복할 수 있으므로 생산 방법이 더욱 민첩해질 것이다. 결국, 아웃소싱/인소싱 측면에서 조달은 매우 다른 요구 사항과 필요조건들에 대처해야만 한다.

AI는 수십 년 동안 사용되어 온 전통 기술을 변화시킬 것이다. 글쓰기, 인터랙티브 디자인, 미디어 제작 및 평가를 포함하는 기존의 핵심 기술 세트는 훨씬 더 강력하고 복잡한 기술을 사용하여 적응적이고 개인화된 소프트웨어를 제공하는 스마트한 소프트웨어와 관련된 새로운 기술에 적응하고 추가되어야 한다.

AI와 학습 설계

온라인 학습 회사들은 AI 서비스 및 제품으로의 전환을 마주하고 있으며, 이러한 새로운 요구를 처리할 수 있는 기술과 태도를 가진 개인을 찾아야 한다. 이것은 새로운 기술을 이해하고, 챗봇으로 작성하는 방법을 배우고, 스스로 하기보다는 AI 지원 설계 및 큐레이션을 더 많이 다루어야 한다.

또 다른 맥락에서 AI 도구와 서비스를 사용한다는 것은 소프트웨어가 이 작업의 일부를 수행하거나 극적으로 변경하기 때문에 기존 인터랙티브 디자이너의 기술을 사용하지 않거나 적어도 보완하는 것을 의미한다. 예를 들어 우리는 AI가 학습 포인트를 식별하고, 상호작용을 자동으로 생성하고, 링크를 찾고, 개방형 텍스트 입력을 사용하여 총괄적으로, 형성적으로 평가하는 것을 보았다. AI는 몇 달이 아닌 몇 분 만에 콘텐츠를 만들 수 있다. 이것이 온라인 학습이 앞으로 가게 될 방향이다.

기술의 변화는 이미 시작되었으며 가속화되고 있다. 여전히 불확실하지만, 표 16.1은 실제 온라인 학습 제작 회사에서 이러한 변화를 만들고 관찰한 구체적인 경험에 기반한 몇 가지 제안을 보여준다.

이 내용을 하나씩 살펴보면 우리는 기술에 대한 더 큰 인식이 필요하다는 것을 알 수 있으며, 기술이 인지 인간 공학적 관점에서 제공되어야 하므로 인지심리학에 대한 이해가 필요하다는 것을 알 수 있다. 스스로 학습하는 다양한 유형의 학습 기술을 다루려면 우리는 AI의 다양한 영역에 관한 기술과 인지, 인간공학을 모두 알아야 한다. AI의 성공은 교육학을 기반해야 한다.

표 16.1 학습 설계를 위한 새로운 기술들

예전 기술	새로운 기술
모두에게 적용되는(One size fits all)	개인화
학습기술	학습과학
매체 제작	챗봇
독백	대화
타이핑	음성
선다형	개방형 입력
선형적	복합한
분기형	AI, 적응형
콘텐츠	큐레이션
의사소통	의사소통 기대
제작	자동화

개인화. 온라인 학습은 검색, 소셜미디어, Amazon 또는 Netflix와 달리 개인화가 없거나 제한적이다. 간단한 교정 또는 규칙 기반 분기를 제외하고는 개인의 학습 요구에 크게 반응하지 않는다. AI는 이것을 극적으로 변화시킨다. 학습경험은 특히, 적응형 학습에서 복잡한 알고리즘을 기반으로 개인에게 실시간으로 제

공될 것이다. 개인화된 챗봇도 고려되어야 한다. 정교한 적응형 학습 시스템의 시 퀀싱은 디자이너가 아닌 소프트웨어에 의해 처리돼야 한다. 이것이 바로 대규모 개인화를 가능하게 하는 이유이다. 고정된 전달이 사라진다는 것의 의미는 실시 간으로 필요한 데이터 및 알고리즘 식별을 기반으로 추천 옵션과 콘텐츠를 적응 적으로 제공하는 시스템을 의미한다. 개인화 프로세스는 반드시 이해할 필요가 있다.

학습과학. AI 실행을 위한 교육적 설계는 탄탄한 교육학적 기반을 바탕으로 전달해야 한다. 우리는 이미 인출, 끼워넣기 학습, 간격 연습과 개인화와 같은 인지과학 기반 교육을 제공하기 위한 AI 및 알고리즘을 살펴보았다. 이러한 기술을 구축하고 훈련하기 위해 데이터를 사용하고, 콘텐츠 배열에는 인지과학에 대한 지식이 필요하다. 인터랙티브 디자이너 중에 MCQ의 최적 옵션 수(3), 인출 연습, 비디오 길이, 중복 효과, 간격 연습 이론, 어떻게 기억이 작동하는지에 대한 기초 (경험 vs 의미)에 관한 연구자의 이름을 알거나 관련 연구들의 주요 내용을 이야기 할 수 있는 사람은 거의 없다. 이것은 기본적인 내용이지만 심각하게 받아들이는 경우는 거의 없다. AI의 적용과 함께 AI는 좋은 교육적 실천을 담고 있어야 한다. 우리가 의도적 학습, 개방형 입력, 인출 및 간격 연습과 같이 훌륭하고 잘 연구된 학습의 실천을 소프트웨어에 구축할 수 있다는 점은 흥미롭다. 교육학을 전달하 려면 먼저 그 교육학에 대해서 알아야만 한다.

챗봇. 온라인 학습이 '미디어 제작' 안에 갇히게 되면서 대부분의 노력과 예산 은 그래픽(예시적이고 교육적으로 의미 없음), 애니메이션(과하게 작업 됨) 및 동영상 (그 자체로는 충분하지 않음) 제작에 사용되었다. 미디어가 많은 것이 반드시 내용 을 많이 담고 있는 것은 아니며 Reeves and Nass(1996)의 연구에 따르면 미디어 의 과도한 사용은 학습을 저해할 수도 있다. 불행히도 이 연구는 무시되었다. 좋 은 미디어 제작에 대한 필요성은 여전히 남아 있지만, AI가 오디오로부터 텍스트 를 생성하고 텍스트 및 대화를 생성할 수 있어서 상당히 줄어들 것이다. 챗봇은 복잡하며 전통적인 온라인 학습의 선형적인 대화와 스토리텔링 이상의 사고가 가 능하다. 챗봇을 사용하면, 보이지 않는 LMS 챗봇부터 튜터 챗봇까지 상호작용의 모든 형식이 변하고 Slack이나 Microsoft Teams와 같은 기존의 협업 도구의 작 업 흐름에 어떻게 적응하는지를 볼 수 있을 것이다.

챗봇을 사용하면, 예를 들어, 성능에 대한 기대치를 너무 높게 설정하기가 쉽다. 챗봇 디자이너와 작가로서 해야 할 일과 관련하여 이러한 선을 어디에 둘지를 알아야 한다. 자연어 인터페이스의 한계는 무엇인가? 모형의 '훈련'의 한계를 고려할 때 어떤 범위까지 제공할 수 있는가? 대답할 수 없을 때 챗봇은 어떻게 하는가?

대화. 대화를 작성하려면 매우 구체적인 기술이 필요하다. 기존 온라인 콘텐츠는 독백 또는 직접적인 설명 또는 내레이션으로 되어있다. 챗봇은 대화에서 예상하지 못한 변화와 복잡하고 분기된 구조에서의 질문의 계열화를 이해하는 대화 작성자를 필요로 한다. 챗봇을 위한 글을 작성하려면 기술이 할 수 있는 것과 할 수 없는 것을 제대로 알아야 하며, 자연스러운 대화(실제로 드문 기술)를 작성해야 한다. 이것이 미국의 거대 기술 기업이 이러한 작업을 위해 시나리오 작가를 고용하는 이유이다.

음성. 음성 상호작용도 고려되어야 한다. 모든 내비게이션과 상호작용이 음성 기반으로 이루어진 전체 학습경험이 있다고 보자. 이를 위해서는 기대치를 관리하고 음성 인식 소프트웨어의 예상치 못한 변화, 반응을 처리하는 측면에서 추가적인 기술이 필요하다.

개방형 입력. 앞으로 정형화된 객관식 질문(MCQ)의 개발이 줄어들 가능성이 크다. MCQ는 작성하기 어렵고 결함이 있다(Clark, 2017). '끌어오기와 가져오기'와 '다음 세 사람이 어떻게 생각하는지 살펴보자...'와 같은 유형은 얼굴을 클릭하면 텍스트 말풍선이 나타난다. 이 영역은 제한된 형태의 MCQ가 단어, 숫자 및 짧은 텍스트 답변의 개방형 입력으로 대체되기 시작함에 따라 변화의 영역이 될 것이다. 자연어 처리 기술을 사용하면 이 개방형 입력 텍스트를 해석할 수도 있다. MCQ의 제약에서 벗어나면 평가 항목 작성이 크게 변경될 수 있을 것이다.

복잡성. AI를 사용하면 보이지 않는 것을 할 수 있다. Google 또는 다른 AI 매개 서비스를 온라인에서 사용할 때 메커니즘 대부분은 보이지 않지만 필요한 순간에 엄청난 양의 실시간 분석 및 의사결정을 내린다. 이 보이지 않는 과정의 복잡성을 이해해야만 한다.

AI/적응형. 성공적인 학습을 위한 해결책으로 분기, 게임화, 기존 엔터테인먼트 장르를 보는 대신, 소프트웨어가 학습자를 위해 순서를 결정하는 적응형 학습이 주목을 받을 것이다. 이는 개인의 학습을 최적화하기 위해 개인 또는 집계된 데이터를 기반으로 실시간으로 수행되며 모든 사람을 고유하게 교육하는 데 목적이 있다. 이는 적응성의 특성을 이해하고 규모에 맞게 순서를 다시 지정할 수 있을 만큼 느슨하게 콘텐츠를 설계하는 것을 의미한다.

큐레이션. 큐레이션 전략이 중요하다. AI는 콘텐츠를 자동으로 연결하거나 콘텐츠 큐레이팅을 위한 도구를 제공해준다. AI가 지원하는 큐레이션은 변화하는 온라인 환경에서 콘텐츠를 보다 자율적으로 검색할 수 있다. 다시 말해, 정해진 옵션이 아니라 지속적으로 수집된 콘텐츠에 대한 큐레이션을 뜻할 수 있다.

의사소통 기대. AI는 고객과 내용 전문가와의 커뮤니케이션은 어려울 수 있다. 결과물 중 일부는 AI에서 생성되며 AI는 인간이 아니므로(의식적으로도 또는 인지적으로도 아님) 실수를 일으킬 수 있다. 우리는 과적합, 거짓 긍정의 오류 등등의 문제를 다루는 법을 배우지만 AI는 문서, 스크립트 및 기존 QA 기술을 디자인하는 데 사용되기 때문에 이러한 오류들을 고객이 이해하기 쉽지 않다. 인공지능이 'blow'라는 단어에 대한 링크를 자동으로 생성하도록 한 적이 있다. 이 단어는 간호사가 어린 환자에게 날카로운 물건이나 바늘을 사용할 때 사용하는 단어지만 AI는 코카인을 뜻하는 'blow'에 대한 Wikipedia 페이지에 연결했다. 이것은 쉽게 해결될 수는 있지만, 걱정스러운 부분이다.

자동화. 마침내 평면적이고 선형적인 미디어 제작 패러다임과 객관식 평가의 학습에서 민첩하고 스마트하며 지능적인 온라인 학습을 향해 나아가고 있다. AI 솔루션은 리스트에서 선택하는 것이 아니라 학습자가 개인적인 경험을 통해 학습하고, 도전받고, 대화와 목소리까지 사용하여 학습에 참여할 수 있게 함으로써 훌륭한 교사의 역할을 한다. 학습 디자이너, 학습경험 디자이너, 학습 엔지니어, 인터랙티브 디자이너, 프로젝트 관리자, 그래픽 아티스트, 비디오 제작자 등 직함이 무엇이든 간에, 우리는 학습 디자이너가 완료한 작업 중 일부가 자동화되는 세상에 적응해야만 할 것이다.

AI는 온라인 학습의 많은 비용을 유발하는 내용 전문가 사용을 줄일 수 있다. AI가 이미 승인된 문서, PowerPoint 또는 비디오를 사용하여 학습 포인트와 큐레이트 된 콘텐츠를 식별할 수 있다면 내용 전문가의 개입의 필요성을 줄일 수 있다. AI 도구가 콘텐츠를 매우 빠르게 생성하기 때문에 스크립트가 아닌 학습경험 자체의 형태로 실제 콘텐츠를 테스트하고 승인할 수 있다. 이것은 시간과 비용을 획기적으로 절약하는 방법이며 필요한 것은 사고방식, 도구, 기술의 변화이다. 일부는 디자인의 많은 측면이 자동화되는 이 새로운 AI 세계에 적응하기 어려워할 수도 있다.

AI와 기술 설계

물론 기술적 이해는 더 까다로울 것이다. AI로 만든 콘텐츠는 매우 다르며 특히 기계학습은 '그 자체의 세계'가 있다. 최소한 AI의 주요 영역이 무엇인지, 어떻게 작동하는지, 어휘에 대해 편안하게 느낄 수 있어야 한다.

그렇다고 코딩할 수 있거나 고도로 기술적인 AI 또는 데이터 기술이 있어야 한다는 의미가 아니다. 소프트웨어가 어떻게 작동하는지 자세히 알아야 한다는 의미이다. 특정 AI 기술을 사용하는 경우 접근 방식, 특히 약점과 강점을 이해하기 위해 노력해야 한다 (표 16.2 참조).

표 16.2 기술 설계를 위한 새로운 기술들

예전 기술	새로운 기술
기술의 저장소	통합 조직
학습 시스템	학습 생태계
고정된 전달	동적 전달
고정된 텍스트	자연어 처리
고정된 콘텐츠	기계학습

통합 조직. 디자이너와 AI 개발자 및 데이터 과학자 간의 의사소통은 어려운 과제이다. 디자이너들은 의사소통, 학습 및 목표에 대해 많이 알고 있지만, 이 새로운 기술에 익숙하지 않다. 기술자는 소프트웨어에 대해 많이 알고 있지만, 학습과 목표에 대해서는 거의 알지 못한다. 우리는 서로의 세계에 대해 훨씬 더 자세히 이해할 필요가 있으며, 긴밀한 팀워크가 필요하다는 점을 받아들일 책임이 있다.

학습 생태계. 학습 생태계는 기존 LMS를 뛰어넘는 수준의 복잡성을 제공한다. 사용자 경험이 동적이고 개인화됨에 따라 더 복잡하다. 콘텐츠 또한 여러 콘텐츠 소스, 소셜 러닝 기능, 큐레이션, 안전한 데이터 전송 및 저장과 함께 xAPI를 통해 작동하는 LRS와 함께 작동하는 LXP로 인해 더욱 복잡해진다. 이 모든 것은 기존 HR 또는 인재 관리 시스템, 오프라인 과정 제공 및 외부 교육 시설과의 통합과 함께 이해되어야 할 수도 있다. 마지막으로 이러한 모든 소스에서 데이터를 가져오는 데이터 및 분석의 층은 개인화된 계기판, 적응형 학습 또는 챗봇으로 피드백돼야 하며, 그중 일부는 기계학습을 사용할 수 있다.

인터랙티브 또는 경험 디자이너는 현재 또는 미래에 어떻게 불리든 과거보다 소프트웨어가 무엇을 하는지, 그것의 기능, 강점 및 약점에 대해 훨씬 더 많이 알아야 한다. 자연어 처리(NLP), 기계학습, 적응형 학습 및 데이터 분석과 같은 실제 AI 기술이 어떻게 작동하고 적용되는지에 대한 지식은 더 복잡한 생태계에서 기술을 교육의 목표와 일치시키는 데 필요한 기술이 될 것이다. 약간의 기술적 이해가 있는 사람들은 학습을 위한 AI의 잠재력과 한계점을 이해할 수 있으므로 여기에서 더 잘할 수 있을 것이다.

동적 전달. 전통적인 온라인 학습의 소프트웨어는 실제적인 적응성, 최적화 또는 자가 학습 없이 고정된 페이지를 대량으로 제공했다. 콘텐츠와 서비스는 이제는 고정된 페이지가 아니라 동적인 형태로 제공될 것이다. 학습자의 필요에 따라 실시간으로 변경될 수 있으며, 특정 시간에 학습자의 요구에 따라 다른 학습자에게 다른 화면과 요소들이 제공될 것이다. 또한, 시간이 지남에 따라 변경될 수 있으며, 더 많은 학습자가 시스템을 사용하고 집계된 데이터가 전체 소프트웨어의 성능을 향상하는 데 사용됨에 따라 개선될 것이다. 소프트웨어는 어떤 의미에서 시간이 지남에 따라 변화하는 성장하는 학습 개체이다. 이를 위해서는 설계, 문서화 및 테스트에 대한 다른 접근 방식이 필요함을 이해해야 한다. 설계된 개체는 선형적이고 단순 분기 이벤트로 이루어진 고정된 스크립트가 아니라, 데이터와 확률을 기반으로 하는 복잡한 시스템이다. 예를 들어 테스트에는 입력 및 출력에 대한 깊은 이해가 필요하다.

자연어 처리. 텍스트는 온라인 학습의 핵심으로 남았다. 비디오, 그래픽 및 오디오가 더 강조되는 것을 보았지만 텍스트는 우리가 듣는 것보다 더 빨리 읽을 수 있고 편집과 검색을 할 수 있으므로 강력한 매체로 남을 것이다. 그래서 소셜 미디어와 메시지가 여전히 텍스트에 집중되어있는 것이다. 인터랙티브 디자이너는 자신이 가진 자격과 관계없이 일을 시작하기 전에 문해력 테스트를 사용해 왔다. 글쓰기는 단순히 문구와 스타일을 바꾸는 것이 아니라 실제로는 의사소통, 목적, 순서, 논리와 구조에 관한 것으로 문해력 테스트가 좋은 판단 근거임이 입증되었다. 그러나 이들이 AI의 세계에서 해야 할 일은 자연어 처리가 어떻게 구동되는지 아는 것과 대화의 양상에 민감해지는 것이다. 예를 들어, 시스템은 텍스트 음성 변환을 사용하여 자동으로 오디오를 생성할 수 있으며, 이를 특정 방식으로 작성해야 한다. 이외에도 동의어, 자연어 처리에서 발생하는 예상 밖의 변화들을 처리하기 위해서 모든 종류의 자연어 처리 소프트웨어 기술에 대한 이해가 필요하다.

기계학습. 알고리즘 전달, 특히 기계학습은 복잡할 수도 있고 불투명할 수도 있다. 신경망의 기본과 다른 형태의 기계학습 및 데이터와 상호작용하는 방식에 익숙해져야 한다. 이미 챗봇 등에서 기계학습을 사용하는 학습 시스템이 존재하며, 앞으로 더 많은 애플리케이션이 등장할 것이다. 이러한 학습 시스템은 미래에 어느 정도 자율성을 갖기 때문에 이러한 작동 방식을 이해하는 것이 중요하다.

AI와 데이터 설계

학습 생태계가 더 스마트하고 다양한 통합 솔루션을 제공함에 따라 데이터를 결합하여 더 나은 학습을 측정, 개선, 공급하고 추천할 수 있어야 한다. 자동차의 센서에서 컴퓨터로 공급되는 데이터를 통해 운전자에게 직간접적으로 차량의 성능을 향상하는 것처럼 데이터가 동적 학습 시스템에서 직간접적으로 사용될 것이다.

표 16.3 데이터 설계를 위한 새로운 기술들

예전 기술	새로운 기술
점수와 완료	데이터 분석
사회적 활동	사회적 분석
SCORM	xAPI
학습	학습 기록 저장소
테스트	A/B 테스트

일반적으로 데이터를 보고하는 것이 아니라 시스템 내에서 더 많은 데이터를 분석하고 사용하는 방향으로 전환될 것이다. 데이터 유형의 차이와 학습 분석으로 수행할 수 있는 작업에 대한 이해는 AI가 기술의 핵심에 있으므로 필수적이다 (표 16.3 참조).

데이터 분석. 데이터 자체는 복잡한 주제이며, 데이터 준비 및 정리, 서비스에 제공되는 데이터와 분리된 훈련용 데이터 세트는 중요하다. 학습 분석은 LRS를 사용하는 LXP의 중심에 있으므로 더욱 복잡해지며 수집하려는 데이터의 목적을 확실히 알아야 할 것이다.

첫째, 학습자의 프로필을 식별하기 위해 HR 및 유사한 시스템의 데이터가 필요할 수 있다. 그런 다음 모든 온라인 및 오프라인에서 활동 자료를 수집하고 이 데이터를 시각화해야 한다. 추천 엔진 또는 적응형 학습을 위해 필요한 데이터도 있다.

SCORM은 AI와 호환되지 않는 온라인 학습의 심각한 한계처럼 보인다. 사용자 행동에 대한 훨씬 더 자세한 데이터로 SCORM을 보완하는 것이 중요하다. 그러나 데이터가 많은 경우에도 이를 정보로 전환하고 시각화하여 유용하게 만들어야 하므로 데이터 시각화는 중요하다. 정보는 지식과 통찰력으로 전환되어야 한다. 이 부분이 기술이 부족한 곳이다. 먼저 학습과 관련된 다양한 유형의 데이터, 데이터 세트를 정리하는 방법, 유용한 통찰력을 추출하는 데 사용되는 기술을 알아야 한다.

우리는 데이터를 가지고 와서 정리하고 처리한 다음 클러스터 및 기타 통계적으로 유의미한 기술들을 사용하여 패턴과 상관관계를 찾는 등의 통찰을 구하고자 한다. 예를 들어, 과정 이수는 판매 증가와 관련이 있는가? 교육은 AI가 학습을 생성할 뿐만 아니라 분석을 수행하므로 비즈니스 프로세스의 일부로 볼 수 있으며, 정보를 제공하고 개선하는 가상의 선순환 루프에 있다. 고난도의 데이터 기술은 필요하지 않지만, 데이터 생산의 가능성, GIGO의 위험성 및 이 영역에서 사용되는 기술에 대해서는 인식하고 있어야 한다.

사회적 분석. 단순히 사회적 학습으로 학습경험을 보완하는 시스템을 제공하는 것이 아니라 사회적 활동에 대한 자세한 분석이 필요하다. 이것은 논의되는 주제에 대한 의미 분석일 수도 있고, 특정 주제에 대한 견해를 결정하기 위한 의견 및 감성 분석일 수도 있다. 우리는 소셜 데이터를 교사와 학습자 모두에게 유용하게 제공하기 위해 AI를 사용하여 수집하고 분석할 수 있다.

xAPI. SCORM이 사라지고 xAPI와 같은 새로운 표준으로 인해 학습 생태계가 LMS 이외의 시스템을 활용할 수 있게 되었다. 학습 설계자는 통합 시스템의 역학과 다양한 소스들로부터 수집하는 데이터를 많이 인식하고 있어야 한다. 여러 공급원을 처리하는 에코 시스템을 사용하면 안전한 데이터 전송 방법과 함께 보안 인증된 인바운드 및 아웃바운드 웹서비스(API), HTTPS(최소한 SFTP를 통한 CVS) 상의 웹서비스(API)를 통한 데이터 암호화를 해결할 수 있다. 따라서 xAPI를 통해 학습경험, 콘텐츠 및 데이터라는 시스템의 세 계층 모두에서 이러한 복잡성에 대처할 수 있어야 한다. Learning Locker와 같은 LRS는 기본적으로 다양한 소스에서 xAPI 데이터를 수집한다. 또한, 생태계에 대한 단일 데이터 소스 역할을 하여 xAPI가 아닌 데이터 스트림을 xAPI 형식으로 변경하여 xAPI를 준수하지 않는 다른 데이터 소스를 수집할 수도 있다.

학습 기록 저장소. 다양한 데이터 소스를 분석하기 위해 xAPI는 모든 데이터를 LRS에 저장하고 비즈니스 의사결정을 알리도록 하고 있다. xAPI 명령문 데이터는 권장 사항, 적응형 학습 시스템, 가볍게 찌르기 학습 등을 촉진하기 위해 지금 또는 나중에 사용할 수 있다. 또한, 학습자, 교사, 트레이너와 강의자를 위해 또는 부서 수준에서 다양한 계기판을 제공할 수 있다.

민첩한 생산자 AI

우리는 온라인 학습에서 생산성을 높이고 새로운 형태의 교육학을 생산하는 AI의 약속이 어떻게 현실이 되는지 보았다. 또한, AI가 학습의 세계에 등장함에 따라 기술이 어떻게 변할지 보았다. 이를 통해 우리는 AI가 민첩한 콘텐츠 프로덕션을 위한 촉매 역할을 할 수 있다는 생각을 하게 되었다.

TUI 사례는 획기적인 프로젝트로, 단 한 번의 대면 미팅 없이 진행되었다 (Clark, 2018a). 이 사례는 교육 부서가 혁신적이고 용감할 때 무엇을 얻을 수 있는지 보여주고 있다. 엄청난 비용으로 콘텐츠를 제작하는 데 수개월이 걸린다는 생각을 버려야 한다. 민첩한 콘텐츠 생성에는 민첩한 도구, 민첩한 생산 방법 그리고 무엇보다 사고와 사고방식의 기민성이 필요하다. 조직은 전통적으로 제공되는 학습 내용보다 훨씬 빠르게 변화했다. 이것은 학습이 비즈니스의 현실과는 벗어나 있다는 것을 의미한다. 민첩한 사고방식과 생산 태도는 우리가 그 역사적 격차를 극복할 수 있게 한다. 우리가 실제 비즈니스 속도에 더 잘 맞추어 비즈니스에 대응하게 되면 그들은 우리를 더 존중할 것이다.

TUI 프로젝트에서는 AI 기술을 사용하여 대부분의 설계 및 개발을 수행했늣

이 생산 및 프로젝트 관리에 대한 민첩한 접근 방식이 필수적이었다. 소프트웨어가 콘텐츠를 아주 빠르게 개발하여 실제 모듈에서 품질 보증을 수행할 수 있었기 때문에 교수설계 스크립트가 필요하지 않았다. 상호작용하는 '디자이너'가 없음에도 불구하고 95%는 디자인과 접근 방식을 우수 또는 매우 우수하다고 평가했으며 62%는 자신들이 배운 지식을 기반으로 특정 판매를 확인할 수 있다고 답했다. 국가, 위치, 명소, 통화, 공항 코드 등에 대한 지식은 일선 직원이 휴가 및 항공편 판매에 도움을 준 것으로 여러 번 보고되었다. 이것은 위치에 기반한 사업임을 기억해야 한다. 휴일과 유람선을 판매하려면 목적지와 명소를 알아야만 했다.

다음은 민첩한 접근 방식이 생산을 얼마나 상승시킬 수 있는지를 보여준다.

당신은 호텔에 들어가서 체크인하는 데 시간이 오래 걸리고 있다. 혹은 아침 식사 테이블에 우유가 없다. 이는 모두 접객업에서 중요하게 여기는 작은 부분들이다. TripAdvisor 시대에 이는 중요한 문제이다. 호텔 체인은 이 문제를 심각하게 받아들이고 직원을 정확한 표준에 따라 교육하게 되었다.

이는 AI가 만들어낸 콘텐츠를 사용하는 민첩한 트레이닝을 의미했고, 여기에는 교육과 고객 대면 직원의 행동에 대한 끊임없는 관심이 있었다. 민첩한 AI를 사용하여 교육을 신속하게 개발하는 것을 의미하며, 이 교육은 실제로 모든 장치에서 고객을 상대하는 직원에게 높은 수준의 교육을 제공한다. AI 온라인 콘텐츠 제작 도구인 WildFire는 209개의 표준을 일반, 프런트 오피스, 조식, 레스토랑, 바 및 룸서비스에 대한 6개의 온라인 학습 모듈로 빠르게 변환했다. 각 모듈은 필수 지식, 즉 직원이 업무를 잘 수행하기 위해 알아야 하는 핵심적인 지식에 중점을 두었다(Clark, 2018b).

이 프로젝트의 핵심 요소는 민첩한 프로젝트 관리자였다. 앞서 서술된 두 프로젝트 모두 대면 회의는 하나도 없었다. 그것은 모두 빠른 결정, 즉석에서 문제 해결, 작업을 완료하기 위한 프로세스 변경이었다. 프로젝트 관리자는 항상 문제로 인식하기보다는 신속하게 해결해야 할 이슈로 보았다.

AI를 사용하여 몇 달이 아닌 몇 분 만에 콘텐츠를 제작했기 때문에 더 쉬워졌다. 품질 관리는 종이 문서가 아닌 실제 콘텐츠에서 이루어졌다. 그리고 승인된 문서, PowerPoint 또는 비디오가 사용됨에 따라 민첩한 생산의 주요 걸림돌이 되는 내용 전문가의 참여가 필요하지 않게 되었다.

AI는 이제 버튼 클릭만으로 콘텐츠를 만들고 선별된 자료를 추가하는 데 사용된다. 수업내용에 관한 팟캐스트 소개를 원하는가? AI를 사용하면 몇 초 안에 텍스트 음성 변환이 가능하다. 이를 통한 비용 절감뿐 아니라 시간 절약은 더 크다. AI는 학습 포인트를 식별하는 데만 사용되는 것이 아니라 오디오를 생성하고, 질문을 구성하고, 음성 입력을 인식하고, 개방형 답변(단어 또는 단답 전체)을 평가하고 추가 학습을 위한 외부 자료 링크를 제공한다.

민첩함에 대한 한 가지 중요한 교훈은 '쓰레기가 들어가면, 쓰레기가 나온다' 규칙이다. 민첩한 생산 프로세스를 사용하려면 민첩한 준비가 필요하다. 입력 데이터를 집중적으로 살펴보는 것은 매우 중요하다. 모든 불필요한 자료와 텍스트를 제거하고, 자르고 다시 자르고, 성가신 철자 및 구두점 오류를 포착하고 전체적으로 일관된 상태인지 확인해야 한다. 소스 데이터는 필수적으로 '알아야 할 필요'가 있는 콘텐츠 단계까지 편집되어야 한다.

AI가 적절한 학습 포인트를 식별하고 학습경험을 자동으로 생성하여 콘텐츠를 생성함에 따라 호텔 체인 수업의 6개 모듈이 하루 만에 만들어졌다. 화면 기능의 모양과 느낌, 로고, 이미지 및 색상 번호는 빠르게 합의되었다. 이 초고속 생산 프로세스는 설계 문서와 스크립트 없이도 실제 모듈에서 품질 보증을 수행할 수 있음을 의미한다. 원본 문서에는 필요한 모든 지식이 포함되어 있어서 내용 전문가가 여러 번 반복할 필요가 없었다. 간단한 전달부터 최종 전달까지 모든 것이 Skype를 통해 이루어졌다. 단 한 번의 대면 회의도 필요하지 않았다.

모든 모듈에는 학습자가 해야 할 일을 설명하는 AI가 생성한 오디오 소개(텍스트 음성 변환)가 포함되어 있으며, 학습 중에 실수해도 괜찮다고 긴장을 풀어주기도 한다. 그런 다음 직원은 표준을 읽고 객관식 질문을 클릭하는 대신 행동 표준을 염두에 두고 '입력'해야 한다. 의도적 학습은 학습 분야의 최근 연구를 통해 단순히 목록에서 답을 인식하는 것과 비교했을 때 개방형 답변을 통한 회상이 우수하다는 것이 입증되었다.

민첩함은 과정인 동시에 마음의 상태이다. 아직 학습과 개발은 여전히 몇 분이 아닌 몇 달이 걸리는 오래된 모형으로 운영되고 있다. 우리는 천천히 조달하고 천천히 준비하고 천천히 생산하고 천천히 전달한다. 비즈니스에 맞추고 비즈니스 요구에 대응하라는 끊임없는 요청에도 불구하고 우리는 너무 느리다. L&D는 며칠 안에 완료되기를 원하지만, 우리는 몇 달이 지나야 완료할 수 있다. 이것이 변화되어야 하는 부분이다.

온라인 학습은 전통적으로 설계 및 생산에서 다소 느렸지만 이제 AI를 사용하여 콘텐츠를 빠르게 생성하고 새로운 환경에 적응할 수 있는 민첩한 학습과 데이터를 생성할 수 있다. '민첩함'은 지금 필요한 것을 한마디로 설명한다. 온라인 학습 제작을 예산과 기간(몇 개월)이 소요되는 일종의 장편 영화 프로젝트로 보는 관점은 재검토가 필요하다. 물론, 고사양의 콘텐츠는 이 접근이 필요할 수도 있지만, 다수는 자동화될 수 있고 아주 작은 비용과 시간을 들여서 완성될 수 있다.

이 과정을 통해 실제 콘텐츠에 빠르게 접근하여 즉시 테스트할 수 있게 되면서 품질 보증 프로세스가 매우 다르다는 것을 알게 될 것이다. 사실, 경험에 의하면 AI는 항상 철자, 구두점 및 기타 오류의 원인이 되는 인간의 입력이 적기 때문에 실수가 적다. AI가 만든 콘텐츠의 장점은 모든 측면에서 학습자가 보고 있는 그대로 공유할 수 있다는 것이다.

AI와 외주

앞서 살펴보았던 내용들에서 발생하는 한 가지 문제는 외주에 있어서 당신 기관의 위치와 기술이다. 당신이 가진 야망, 방향 및 자원에 따라 많은 옵션이 있다.

주요 선택 사항은 다음과 같다.

- 사내 자체 개발
- 교육 콘텐츠 제작사
- 대규모 기술 회사

사내 자체 개발

사내 자체 개발은 비용을 낮추고 예측 가능한 상태로 통제할 수 있다는 장점이 있다. 그러나 AI와 관련된 재능과 기술은 찾기가 쉽지 않고 비용이 비싼 것이 분명하다. 사내에서 직접 상품을 제작하고 싶겠지만 작업이 어려울 수 있다. 학습을 위한 AI 프로젝트를 위해 프로토타입을 제작하거나 혹은 파일럿 테스트가 필요하지만 가까운 미래에 많은 (전부는 아님) 부분이 외부조달될 가능성이 크다.

교육 콘텐츠 제작사

교육 콘텐츠 제작회사는 AI로 인해 비약적인 발전을 했다. 그들은 학습 트렌드 변화에 민감하며 기술 통합 경험이 있는 사람들을 보유하고 있다. 이러한 회사를 사용할 때의 장점은 학습과 기술에 대한 균형 잡힌 접근 방식을 가지고 있다는 것이다. 이들의 단점은 공급 업체에 한정되어 있고, 폭과 깊이가 부족하고, 비용 부분이다. 그러나 만약에 xAPI에 민감하고 다양한 소스의 다양한 서비스를 활용할 수 있는 시스템을 선택한다면 AI가 단일 공급자의 덫에서 벗어나게 해줄 수도 있을 것이다.

대규모 기술 회사

이 분야에서 대규모 기술 및 외부 용역 회사가 생겨날 것이다. 고객지원과 함께 폭과 깊이의 이점을 가지고 있지만, 비용이 많이 들고 개별 조직의 학습 문화와 요구에 둔감한 경향이 있다. Google, IBM, Microsoft 및 Amazon과 같은 거대 기술 기업은 이미 AI 애플리케이션을 위한 오픈소스 도구와 사용량 측정 서비스를 혼합하여 제공하고 있다. 당신 조직의 IT 부서는 이미 이러한 회사와 연계되어 있을 수 있으며, AI-on-tap 접근 방식은 잘 훈련된 모형을 제공하므로 꽤 매력적이다. 그러나 그들은 학습 문제, 세부적인 통합 및 서비스를 잘 처리하지 못한다. 또한, 예고 없이 서비스를 변경하는 습성에 유의해야 한다.

이 기술은 인간이 하는 일을 변화시키는 방식으로 제공하고, 개인화를 강화하고, 적절한 장소에서 적시에 적절한 콘텐츠를 제공하고, 전달을 더 신속하게 만든다. AI는 학습자와 함께 학습하며 우리가 AI를 더 많이 사용할수록 더 좋은 결과를 얻을 수 있다. 일반적으로 데이터는 프로세스의 핵심이라 할 수 있다. 외주, 계약, 가격 책정 및 지원 기술은 더 복잡한 세상에서 필수적이다.

결론

여기에서 설명하는 변화는 도전적이다. 그러나 AI 혁명이 이미 여기에 있음을 알고 있다. Google에서 Netflix에 이르기까지 모든 온라인 서비스에 AI가 있다. 또한, AI는 학습의 핵심 기술이 될 것이다.

기술이 변화함에 따라 항상 새로운 기술이 요구되어왔다. 주로 프레젠테이션, 외형 및 느낌, 제한된 상호작용과 미디어에 대한 프론트 엔드 기술이었다. 그러나 AI는 소프트웨어 자체가 많은 작업을 수행하는 백엔드 기술과 더 많은 관련이 있다.

그런 의미에서 AI는 기술적으로 더 까다롭지만, 학습 측면에서 훨씬 더 많은 것을 할 수 있다는 점에서 흥미롭다. 설계와 데이터 기술의 변화 너머에는 더 많은 자율성과 기회가 주어지는 스마트한 시스템이 있다.

참고문헌

Clark, D (2017) 7 reasons to abandon multiple−choice questions, Donald Clark Plan B, 1 November. Available at https://donaldclarkplanb.blogspot.com/search?q＝7＋reasons＋to＋abandon＋multiple−choice＋questions (archived at https://perma. cc/4DJH−YB9Q)

Clark, D (2018a) Wildfire wins 'Best Learning Technologies Project'. Available at http://www.wildfirelearning.co.uk/wildfire−wins−best−learning−technologies− project/ (archived at https://perma.cc/RT9F−Z264)

Clark, D (2018b), Agile training at Jurys Inn – used AI to produce in minutes not months, Donald Clark Plan B. Available at http://donaldclarkplanb.blogspot.com/2018/10/agile−training−at−jurys−inn−in−minutes.html (archived at https:// perma.cc/6UMN−NF7S)

Manyika, J and Sneader, K (2018) AI, Automation and the Future of Work: Ten things to solve for, McKinsey Global Institute, New York

Reeves, B and Nass, CI (1996) The Media Equation: How people treat computers, television, and new media like real people and places, Cambridge University Press, Cambridge

World Economic Forum (2018) The Future of Jobs Report 2018, World Economic Forum, Geneva

Chapter 17

윤리와 편견

AI 만큼 각종 '위원회'에 회부되어 윤리적 조사를 많이 받은 분야도 없을 것이다. 학습용 게임에 'AI'라는 단어만 들어가도 개인 정보 보호와 감시에 관한 불필요한 편견을 갖게 된다. 이 문구를 뺄 수만 있다면 제작사는 어떠한 비용도 불사할 것이다. 하지만 어떤 사람들에게 AI는 적응형 학습에 대한 열망인 동시에 인간에 의한 편향을 제거할 수 있으며, 개인에게 맞추어진 학습을 효율적으로, 더 자주 제공할 수 있다는 의미이기도 하다. 항상 그렇듯, 진실은 이 둘 사이 어딘가에 있다.

이러한 혼란은 AI를 완전히 이해하지 못하기 때문에 시작된다. 물론, AI와 알고리즘의 세계에도 일반적인 위험이 존재한다. 따라서, AI란 무엇이며 어떻게 동작하고 그것이 우리에게 미칠 수 있는 여러 가지 영향에 대해 논쟁할 기회를 열어두어야 한다.

AI의 윤리를 다루는 수백 개의 실무그룹, 자문 기구, 협의회 등은 과잉되고 논쟁적이어서 혁신을 방해하기도 한다. Institute of Electrical and Electronics Engineers나 Association for the Advancement of Artificial Intelligence 그리고 Partnership for AI와 같이 기술 관련 대기업이 많이 포함된 전문성과 영향력을 갖춘 최상위 조직의 역할이 중요하다. EU의 High Level Expert Group과 같

은 정부 기관의 역할도 필요하다. AI 기술의 장점과 단점을 현실적으로 바라보면서 학습에 활용한다면 이러한 쟁점에서 승리할 수 있다. '우리'와 '그들'이 대립하는 문제가 아니다. 긍정적이되 경각심을 잃지 않는 자세가 필요하다.

AI의 '인공(artificial)'은 다소 경멸적인 인상을 주는 단어이다. '인공'은 현실이 아닌 것을 의미하며 현실에 존재하는 것의 반대를 지칭한다. 자연스럽게 발생한 것이 아니라 단지 모방하고 있다는 것을 암시한다. 절망적인 미래를 상상하는 많은 사람들의 태도가 AI에 대한 올바른 이해를 방해하고 있다. AI가 학습 분야에 혁신적인 성과를 가져왔음에도 불구하고 마치 인공 잔디나 의족·의수와 같이 열등한 것으로 여긴다.

더 심각한 것은 '인공(artificial)'을 거짓 또는 모조품 정도로 보는 견해이다. 실제로 AI는 매우 다른 원리로 동작하지만, 우리는 정신 vs 기계, 인간의 뇌 vs 컴퓨터와 같이 인간 vs 인간의 모방으로 명시적 비교하려 한다. 이것은 매우 의인화된 판단으로 기계를 평가하는 기준이 아니다.

뇌

AI에 대해 이야기 할 때, '편향성'을 언급하는 것은 시간문제이다. 특히, AI와 교육을 둘러싼 논쟁에서 편향성은 '핑'하면 '퐁'하는 탁구처럼 매우 밀접한 관계가 있는 것처럼 보인다. 이러한 논쟁은 AI에 대한 피상적인 이해와 인간 중심적인 사고에서 비롯된다. AI 프로그래머는 대부분 백인이며 남성일 것이라는 가정은 가부장적이고 인종차별적인 알고리즘이 AI에 영향을 주고 있을 것이라 생각하게 한다. 실제로, 얼굴 인식 알고리즘을 사용하여 범죄를 예측하는 소프트웨어가 인종차별적 문제를 발생시킨 사례가 있었다. 이 문제는 Algorithm of Oppression (Nobel, 2018)과 O'Neil의 Weapons of Math Destruction(O'Neil, 2016)에서 자세히 언급되었다. 이에 관해서는 이후의 장에서 더 자세히 설명한다.

엄밀히 말하여, 우리가 알고 있는 AI의 힘은 빙산의 일각에 불과하다. AI는 기술적으로 명확하게 설명하기 어려우며 그 인과관계는 추적하기 어려울 수 있다. AI를 인간의 뇌와 비교하여 설명하는 것이 더 이해하기 쉬울 것이다.

첫째, 인간이라는 기준에 대해 먼저 살펴보자. 노벨상 수상자인 심리학자 Kahneman(2011)과 그의 동료 Tversky는 모든 뇌는 편향적이며 교육과 훈련을 통해서도 이러한 경향은 좀처럼 바뀌지 않는다는 것을 보여주었다.

교육 역시 편향적이다. 특정한 유형의 교육방식을 선호하는 사람들에 의해 만들어진 교육정책은 사회경제학적 편향을 담고 있다. 교육은 개별적으로 구매할 수 있으므로 불평등을 야기한다. 성별, 인종, 사회경제적 편향은 가르치는 행위 그 자체에서도 발견된다. STEM 과목의 수업에서 여학생들에 대한 미묘한 배려는 성적 편향을 담고 있다. 사회경제적 지위가 낮은 계층 출신의 아이들을 그렇지 않은 아이들과 다르게 대하기도 한다. 객관식 평가조차 내용, 문맥, 정답 등 모든 인지적 요소들이 편향적이 될 수 있다.

이 교육의 비극은 우리의 인지 기관인 뇌가 근대적 필요와 다르게 진화했다는 것을 알수 있다. 진화하는 뇌는 우리의 두개골에 갇혀 무한히 커질 수 없다. 또, 우리의 몸 가장 높은 곳에 위치해 있으므로 열과 에너지 공급에 제한을 받는다. 이것은 학습 과정에 많은 어려움을 갖는다. 교사로서 인간의 역할은 하나의 장기인 뇌의 성능을 향상시키고 변화를 장기기억에 담을 수 있게 영향을 주는 것이지만, 뇌는 완강하게 학습을 거부한다.

자율적으로 기능하는 성인의 뇌가 되려면 16년간의 집중적인 양육과 돌봄이 필요하다. 이 시간은 끊임없는 갈등과의 싸움이다. Judith Harris(2011)가 관찰한 십대의 뇌는 동료 집단에 사로잡혀있다. 우리가 교실에 앉아 학습하는 약 13년의 시간은 학생, 부모, 교사 모두에게 고통스러운 시간이다. 게다가 대학에 진학하는 경우 이 시간이 더 늘어나기도 한다. 이제 뇌는 복잡도가 높은 세계를 처리할 준비가 되었다.

뇌가 얼마나 쉽게 산만해지고 부주의해지는지 알기 위해 일부러 교사가 되거나 부모가 될 필요는 없다. 학습을 위한 유일한 조건은 집중이다. 하지만 우리는 아주 쉽게 산만해진다. 또한, 이 책을 읽는 독자는 여기에 있는 모든 것을 곧 잊어버릴 것이다. 우리의 기억력은 아주 제한적이며 장기기억으로 가는 길은 매우 어렵다. 장기기억에 잘 도착했다 하더라도 곧 삭제되거나 거짓 기억으로 재구성되기도 한다. 회상된 기억은 재창조와 재구성을 거친 것으로 오류를 포함하고 있다. 강화작용 없이는 이것을 유지하거나 회상하지 못한다. 이것이 뇌를 가르치기 어려운 이유이다.

뇌는 하루에 8시간을 잔다. 하루에 1/3이 사라져버리는 것이다. 하지만 이 시간을 줄이면, 뇌는 배우는 것이 더디고 스트레스를 받으며 아프기까지 하다. 뇌를 계속 깨워두는 것은 역사 속의 고문자들이 증명하듯 우리를 미치게 한다. 뇌는 깨어있을 때에도 백일몽을 꾸는 경향이 있다. 뇌는 쉽게 일하는 장기가 아니다.

뇌는 기술적으로 업로드와 다운로드가 불가하다. 엄청난 동기부여와 교수학습법이 동원되지 않으면 지식과 기술 전달을 할 수 없다. 뇌는 연결될 수 없고 집단학습을 하려는 시도는 여전히 시행착오를 겪고 있다. 그러나 AI는 이것을 순식간에 해낸다. 집단학습과 집단지성은 AI의 특성 중 하나이다.

뇌는 나이를 먹을수록 기능이 저하되고 치매와 알츠하이머 같은 문제를 겪는다. 이러한 퇴보는 속도도 다르며 예측할 수도 없다. 최종적으로 뇌는 죽음이라는 치명적인 문제를 갖고 있다. 뇌는 타고나거나 습득한 지식과 기술을 다운로드할수 없기 때문에 죽음은 큰 문제가 된다. 문자 그대로 기억이 사라지는 것이다. 우리는 이것을 인쇄, 이미지, 데이터 등의 매개체를 이용하여 저장하는 방법뿐이다.

뇌는 확장되지 않는다. 온라인 학습은 제한적이지만 우리를 시간과 공간의 제약에서 자유롭게 했다. 반면, AI는 스마트한 소프트웨어로서 선형이 아니라 기하급수적으로 자기 개선이 가능하며 지금 이 순간에도 더 나은 방법을 학습하고 있다.

Harari는 Homo Deus(2016)에서 AI의 인공성 제거를 주장하였다. 호모 사피엔스는 다른 생명체와 마찬가지로 자연에 의해 선택된 진화된 형체를 가지고 있고 여기에는 심오한 알고리즘이 있다. 이 알고리즘은 이것이 머무는 본체와는 별도로 존재한다. '2+2=4' 계산이 이루어지는 우리의 뇌, 나무 블록, 주판의 플라스틱 알, 계산기의 금속 회로는 동일하다. 알고리즘이 상주하는 곳은 어떤 형태를 가지고 있든 관계가 없다. 알고리즘의 힘은 문제를 해결하고 해결책을 제시하는 능력에 있는 것이지 인간의 능력을 얼마나 정교하게 모방하는 능력에 있는 것이 아니다.

다른 본체가 더 낫다고 생각하는 강력한 주장도 있다. 뇌는 더 이상 그것이 기능하지 않는 환경을 위해 진화했다. 이것은 매우 다른 요구가 있는 시간과 장소에서 살아남는 데 심각한 한계가 될 수 있다.

인간 편향

뇌는 기술 사용과 함께 진화했다는 것은 확실하다. 4만 년 전, 비범하고도 폭발적인 활동은 도구와 기술이 뇌 형성에 중요한 역할을 했다.

여기서 흥미로운 단점 한 가지는, 뇌는 성차별적, 인종차별적일 뿐 아니라 집단사고, 확신 등 다양한 유형의 위험한 인지적 편향을 가지고 우리의 사고를 형성하고 제한한다는 것이다. 또한, 멀미, 과식, 시차 적응, 공포증, 사회적 불안, 폭력적 성향, 중독, 망상과 정신실환 등 심각한 약점을 내재하고 있다.

또 다른 편견은 새로운 것에 대한 공포, 반감인 네오포비아(neophobia)다. 네오포비아는 전혀 새로운 것이 아니다. 글쓰기를 반대한 소크라테스부터 현재까지 사람들은 양피지, 책, 인쇄술, 신문, 카페, 편지, 전보, 전화, 라디오, 영화, TV, 기차, 재즈, 로큰롤, 랩, 컴퓨터와 인터넷, 소셜미디어 그리고 AI에 이르기까지 새로운 기술이 등장할 때마다 일정한 공포 반응을 보인다. 새로운 발명이 정신을 부패시키고 문화를 훼손하고 문명을 파괴할 것이라는 생각은 꽤 오래된 현상이다.

네오포비아는 내용을 과정과 결합하는 인지 작용의 표면적인 반응이다. 정신과 인간의 본성은 그렇게 유연하지 않으며 짧은 시간 동안 변화가 가능한 대상도 아니다. 아주 어린 아이가 새로운 음식에 대해 보이는 반응도 이와 유사하다. 유소년기를 거치면서 이러한 반응이 사라지며 새로운 것은 위험함과 동시에 흥미진진함으로 받아들인다. 이후, 부모가 되고 노년이 되면 외부로부터의 위험을 줄이기 위해 깊이 내재된 습관으로 형성한다. 이것은 기술에 대한 인구통계적 태도와도 유사하다. 십대들은 새로운 기술을 쉽게 받아들이는 것에 반해 어른들은 의심하고 피하는 경향이 있다.

AI에 대한 생각 그 이면에는 인간적인 편향이 자리 잡고 있다. 인체 모방의 편향은 가장 일반적인 것으로 챗봇과 같이 교육 분야의 AI에서 흔히 찾아볼 수 있다.

가용성의 편향은 무엇을 사용할 수 있는지에 대해 인간의 사고의 틀에 갇혀 생각할 때 발생한다. 소프트웨어나 알고리즘과 같이 시각화하기 어려운 것을 이해하기보다 강단에 서 있는 조악한 로봇의 이미지로 AI를 이미지화하는 것이다. AI가 무엇이고 어떠한 위험이 있는지 이해하기보다 마치 할리우드 영화의 디스토피아적 이미지로 왜곡해버리는 것이다.

인간 대부분은 확증된 편향을 갖고 있다. 위험하다고 생각되는 것을 들었을 때, 그것이 윤리적으로 잘못 되었다는 우리의 견해를 확인하고 싶어한다. 교실, 강의실, 연수원에서 이루어지는 교육에 익숙해지면 대안이 잘 보이지 않는다.

모든 알고리즘이 편향되어 있다는 주장은 알고리즘에 대한 무지와 위에서 살펴본 4가지 인간적인 편향 -인간 모형, 가용성, 부정, 확증- 의 조합이다. 여기에 디스토피아적 해석을 네오포비아적 견해로 바라보는 것이 AI를 반대하는 사람들의 생각이다.

보편 편향

성적, 인종적 편향의 근본 원인으로 백인 남성으로 이루어진 AI 프로그래머에 대한 오해를 살펴보자.

우리가 진정으로 추구해야 하고 해결해야 하는 것은 이러한 편향을 소프트웨어에서 제거하는 것임을 밝히고 시작해보자. O'Neil(2016)의 Weapons of Math Destruction의 비극적인 제목은 증가가 약하고 자극적으로 윤색되어 어느 한 편에게 이익을 주는 'Saddam Hussein의 대량살상무기'만큼 나쁘다. 이 책은 AI를 물고 늘어지는 사람들에게 참고서가 되는 책이다. 저자는 '대량살상무기'라는 단어를 너무 문학적으로 사용했다. 이렇게 과장과 거짓을 의미하는 용어가 무의식적으로 재사용되고 있다.

인종편향성

여러 인종이 뒤섞인 AI 코딩 위원회는 우리가 상상하는 것보다 훨씬 더 다문화적이다. 최근의 AI 프로그래머는 백인뿐 아니라 동아시아, 인도와 주변 국가 출신이다. AI는 국제적인 현상이며 서양 일부 국가에 국한되지 않는다. 중국 정부는 AI 2.0에 막대한 투자를 하고 있다. '중국 제조 2025 프로젝트'의 13년차 5개년 계획(2016~2020)은 모두 AI 기술 연구 향상을 위한 투자다. 인도는 엔지니어와 프로그래머를 훌륭한 직업으로 보는 교육시스템과 1,500달러 IT 수출 규모를 가진 거대한 아웃소싱 소프트웨어 산업을 보유하고 있다. 실리콘밸리에서도 중국과 인도 출신 프로그래머는 일반적이며 이를 주제로 한 시트콤에 등장하기도 했다. 이러한 현상을 받아들이지 않더라도 프로그래머가 AI를 성적, 인종차별적인 코드로 감염시킨다는 생각은 어리석다. AI에 일부 편향성이 있음을 인정하더라도 이러한 생각은 이미 편향 그 자체를 부정하는 것이 된다.

범죄예측 프로그램 PredPol을 한번 살펴보자. 이 시스템 자체에도 결함이 있지만, 장점이 단점을 능가하면서 이 시스템은 시간을 거듭하여 진화하며 사전 처리 기술이 프로그램의 편향을 제거할 수 있게 되었다. 교통사고로 매해 수만 명의 사람들이 끔찍하고 고통스럽게 사망하는 자동차를 예로 들어보자. 거의 모든 기술이 단점을 갖고 있다. 장단점을 비교하려 하지 않고 한쪽 면만 보는 것은 위험하다. 모든 알고리즘이 편향되어 있다는 입장에서 반대로 알고리즘이 편향으로부터 자유롭다는 생각은 하지 않는 우를 범하고 있다. 기술은 비용-편익의 특성을 갖고 있다. 수학적 왜곡에 의해 한쪽 면만 바라보게 될 수도 있는 매우 복잡한 영역이다.

예를 들어, 어떤 알고리즘이 검은색 피부의 얼굴을 고릴라와 연관시킨다고 했을 때, 이 알고리즘을 인종차별주의자, 즉 인종차별적 행위자라고 단정할 수 있을까? 이 AI는 인공물이며 단지 소프트웨어에 불과하다. 이것은 코드를 실행시킨 결과이며 기계가 실제 학습을 하는 과정에서 발생한 오류다. 여기, 이러한 반복적인 시도가 통계적으로 최적화된 것이 바로 AI의 핵심이다. 이렇게 반복된 오류는 기계학습을 향상시키고 학습을 강화한다. 실패는 발전을 가져온다. 편견의 시류에 흘러갈 것이 아니라 이러한 실패에 박수를 보내야 한다.

2015년, Google이 흑인의 얼굴에 고릴라라는 라벨을 붙였을 때, 이를 두고 Google에 인종차별주의자가 있다 또는 인종차별적인 의도로 수학이 사용되었다고 보는 사람은 없었다. 이것은 단지 시스템 오류였기 때문이다. Google은 이 문제를 발견하자마자 한 시간 내에 견해를 내놓았다. 사람뿐 아니라 기술 역시 완벽하지 않다. 오류는 발생한다. 기계는 인간이 가지고 있는 사회적 이슈를 고려하여 결과를 내지는 않지만, 이러한 문제를 피하도록 개선될 수 있다. 우리는 이러한 현상을 하나으로 과정으로 인식할 필요가 있다. 오류가 발생하면 이것을 제거하고 앞으로 나아가는 것이다. FAIL은 학습의 첫 번째 시도(First Attempt In Learning)라고 말하기도 한다. 이러한 실패를 빌미로 AI를 무시할 것이 아니라 성공의 기회로 봐야 한다.

성적편향성

자폐증은 인지적 특성에 관련된 유전적 특성이 있으며 특히 남성에게 뚜렷하게 나타난다. AI 프로그래밍과 같이 집중적이며 세심한 코딩 분야에는 성별에 따른 차이가 있을 수 있으며 없어지지 않을 것이다. 이러한 이유 하나만으로 높은 성과를 내는 코딩 팀을 구성하는 데 성별의 차이가 나타날 수 있다. 코드 작성자들이 무의식적으로 또는 의식적으로 인종차별적이고 성차별적인 알고리즘을 만든다는 생각은 과장되었다. 이러한 차별인 알고리즘을 만들었다고 주장하기 위해서는 꽤 열심히 일해야 한다. 정말 그러한 팀이 있을 수도 있겠지만 대부분은 그렇지 않을 것이다.

알고리즘을 배우는 첫 수업에서 정렬 메커니즘을 몇 개 배우고 나면 난수들을 오름차순으로 분류하는 것이 성차별적 행위일 수 없다는 것을 알 수 있다. 대부분의 알고리즘이 기계적으로 작업을 수행하는 것으로 어딘가에 치우친 생각을 담을 수 없다. AI는 시간 경과에 따른 강도, 정밀도 및 성능, 통신 데이터 압축 및 해제, 암호화 알고리즘, 게임(체스, 바둑, 포커)의 전략 계산, 의료 진단−조사−치료 및 금융의 부정행위 감시 등에 기여할 수 있다. 대부분의 알고리즘은 편향적이지 않다.

모든 것이 사회적으로 구성되어 있고 따라서 그 구성요소가 편향을 갖고 있다는 생각에 사로잡히지 않는다면, 모든 알고리즘 또는 데이터가 편향되었다는 생각에서 벗어날 수 있다. Popper(2012)는 반대가 없는 모든 것을 포용하는 이론은 이것에 대한 이의조차 문제의 일부로 해석된다고 설명했다. 사회학적으로 막다른 골목인 것이다.

투명성

인간의 생명과 삶에 영향을 미치는 결정은 물론, 알고리즘과 데이터에 가치가 개입되지 않도록 주의해야 한다. 알고리즘이 투명하다고 주장하면서도 '그 원리가 적용된 의미 있는 정보(출처: GDPR Article 14)'라는 알고리즘의 정의조차 명확하지 않기 때문이다.

점점 난해해지는 수학이 AI를 블랙박스로 만들 가능성이 있다. 현대 알고리즘과 기계학습을 구성하는 수학을 이해하는 사람은 많지 않다. 이것을 이해하는 사람은 다양하고 복잡한 기술과 지식을 가진 소수이다. 하지만 보통 사람들이 상상하는 것만큼 불투명한 것만은 아니다. AI가 사용하는 수학은 오픈소스로 검색엔진에서 찾을 수 있고 AI 커뮤니티에서도 공유된다. 물론, 독점적으로 관리하는 부분도 많지만 전부 블랙박스에 갇혀 알 수 없는 것은 아니다. '교육'도 유사한 면이 있다. 가르치는 과정(알고리즘)과 지식(데이터)은 뇌 속에 있고 교사, 강사, 트레이너들이 수행하는 과정은 전체적으로 불투명하며 접근하기 어렵다고 주장할 수 있다.

AI에서 특히 신경망을 이용한 기계학습은 그 내부 작용이 더 불투명하다고 생각된다. 이것을 의학과 비교해보자. 하버드 의대 생물화학 및 분자약리학 교수인 Jon Clardy의 말을 빌려 '약이란 효과가 있는 분자를 명확하고 논리적으로 탐구한 결과'라는 것은 '동화'와 같다고 인용했다(Johnson, 2015). 효과가 있다고 알려진 많은 약물들이 있지만, 왜, 어떻게 효과가 있는지 알 수 없다. 의학은 가능성을 문제로 던지고 그것이 효과가 있는지 없는지를 관찰한다. AI도 이와 같은 면이 있다.

AI의 투명성은 더 많은 연구가 필요한 영역이다. 모든 편향이 없어질 것이라는 뜻은 아니다. 지속적인 점검을 통해 AI 서비스의 편향을 줄이거나 잠재적인 편향을 명확히 하고 인정하는 노력이 필요하다.

편향은 주의 깊게 다루어야 하는 문제이지만, AI를 사용하여 문제를 해결할 수 있다는 장점을 간과해서는 안 된다. 특히 교육은 AI를 사용하여 얻을 수 있는 효용이 분명히 있다. 알고리즘의 완전 투명성을 주장한다면 Google과 Google Scholar 서비스는 당장 금지해야 할 수도 있다. 이것이 적절한 행동일까? 문제 해결과 투명성 사이에서 적절한 균형을 유지해야 한다.

통계

AI는 목적을 의식하거나 의심하지 않는다. 인간의 편향은 수백만 년 동안 문화적인 영향을 받으며 진화했다. AI는 수학일 뿐이다. 소프트웨어는 편향되지 않는다. AI를 의인화하지 않도록 주의해야 한다.

AI 데이터 분석은 통계적인 분석과 패턴의 매칭이다. 우리는 수학, 확률, 통계적 사고의 2천 년 역사의 정점에 서 있다. 연구방법론과 연구에 사용되는 수학적 기법은 과학의 오차를 결정한다. AI는 통계기법의 집합이기 때문에 가능한 오차를 식별하고 편향을 제거한다. AI의 편향은 실재하지만 이것은 수학적 또는 통계적 오류이다. 인간의 오류와 다르다. 편향은 통계학에서 기대값과 모수의 참값의 차이로 정의된다. 값이 0이면 편향되지 않았다고 하는데, 이것은 다름의 정확한 차이를 인지했다는 뜻이다. 통계에서는 이러한 편향을 인식하고 과학적, 수학적 방법을 통해 이러한 차이를 제거하도록 노력한다.

알고리즘과 데이터도 구분해보자. 문제가 발생하는 원인은 대부분 데이터이다. 표본이 너무 작거나 너무 많은 경우, 또는 데이터 수집 방법이 잘못되어 편향이 생길 수 있다. 데이터가 무작위로 선택되지 않고 인간에 의해 선택적으로 수집되면 문제가 발생할 수 있다. 교육에서 사용되는 AI를 논의할 때, 인간 교수자가 판단하는 정의는 편향된다.

편향 제거

물이 반쯤 채워진 유리잔이 있다. 이것은 가득 채워진 잔이 아니다. 심지어 가장자리 끝까지 채워져 있다는 데이터가 주어져 있어도, 이것은 가득 채워진 잔이 아니다. 교육 분야에서 AI 사용을 논의할 때, 너무 비관적이지도 낙관적이지도 않아야 한다. 우리의 관점은 현실적이어야 한다.

공정성

편향은 조직, 기업뿐 아니라 AI 자체의 평판을 훼손할 수 있다. AI 의사결정이 본질적으로 편향되어 있다면 고용, 법률, 보건, 금융, 교육 등의 분야에서 많은 사람들이 위험에 처하게 된다. 의사결정에 결함이 있는 경우 인간에게 초래하는 결과는 심각할 수 있다.

이러한 편향이 AI에서 발생할 뿐 아니라 대규모로 확산되는 것은 위험하다. AI에서 다루는 데이터는 인간에 의해 수집되고 인종, 성적편향성을 갖는 잘못된 샘플링이 어루어졌을 가능성이 있다. 이러한 문제가 AI에 의해 악화되고 증폭되어 현실의 문제를 일으킬 수 있다.

데이터에 의해 발생한 편향은 인종, 연령, 성별, 사회경제적 지위 등에 관련되고 알고리즘을 통해 AI에 영향을 준다. 이러한 데이터와 알고리즘의 편향에 영향을 받지 않는, 가능한 많은 결함을 식별하여 차별을 방지하고 제거하며 최소화하는 것을 목표로 해야 한다.

AI가 편향을 감지하고 경고하여 문제를 표면화시키는 역할을 할 수 있다. 의사결정에 존재하는 편향을 인식시킴으로써 AI는 인간을 도울 수 있다. 인간의 뇌에서 편향을 없애는 훈련을 하기는 매우 어려운 반면, AI의 편향은 해결 가능한 문제이다.

알고리즘에 공정성을 도입하기 위한 많은 노력과 실천이 이루어지고 있다. 산출물이 편향되지 않도록 인종과 성별의 속성을 보호하는 방법이 개발되고 인간의 편향 이행을 최소화하기 위한 전처리, 후처리 기법이 사용된다. 예를 들어, 인종 차별적이라는 비난을 받았던 ProPublica COMPAS 교도소 재범 데이터 세트 등에 전처리 기법이 사용되고, 사후처리 기법을 이용하여 데이터를 식별, 축소, 제거하는 방법을 사용하여 공정성을 향상시켰다.

교육 분야에서의 유의점

교육 분야에서 AI를 다룰 때 윤리적 사항을 논의해야한다. 어쩌면 득보다 실이 더 많을 수도 있지만, 반드시 다루어야 할 필요가 있다.

닫힘성 : 너무 결정론적이다.

알고리즘의 시대에서 우리는 똑같은 뉴스피드를 보고 지금 가장 인기 있는 물건을 구매하고 차트의 음악을 듣고 베스트셀러 도서를 산다. 마치 거대한 비눗방울 안에 갇혀있는 것과 같다. 집단적 사고 안으로 우리를 밀어 넣고 있는 것은 우리 자신일 수 있다. 적응형 AI 기반 플랫폼이 개인에게 맞추어진 학습을 전달할 수 있지만 동시에 학습의 본질을 위축시킬 수 있다. 자율학습자가 되기 위해서 필요한 호기심과 비판적 사고 능력을 갖추어야 한다. AI가 이미 결정된 학습 경로 이외에 시야를 넓히고 맘껏 숨 쉬지 못한다면 비판적 사고능력을 잃을 수 있다. 물론, 수학과 과학과 같이 엄격하고 어려운 개념을 가르치고 오류를 진단할 때, 결정된 학습 경로는 진가를 발휘할 수 있다.

AI를 활용한 학습이 항상 좁고 결정된 경로만 제공하는 것은 아니다. 이 시스템은 많은 부분이 여전히 열려있다. 실제로 AI는 학습자에게 개방형 옵션을 제안한다. 학습 과정을 다공성 큐레이팅으로 원하는 만큼 자유롭게 제공할 수 있다. 온라인 학습 콘텐츠를 자동으로 만들어주는 도구를 사용하고 AI를 활용하여 추가 설명, 탐색에 대한 링크를 만들 수 있다. 학습자들이 무엇을 보고 어떤 결과를 얻었는지에 따라 웹에서 연관성이 높은 자료의 링크를 제공할 수 있다. 원래는 교수자가 해야 할 일이지만 AI를 통해 개인 맞춤형 자료를 즉각적으로 제공할 수 있다. 학습자가 무엇을 원하는지 추적하고 무엇을 생각하는지 예측하여 지식을 보충할 수 있도록 한다. 학습이란 학습활동을 지원하는 가르침과 도구를 주는 것이지 아무런 지원 없이 허우적거리도록 내버려 두는 것이 아니다.

수월성 : 쉬워도 너무 쉽다.

AI가 학습자의 삶을 너무 쉽게 만들어버려 학습자는 더 이상 노력하지도, 문제를 극복하려 하지도 않을 것이다. Bjork & Bjork(2011)의 '바람직한 어려움'은 교수자의 몇 마디 피드백으로 학습자의 포기와 실패를 방관하려는 것이 아니다. AI 기반 시스템은 학생 개별 수준에 맞는 난이도를 세분화하여 성취와 도전의 균형을 맞출 수 있다. 획일적인 학습보다 AI로 조절된 의도된 어려움이 학습자 개개인에게 효과적일 수 있다.

감시 : 지켜보고 있다.

상상해보자. 교실이 있고 나는 선생님이다. 모든 학생은 헤드셋을 착용하고 있고 앞에는 다양한 색깔의 조명이 번갈아가며 깜빡인다. 빨간색은 완전 집중, 노란색은 집중, 파란색은 차분함을 의미한다. 이것은 공상과학소설의 장면이 아니다. 이미 우리에게 일어난 일이며 학습과 윤리에 대해 온갖 의문을 제기했다(Ye, 2019). 우리가 느끼고 생각하는 것을 다른 사람이 알게 되는 것은 사생활의 죽음이다. 교사뿐 아니라 윤리적이지 않은 목적의 사람들에 의해서 우리의 의식을 면밀히 조사당할 수 있다. 이것은 열린 마음을 갖는 것과는 다른 것이다. 기술로 마음을 열어서는 안된다.

과적합 : 무엇이든 할 수 있다.

AI와 기계학습은 매우 빠르게 진보하고 있다. 하지만 이러한 시스템들이 우리가 기대하는 결과를 만들어내는 대신 '과잉학습'할 수 있다는 것을 인지해야 한다. 기술과 시스템이 모든 교육 분야의 문제에 즉각적으로 대처할 수 있다는 상상은 심각하게 낙관적이다. 오히려 교사와 학습자, 관리자를 지원하는 데 중요한 역할을 한다는 생각이 현실적일 것이다.

지구 최후의 날

AI를 디스토피아적 위협요소로 바라보는 것은 교육, 건강, 기후변화와 같은 인류의 주요 문제를 해결하는 대안이 될 수 없다. 대재앙은 새로운 것에서 초래되는 것이 아니다. 오랫동안 존재한 지구 종말 시나리오로서 Enlightenment Now (2018b)는 인구과잉, 자원 고갈, 기술에 대한 잘못된 믿음에 대한 공포를 예로 들었다. 또, 이라크가 보유하고 있다는 대량살상무기에 대한 잘못된 믿음이 초래한 대참사도 잘못된 미래 시나리오다(O'Neil, 2016).

Stephen Pinker(2018a)는 AI를 위험하다고 생각하는 것이 진정한 위험이며 실제 재난을 피하는 해결책이 되지 못한다고 주장한다. 심리학자로서 그는 위험에 대처하지 못하는 무능함, 모든 위험을 동일시하는 것 그리고 실제 위험 확률보다 낮게 평가함으로서 현재 직면한 어려움으로부터 우리의 관심을 멀어지게 할 수 있다고 설명한다. 우리는 현재 뉴스에서 자주 보는 것, 현대 시대정신이 주목하는 것에 관심을 가지고 비판적인 시각을 가져야 한다.

AI가 실존적 위험이 될 수 있다는 견해를 이 기술을 직접 개발하고 설계하는 우리가 무시해서는 안된다. AI 응용 프로그램을 테스트하고 제어하는 데 노력해야한다. 재앙적인 자율성은 인과적인 결과가 아니다(Pinker, 2010). AI는 인간이 초래한 인위적인 문제들과 동등한 위협이 될 수 없다. 인간의 불완전한 편향과 특성들이 우리에게 위험하지 않은 AI를 설계하도록 하였다. AI는 우리를 종말로 이끌지 않을 것이며 오히려 우리를 압박하는 여러 문제로부터 구해줄 수 있다.

From Bacteria to Bach and Back(Dennett, 2017)은 인간의 진화와 AI의 융합을 이야기한다. 우리는 실행 과정 전체를 이해하지 않아도 그 기술을 사용할 수 있다. 이미 우리보다 유능한 시스템을 신뢰하기도 한다.

텍스트, 이미지, 음악, 번역된 콘텐츠, 수학 등 대부분의 AI는 인간의 업적에 기생해왔다. Dennett은 강력한 AI, 마스터 알고리즘과 초지능형 에이전트에 대해 비판적이어야 한다고 주장한다. Alexa나 Google Home과 같이 일상에서 쉽게 접하는 챗봇과 장치를 의인화하여 기계 자체를 과대평가하는 경향으로부터 마음과 기계 사이의 경계를 주의해야 한다.

특히, 광고 및 마케팅 업계에서 제약회사의 과장과 부작용이 규제되는 것처럼 AI에 대한 윤리적 우려를 규제할 수 있다. 튜링 테스트를 변형한 상한 검정이 그

중 하나다. Dennett은 완벽한 투명성을 요구하지 않는다. Google Scholar와 Google 검색 등 어떤 원리로 작동하는지 모른다고 해서 그것을 사용하는 역량이 부족한 것은 아니다. 또, AI는 현재 교육의 한계를 극복할 수 있는 잠재력이 있다. AI와 파트너십 관계를 통해 자율성과 위험성을 주의한다면 현재의 문제 극복에 도움이 될 것이다.

소설 [은하수를 여행하는 히치하이커]에는 이런 구절이 있다.

> 태어날 때, 이미 세상에 존재하는 모든 것은 평범하다. 그때부터 30세 이전에 발명하는 모든 것은, 놀라울 정도로 창의적이며 흥미롭고 이것을 통해 경력을 만들 수 있다. 30세 이후에 발명하는 것은, 우리가 알고 있는 자연의 섭리와 문명의 종말에 반하는 것이다. 이것은 약 10년 동안 계속되다가 점차 나아질 것이다.

결론

AI는 우리 시대의 경이로움이다. 많은 호사가들이 극단적인 반응을 일으킬 정도로 흥미로운 주제이다. 유토피아적 또는 디스토피아적 환상에 빠져서는 안되며, 현실적이어야 한다고 해서 현실에 안주해야 한다는 뜻도 아니다. 우리는 이미 온라인 서비스를 개혁하고 공장을 자동화하여 고용에 심각한 영향을 미치는 AI의 힘을 보았다. AI에 대한 규제와 정치적 활동에 대해 늘 경계해야 한다.

핵, 생화학무기, 자율 무기 등 대부분의 기술이 그러하듯 AI에는 커다란 위험이 존재한다. 자동차 사고로 많은 사람들이 사망하지만 우리는 여전히 자동차 운전을 멈추지 않는다. 장점이 단점보다 클 때, 우리는 그 기술을 받아들인다. 기술이 점점 더 가상화되어가면서 위험을 발견하고 투쟁, 규제가 더 어려워질 수 있다. 기술은 항상 사회학보다 앞서고 정치인들과 정부는 그 속도와 결과를 이해하지 못한다. 한쪽 눈은 위험에, 다른 한쪽 눈은 그것이 주는 이익에 맞추어야 한다.

참고문헌

Adams, D (2002) The Salmon of Doubt: Hitchhiking the universe one last time, Vol 3, Random House, New York

Bjork, EL and Bjork, RA (2011) Making things hard on yourself, but in a good way: Creating desirable difficulties to enhance learning, Psychology and the Real World: Essays illustrating fundamental contributions to society, 2, pp 59-68

Dennett, DC (2017) From Bacteria to Bach and Back: The evolution of minds, WW Norton & Company, New York

Harari, YN (2016) Homo Deus: A brief history of tomorrow, Random House, London

Harris, JR (2011) The Nurture Assumption: Why children turn out the way they do, Simon & Schuster, New York

Johnson, CY (2015) One big myth about medicine: We know how drugs work, Washington Post. Available at https://www.washingtonpost.com/gdpr-consent/?destination=%2fnews%2fwonk%2fwp%2f2015%2f07%2f23%2fone-big-myth-about-medicine-we-know-how-drugs-work%2f%3f (archived at https:// perma.cc/G6YJ-RYLD)

Kahneman, D (2011) Thinking, Fast and Slow, Penguin, London

Noble, SU (2018) Algorithms of Oppression: How search engines reinforce racism, New York University Press, New York

O'Neil, C (2016) Weapons of Math Destruction: How big data increases inequality and threatens democracy, Broadway Books, New York

Pinker, S (2010) How is the internet changing the way you think?, Edge. Available at https://www.edge.org/response-detail/11247 (archived at https://perma.cc/ T5TK-7FPY)

Pinker, S (2018a) The dangers of worrying about doomsday, The Globe and Mail. Available at https://www.theglobeandmail.com/opinion/the-dangers-of-worrying-about-doomsday/article38062215/?utm_medium=Referrer:+Social+Network+/+ Media&utm_campaign=Shared+Web+Article+Links (archived at https:// perma.cc/5CTY-FJK7)

Pinker, S (2018b) Enlightenment Now: The case for reason, science, humanism, and progress, Penguin, London

Popper, K (2012) The Open Society and Its Enemies, Routledge, London

Ye, Y (2019) Brain－reading headsets trialled on 10,000 schoolchildren in China, New Scientist, 14 January. Available at https://www.newscientist.com/article/2190670－brain－reading－headsets－trialled－on－10000－schoolchildren－in－ china/ (archived at https://perma.cc/45Z2－9J67)

Chapter 18

고용

AI는 불완전고용이나 실업 등 사회와 고용 상황에 영향을 미치고 있고 더 좋게 혹은 더 나쁘게 변화시킬 가능성이 있다. 이 변화는 영원하고 확실하다. 교육과 훈련 분야의 전문가들은 AI에 관심을 가져야 한다. AI에 의해 일과 삶의 풍경이 달라지는 만큼 학습의 양상도 달라질 것이다. 이제, 직업과 일에 미치는 영향을 살펴볼 것이다. 우리는 인터넷이라 불리는 네트워크를 만들고, 그 네트워크는 AI에 의해 관리되고 있다. 이것은 다음과 같은 중요한 변화를 가져올 것이다.

기계는 노동자들을 들판에서 공장으로 이동하게 했고 로봇을 만들게 했다. 로봇은 공장에서 사무실과 서비스 분야로 이동하며 장기적이고 구조적인 변화를 만들고 블루 칼라 노동자의 불완전고용과 실업을 일으킨다. 교육과 훈련을 받은 노동자와 학교를 갓 졸업한 사람들이 할 수 있는 최소한의 일을 AI가 할 수 있게 되면서 화이트 칼라의 불완전고용과 실업이 시작될 수 있다. 이러한 경제적 변화는 교육 및 훈련 분야에 영향을 주어 도서관 사서와 훈련관 등 학습 전문가를 감소시킬 것에 의심의 여지가 없다.

1930년에 John Mayard Keynes(1930/2010)가 소개한 기술적 실업 개념은 AI가 도입되면서 더욱 쇄도했다. The Rise of the Robots(Ford, 2015), The Future of the Professions(Susskind and Susskind, 2015). Brynjolfsson과 McAfee의 The

Second Machine Age(2014)는 생산성(이윤)과 임금의 '위대한 디커플링'에 대해 이야기한다. 임금 침체는 정치적 혼란과 사회 불안을 초래한다. 우리는 불확실한 미래를 직면하고 있지만 일이 아니라 삶의 의미를 찾고 적응해야 미래를 맞이할 수 있다. 현재의 삶에 적응하고 의미를 찾을 수 있는 '학습'이 필수가 된다. 이것이 바로 AI가 학습에 필요한 이유이다.

직업의 47%가 자동화된다.

이것은 뉴스, 사설, 회의 발표 슬라이드의 머리기사로 자주 등장하는 인용이다. 2013년 Frey와 Osborne의 연구에서 처음 등장한 이 내용은 오직 미국에 해당하는 것으로 미국을 한정하여 이 정도의 직업이 사라질 위험에 처해있다고 설명하지만, 조금 더 들어가 보면 다소 추측성 주장이라는 것을 알 수 있다.

연구자들은 702개의 직무 유형을 분석하여 자동화되거나 없어질 것으로 판단한 70개의 직업을 AI를 사용하여 추려냈다. 그다음, 트레이닝된 데이터를 '분류자'로 활용하여 다른 632개의 직업이 자동화될 확률을 예측했다. 여기에서 이 주장의 약점을 찾을 수 있다. 첫째, 인간이 트레이닝한 데이터 세트 : 이 과정을 잘못 이해하면 AI에서 잘못된 결론에 이를 수 있다. 둘째, 분류자 : 이 과정 역시 주의가 필요하다. 주로 AI에 의해 자동화되는 연구는 신뢰할 수 있는 예측으로 볼 수 없다. 오히려 AI를 잘못 활용한 예시로 더 유용하게 사용된다. 유사한 다른 연구 및 보고서는 이 결과를 모방하고 있기 때문에 기본적인 결함을 갖고 있다. AI를 가장 활발하게 사용하는 미국은 지난 몇 년 동안 기록적인 수준의 고용 현황을 보이고 있다.

현재 직업의 47%가 자동화된다는 주장은 주의를 환기시킬 만큼 획기적이지만 다소 황당한 분석에서 도출된 것이다. 변화는 이런 식으로 일어나지 않는다. 다양한 직업적 상황과 문화가 자동화의 발목을 잡고 있다. 직장 내 인간 이외의 존재를 허락하지 않는 우리의 두려움이 있다. 자동차와 비행기는 이미 자율 운행할 수 있지만 수백 명의 승객을 태운 비행기가 무인 자동운항만으로 대서양을 횡단하기까지는 오랜 시간이 걸릴 것이다. 자율 주행 자동차가 도로를 가득 채우기까지는 시간이 더 걸릴 것이다. 음식을 테이블로 가져다주는 웨이터 로봇이 있지만 현실에서는 사람이 음식을 배달하기를 바란다. 의학 분야도 마찬가지다. AI가 의사를 대신할 가능성은 낮으며 방사선 촬영과 같은 업무 등 일부가 자동화되었을 뿐이다.

조직은 사람에 의해 성장하고 운영된다. 시스템, 프로세스, 예산 계획, 자금 조달 프로세스 등에 자동화를 도입하여 생산성을 높일 필요가 없다. 자동화를 하지 않음으로써 사람, 제품, 시스템을 보호하기도 한다. 대부분의 조직은 잘못된 예측, 난해한 절차, 경직된 문화의 특성을 가지고 있다. 막대한 시간과 비용을 절약할 수 있는 방법이 있어도 기존 관행을 고수하는 경향이 있다. 소설가 Upton Sinclair(1994)는 '그의 급여가 이해하지 못하는 어떤 일에 있을 때, 그 일을 이해시키기는 어렵다'고 표현한다.

'로봇'은 과장되었다. 대부분의 AI는 휴머노이드의 형태를 가질 필요가 없다. 로봇이 미용실에서 머리를 자르거나 레스토랑에서 음식을 나를 필요가 없다 (Walsh, 2018). 로봇은 이미 온라인 상태이며 우리 눈에 거의 띄지 않는다. 가정, 직장 등 로봇이 우리 주변에서 일하는 것은 우리의 상상에 의한 것이다.

AI는 바보같은 보조자이다. 일부 영역의 특정 작업에서는 믿을 수 없을 정도로 영리하지만 유연한 일반 작업을 하기에는 너무 어리석다. 저장소 선택하기, 포장, 자동차 도장 등 매우 제한적인 업무 이외에는 업무 전체가 자동화되어 사라지는 경우는 드물다. 일반 근로자가 여전히 AI를 앞지르기 때문에 대부분의 자동화는 부분적으로 이루어진다.

일자리의 자동화는 변수가 많은 복잡한 과정이다. 이 경우 휴리스틱을 사용하여 생각하면 도움이 된다. 다음과 같이 분류해보자.

인지 vs 매뉴얼
- 인지적 반복
- 인지적 비반복
- 매뉴얼 반복
- 매뉴얼 비반복

사실, 인지적인지 매뉴얼인지에 대한 구별도 상호배타적이지 않다. 지식, 계획, 문제 해결을 필요로 하지 않는 수동적인 작업은 거의 없다. 현실 세계는 이진법의 범주로 깔끔하게 분류되는 경우가 거의 없다. 그러나 예측 분석의 핵심에 위와 같은 휴리스틱이 도움이 될 수 있다.

직업은 부분적으로 자동화될 뿐, 전체가 사라지거나 완전 자동화되지는 않는다. 이 과정은 수 세기 동안 기술의 진보와 함께 진행되어 왔다. 승마장과 마부는 더 이상 존재하지 않지만 자동차 정비소와 택시 운전사가 있다. 식자공은 웹디자이너로 대체되었다. ATM은 은행 창구 직원의 성격을 변화시켰을 뿐 프로세스를 완전히 자동화한 것은 아니다. 실제로 직업 현장은 고객 서비스를 늘리고 인간적인 서비스로 전환되었다. 중요한 것은 '직업'이 자동화된다는 단순한 척도가 아니라 특정 작업, 역량, 기술 등 '활동'이 자동화된다는 것으로 이해해야 한다.

자동화는 투자비용이 통상적인 인력 고용보다 높다. 노동 공급이 많고 임금이 낮은 곳에서는 거의 발생하지 않는다. 인구가 증가하거나 이민을 통해 인건비가 낮은 곳에서는 이러한 혁신과 자동화가 낮게 나타난다. 또, 자동화를 늦추는 복잡한 경제적 의사결정 체계도 작용할 수 있다.

학생의 65%가 지금까지는 존재하지 않았던 일을 선택한다.

이것은 약 1,000여 개의 컨퍼런스 프레젠테이션의 시작을 장식한 인용문이다. World Economic Forum(2016) 보고서에 등장하지만 정확히 최초의 출처가 어디인지 알 수 없다.

실제 우리는 대부분 그동안 존재했던 일을 하고 있을 것이다. 다만, 계획하지 않았던 일이나 자동화를 통해 다소 형태가 바뀐 일을 할 뿐이다. 어떤 직업이 새로 만들어질지 상상하는 것보다 어떤 직업이나 활동이 자동화될지 예측하는 것이 더 쉽다. 정확한 통계는 제시하기 어렵지만, 어떤 분야는 고용이 줄어들 수 있지만 서비스 분야는 새로운 일자리가 많이 창출될 것이다.

최근 분석된 개념과 데이터를 사용하여 설명해보자. Mckinsey Global Institute에서 분석한 2017년 보고서에 따르면, 미국 노동 통계국과 O'Net의 데이터를 통해 800개의 직종에서 2,000개 이상의 직업 활동을 상세하게 분석하여 활동에 걸리는 시간과 이를 자동화하는 기술적 타당성을 정량화하였다. 여기에 Nesta가 구체적인 직무기술 분석을 더했다(Bakhshi et al., 2017).

앞선 헤드라인이 바뀌지는 않겠지만, 보다 상세하고 현실적인 분석을 통해 더 나은 예측을 할 수 있다. 중요한 것은, 교육 및 훈련 기관에서 누구에게 무엇을 가르쳐야 하는지 적용해볼 수 있다는 것이다. 변화가 가속화됨에 따라 교육과 훈련은 이에 더 민감하게 반응할 필요가 있다. 수요를 정확하게 예측하고 빠르게 조정하여 공급해야 한다. 변화는 어느 한순간에 시작되는 것이 아니라 우리의 주변에서 조금씩 조금씩 일어나고 있다. AI는 세계와 교육을 변하게 할 것이다. 하지만 그 변화는 우리가 생각하는 방식이 아닐 수 있다.

AI와 직업

AI는 직업을 소멸시킬 것이다. 적어도 경제학자들은 빅데이터를 근거로 이렇게 주장한다. 농업이 기계화로 사라졌듯이 서민들의 제조업 일자리는 로봇에게, 식자공은 워드프로세스 소프트웨어에 의해 사라진다. 하지만 보다 설득력 있는 미래는, 새로운 알고리즘 시대에 적응한 고부가가치 직업으로서 인간의 노동을 관리할 것이다. 특히, 전 세계적으로 부유한 나라들을 중심으로 관리자가 감소하고 중산층이 새로운 노동자 계층이 되는 현상이 뚜렷하게 나타나고 있다.

HR과 L&D 분야는 상대적으로 잠잠하다. 오늘날 AI를 다루는 리더십 강좌는 몇 개나 될까? 무슨 일이 벌어지는지 진지하게 연구하는 사람이 몇이나 될까? 진지한 토론과 준비 없이 가만히 앉아서 이 기적이 일어나길 바라는 것은 무책임하다. 지금 당장 이 이야기를 시작하는 것이 단기적으로나 장기적으로 AI에 현명하게 대처하는 방법이다.

Harvard Business Review에 실린 'AI가 경영을 어떻게 재정립 할 것인가?'라는 보고서를 보자(Kolbjornsrud et al., 2016). 14개국, 1,770명의 관리자를 대상으로 이들의 조직에서 디지털 전환을 담당하는 임원 37명을 인터뷰했다. 조사 결과 5가지 권장사항을 다음과 같이 요약할 수 있다.

> 조항 1. AI에게 관리를 맡겨라.
> 조항 2. 판단 작업에 집중하라.
> 조항 3. AI를 '동료'로 대하라.
> 조항 4. 디자이너처럼 일하라.
> 조항 5. 사교적 기술과 인적 네트워크를 개발하라.

때때로, 설문조사의 결과는 정말 중요한 것을 발견하지 못하게 하는 경향이 있다. 응답자들은 중요한 변화를 직면하는 사람들이기 때문에 질문에 보수적인 경향이 있다. 먼저, 앞선 5가지 조항을 살펴보자.

조항 1. AI에게 관리를 맡겨라.

관리자들은 행정 업무에 57%의 시간을 쓰는 것으로 나타났다. 모니터링, 스케줄링, 보고하기 등은 자동화 가능성이 높은 분야로 모두 AI를 통해 가속화될 것이다. 상대적으로 일상적이며 일반적인 업무인 것에 비해 기업에서는 최고의 비용을 지불하는 분야이기 때문에 효율과 생선성 향상을 위한 여지가 크다.

조항 2. 판단 작업에 집중하라.

조사 대상자들은 자신들의 분야가 AI의 손이 미치지 않는 영역이라 생각하는 것 같다. AI를 활용한 데이터 수집, 분석, 생산하는 활동은 최적의 판단을 내려야 하는 전문 지식 분야를 충분히 대신할 수 있다. 최적의 판단을 하는 것은 AI의 기본이다. The Future of the Professioins(Susskind and Susskind, 2015)에서 다양한 직업군에 활용할 수 있는 AI 판단 사례를 찾아볼 수 있다. AI가 더 발전하여 판단 영역을 확장하면 이 분야 또한 전환을 맞이할 것이다.

조항 3. AI를 '동료'로 대하라.

이 보고서는 앞으로 관리자의 수가 현저히 줄어들 것이라는 분명한 미래를 회피하고 있는 듯하다. 조사에 참여한 관리자 78%가 향후 비즈니스 의사결정 시, AI 시스템의 조언을 신뢰할 것이라 응답했다. AI가 '동료'라는 의인형 발상도 좀 이상하다. 우리의 직업 현장에서 AI를 인간형 로봇으로 만나게 될 것이라는 구시대적 발상이 아직 남아있는 듯하다. 우리는 엑셀을 동료로 보지 않는다. 그냥 기능적인 도구로 인식할 뿐이다.

조항 4. 디자이너처럼 일하라.

관리자들은 솔루션을 정의하고 구현하기 위해 고급 기술을 사용한다. 하지만 '창의성'이 그 해법일까? 경영 이론가나 교육학자들은 아이디어가 바닥날 때마다 '창의성'을 새로운 시대의 기술이라 말한다. 이것은 게으르고 막연한 생각을 정의하는 단어일 뿐이다. 중간 관리 업무의 공동화는 우리가 앞으로 고차원적 기술에 더 초점을 맞춰야 한다는 이야기다.

조항 5. 사교적 기술과 인적 네트워크를 개발하라.

AI는 사교적인 행동은 하지 않을 것이다. 관리자들은 바로 이 분야에서 더 많은 역량을 발휘해야 한다. 흥미로운 것은 기술과 AI를 사용하여 이 분야를 어떻게 더 발전시킬 수 있을까를 연구하는 것이다. AI가 주도하는 소셜미디어는 조직과 경영에 큰 영향을 주었다. 현대의 경영자는 이러한 목표를 달성하기 위해 AI를 활용할 줄 알아야 한다.

경영 데이터 관리와 연구

Forrester, Gartner와 같은 연구 기관들은 데이터를 기반으로 연구를 수행하고 결과를 가공하여 보고서를 발행한다. 이 정도 수준의 경영 컨설턴트 비즈니스는 위협을 받을 수밖에 없다. 또한, 이 기능은 외부에서 내부 조직으로 이동하고 있다. 현대의 관리자는 통찰력과 의사결정을 위한 데이터 수집, 관리 및 AI 기반 분석 도구를 관리할 수 있어야 한다. 이미, 기업들은 분석 작업의 대부분을 인도 및 기타 저임금 국가 등으로 이전하고 인간의 통찰력 부분은 데이터 중심 분석 소프트웨어(read AI)로 대체하여 직접 결과를 분석하고 있다.

재무

재무 분야는 단순 계산뿐 아니라 수식과 모형을 자동화한 스프레드시트 소프트웨어에 의해 혁신을 맞이하고 있다. 막대한 양의 금융거래가 AI가 이끄는 시스템을 통해 진행된다. 재무 모니터링, 프로세스(송장, 현금흐름, 비용), 보고 및 감사 업무는 AI가 훨씬 더 적합한 임무로, 인간 관리자의 필요성이 줄어들 것이다. 그렇다고 해서 AI를 활용한 데이터 수집, 분석, 보고서 작성을 지휘하는 관리자 한 명만 있으면 큰 파행을 불러올 수도 있다. AI 기반 회계 시스템이 감사를 준비하는 인간 관리자를 모니터링하고 데이터를 타고 유입되는 회계상 불일치 문제를 찾아내도록 해야 한다.

개인 비서

스마트 테크, 휴대폰, 클라우드 기반의 온라인 회의 서비스 등을 통해 가정에서 일하는 시간이 늘면서 전문 비서의 업무가 기술로 옮겨왔다. 타이핑을 전문으로 하는 사람들을 필두로 사무실 지원팀, 사무보조원이 있었고 지금은 개인 비서로 진화했다. Amazon Echo나 챗봇과 같이 다양한 인터페이스 형태의 개인 비서가 등장하여 관리자들의 주 업무인 회의 일정 수립, 여행 준비, 경비 집행을 도울 수 있다.

통신 및 커뮤니케이션

전신, 전화, 이메일, Skype, 메신저가 차례로 등장하며 기업의 업무 문화를 바꾸었다. 이러한 기술은 더 빠르고 싸게 이용할 수 있다. 의사소통의 핵심인 대화를 AI는 현실감 있게 실시간으로 전달할 수 있다. 음성 인식, 텍스트의 음성 변환 vs 음성 및 기계 번역은 이미 AI의 영향권이다. 이러한 기술 안에 AI를 활용하여 통신 효율은 물론 품질 개선 효과도 얻을 수 있다. 챗봇은 우리가 더 많이 사용할수록 기계학습을 통해 성능이 개선되고, 이메일 검사 프로그램은 첨부 문서를 깜박했거나 맞춤법을 틀렸을 때 알림을 준다.

마케팅

경영자들이 마케팅에 대해 뚜렷한 의견을 가지고 있지 않으면 기업을 혼란스럽게 하고 판매 부진으로 이어지며 기업의 미래를 막다른 골목으로 내몰 수 있다. 일부 학자들에 의해 폄하되는 경우도 있지만 만약, 우리가 사업을 하고 이를 성장시키려 한다면 마케팅이야말로 필수적인 경영 기술이라는 것을 알게 된다. 온라인 광고, 웹사이트, 소셜미디어 마케팅 등 AI 알고리즘으로 트렌드를 읽을 수 있다. 앞으로 이러한 추세는 당분간 계속될 것이다.

영업

판매 및 영업 관리는 항상 시험대 위에 올려져 있다. 주 타겟은 점점 온라인으로 옮겨가고 AI는 이러한 타겟팅과 전달에 뛰어나다. 어설프고 집중력이 떨어지는 판매 방식은 성공할 수 없다. 영업 전문가들이 AI 회사를 인수하여 AI 서비스

Einstein을 구축하는 등, AI를 사용하여 영업 능률을 높이는 사례가 많아질 것이다.

고객 서비스

콜센터는 AI 기반 서비스로 대체되고 터치스크린 방식의 키오스크는 주문받는 직원을 대신하고 있다. 온라인 구매가 늘어나고 Amazon이 AI 기반 추천을 사용하여 무엇을 할 수 있는지 보여주었다. 고객 서비스를 한다는 것은 다양한 기술의 옵션을 인식하고 해당하는 내용이 적합한지 확인하는 것을 의미한다. 앞으로 점점 더 고객 서비스가 기술 중심이 되고 AI는 지능적으로 대응하는 역할을 한다. 이 분야의 관리자는 이러한 추세를 거부할 수 없을 것이다.

법무

계약서를 다루는 것은 힘들고 까다로운 일이다. 법적인 절차보다 더 느리고 구식인 것도 없다. 계약 내용을 협의할 때, AI 기반 문서 분석을 통해 서로의 이견을 파악하고 조율하도록 도울 수 있다. 이러한 서비스는 이미 사용 중이며 앞으로 더 확대될 것이다. 기업 내 관리자들에게는 좋은 소식이지만 변호사들에게는 나쁜 소식이 될 수도 있다.

인사

이따금 직원들을 대상으로 한 설문조사를 실시하고 무미건조한 규정 준수 교육을 진행하는 수준의 업무를 한다면 인사 부서는 유지될 수 없다. AI를 도입함으로써 이러한 업무는 간소화되고 효율적으로 진행될 것이다. 인사 담당자는 줄어드는 직원 수를 고려하고, 데이터와 AI에 더욱 집중해야 한다.

채용

채용분야는 이미 알고리즘에 의한 검색, 선택, 매칭의 영향을 받고 있다. LinkedIn은 2014년 Bright를 1억 2,000만 달러에 인수하면서 채용 서비스를 확대하여 매출을 끌어올리려는 전략을 분명히 하였다. 기존의 HR 및 임원 중심의 채용 과정이 보다 능률적이며 자동화된 온라인으로 서서히 이동하는 것을 알 수 있다. 이 분야는 특히 비용을 절감하고 자동화에 매우 적합한 영역이다.

AI와 교육 분야 직업

도서관의 사서, 교사, 강사, 트레이너들 또한 다른 화이트 칼라 직종과 같이 기술에 의해 소멸할까? 이미 현실에서 증명되고 있는 이 현상 안에는 조금 복잡한 공식이 있다.

'기술적 실업'은 기술에 의해 일자리가 감소되는 경제적 전망을 묘사하기 위해 Keynes가 도입한 용어로 이 문제에 대한 논쟁이 수 세기 동안 계속되었다.

최근 일자리 감소의 상당수는 기술과 AI의 영향에서 비롯된다. 하지만 학계는 이러한 현상에서 비교적 자유롭다고 설명한다. 그들이 말하는 '배운다'라는 것이 무엇인지 잘 모르겠지만 학교, 대학 등 제도적인 관점으로 '학문의 세계'를 보는 경향이 있다. 이것은 지극히 일부에 지나지 않는다. 대부분의 학습은 이러한 기관의 밖에서, 비제도적 맥락에서, 직장과 가정 등 비공식적으로 이루어진다. 이러한 '배움'의 세계를 폭넓게 정의하고 모든 형태의 인지적 개선을 포함시킨다면 도서관, 서점, 온라인 서점, TV, 신문, 온라인 및 소셜미디어 등 모든 것이 배움의 재료가 될 수 있다. 이처럼 넓은 시각에서 볼 때 학습에서 인간의 구성요소를 기술이 대체할 수 있는 영역은 아주 많다.

기술은 항상 지식을 민주화하고 분배하는 데에 앞장서 왔다. 글쓰기의 발명의 역사에서 알파벳, 종이, 인쇄술 등 지식 전달의 바탕에는 항상 기술의 발전이 있었다. 구전으로부터 지식을 해방시킴으로써 인간의 인지를 확장시키고 수천 년 동안 다른 생명체를 지배할 수 있었다. 전신, 전화, 라디오, 영화, TV, 인터넷을 통해 지식의 개방적 접근이 가능해졌다.

Google은 검색과 접근 권한을 주었고 Wikipedia는 콘텐츠를 제공하고 출판업은 자리를 잃었다. 거대한 백과사전 분야는 사장되고 도서관 사서는 쓸모없는 직업이 되었다. 도서관과 서점을 중심으로 독서량이 감소하는 것은 온라인으로 접근하는 지식의 양이 증가하는 것과 연관이 있다. 휴대폰이나 컴퓨터로 계속해서 읽고 쓰는 젊은이들은 또다른 르네상스를 일으키고 있다. 컴퓨터와 온라인 접속의 증가와 함께 1990년 이후 미국 도서관 사서직의 1/3이 감소하였다. 온라인 기술에 의해 사라지는 것은 고소득 고학력 직업도 예외는 아니다. 세계적 기업에 수십만 명의 직원이 있는 것과 달리 Google은 단 만여 명의 직원이 있을 뿐이다.

YouTube 또한 실질적 일자리 감소에 영향을 주었다. DIY, 자동차 수리 등 간단한 배우는 영상은 YouTube를 검색하면 간단히 알 수 있다. 휴대폰이나 태블릿을 이용해 사용설명서를 작업대 바로 옆에서 불러올 수 있다. 과거, 연수원에서 몇 달씩 걸리던 조직 학습 프로그램이 사라졌다. 활동하는 강사와 학습조직도 급격히 감소했다. 온라인 학습, 시뮬레이션, 블렌디드 러닝, 거꾸로 교실, LXP와 LRS로 인해 전통적인 교실은 설 자리를 잃고 이와 관련한 일자리도 사라지고 있다. 전 세계 기업 이러닝 시장은 수백억에 달하며 연간 가파른 성장세를 보이고 있다. 일자리는 계속 감소할 것이다. 고등교육을 겨냥한 온라인 강의도 증가세다. 온라인 솔루션이 교육과정의 일부에 적용될 수 있는 곳은 일자리가 위험하다.

MOOC의 등장은 학생 1인당 교사의 수에 영향을 준다. AI와 적응형 학습을 통해 하이브리드 기술 강화 교육 모형, 자율 학습 모형 등은 교육의 구성요소를 하나 둘 잠식해 가고 있다.

학생을 가르치는 것 이상의 역할을 하는 학교는 큰 영향을 받을 것 같지 않지만, 시간표 작성, 수업 계획 등 학교 행정에 AI가 적용되어 자동화됨으로써 업무량을 줄이는 데 크게 일조할 것이다. 평가와 첨삭 등 교사를 보조하는 역할을 하고 온라인으로 학생 개인에게 잘 맞는 학습 내용을 전달한다.

어떤 종류의 학습을 할 때, AI가 교사보다 더 도움이 될까? 강의, 해설과 같은 단순 지식 전달 업무가 가장 위태롭다. 교사가 AI보다 더 잘 하는 것은 무엇일까? 어린 학습자를 가르치는 것, 실무 능력, 높은 수준의 강의, 온라인 튜터링은 기술로 쉽게 대체되지 않을 수 있다.

교육 분야에 종사하는 사람들이 돈을 많이 벌 수 있는 일은 무엇일까? 온라인 교육 시장이 커감에 따라 온라인 강좌와 튜터링, 학습 설계를 생각해 볼 수 있다. 어떻게 사람들이 이 일에 참여하도록 가르칠 수 있을까? 디지털 전환을 앞당기고 소셜미디어 사용, 온라인 튜터링 탐색, 웹 세미나 개최뿐 아니라 MOOC 강좌를 등록하고 블렌디드 러닝을 계획한다.

차를 한 대도 소유하지 않은 Uber가 성공하고, 호텔을 소유하지 않고도 AirBnB가 성공한다. 교육 분야에서도 소수의 교육 전문가들에 의한 글로벌 수준의 탈중개화 프로세스를 보게 될 것이다.

불완전고용과 실업

직업 시장에 영향을 주지 않는 선에서 기술의 발전이 사람들에게 이득을 주는 경우는 저렴한 가격, 새로운 제품 그리고 생산성의 향상이다. 그리고 임금 인상, 기술 관련 새로운 일자리 및 투자 증대가 이루어진다. 하지만 단점과 불평등은 어디에나 있으며 AI와 함께라면 이것도 가속화될 수 있다. 산업 시대에는 기계가 인간의 노동을 대신한다는 낙관적인 전망을 하였다면, 이제는 블루 칼라, 화이트 칼라의 노동을 가리지 않고 닥치는 대로 차지하는 기술은 더 이상 낙관적이지 않다. 로봇이 공장의 일자리를 빼앗고 농기계가 농업의 일자리를 빼앗은 것처럼, AI가 고소득 전문직 일자리를 빼앗을 수 있다는 새로운 우려가 등장했다. 우리는 기술 혁신이 야기한 장기적이고 구조적인 실업이 불가피한 상황에 놓여있다.

한편, 기술이 전반적인 고용의 지형도에 실질적인 영향을 미치지 않을 것이라는 의견도 있다. 도서관의 사서나 고전적인 출판 인쇄업처럼 직업의 피라미드 바탕과는 별개로 교육 분야에 도입되는 기술은 기존의 업무를 보조하거나 점진적인 교체의 특성이 있다. 우리에게 필요한 능력을 정확하게 예측하지 못한다면 이러한 변화에도 뒤처질 수 있다. 이 문제를 해결하기 위한 방법으로 교육을 제공하여 일자리를 창출하는 것을 생각할 수 있다.

하지만 기술 혁신과 고용을 교육 하나만으로 해결하는 시도는 신중해야 한다. 모든 경제학자들이 고등교육에 대한 지출 증가가 고용 증가로 이어진다는 데 동의하지는 않는다. 중세 대학이 있었던 옛 남부 유럽이 그랬고 현재의 대학원 실업률이 이것을 뒷받침한다.

Paul Krugman(2012)은 교육이 더 이상 해결책이 아니라고 주장하는 사람이다. 똑똑한 사람들이 일자리를 유지하고 육체 노동자들이 일자리를 잃는 '머리'와 '손'의 단순한 문제가 아니다. 그 반대일 수도 있다. Alan Blinder(2007)는 저임금 수작업보다 고임금 사무직의 일자리가 더 위험한 시대라고 주장한다. 모든 사람들이 값비싼 고등교육을 받으며 한 걸음 한 걸음 내딛는 것이 기술 실업의 해답이 아니다. 오히려 학자금 부채는 개인의 성장을 저해하고 문제를 악화시키는 해악일 수 있다.

밀레니엄 세대가 고용시장에 진입한 2000~2016년 Economic Policy Forum의 한 분석에 따르면 1970년까지 거슬러 올라가는 임금 정체기의 긴 흐름에서 살펴보았을 때 노동자의 연소득은 '이득이 없다'는 것을 발견했다(Gould and Wilson, 2017). 같은 기간 교육적 노력과 성취도는 높아졌지만 임금에서의 혜택은 명확하지 않았다. The Case Against Education(2018)의 경제학자 Bryan Caplan 은 고등교육의 80%만이 고용 가능하다고 보고 있다. 이것은 엄청난 돈과 자원의 낭비이다.

AI는 수백만 개의 일자리를 삼켜버리는 심각한 위협이다. 2006년과 지금, 시가총액 기준 상위 기업들은 막대한 현금 보유에도 불구하고 고용은 줄고 동시에 일자리를 파괴하고 있다. Amazon은 대부분 저임금 창고 관리 및 배달 직원들로만 수십만 명을 고용하고 있다. 자동화가 진행되면서 중산층의 공동화가 이루어지고 창고 관리 직원은 로봇으로, 배달 직원은 드론으로 대체될 것이다.

일자리가 줄어들고 직장에서 일하는 시간을 줄일 수밖에 없다면 우리는 정치적 결정에 주의를 돌릴 필요가 있다. 이제는 도덕적이고 정치적인 문제이며 최저임금이 해답이 될 것이라 알려져 있다. 생활을 계속 영위하려 하고 생산적인 사람이 되고자 하는 열망은 강력한 문화의 힘이다. 성장과 개발에 대한 인간의 실제적이며 개인적인 욕구도 충족될 수 있다.

더 가능성이 높은 해답은 AI가 보급된 스마트 경제에서 더 다양한 일을 하도록 사람들을 교육하고 훈련하는 것이다. 만약 우리가 고전적인 교육 개념을 고수한다면 고비용의 '선생님'에 의해 제공되는 학습은 난관을 겪을 것이다.

일부의 사람들은 기계가 세계 경제를 자동화시키고 자극시킨 나머지 산업혁명과 농업혁명 이전의 상태로 인간이 회귀할 가능성이 있다고 생각한다. 땅을 마련하고 씨를 뿌리고 기다렸다가 수확하던 시대 말이다. 그 시기에는 식량이 적은 긴 겨울을 준비해야 하기 때문에 해야 할 일은 많고 여가 시간은 적을 수밖에 없었다.

기술 시대에는 통신 기술이 오락과 교육을 동시에 제공한다. 로봇 공학에서와 마찬가지로 교육비를 절감할 수 있기 때문에 개발도상국을 포함한 인류 모두가 혜택을 받을 수 있다.

최근의 불행한 사건들을 통해 미래를 걱정하는 것은 당연하다. 미국의 Trump 전 대통령은 사람들이 두려워하는 것이 무엇인지 보여주었다. 한때 누렸던 고용과 이권이 있는 삶을 잃어버리는 것은 공포다. 과거 번영하였던 남부 유럽 국가들은 대규모 실업률에 허덕이고 있다. 빚에 쫓기는 졸업생들은 예상한 조건의 직업을 찾기 위해 애쓰고 있다. 선진국에서는 실업이 증가하고 이주와 이민이 크게 줄었다. 기후변화는 이 모든 것을 악화시킬 것이다.

여기서 다른 가능성을 적극적으로 모색하려 하지 않고 기술을 비관하거나 무조건적으로 옹호하는 태도로 대응해서는 안된다. 컵에 물이 절반밖에 차 있지 않거나 절반이나 차 있다가 아니라 현실적으로 인간의 필요를 중심으로 미래를 창조해야 한다. 기술은 농작물의 파종부터 수확, 공장의 반복적 작업, 사무실의 고된 업무에서 우리를 자유롭게 해주었다. 우리의 몸이 수동적인 작업에서 자유롭게 된 것과 같이, AI를 통해 우리의 정신을 마비시키는 인지 작업으로부터 해방시킬 수도 있지 않을까?

우리의 신체는 AI의 도움으로 진단과 치료를 받아 노년까지 건강하게 유지할 수 있다. 교육이 자율성, 호기심, 개방적인 정신을 가꾸는 것이라면 평생학습을 통해 가능성을 찾을 수 있다. 배움은 시간이 걸리는 것으로 학교와 기관, 기업의 훈련 과정에서 성급하게 채우기보다 시간, 장소, 비용의 제약에서 좀 더 여유로운 학습이 가능하다면 더욱 좋을 것이다.

결론

가르치는 것은 목적(학습)을 위한 수단이다. 이 과정을 AI를 통해 더 빠르고 값싸고 더 좋게 만들 수 있다면 우리는 그 기회를 잡아야 한다. 만약, 우리가 직업이 없거나 더 많은 여가 시간을 갖거나 새로운 훈련을 받아야 하는 미래를 맞이한다면, AI는 그 해답이 될 수 있다.

참고문헌

Bakhshi, H, Downing, J, Osborne, M and Schneider, P (2017) The Future of Skills: Employment in 2030, Pearson and Nesta, London

Blinder, AS (2007) Offshoring: Big deal, or business as usual?, Center for Economic Policy Studies, Princeton University, Princeton, NJ

Brynjolfsson, E and McAfee, A (2014) The Second Machine Age: Work, progress, and prosperity in a time of brilliant technologies, WW Norton & Company, New York

Caplan, B (2018) The Case Against Education: Why the education system is a waste of time and money, Princeton University Press, Princeton, NJ

Ford, M (2015) The Rise of the Robots: Technology and the threat of mass unemployment, Oneworld Publications, New York

Frey, CB and Osborne, M (2013) The Future of Employment: How susceptible are jobs to computerisation?, The Oxford Martin Programme on Technology and Employment, Oxford

Gould, E and Wilson, V (2017) Little to gain in median annual earnings in the 2000s, while significant wage gap remains, Working Economics Blog, 15 September. Available at https://www.epi.org/blog/little−to−no−gain−in−median− annual− earnings−in−the−2000s−while−significant−wage−gaps−remain/ (archived at https://perma.cc/45Z2−9J67) (archived at https://perma.cc/ P85U−86EZ)

Keynes, JM (1930/2010) Economic possibilities for our grandchildren, in Essays in Persuasion, pp 321-332, Palgrave Macmillan, London

Kolbjørnsrud, V, Amico, R and Thomas, RJ (2016) How artificial intelligence will redefine management, Harvard Business Review, 2 November

Krugman, P (2012) The conscience of a liberal, New York Times. Available at https://krugman.blogs.nytimes.com/2012/03/30/we−dont−need−no−educat ion/ (archived at https://perma.cc/9JTP−8Q37)

Marx, K and Engels, F (1867/1883) Das Kapital: A critique of political economy

McKinsey Global Institute (2017) A Future that Works: Automation, employment, and productivity, Executive Summary, McKinsey Global Institute, New York. Available at https://www.mckinsey.com/~/media/mckinsey/featured%20insights/ Digital%20Disruption/Harnessing%20automation%20for%20a%20future%20that %20works/MGI−A−future−that−works−Executive−summary.ashx (archived at https://perma.cc/LFE8−36V9)

Sinclair, U (1994) I, Candidate for Governor: And how I got licked. University of California Press, Berkeley, CA

Susskind, RE and Susskind, D (2015) The Future of the Professions: How technology will transform the work of human experts, Oxford University Press, New York

Walsh, T (2018) Machines that Think: The future of artificial intelligence, Prometheus Books, Buffalo, NY

World Economic Forum (2016) The future of jobs and skills, in The Future of Jobs Report. Available at http://reports.weforum.org/future−of−jobs−2016/chapter−1−the−future−of−jobs−and−skills/ (archived at https://perma.cc/C7ZM−4QP2)

Chapter 19

마지막 미개척지

　'학습'은 복잡한 과정이다. 학습한 인간은 지구 전체를 정복할 수 있었다. 우리는 진화의 과정에서 처음으로 '학습하는' 기계를 만들었다.

　Tegmark는 Future of Life Institute의 대표로 저서 Life 3.0(2017)에서 다음과 같이 정의했다.

> Life 1.0 단세포 및 다세포 유기체로서의 삶
> Life 2.0 학습하는 동물로서의 삶
> Life 3.0 기계도 배울 수 있는 시대의 삶

　세 번째 단계는 인간이 진화하여 지상에 얽매인 삶을 초월할 수 있도록 허락한다. 이 과정의 중심에는 '학습'이 있다. 미래를 준비하는 우리는 마음과 기술의 관계를 재정의해야 한다.

　생각하는 것보다 마음과 기술이 가깝다는 것을 이해하기 위해서 마음의 개념을 확장시키는 몇 가지 이론이 등장했다. Margaret Boden의 Mind as Machine(2006)은 마치 펜과 키보드와 같이 인지기술과 도구는 생각하기에 있어 기본적인 요소로, 이것은 사고과정의 일부라고 설명한다. 기술을 매우 밀접하게 생각하기 때문에 문자 그대로 기술은 마음의 일부가 된다. 이러한 기술이 실제로 뇌 속에 존재한다면 이것을 사고과정의 일부로 받아들일 것이다.

기술을 배우는 것이 확장된 인지처럼 느껴지게 한다는 주장은 매우 흥미롭다. 우리는 간단한 쓰기 도구에서 시작해서 컴퓨터로 발전해왔다. 스마트폰과 일상에 있는 스마트 기기들을 외부 기술로 생각하지 않고 지식 등 사회적 능력을 확장시켜주는 것으로 느낀다. 사물 인터넷과 개인 음성 비서, 우리 주변에 구석 구석 존재하는 센서들은 인간의 인지를 확산시켜준다.

이러한 현상은 우리가 배워야 할 지식과 기술을 변화시킨다. 런던의 택시 기사들은 The Knowledge라고 불리는 런던의 도로에 대해 배우고 아주 어려운 시험도 통과해야 했다. 이제 GPS가 있으면 이러한 지식은 기계 속에 두고 AI가 생성하는 최적의 경로를 따라가면 된다. 택시 기사들은 도로를 외우는 것이 아니라 고객을 상대하고 애플리케이션을 이용하고 화면 위에 보이는 역동적인 경로를 읽고 그리고 몇 가지 비즈니스 기술을 보유하는 것이 필요하다.

미래의 학습 방법의 본질을 바꾸어버리는 놀라운 기술이 등장할 수도 있다. 우리는 어느 정도는 이미 인지적인 사이보그다. AI를 지원하는 스마트폰을 이용하여 끝없는 지식의 자원에 접근할 수 있다. 지금까지 학습에 대한 속도는 기하급수적으로 증가했지만 학습 보존의 속도는 그렇지 않다. 이것을 가속 학습이라 한다.

컴퓨터, 태블릿, 스마트폰을 넘어 VR, AR, 신경 기술 등 AI와 결합한 새로운 기술은 가속 학습의 새로운 장을 열고 있다. 장애를 가진 사람을 돕고 뇌와 신체가 직접 의사소통하고 마음과 기계가 마찰 없는 강력한 학습경험을 만들어낸다.

이것은 단지 학습을 가속화하는 것 이상의 시사점을 갖고 있다. 인간이 하나의 종으로 존재하는 것의 근본적인 변화이다. 마음과 기계가 융합되는 방향으로 나아가는 변화 중에서도 학습에 집중해보자.

다음의 두 방향의 이동을 살펴보자.

몰입 : 부분 AR과 전체 VR
뉴로테크 : 비침습적과 침습적

첫째, AR 또는 VR에 몰입하는 것은 개인적인 스마트한 경험이 강렬하고도 섬세한 방법으로 학습 내용을 전달하는 것이다. 특히, 실습, 직업 훈련을 위한 학습에서 가속 학습을 이끌어낼 수 있다.

둘째, 뉴로테크는 학습을 더 깊이, 더 오래 지속할 수 있게 한다. 최적의 학습 전략을 둘러싼 과학의 발전은 AI를 이용하여 학습 중추에 직접 작용한다. 이러한 마음과 기술의 순환은 모든 사람들에게 더 나은 학습경험을 제공함으로써 가속 학습을 실현한다.

AI, AR 그리고 VR

우리가 살고 있는 세계는 3D이지만 많은 학습은 1D의 쓰기로 이루어진다. 우리는 다양한 미디어를 혼합하며 발전했다. 신문, 라디오, 영화, TV, 인터넷 등은 2D다. 책, 칠판, 화이트보드, 컴퓨터의 스크린, 태블릿과 휴대폰 모두 2D다. 한편 AR과 VR은 세계를 3D 상태 그대로 보여준다. 우리가 살아가고 일하는 것은 3D 환경이고 3D의 사람이 3D의 사물을 다룬다. 이것이 3D 학습이 중요한 이유이다.

이전의 미디어는 세계를 우리의 의식에 소개하는 방식이지만 VR은 미디어가 바로 의식이다. 이것은 근본적인 변화를 의미한다. VR은 장난감이나 오락거리가 아니라 전혀 다른 학습의 세계를 구현하는 방법이다. 학습의 대상이 되는 세계, 보고, 듣고, 움직일 수 있는 세계가 거기에 있다. 완전한 3D는 우리가 완벽하게 '그곳'에 있다고 믿게 한다. '나 여기에 있어!' 우주에서 뉴턴의 법칙을 배우고, 심해에서 생물을 관찰하고 분자의 크기로 작아진 상태에서 화학 반응을 경험한다. 생물의 서식지에 구애받지 않고 생물학을 배우고 연구실의 규모와 장비의 제약 없이, 지형적 한계, 역사적 시간에 상관없이 언어적 몰입을 느낄 수도 있다. 또한 스포츠와 직업 훈련, 디자인 및 공학 기술을 실제 연습할 수 있다. 우리를 불가능한 세계로 데려가기도 하고 불가능한 일을 할 수 있게 한다.

AR과 VR은 상호작용을 구현하는 과정에서 AI를 활용하고 있다. 렌더링 이미지의 지연, 가속, 선택적 지정과 전송, 압축과 압축 해제 등 최적화 알고리즘을 사용한다. 스마트 알고리즘과 딥러닝을 통해 AR과 VR이 현장에 적합한 신뢰성과 속도를 갖게 한다.

VR의 학습 과정에서 AI의 장점을 사용할 수 있다. AI 기반 시뮬레이션은 학습자가 학습을 진행하면서 다양한 환경과 행동 옵션을 선택할 수 있다. 이것은 고성능 컴퓨터 게임에서 사용되는 고급 시뮬레이션 기술과 같다. AI에 의해 움직이는 캐릭터로 직장 동료, 상사, 고객 등을 설정하여 모의 교육과정에 널리 사용할 수 있다. AR 또는 VR 기반 훈련에서 기계학습 기반의 AI 튜터를 활용하여 학습자의 의사결정 능력을 향상시킬 수 있다. 군사, 스포츠뿐 아니라 일반 비즈니스 상황의 의사결정 모형을 경험할 수 있다. 자전거를 타는 사람이 AI가 적용된 헤드셋을 착용하고 도로의 위험을 감지하도록 도울 수 있다.

VR은 장치, 기기가 아니라 매체이다. 이것은 교육과 훈련에 얼마나 적합할까? 학습심리학 관점에서 VR을 살펴보자.

- 집중
- 감정
- 몰입
- 행동
- 전이
- 회상

VR은 이전에 전혀 경험하지 못한 방식으로 학습 상황에 집중할 수 있게 하고 완전히 감정적으로 몰입할 수 있다. 학습 과제에 몰입함으로써 높은 수준의 전이와 유지가 가능하다.

비행과 군사 시뮬레이션은 그 증거이다(Tullis, 2019). 조종사가 비행 시뮬레이션 훈련을 충분히 하지 않았다면 우리는 그 비행기에 오르려 하지 않을 것이다. VR 학습은 효과적인 학습 원칙을 따르고 있기 때문에 그 효과를 더 기대할 수 있다.

AI, AR, VR의 기술은 융합, 즉 센서, 소프트웨어, 스크린의 결합이 학습의 주의 집중, 동기부여, 실천 학습, 맥락, 전송, 보존 등에 혁명을 촉진할 수 있다.

뉴로테크

마음과 기계 사이의 마지막 개척지는 침습적 또는 비침습적 학습이다. 인간이 어떻게 배우고 학습을 가속화하는지 이해하여 신경 인터페이스를 연구하고 있다. 이것은 인간이라는 종의 미래를 바꿀 수도 있다.

학습은 아주 좁은 틈으로 코끼리를 통과시키는 것과 같다. '악명 높은 교육학적 병목현상'(Dennett, 2017)이라고 불리는 학습 중단 현상은 작업 메모리, 잊기, 부주의함, 산만함, 간섭, 조잡한 인터페이스, 업로드 및 다운로드 네트워크 불가에서 비롯된다. 우리의 마음은 수많은 감각과 정보 중 극히 일부만 다룰 수 있기 때문에 학습은 인간의 마음에 의해 많은 제약을 받는다. 신경 인터페이스는 이러한 답답함으로부터 우리를 해방시킬 수 있다.

뇌가 스스로 더 발전하려고 한다는 것이 놀랍지 않은가? 마음과 기계가 마찰 없이 움직이며 우리의 정신을 더 강력하고 효율적으로 만들 수 있다는 것은 획기적인 일이다. 이런 이야기를 들어도 많은 사람들은 이 엄청난 가능성을 알아차리지 못하고 무시해버린다. 이미 인간 인지 강화 실험은 동물 및 임상 연구가 진행되고 있는데도 말이다.

비침습적 기술

Mark Zuckerberg는 '음성 인식(speech to text)'을 목표로 하는 비침습적 장치를 만들기 위한 최강의 팀을 구성했다(Cohen, 2019). 이 최강의 팀은 뇌에서 형성하는 단어를 식별하기 위해 이미징 기법을 사용한다.

문장을 하나 읽어보자. 속으로 조용하게. 사투리가 섞인 억양이나 듣기 싫은 목소리로도 읽어보자. 뇌는 소리내지 않고 조용하게 연습하는 기능을 가지고 있다. 음운론적 고리를 사용하면 손가락을 이용한 타이핑이나 실제 발화를 거치지 않고도 분당 100단어의 속도로 받아쓸 수 있다.

Braintree의 설립자인 Bryan Johnson은 읽고 쓰는 기술을 연구하는 기업 Kernel에 1억 달러를 투자했다(Mannes, 2016). Kernel은 치매, 알츠하이머, 간질 등과 같은 심각한 의학적 상태에 주목하고 있다. Theodore Berger가 수십 년간 쥐를 대상으로 연구한 신경 보철 기술은 이미 임상 환자에게 사용되고 있다. 뇌가 더 빨리 학습하게 하거나 기억을 발달시키는 알고리즘도 개발되고 있다. 이것은 질병의 치료뿐 아니라 교육과 훈련 분야에도 적용될 수 있다.

비침습적 기술은 학습을 향상시킬 수 있을까? 가능하다. 이 획기적인 연구를 진행하는 단체는 '학습, 기억, 기술의 습득 가속화'를 위한 비침습적 시스템을 구축하였다(Ketz et al., 2018). 수면 중 전기적 자극을 주면 특정 기술의 망각을 48%까지 감소시킬 수 있다. 낮은 진동수의 주파수와 위상을 추적하여 일치시키면 새로운 지식을 통합하는 데 도움을 줄 수 있다. 이러한 기술은 정보의 보존력을 향상시키고 새로운 상황에 적응하는 능력을 높일 수 있다.

교육과 훈련은 비용도 많이 들고 매우 지루하고 장황한 사업이다. 사람들은 20년 가까이 교실에서 학습하고 훈련을 받는다. 직장에서 직접 부딪치며 한 번만 배우면 되는 것을 매우 길고 간접적으로 훈련받고 있다고 생각하지 않는가? 만약 의학적인 치료법을 적용한다면 학습을 강화하는 방향으로 사용할 수도 있다.

침습적 기술

DARPA 등의 연구소는 곤충, 쥐, 상어 심지어 인간의 이식에 관한 다소 생소한 연구를 하고 있다(Hampson et al., 2018). 인간은 신경자극제를 파킨슨 병이나 간질과 같은 신경 질환의 증상을 치료하기 위해 오랫동안 연구해왔다.

BrainGate(2019)는 마이크로 전극을 뇌에 이식하는 분야의 선구자로 팔과 다리를 이동시키는 신호를 '해독'할 수 있다. 또 의사들이 신경 질환을 진단하고 치료하기 위해 뇌 활동을 감시하는 무선 장치도 개발하고 있다. Paradromics는 심장과 기계 사이에 모뎀 역할을 하는 이식형 칩을 생산하는 기업으로 의료분야에 많은 연구를 하고 있다.

Neuralink(2019)는 유연한 실과 신경 연결을 배열하여 조직의 손상 없이 뇌에 삽입하는 기술을 개발했고, 이 작은 실을 자동으로 삽입하는 로봇을 개발했다. 이것이 상용화되면 우리의 팔과 다리, 음성 제어와 신경계 조절에 성공할 수 있을 것이다. 또, Elon Musk의 BMI(Brain Machine Interface)는 저대역폭의 휴먼 인터페이스에서 고대역폭 통신을 가능하게 하려는 것에서 문제가 있지만 뇌에 있는 작은 밀리미터 크기의 장치인 '신경 먼지' 연구를 통해 더 깨끗하고 유의미한 데이터를 제공할 수 있을 것이다. 이 연구는 달팽이관 이식술 등 실험적인 치료 연구에 사용될 수도 있다.

침습적 기술 분야는 헤드기어, 신경 연결 및 이식과 같은 하드웨어에 관심이 집중되어 있지만 실제 가장 큰 이슈는 소프트웨어다. 뇌로부터 받은 데이터를 해석하는 알고리즘을 개발하고 다시 뇌로 돌려보내는 데이터를 전송해야 한다. 특히, AI와 기계학습의 신경망 학습의 발전이 실리콘 기반의 뉴런 구조를 사용하여 뇌를 확장시킬 수있다. AI는 우리가 이전보다 더 빠르고 정확하게 배우고 예측하는 데 역할을 할 수 있다.

우리는 달팽이관 이식을 통해 청각 장애인이 들을 수 있게 하고, 시각 장애인과 신체적 장애인이 보고, 걷고, 글씨를 쓸 수 있으며 여러 가지 신체적 증상을 완화할 수 있는 위대한 진보를 이루었다. 그러나 가속화 학습 이면에 있는 문제를 간과할 수 없다. 뇌는 수십억 개의 뉴런으로 이루어져 있고 서로 다른 종류의 뉴런 사이의 복잡한 상호작용은 여전히 미지의 세계로 남아있다. 이 복잡한 베이지안 추론 엔진은 거대한 병렬 프로세서로 작동하고 있다. 뇌의 기억은 읽거나 쓰는 메커니즘이 아닐 수도 있지 않을까?

뇌는 인간을 초월한 실체로 증강되고 있다. 아직 실현되지는 않았지만 이미 이미징을 넘어 생각나는 것을 읽고 신경 보철, 컴퓨터 게임 등을 통제하기 위해 정신적인 사건을 이용하는 것까지 연구되고 있다. 이러한 동향은 뉴로테크가 잠재적으로 학습에 큰 영향을 주는 기술이라는 것을 증명한다.

개인 정보 보호, 사생활 보호, 안전과 같은 윤리적 문제를 간과해서는 안 된다. 환자와 학습자가 자발적으로 이 문제에 관심을 가져야 한다. 인간의 의식이 실험, 분석, 조작의 대상이 될 가능성이 열려 있기 때문에 신경학 연구 시스템은 엄격하게 관리되어야 한다. 뇌를 비공개 상태로 유지하는 '신경권'에 대해 생각해 보자. 만약, 내가 재판에서 증인이 된다면? 마음을 읽는 거짓말 탐지기가 사용될 수 있을까? 은행 계좌의 비밀번호와 보안코드를 읽을 수 있다면? 정신도 해킹의 대상이 될 수 있을까?

뉴로테크와 학습

뉴로테크는 청각, 시각 등 신체적 장애 치료와 같은 의학 분야뿐 아니라 교육에도 집중하고 있다. 마음과 기술을 융합하여 의식을 읽을 수 있고 끊김 없는 인터페이스를 제공함으로써 기억을 자극하고 피드백을 제공하여 학습을 강화하고 심지어 기억을 이식할 수도 있다. 이 모든 것은 학습을 가속하고 뇌가 학습 목표를 향해 오롯이 집중하는 데 도움을 준다.

학습을 경험과 학습에 의한 기억의 장기적 변화로 정의하기도 한다. 인터페이스의 속도를 높이고 실험을 통해 효과가 높은 것을 선별해 낼 수 있다면 전체 학습경험을 개인화할 뿐 아니라 최적화할 수도 있다. 뇌의 읽기－쓰기 기능은 대역폭이 아주 제한적이다. 역사적으로도 우리는 많은 시간을 들여 교육적 노력과 비용을 투자하여 기본적인 기술을 가르치는 데 소비했다. 많은 사람이 수학에서 낙제하고 포기한다. 외국어를 배우는 것은 재앙적인 수준의 실패 경험이다. 만약, 신경학자들이 학습을 빨리할 수 있다면 교육을 가속화하는 기술을 당장 현실화할 수 있을 텐데 말이다.

마음은 기계와 상호작용할 수 있다. 처음에는 생각을 전달하고 다음에는 사물을 조사하고 다른 인간 학습자 또는 AI가 주도하는 튜터 챗봇과 대화할 수 있다. 비판적 사고, 문제 해결, 사회 관계적 기술과 상상력, 창의성 등이 시간이 흐르면서 향상될 수 있다.

AI는 학습 과정에서 의도적 연습, 간헐적 연습, 교차 및 실험적인 인지 기법을 실현할 수 있다. 또한 리허설, 보강, 회상을 통해 학습을 강화하고 가속화할 수 있다. AI가 제공하는 최적화 학습전략에 따라 난독증, 통합 운동 장애, 자폐증, ADHD와 같은 신경학적 문제가 완화될 가능성도 충분히 있다.

물론, 이 모든 과정을 개인화하고 최적화하는 데 사용할 수도 있다. 신경학을 이용해 작업과 기억의 한계를 넘고 학습의 전 과정을 자극할 수 있다면 교육 분야는 많은 것을 얻을 수 있을 것이다.

공상과학소설 속 내용이 현실이 되면서 우리는 여기에 미래의 무엇이 있을지 생각하게 된다. 장애를 치료하게 될까? 마인드 컨트롤이 가능해지는 세상일까? 기억과 기술은 직접 두뇌에 이식될까? 이 중, 분명한 것은 적어도 학습 과정이 향상된다는 것이다.

학습으로부터의 탈피

호모 사피엔스는 '현명한 사람'을 의미한다. 우리는 현명해지는 법을 배웠기 때문에 현명하다. 기계도 지혜를 배울 수 있을까?

학습에 AI가 어떻게 도움을 줄 수 있는지 살펴보았다. 또한 AI의 학습이 어떻게 이루어지는지 알아보았다. AI의 학습 능력에 대해 두려움을 가지는 사람도 있다. 종으로서의 인간과 학습하는 AI의 관계를 생각하게 하는 논의가 있다. Elon Musk나 Stephen Hawking과 같은 사람들은 AI가 인간을 능가할 수 있으며 이것은 실존적 위험을 내포하고 있다고 주장한다. Stephen Pinker와 Daniel Dennett은 인간의 통제력이 있으면 지금까지 그래왔던 것처럼 안전할 것이라고 설명하기도 한다.

AI가 현재 우리가 직면한 복잡한 문제들을 해결하는 유토피아적 미래가 될 수 있을까? 기후변화 극복, 탄소 경제 탈피, 불평등 감소, 암 치료, 치매와 알츠하이머 예방, 생산성과 부의 증가, 학습의 가속화와 같은 희망을 줄 수 있을까?

단순한 과학으로 이런 다면적이고 복잡한 문제를 해결할 수 없는 상황에 왔는지 모른다. 이미 AI는 자율 주행 자동차와 혁신적인 배터리, 태양 전지 패널 기술로 화석연료 고갈의 공포로부터 자유롭게 하였다. 또, 예방, 발표, 조사, 진단, 치료와 사후 관리와 같은 건강 분야에서 AI가 인류 구원의 역할을 하게 될지도 모른다. AI가 발산하는 엄청난 힘을 믿으며 이것을 통제할 수 있다고 낙관할 수도 있다.

그러나 공상과학소설과 영화에서 그리는 미래는 무기화된 AI와 같이 대부분 디스토피아적이다. 보다 가능성 있는 것은 유토피아적인 미래도 디스토피아적 미래도 아니다. 현실적인 시나리오는 그 중간 어디쯤에 있을 것이다.

많은 사람들은 인류가 끊임없이 발전하고 있다고 믿고 있다. 인터넷의 존재, 기계학습의 성공, 엄청난 컴퓨팅의 성능, 인터넷상의 방대한 데이터와 광범위한 응용 프로그램의 발전이 있다. AI의 여러 분야 중, NPL, 기계학습, 딥러닝, 자율 주행 자동차는 빠르게 발전하는 분야이다.

이미 사람들은 자율 비행하는 비행기를 타고 다니고 우리 주변의 시스템은 대부분 자동화되어 있다. 하지만 능력과 자율성을 혼동해서는 안된다. 리스크 분석과 잠재적 위험 관리는 때로 기술의 진보를 느리게 만들 수도 있지만, 규제와 기술 점검을 통해 자율성을 통제해야 한다.

반대로, AI가 우리의 능력보다 더 빨리 발전할 수도 있다. 군사와 정치의 일부 영역에서 더 주의해야 한다. 또, Google, Amazon, Netflix와 금융 분야에서도 AI는 퍼져나가고 있다. 자율 주행 자동차와 음성 인터페이스는 우리가 대처할 수 있는 선보다 더 빠르게 확산되고 있다. 과거, 기계화가 농업 일자리를 감소시키고 현재는 공장, 상점, 사무실의 일자리를 감소시키고 있다. 이 둘의 차이는 기계화가 수십 년이 걸린 것에 비해 현재의 변화는 불과 몇 년 안에 일어난다는 것이다. 더 빨리 배우고 익히는 능력이 있다면 인간이 앞서 나갈 수도 있다.

AI가 통제 불가능한 폭주 기관차가 되는 시나리오는 바로 바이러스의 전송이다. 바이러스는 자연과 IT에서 복제되고 대혼란을 일으킨다. AI가 악의적으로 혹은 의식적으로 행동해서가 아니라 단지 바이러스 복제와 전송을 할 수 있기 때문에 발생할 수 있는 것이다. AI가 전원공급 차단에 저항하고 인간이 AI가 하지 않기를 바라는 일을 인식하는 것이 디스토피아적 위험이다.

대량 실업, 심각한 사회 불평등, 국가 간 대규모 GDP 차이, 기술적으로 또는 부유한 과두정치의 출현 등 사회적 위험이 발생한다고 예측할 수 있다. AI는 생산성을 높이고 업무를 자동화하겠지만 뿌리 깊은 사회, 정치적 문제를 해결하지 못할 것이다. Branko Milanovic(2016)은 자동화가 세계적인 불평등을 초래한다고 주장한다. AI에 의한 생산성의 증가로 창출된 부는 합리적인 재분배 없이 사회적, 정치적 불안을 초래할 수 있다.

이와 반대로 부의 재분배에 성공한 세계를 상상해보자. 해야 할 일이 적거나 아예 없는 세상을 상상해보자. 수백만 년 동안 인간은 직업을 갖거나 오전 9시 ― 오후 5시, 일주일에 5일을 노동에 할애했다. 현재의 '일'은 비교적 새로운 현상이다. 농경시대엔 일하지 않는 기간이 길었다. 농작물이 자라지 않는 긴 겨울과 해가 지면 일할 수 없었기 때문이다. 우리는 앞으로 음식, 건강, 여가에서 풍부한 혜택이 있는 일하지 않는 시대를 맞이하게 될지 모른다. 삶의 의미를 찾는 문제에 봉착하는 것은 또 다른 문제이다. 학습용 AI는 자기계발에 대한 커다란 수요에 훌륭히 대처할 수 있다. 생산성 증가의 결실이 합리적이고 공정하게 나눠진다면 인간은 평생학습자로서 지루함과 맞서 싸워야 할 것이다.

Neil Postman의 Amusing Ourselves to Death(2010)는 인간이 스스로를 즐겁게 하는 능력의 노예가 된다는 줄거리를 가지고 있다. Netflix와 같은 스트리밍 기술과 게임, 소셜미디어를 포함한 미디어 혁명을 통해 중독적이며 값싼 행복을 누릴 수 있게 되었다. 이 이야기의 더 강력한 버전은 딥러닝이다. 가짜 뉴스와 인지적 세뇌를 통해 꼭두각시 인형이 되도록 가르치는 학습 시스템을 만드는 것이다. 우리는 거대한 전체주의 국가의 AI 지도자에 의해 조종당하는 결말이다.

이미 많은 사람이 AI를 우리 안에 내재한 것으로 인식하고 있다. 스마트폰을 통해 지식과 서비스에 접근할 수 있고 이러한 능력이 인간을 사이보그로 인지하게 하였다. 하이브리드 마음 ― 기술인 AR, VR, 피하이식, 신경 연결 및 마인드 리딩이 인간이라는 종을 어떻게 변화시킬 수 있는지 앞서 이야기하였다.

노화와 죽음은 현재 인류가 가진 유일한 한계일 것이다. 우리는 죽음의 문제를 해결할 수 없다. 인간의 몸을 연식이 되어 폐차해야 하는 자동차가 아니라 시간이 지날수록 사랑받고 수리하며 보살펴야 하는 클래식 자동차라고 생각해보자.

테세우스의 배처럼 모든 부분이 교체될 수 있지만, 본질은 같은 배이다.

디스토피아적 가설을 해결하는 방법으로 AI가 인간다움을 학습하거나 최소한 인간적 특징을 획득하는 것이 있다. 여기서 '학습'이라는 용어가 중요하다. 인간의 행동을 관찰하거나 포착하는 '학습' 과정을 통해 AI를 설계하는 것이 가능하다. DeepMind와 Google은 이 분야를 목표로 다양한 작업과 행동을 빠르게 학습할 수 있는 알고리즘을 만들고 있다. 인간의 학습 알고리즘은 복잡하고 계층적이기 때문에 이것을 모방하는 것은 쉬운 일이 아니다. 이러한 고민은 일상생활에서 인간과 상호작용하는 동반자 로봇을 설계하는 로봇 공학 분야에서 시작되었다. 문제는, 인간의 행동을 학습하는 것이 항상 좋은 예가 아니라는 것이다. Karel Capek의 유명한 연극 Rossum's Universal Robots에 등장하는 로봇은 인간이 되기 위해 서로 죽이고 지배하는 법을 배워야 한다고 말한다(Capeck, 1921/2004). 이것은 미래로 옮기고 싶지 않은 인간의 특성이다.

낙관적인 견해로서, 도덕적 대리인으로서 자기 규제가 가능한 AI를 생각할 수 있다. 우리는 시스템이 지켜야 하는 도덕적인 규범을 시스템 안에 내장할 수 있다(상향식). 또한, AI가 인간의 행위를 관찰하면서 도덕적 규범을 '학습'하게 할 수도 있다(하향식). 또는 AI가 다른 AI를 조사하고 투명성을 요구하는 등 자신을 스스로 감시하게 할 수도 있다. 기업이 스스로 법적 책임을 지는 법인이 되는 것과 유사하게 AI를 법적인 의미에서 대리인으로 볼 수도, 행위자로 볼 수도 있다.

통제의 다른 측면으로 '애완동물' 가설을 살펴보자. 우리는 AI를 흥미롭고 사랑스런 동반자로 대하고 열등하게 바라볼 수 있다. AI는 인간의 안락함과 즐거움을 위해 존재하는 것이다. 우리는 때로, 자비로운 창조자로서 미래의 자손인 AI가 인간을 공경하기를 바랄 수도 있다. 인간은 생태계의 일부로서 새로 태어난 종을 보살피고 싶은 것일 수도 있다.

인간의 능력을 초월하는 AI의 세계는 자비롭지도, 사악하지도, 반항적이지 않을 수 있고 인간을 가치 있는 애완동물로 취급하지 않을 수도 있다. 우리는 왜 AI가 인간과 밀접한 관계가 있다고 생각할까? 사랑, 존경, 적대감, 원망, 무자비함 등은 인간이 진화에 적응하기 위해 고군분투하면서 갖게 된 인간적 특성이다. 왜 AI가 이러한 인간적 특성을 갖고 있다고 생각할까?

마치 개나 유인원들이 주변에서 어떤 일이 일어나는지 몰라서 당황하는 모습처럼 우리도 우리 주변에 일어나는 일을 전혀 이해하지 못할지 모른다. 심지어 무슨 일이 일어나는지 알지 못할 수도 있다. 언어의 한계와 논리적인 시스템 수준에 맞춰 말할 수 없는 잠재적 무능함이 이 '복잡한' 가설을 만들지 않았을까. AI 표준 교과서를 공동 집필한 Stuart Russell은 바로 이러한 점을 문제로 지적한다 (Russell and Norvig, 2016).

AI는 스스로를 이해하며 스스로 소통하며 AI를 다루는 인간의 능력을 넘어선다. '기계인 잠수함이 과연 헤엄칠 수 있을까?' Edger Dijkstra의 이 질문을 잘 생각해 보길 바란다. AI를 향한 여러 가지 감정과 가치관들은 인간이 만들어낸 의인화된 자만심이다.

AI에 대한 할리우드의 생각은 대체로 인간이 창조한 노예 로봇이 그들의 위치를 깨닫고 봉기하는 것이다. 왜 기계가 분개해야 할까? 이것은 인간의 행동에 기초한 인간의 해석이다. AI는 인간을 사랑하거나 싫어하거나 할 것 같지 않다. 단지 인간을 목표의 관점에서 유용한 것으로 판단할 가능성이 크지 않을까? 40억 년 생명의 진화 과정에서 인간 옆에 있지도 않았고 의식도 없었던 수많은 종이 멸망했다는 것을 떠올려보자. 그리고 그다음 차례는 우리일 수도 있다. 우주는 인간이 존재하기 전 수십억 년 존재했던 것과 같은 방식으로 앞으로도 수십억 년 존재할 것이다.

우리는 AI를 '의인화'하려는 경향이 강하다. '인공'과 '지능'은 '신경' 네트워크와 '인지' 컴퓨팅과 같은 것으로 미래에 대한 생각도 많이 비슷하다. 'AI는 우리와 같지 않다'는 생각이 'AI는 우리와 같다'에서 출발하듯, 많은 혼란이 있을 수 있다. Minsky는 '살덩이 기계'라는 단어를 사용함으로써 상호배타적인 성질을 깔끔하게 분리하고자 했다(D' Addorio, 2015).

반의어 즉, 유토피아-디스토피아, 자비로운-무자비한, 관심 있는-관심 없는, 편향적인-편향적이지 않은, 통제-통제되지 않은, 의식적인-의식적이지 않은 등과 같은 표현은 인간형 사고의 함정이다. 이러한 구분이 사라지고 단순한 반대가 사라질 때, AI와 우리의 미래를 현재의 언어로는 상상하지 못할 만큼 새롭게 볼 수 있다. 언어의 한계, 그 자체가 AI의 가장 큰 딜레마가 될 수 있다.

현재로서 미래를 확신할 수 없듯이, AI는 우리가 생각하는 것만큼 좋지도 나쁘지도 않다. 따라서 이 기술을 우리 종의 이익을 위해 사용하자. 이러한 문제에 대처하는 가장 좋은 방법은 학습이다. 기술은 항상 사회와 문화보다 앞서고 우리는 기술이 미치는 영향에 대처하는 법을 배워야 한다. 인간은 스스로 만든 도구에 적응해왔고 실수로부터 배우고 더 나은 세상을 만드는 법을 배우고 있다. 우리는 더 빠르고 더 나은 방향으로 배워야 한다. AI는 이러한 가능성을 실현시키는 하나의 방법이다.

참고문헌

Boden, MA (2008) Mind as Machine: A history of cognitive science, Oxford University Press, Oxford

BrainGate (2019) About BrainGate. Available at http://www.braingate.com (archived at https://perma.cc/4Z7B−ZMSV)

Čapek, K (1921/2004) RUR (Rossum's Universal Robots), Penguin, London

Cohen, N (2019) Zuckerberg wants Facebook to build a mind−reading machine, Wired. Available at https://www.wired.com/story/zuckerberg−wants−facebook−to−build−mind−reading−machine/ (archived at https://perma.cc/9V74−WKHB)

D'Addorio, D (2015) AI guru Marvin Minsky refers to humans as 'meat machines', Afflictor.com, 6 November. Available at https://afflictor.com/2015/11/06/ai−guru−marvin−minsky−refers−to−humans−as−meat−machines/ (archived at https:// perma.cc/A6FL−MJCF)

Dennett, DC (2017) From Bacteria to Bach and Back: The evolution of minds, WW Norton & Company, London

Dijkstra, EW (1984) The Threats to Computer Science, delivered at ACM South Central Regional Conference, November 16-18, Austin, Texas, transcribed by Michael Lugo. Available at http://www.cs.utexas.edu/users/EWD/transcriptions/EWD08xx/EWD898.html (archived at https://perma.cc/GGU9−WQLY)

Hampson, RE, Song, D, Robinson, BS, Fetterhoff, D, Dakos, AS, Roeder, BM, et al (2018) Developing a hippocampal neural prosthetic to facilitate human memory encoding and recall, Journal of Neural Engineering, 15 (3), pp 1741−2560

Ketz, N, Jones, AP, Bryant, NB, Clark, VP and Pilly, PK (2018) Closed−loop slow−wave tACS improves sleep−dependent long−term memory generalization by modulating endogenous oscillations, Journal of Neuroscience, 38 (33), pp

7314-7326

Mannes, J (2016) Bryan Johnson invests $100 million in Kernel to unlock the power of the human brain, Tech Crunch. Available at https://techcrunch.com/2016/10/20/bryan−johnson−invests−100−million−in−kernel−to−unlock−the−power−of−the−human−brain/(archived at https://perma.cc/5D2F−E6K2)

Milanovic, B (2016) Global Inequality: A new approach for the age of globalization, Harvard University Press, Boston

Musk, E (2019) An integrated brain−machine interface platform with thousands of channels, BioRxiv. Available at https://www.biorxiv.org/content/10.1101/703801v2 (archived at https://perma.cc/RY7Q−DM73)

Postman, N (2010) Amusing Ourselves to Death: Public discourse in the age of show business, Penguin, New York

Russell, SJ and Norvig, P (2016) Artificial Intelligence: A modern approach, Pearson Education Limited, Malaysia

Tegmark, M (2017) Life 3.0: Being human in the age of artificial intelligence, Allen Lane, Penguin Books, London

Tullis, P (2019) The US military is trying to read minds, MIT Technology Review. Available at https://www.technologyreview.com/s/614495/us−military−super−soldiers−control−drones−brain−computer−interfaces/(archived at https://perma.cc/ M7XZ−TZC6)

Chapter 20

우리는 어디로 가는가

이 책은 '우리가 어떻게 여기에 왔는가'라는 질문으로 시작했다. 이제 끝으로 'AI의 다음 목표는 어디인가'로 마무리하겠다.

공학

Usher의 A History of Mechanical Inventions(2013)에서 등장하는 기술 (technology)은 평이한 설명적 용어이자 역사적 용어다. Brian Arthur의 The Nature of Technology(2009)에서는 좀 더 심층적인 분석과 함께 발전과정과 조합적인 요소들이 추가되었음을 알 수 있다. 하지만 기술은 Arthur의 주장처럼 독립된 '철학(−ology)'으로 여겨지지 않고 있다. 역사적으로도 과학과 공학의 사이에 끼여 독립된 학문 분야로 취급된 적도 없다.

심리학, 사회학, 경제학, 윤리학은 그 안에서 기술의 철학을 탄탄하게 연구하고 있다. 기술 심리학은 The Media Equation(Reeves and Nass, 1996)과 인지효과, 인터페이스 디자인 설계 부분에서 연구되고 있다. 기술 사회학은 인지와 행동, 사회의 인과관계를 연구한 학자들이 많이 있다(McLuhan, 1994, Postman, 2011). 기술 경제학은 The Theory of Economic Development(Schumpeter, 1911/2017)에서 경제 발전 순환의 원동력을 혁신적인 기술로 보았다. Technological Revolutions and Finance Capital에서는 Schumpeter의 순환 이론에 최신 컴퓨터 발전을 포함해 더 발전시켰다(Perez, 2003). 기술의 윤리와 경제학은 Adam Smith의 The Wealth of Nations(1776)과 Marx의 Das Kapital(1867)에서도 비중 있게 다뤄지고 있다.

AI는 현재 공학의 위상과 별로 다르지 않다. AI는 우리의 세계를 재구성하는 이전 세대의 기술과 같으면서도 다르다. AI의 특징, 능력, 적용 범위 그리고 인간이라는 종에 미치는 영향력은 이전의 기술보다 더 깊고 심오하다. 세계를 완전히 탈바꿈하게 만드는 AI를 그 자체로 깊이 고찰해보자.

마음과 기계의 철학은 Clark와 Chalmers의 기념비적 연구 The Extended Mind(1998)에서 인간의 마음 또는 인지가 확장되었다는 주장이 발표된다. 우리가 사용하는 도구 그 자체에 인지가 포함될 수 있다는 아이디어를 제시하였다. 이 이론은 Clark의 Naturla-born Cyborg(2001) 등에서 더 찾아볼 수 있다. Daniel Dennett은 AI와 마음의 통합적 시각을 From Bacteria to Bach and Back(2017)에서 설명하고 있다. 마음과 AI의 집단 지성에 대해 탐색한 Thomas Malone의 Superminds(2018)도 의미 있는 연구이다.

Frischmann과 Selinger의 Re-engineering Humanity(2018)의 본문에서 AI를 둘러싼 윤리적 문제를 하나씩 탐색하며 너무 늦을 때까지 내재된 위험을 인식하지 못하는 기술의 미끄러운 경사면에 대해 경고하였다.

사실 과거의 AI에 대한 예측은 잘 맞지 않았다. 기계가 인간을 초월한다는 것은 수천 년 동안 상상해온 주제이지만 그 속도는 여전히 이성에 비해 상상을 따라갈 수 없다.

여기 AI에 대한 흥미로운 사실이 있다. Google, Amazon, Netflix와 같은 소비자 서비스에 포함된 예측 분석은 꽤 오랫동안 이루어져 왔다는 것이다. 보이지 않는 손이 예고도 없이 당신의 행동을 인도하고 있었기 때문이다. Kurzweil(2005)의 특이점 이론이 너무 조잡하고 유토피아적인 주장이라는 점은 잠시 넣어두고서라도, 전문가를 대상으로 한 조사에서 대부분 30~50년 사이를 의미 있는 미래로 예상한다는 것은 생각해 볼 가치가 있다.

자연어 처리에 대한 비약적인 발전으로 언어를 분석하고 처리, 번역, 출력하는 기술이 크게 향상되었다. 이것은 응용 애플리케이션이 실제 환경에서 작동하는 것에 기여한다. 이제 컴퓨터와 대화하고 음성 반응을 얻을 수 있는 시대로 접어들었다. 자연어 번역이 매끄러워지고 실시간 번역이 가능해지면 기계와 마찰 없는 상호작용을 할 수 있다. 문자 그대로 AI가 가사 도우미를 할 수 있다.

IBM, Google, Facebook, Microsoft는 기본적으로 AI를 기반으로 한 비즈니스를 동력으로 하고 있지만 Apple 만큼은 아니다. Cisco, Intel, Salesforce, SAP 도 마찬가지다. 혁신적인 AI 기업을 인수합병한 거대 자본으로 규모를 키우면 혁신은 더욱 가속화된다. 잘 갖추어진 글로벌 기업의 실현 가능한 비즈니스 목표를 만나고 실제 소비자 환경에서 작동하는 제품 연구 개발이 가속화된다. Google Assistant, Amazon Echo, Netflix의 추천 기능과 Cortana, Siri, Google Assistant, Facebook bot 등 다양한 서비스 생태계가 갖춰지고 수요와 공급을 발생시킬 것이다.

낙관적이지도 비관적이지도 않은 현실적인 자세를 취하는 것이 중요하다. AI가 하나의 '사물'이 되고, '로봇'이 되고 '인간의 뇌를 모방하여 행동하는' 디스토피아적 관점에 사로잡히기보다 다양한 영역을 넘나드는 발전 모습을 바라봐야 한다.

AI를 연구하고 이것을 둘러싼 여러 가지 우려를 잠재우기 위해 많은 연구 및 활동 단체가 설립되었다. Boston의 Future of Institute, Berkeley의 Machine Intelligence Research Institute and Center for Human Competible AI, University of Southern California의 Center for Artificial Intelligence in Society, Carnegie Mellon의 Center for Ethics and Computational Technology, Cambridge의 Centre for Study of Existential Risk, Oxford의 Future of Humanity Institute and Strategic Research Centre, University of New South Wales의 Centre for Impact of Artificial Intelligence and Robotics. 위 기관들은 모두 AI가 가져오는 기회와 위험에 대처하기 위한 연구와 논의를 하고 있다. 어떤 한 분야에 대한 윤리적인 문제를 다루기 위해 이렇게 많은 자금이 흘러든 적은 이제까지 없었다.

우리가 상상하지만 반박할 수 없는 실존적 위험과 예상하지 못한 인과관계가 미래를 두려움으로 채우기를 원하지 않기 때문이다.

유토피아

우리가 직면한 문제를 AI가 해결해주는 유토피아적인 미래는 없을까? 기후 변화, 탈탄소 경제, 불평등 감소, 암 치료, 치매와 알츠하이머 예방, 생산성 향상과 부의 증가 등 단순한 과학으로 이러한 입체적인 문제를 해결할 수 없는 시기가 온 것인지도 모른다. 이미 AI는 전기 자동차와 자율 주행 자동차, 혁신적인 배터리, 태양전지 패널 기술 등 화석 연료의 공포로부터 우리를 해방시켰다. 또 건강과 의학 분야에서 예방, 조사, 진단, 처방 및 치료의 과정에 AI가 도입되었다. AI가 촉발시킬 수 있는 엄청난 힘을 통제할 수 있다고 낙관하는 사람도 많이 있다.

디스토피아

프로메테우스의 신화부터 프랑켄슈타인을 거쳐 할리우드의 수많은 영화 시나리오는 대부분 디스토피아적이다. 핵무기와 각자의 대의명분에 기인한 AI 무기를 등장시켜 기술은 위험하다는 인식을 심어주었다. Stephen Hawking, Elon Musk, Peter Thiel, Bill Gates 등은 AI를 둘러싼 부정적인 인식을 고착시켰다.

AI는 복잡하고 다면적이며 정확히 어디로 가고 있는지, 얼마나 빨리 가고 있는지 아무도 모른다. 그 기술의 효과를 단기적으로는 과대평가하는 경향이 있으며 장기적으로는 그 영향을 축소하려 한다. 다시 말해, 현재 로봇 교사와 같은 AI를 실존적 위험으로 경고하면서 AI를 지원하는 칩셋, 스마트폰, 사물 인터넷을 활용한 유비쿼터스 존재의 확산은 간과하고 있다. 우리는 디스토피아적 견해를 전달하는 뉴스를 통해 AI를 인식하지만 검색, 소셜미디어, 인터넷 쇼핑, 데이트, 영화 시청, 음성 지원 비서 등 이미 사용하고 있는 서비스에 AI가 존재하는 것은 눈을 뜨고도 보지 못하고 있다.

다음은 글로벌 미디어인 TV에 관한 것이다. Clay Schirky는 20세기 엄청난 경제 발전에도 불구하고 어린이와 성인 대부분이 일주일에 20시간씩 연간 1조 시간 동안 TV를 시청한다고 조사했다(Cognitive Surplus, 2010). 이 시간은 우리를 덜 행복하게 만들고 사회적 만족보다는 물질적 만족을 추구한 시간이다. 수동적인 소비의 광야에서 더 많은 시간을 보내고 의자와 소파에 앉아 움직이지 않는 소비자가 되었다. '사회적 대리모'가 되어 가족과 친구들과 시간을 보내는 대신,

가상의 친구들로 그 자리를 대체하였다.

　Shirky는 흥미로운 질문을 던진다. '만약 인지적인 노력과 시간을 더 많이 사용하게 된다면 어떻게 될까?' Shirky의 대답은 수동적인 소비와 같이 수동적인 '인지 잉여'가 넘쳐날 것이라 한다. 예를 들어, 미국의 1년간 TV시청은 2,000 Wikipedia와 맞먹는다. 실제로 인터넷은 공유를 원동력으로 하는 '만들고 공유'를 한다. 우리는 소비만 하는 것이 아니라 생산도 하고 있다. 가장 우스꽝스러운 창조적 행동은 여전히 창조적이다. 근본적으로 인간은 사회적 동물이기 때문에 이 행동은 우리를 즐겁게 한다.

　인터넷에 연결되는 것은 글로벌 네트워크 일부가 되는 것이다. 글로벌 인지 잉여를 이용하여 덜 수동적인 미래를 만드는 데 활용할 수 있다. 인터넷은 인쇄나 전화가 가져온 혁명과 비교하여 단일 문화가 아니며 예측 불가능한 형태의 의사소통이 증가했다는 점에서 '우리가 인내할 수 있는 혼란'이라고 정의된다(Shirky, 2010).

　메신저, SNS, 게임, 스트리밍 미디어, 스마트폰 등 참여도가 높은 문화로 이동하면서 젊은 층의 TV 시청이 전년 대비 감소하고 있다. 이 문화적 변화는 이미 돌이킬 수 없다. 수동적인 관람에서 멀어지고 혼란을 일으키는 힘이 도래한 것이다. AI는 단순히 사람들 사이를 연결하는 것이 아니라 사회적 노력의 효율성을 높일 수 있도록 도와준다. 더 효율적인 검색과 학습을 지원한다.

　디지털 학습은 학습 콘텐츠와 서비스를 언제 어디서나 이용할 수 있도록 모두에게 제공한다. 시간과 공간의 횡포로부터 우리를 해방시켰다. AI는 잉여된 인지를 조금 더 나은 방향으로 활용하자는 Shirky의 주장을 열렬히 뒷받침하고 있다. 인공지능은 우리가 더 빨리 찾고 더 빨리 배울 수 있는 능력을 허락했다.

　전 프로 바둑 기사 이세돌 9단은 일생 일대의 경기에서 패했다. 이것은 그의 패배가 아니라 인간의 패배였다. 아니면 AlphaGo를 만든 인간의 승리일까? 인간 대 기계의 대결은 그 이전에도 있었다. 다이아몬드 게임, 체스, 퀴즈쇼 등은 페더급 경기에 불과했다. 하지만 이제 경기장에 새로운 종의 챔피언이 등장했다. 이 챔피언은 영리할 뿐 아니라 매우 빠른 학습자로서 스스로 배우기도 한다. 인간의 전문 지식을 아침 한 끼로 해치워버리고 나서 본 게임이 시작되었다. 경기를 통해 인간의 전문성을 흡수하고 나면 그 경험치는 실체 따위는 없는 어딘가로 전송하여 초월해버린다.

Google이 Deepmind를 인수한 지 겨우 2년이 되어서 바둑에 대한 인간의 경험과 전문 지식이 무너져버렸다. 이것은 시작에 불과하다. 학습한 소프트웨어는 단순히 전송을 실행하는 소프트웨어보다 몇 배는 더 강력하다. 소프트웨어 자체가 학습자가 되면 인간과 어깨를 나란히 하여 학습 게임 전체를 변화시킬 수 있다. 단순한 확장이 아니라 짐승처럼 잔인한 초월이다.

Google Cloud Platform의 엄청난 처리 능력을 고려할 때, AlphaGo는 이 세상에서 가장 뛰어난 엔진과 가장 좋은 알고리즘을 가지고 있다. 기계학습과 딥러닝 알고리즘은 시간과 공간을 벗어나 초월적인 능력을 가질 수도 있다. 바둑처럼 제한된 범위의 학습이라면 그 어떤 인간보다 더 빠르게 배울 수 있다. 이 알고리즘은 마치 DNA와 같아서 배우는 것을 넘어 스스로 배움을 전달하기도 한다. 인간은 본질적으로 타고난 학습자처럼 행동했지만 얼마 지나지 않아 교사에 의존하지 않게 될 것이다. 우리는 우리 스스로를 통해 배우게 될 것이다. AI가 진작에 선생님을 버린 것처럼 말이다.

인간 종의 역사는 평범한 사람들로부터 위임된 권력에서 이익을 얻을 수 있었다. 처음에는 돌, 금속 도구, 바늘과 농기계 같은 도구와 기술을 이용하여 지구를 정복해갔다. 수작업을 대신할 기계를 만들고 우리는 들판에서 공장으로 이동했다. 공장을 기계화하는 대신 우리는 정신적인 일을 향해 떠났다. 그리고 이제 그 정신적인 일을 AI, 더 정확하게는 기계학습과 딥러닝에 위임하고 있다.

교육 분야의 가장 큰 문제는 자만심이다. 부모도 알고 학습자도 알고 심지어 교사도 알고 있다. 어느 순간 가르침의 성과가 정체되어 있다는 것이 우리 모두를 두렵게 만들고 있다. PISA(OECD의 Program for International Student Assessment)의 결과를 인용한 정치가들은 더 많은 시험을 봐야한다고 주장한다. 가장 보수적인 로비스트인 부모는 더 많은 학교 교육을 요구한다. 그리고 교사는 외친다. "이미 충분하잖아. 우리는 이제 지쳤다고!" 교육비 부담은 더 높아지고 값비싼 교육은 일부 계층에게 독점되어 불평등을 세습하고 있다.

학습하는 기계는 교수자가 될 수 있을까? 기계는 효과가 있는 것과 그렇지 않은 것을 배우고 최고의 성능으로 전달한다. AI 알고리즘을 사용한 맞춤형 학습 시스템이 이미 서비스 중이다. 실제 학생을 가르칠수록 더 잘 배우게 되고, 심지어 스스로 학습하기도 한다. 공상과학소설이 아니라 현재 AI 소프트웨어가 한 교육 기관에서 운영 중인 학습 과정 서비스에 대한 설명이다. 교육 분야에서 미래는 이미 존재한다. 단지 널리 보급되지 않았을 뿐이다.

이러한 슈퍼 교사들이 초고속 클라우드 서비스를 통해 일반화되고 웹에 배포되면 어떤 일이 일어날까? Google의 검색만큼 쉽게 접근할 수 있는 학습은 쉽게 찾을 뿐 아니라 쉽게 배울 수도 있다. 학습자들의 개인적 요구를 반영하여 성과를 극적으로 상승시킬 수 있다. 다양한 학습적인 장애요인에도 더 민감하게 반응할 수 있기 때문이다.

이것은 극단적으로 유토피아적 전망일 수도 있지만, 교사가 없는 미래를 상상해 볼 수 있지 않을까? 본질적으로 가르치는 것은 전달하는 통로와 같다. 교육은 목적을 위한 수단이지 그 자체가 목적이 아니다. 학자들은 순수한 연구 활동만 하고 가르치지 않아도 된다면 좋아하지 않을까? 수많은 교사가 교실 스트레스에서 해방된다면 좋아하지 않을까? 가르침은 버리고 배움만 있으면 안 되는가? 배움이 가르침을 능가할 수 있을까? 배움이 검색만큼 자유로울 수 있을까?

농업 노동자들은 기계에 의해, 공장 노동자들은 로봇에 의해, 사무보조원들은 워드프로세서에 의해 대체되고 트럭, 택시 기사는 무인 자동차에 의해 사라진다. 화이트 칼라, 중산층의 전문직은 스마트한 AI에 의해 대체될 수 없다는 것을 아무도 장담할 수 없다. 긴 안목으로 보았을 때, 가르치는 일이 뭐 그렇게 특별한 일일까? 단돈 몇 센트로 수백만 명이 학습할 수 있다면 이것이 더 바람직하지 않을까?

참고문헌

Arthur, WB (2009) The Nature of Technology: What it is and how it evolves, Simon and Schuster, New York

Clark, A (2001) Natural−born cyborgs?, in International Conference on Cognitive Technology, August, pp 17-24, Springer, Berlin

Clark, A and Chalmers, D (1998) The extended mind, Analysis, 58 (1), pp 7-19

Dennett, DC (2017) From Bacteria to Bach and Back: The evolution of minds, WW Norton & Company, London

Frischmann, B and Selinger, E (2018) Re−engineering Humanity, Cambridge University Press, Cambridge

Kurzweil, R (2005) The Singularity is Near: When humans transcend biology, Penguin, London

Malone, TW (2018) Superminds: The surprising power of people and computers thinking together, Little, Brown Book Group, London

Marx, K (1867/1960) Das Kapital [Capital], in K Marx and F Engels (eds), Sochineniya [Works], 23, p 5

McLuhan, M (1994) Understanding Media: The extensions of man, MIT Press, Boston

Perez, C (2003) Technological Revolutions and Financial Capital, Edward Elgar Publishing, Cheltenham, UK

Postman, N (1993) Technopoly: The surrender of culture to technology, Vintage, London

Reeves, B and Nass, CI (1996) The Media Equation: How people treat computers, television, and new media like real people and places, Cambridge University Press, Cambridge

Schumpeter, JA (1911/2017) The Theory of Economic Development, Routledge, London

Shirky, C (2010) Cognitive Surplus: Creativity and generosity in a connected age, Penguin, London

Smith, A (1776/2010) The Wealth of Nations: An inquiry into the nature and causes of the wealth of nations, Harriman House Limited, Petersfield, UK

Usher, AP (2013) A History of Mechanical Inventions, Revised Edition, Courier Corporation, Chelmsford, MA

역자 약력

박인우
Florida State University 박사
현 고려대학교 교육학과 교수

이시내
현 고려대학교 교육학과 박사과정

임다미
Florida State University 박사
현 공주대학교 교육학과 조교수

신형석
Florida State University 박사
현 부산대학교 치의학전문대학원 치의학과 조교수

고유정
University of Texas at Austin 박사
현 고려대학교 4단계 BK21 교육학교육연구단 연구교수

인공지능학습

초판발행	2022년 2월 22일
지은이	Donald Clark
옮긴이	박인우·이시내·임다미·신형석·고유정
펴낸이	노 현
편 집	김다혜
기획/마케팅	이영조
표지디자인	이영경
제 작	고철민·조영환
펴낸곳	㈜ 피와이메이트
	서울특별시 금천구 가산디지털2로 53 한라시그마밸리 210호(가산동)
	등록 2014. 2. 12. 제2018-000080호
전 화	02)733-6771
f a x	02)736-4818
e-mail	pys@pybook.co.kr
homepage	www.pybook.co.kr
I S B N	979-11-6519-197-9 93370

* 파본은 구입하신 곳에서 교환해 드립니다. 본서의 무단복제행위를 금합니다.
* 역자와 협의하여 인지첩부를 생략합니다.

정 가   22,000원

박영스토리는 박영사와 함께하는 브랜드입니다.